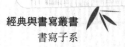

經典與書寫就是文化與化文。在文化經典與化文書寫之間文
質彬彬、通古今之變,是經典與書寫叢書的心志。

子畏於匡，曰："文王既没，文不在兹乎？天之將喪斯文也，後
死者不得與於斯文也。天之未喪斯文也，匡人其如予何！"

——《論語》

夫孝者，善繼人之志，善述人之事者也。

——《中庸》

有些句子肯定早就存在於我們之間；有些則剛剛痛苦地誕生……

——海子

經典與書寫

"能生之物莫不萌芽。"——陸象山

如果《詩》《書》周文非如輪扁所謂"古人之糟粕"的話，那麼這些句子就應該都是能生之物，可以不斷重新萌芽、重新開端、重新革面的能生之物。

"六經責我開生面！"——王船山

在這個極端否隔困厄的時代，天命之通達或要求奇變之途徑？在開端與開端之間的空白地帶，能够真正打通隔絕、打開經典的經典閱讀或許是作爲經典書寫的經典閱讀？這一經典書寫將同時是作爲"我注六經"的會通書寫和作爲"六經注我"的開端書寫。

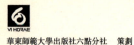

華東師範大學出版社六點分社　策劃

總　序

　　經典是影響一個悠久文明走向的文本源頭。它不限於時間上的源頭，還意味著重現思想與人生開端的溯源能力。這也就是說，它能讓我們重回起頭處，體驗到最初的、邊緣上的取向如何發生，並由此而生出某種邊際處的敏感。非經典的文本已經處於某種框架之中，反經典潮流則是指一種以"靠最先進手段直接解決問題"為標榜的現代傾向，否認經典有當下及未來的活命真身。

　　二十世紀的中國是一個沒有經典的國度，只有西方科學——自然科學及社會科學——和技術（高科技）的至高無上和無處不在。形而上學與科學同屬於一個觀念普遍主義的思路。"現代自然科學、現代數學和現代形而上學都是源出於廣義上的數學因素"（海德格爾選集875頁）。但我們也知道，數學同樣是古希臘形而上學的形成因素。因此，只通過傳統西方形而上學的視野來研究中國古代經典，也屬於這個高科技崇拜的現象。

　　科學無經典可言。培養一位物理學家，根本無須去讀亞里斯多德的物理學，甚至牛頓的原理，只需要最應時（updated）的教科書、成果報告和實驗手段。但要成為一個承載文明命運的士（儒士、道士）、思想家，或完整意義上的知識份子，則必讀經典，非如此就無法以"究際通變"（司馬遷）的方式來進入生活。

　　特定的科學很快地、越來越快地過時，特定的經典卻不過時。

一個原因是：科學自認為在追求一個可直接確證的真理，因此將語言只當作表達手段，經典卻要憑藉語言的內時間結構，並通過重塑語言來領會和揭示生存的意義。高科技只有現在時，經典卻是過去與未來的當下交織。科學的重複只是結果的驗證，經典的重複卻要生發。所以，不同於科學，經典不但不力求擺脫自己的特殊身份，要求"統一語言"，平整化語言，反倒只有在自己的獨特語言、文明和生命結構中才成為經典，具備與其他經典傳統打交道的能力和視野。這麼看來，相比於現代科技的工具化，經典是語言化的；相比於現在進行時的口語，經典更傾向於那讓過去（陰）和將來（陽）交織的構象書寫。

經是書，書總在寫，寫總在生，此乃經書書寫的書生意境。書一寫不只是被印刷，哪怕是抄寫、背寫也有自己的生長分蘖。經典書寫讓經典和思想有了手感與身命，自成格局，自有生成意義的機制，有源頭本身的尊嚴。這樣的書寫自能與它種寫作區分開，也就有了自家的致思書法和筆調意趣。如此看來，書一寫不只是寫出已有的什麼，而是隨手去寫，在書中寫，寫中成書。"書不盡言，言不盡意。"（易經繫辭上）但失言之意乃孤意，失書之言不過是表意之言，往而無返。只有意入言中，言浸於書體，書又得其意境，水墨意氣回環往復，"點畫之間皆有意"（王右軍自論書），方成蘊藉結構，陰陽不測而生生不已，"鼓之舞之以盡神"（易經繫辭上）。

二十一世紀的中國，最需要經典的回歸。但這回歸絕不現成。前一個世紀中，經典及其傳統被以一些可怕的罪名——包括"吃人"——流放、戴帽、勞改、批鬥、判死刑，以十字架或藍色文明、紅色文明的名義來詛咒，這些都不是文學的虛構。經典的真實回歸，不會出現於自欺欺人的"繁榮"、"盛世"，不會出現於壓抑精神深層創傷的強迫遺忘和輪番炒作，因為這種無罪感、無悲痛、無悔恨、無招魂的重塑金身，只是屍身的水晶棺化和為己所用而已。

"經典與書寫"不反對且有保留地歡迎這種偽作，不僅因為假裝的善待勝過直接的惡殺（假如"假"被意識到了），而且因為在某個層次上，"善者，偽也"（荀子語），真戲有時也可以由假唱開始。但是傾心於經典與書寫的人們是另一種態度。對於他們，經典經受的苦難及其原因（包括經典自身的原因），不被遺忘。"昔我往矣，楊柳依依。今我來思，雨雪霏霏。行道遲遲，載渴載饥。我心傷悲，莫知我哀。"（詩經采薇）當經典在一個世紀的流放和死刑判決後，重新跨進這個已經面目全非的家門時，它的憂傷和來自一個悲慘世界的他者性，使我們在轟雷般的驚呆中木然起身。這種再次遭遇經典、嗒然而喪我的終極體驗，讓經典露出它的面孔。

活在書寫中的經典，只能是複數的。只有一本經典，等於無經典，因為唯一的經典只是憲章或神喻，其中無語言和書寫的生命。華夏文化世界自古就沒有某一本經典的獨霸。四書五經都是經典，三教九流皆有經典。所以經典的書寫或書寫著的經典，一定有模糊的、開放的邊緣，特別珍視那些能幫助當今中國人直面經典、讓經典又開始實際書寫的哲理，不管它來自哪一個經典傳統。

這開放不意味著進入一個共經典（實乃無經典）的全球化時代，而是一種互為他者的、有親疏遠近之別的"經典間"的生存格局，或可稱為天下格局。天下以家為根，各種層次上的家是活的血脈傳統，而健全的家一定富含家間性（inter-familiality），"親親而仁民，仁民而愛物"（孟子盡心上》）。所以天下可以為家，但不可家天下。

讓我們這些不孝子孫在沉痛與希望中迎回自家的經典，那也就意味著，讓我們的思想生命接回到華夏世界的最高脊嶺，在又吸飽了陽光的冰川之淚中開始流動，得其雄奇之勢，不迴旋千折、跌宕萬里不足以抒其憤、盡其性，而神其靈也。

張祥龍
戊子夏海屹謹識

書寫子系前言

我們能寫什麼？我們不能寫什麼。這個多餘的前言可以視為書寫子系扉頁題辭的注釋。翻開封面看到的白頁既是經典也是書寫的本質隱喻。這是一個夾在尷尬位置中的空白時代，這是一個留待書寫的過渡時代。"經典與書寫"中的"與"字意味著：經典的時代已經過去了，書寫的時代還沒有到來，而"與"道說著過渡時代的心志："為往聖繼絕學，為萬世開太平。"

"有些句子肯定早就存在於我們之間；有些則剛剛痛苦地誕生……"一位現代中文詩人的句子成為空白時代的過渡之句。在這個句子之前的兩段引文是那些"肯定早就存在於我們之間"的句子，以及對那些句子的繼承："子畏於匡，曰：文王既沒，文不在茲乎？……""夫孝者，善繼人之志，善述人之事者也。"

在過渡之句後面的兩句引文，連同對它們的闡發，則屬於那些"剛剛痛苦地誕生"的句子，以及對那些句子的期盼。它們分別說明了何謂"經典"以及何謂"書寫"："能生之物莫不萌芽。""六經責我開生面！"

在這兩段話的上面是一張標誌叢書的圖示，它由一些選自古本十三經的句子斷片所構成。這些選出的句子關乎斯文之天命，它們奠定了經典與書寫的基本情緒：文王既沒……，負手曳杖……，子在川上……，不復夢見……，鳳鳥不至……

圖示起首一字為"經"：這不是著之竹帛、供諸典藏和"客觀研究"的文物，而是道路。"經"從"巠"，說文謂"水道也"，也就是文化的淵淵大井，湯湯大流。圖示第一行選取的是春秋經之開端"元年春王正月"和孔子於茲絕筆的"十有四年春西狩獲麟"。這兩個春天標識著我們必須於茲重新開端的位置。

圖示的最後隱約可見的句子"曰若稽古"來自書經的開端。與春秋經相呼應，連同中庸關於繼孝的引文，這個句子點明我們的關懷不僅是高蹈的思想創辟，也是具體的政治、倫理和教化行動。

但是，另一方面，這並不意味著對思想書寫的忽視，更不隱含對它的蔑視。在這個無論哲學還是歷史知識都顯露出空前繁榮景象的荒蕪時代，義理的對方既不是經史，經史的敵手也不是義理。經史和義理應該重新回復其充滿創生活力的源初聯合，"文質彬彬，然後君子"，然後方才談得上對"哲學"、"政治"、"詩歌"和"歷史"的點化，以天下之道化用西學和那些已然西化的中學。

誠能如此，則重新開端意義上的書寫就既不局限於"哲學方式的"，也不局限於"教化方式的"；既不局限於"國學的"，也不局限於"西學的"；既不局限於"古典的"，也不局限於"現代"或"後現代的"。它應該是超越了所有這一切文化區分的化文書寫。如果說曾經的文化自卑、文化比較和文化對抗都是建立在被強加的文化區分基礎上的尷尬反應的話，那麼化文書寫的要求則是對文—化之天下責任的主動擔當。因此，無論古今中西、哲學政治，"經典與書寫"所注目者惟有在茲之文命：它的古典淵源，它的現代變異，它在未來的生長，以及所有這一切在此時此地的翕闢開闔。

經典與書寫編委會

目　　錄

序

　　昔者仲尼雅言，修詩書而斯文不喪。韓文公古文，倡仁義而大道以存。子曰，文質彬彬，然後君子。斯文之命，斯道之命也，斯君子之命也。新文化尚質黜文，蓋以文為質之蔽也，乃去之而不顧。殊不知新之為新，鼎革之謂也。易鼎次於革，革次於井。井曰往來井井，又曰改邑不改井。文，中國之大井也。改邑可矣，改井不可矣。往來可矣，背棄不可矣。損益可矣，絕喪不可矣。或曰，白話文中國固有也，簡化字歷史常態也，曷為乎不可。曰，未為不可也，新之乃可。湯之盤銘曰，苟日新，日日新，又日新。詩云，周雖舊邦，其命維新。易曰，革故鼎新。新之為新，改邑也，往來也，損益也，非謂改井也，背棄也，絕喪也。易之為易，變易而不易也，至賾而簡易也，斯以為易也。白話文運動，簡化字方案，易物之易也，貿易之易也，文質相易之易也，非易之所以為易也。子曰，文勝質則史，質勝文則野。兼文與質，道之美也。文質相易，非惟文之絕喪，質亦不存也。子曰，言而無文，行之不遠。文者，導也，行道之所以由道也。中庸曰，君子闇然而日章。文之美，大樸乎其中，章明乎其外。中心無聲而無臭，日漸斐然而成章。文之行於道也，博學而慎思，明辨而篤行，反諸本而達乎表，體剛健而用文明，文之用亦大矣哉。易曰，君子黃中通理，正位居體，美在其中，而暢於四支，發於事業，美之至也。或曰，白話文亦文也，簡化字亦文也。古今不同文，三代不共禮，曷為乎不可。處今之世而倡古文，非所謂陳已陳之芻狗，聚弟子游居寢臥其下者乎，無乃爾不智與。曰，是以為智也。智也者，知時之謂也，原始之謂也。原白話簡體之始興，乃由西學之迫而倉皇為之者，一時一勢之權變耳，非所以永終。今國難已紓，智者當見幾而作，與時偕行，撥亂文而反諸正，可謂知時也已。且西學無文，立於語音邏各斯者也。邏各斯之學，辯證以析理，黜文以求真，質勝於文之野道也，不足為天下至道之止歸。故現代性尚質而不修文，厚今而菲薄古，往而不反，縱而不約，以至於文教積壞，風俗澆漓，危亡之道。君子於是乎乃思文教之興，以救時質之弊，未可謂不智也。故曰古文之命，非惟未竭，於今猶烈。詩云，烈文辟公，錫茲祉福。惠我無疆，子孫保之。斯文至於今日，非新命不足以保之。故"經典與書寫"信象山能生之物莫不萌芽，志船山六經責我開生面，非敢自命，惟欲以新文命，啓來賢也。曾子曰，仁以為己任，不亦重乎。死而後已，不亦遠乎。同志其勉之。金華季子之文，言必徵於聖，義必取乎道，今日古文之典範也。季子，民間博學之鴻儒，以現代學院為未然，私教授於西湖之濱。季子宗師馬浮先生之遺教，以文救質，必大有補於新儒家偏質少文之失。斯文之命，殆將賴此不墜乎。季子是書，余初讀於道里書院論壇，即嘆為皇皇者。是書也，博涉經史子集，以至於禪茶書畫，小大由之，無不反諸本而一歸於道。故曩歲之秋，季子囑余作序，余自知鄙陋而不敢為也。冬，余遷居吾先泰伯之故國，隱昆山亭林先生之鄉，侍親，讀春秋。每至元年春王正月而思文命之新發，不在我輩乎。惟元命之復作，尚待一春耳。時維戊子之春，天時復始。一夜之間，而庭中草莖蔓衍。以草莖生生之力，乃敢興作此文，聊以為季子徵聖錄之序。非敢冒為皮弁，惟期不辱斯文云爾。大冶柯如之謹識。

弁　言

緬惟宣聖發皇，墳典神耀，顏卜潛伏，魯論精元。小子志焉，日月踰邁。使生漢室，必鹽鐵白虎之臣，欲際明屋，附日知明夷之末。茲為淵泉，以著德為北樞，永堪矜式，問文獻于南國。此羣經也。東浙之學，祀典遷固，會稽立言，軒輊鄭劉。私淑艾者，多鄉國之耆舊，嚴正朔也，本血氣之遺藏。鮚埼契闊，餘杭同歸。此史學也。濂洛開闢，諟天度之明命，關閩奮庸，鼓士氣以玄風。懲哉政事，陸諫不絕，慎厥身修，禹謨焉非。弱冠以前，已認桃祖，而立既邁，不辨嫡宗。迥異于先轍，本屬心造，微符乎公道，原任天行。此理學也。志格圓頓，求一致于三教，形隨天機，因止觀而入門。發願于伊闕之前，是法難逢，起信在嵩嶽之後，佛性本具。懷元城了齋之玄度，為藥地朱衣之同人。此釋氏也。麥秀以歌，其猶不怒，悲絲之哭，予豈無情。觀陵夷之所由，魑魅形見，疾聖道之受誣，邪匿聲聞。取樂禮之書，中流擊檝，行匹夫之責，天下可鑑。積綱非振，絕紐難維。此議論也。載道之義，荒焉不復，輔仁雅言，嗤然莫行。捨道即難為文，棄文奚可行道。辭章黼黻，原本妙質，士林蔥鬱，自是風神。信沛然莫禦之氣，可通天衢，用方寸綿密之心，殆近神變。此文辭也。逸民歌哭，輓世豈絕詩統，卓人深致，同光猶是國風。因微見隱，自末而深，杜韓寄其忠義，陶謝了其玄宗。遺厥子孫者，方是真儒，摭其墜緒者，確有後進。此詩學也。畫史盤礡，伽藍萃士，書學玄祕，巖藪集神，可托于無窮，莫欺乎吾心，誠名教之樂地，即俗塵之祇園。此遊藝也。劉彥和有曰，論文必徵於聖，窺聖必宗於經。愚顓昧之材，誠非自量，井鼃拘墟，容其矜放。知我罪我，其在兹乎。彊圉大淵獻之歲陽月金華季惟齋識。

徵聖錄卷一　羣經類

周易上經論語解

乾。子曰，予欲無言。天何言哉。四時行焉，百物生焉。天何言哉。乾所謂元亨利貞，保合大和，莫過於是。子曰，人能弘道，非道弘人。此所以象曰，天行健，君子以自強不息者也。

坤。夫子曰，我則異於是，無可無不可。子曰，有教無類。坤厚載物，含弘光大，此之謂也。子曰，道不同，不相為謀。坤言西南得朋，東北喪朋是也。子曰，躬自厚而薄責於人，則遠怨矣。六四曰括囊无咎无譽是也。

屯。孔子曰，見善如不及，見不善如探湯。隱居以求其志，行義以達其道。屯言動乎險中，天造草昧，磐桓，君子以經綸。此之謂也。

蒙。子曰，小人哉，樊須也。子謂伯魚曰，女為周南召南矣乎。人而不為周南召南，其猶正牆面而立也與。蒙言匪我求童蒙，童蒙求我。蒙以養正，聖功也。君子以果行育德。此之謂也。

需。子曰，性相近也，習相遠也。子曰，吾未見好德如好色者也。需言剛健而不陷。君子以飲食宴樂。此之謂也。

訟。子曰，聽訟，吾猶人也。必也，使無訟乎。訟言窒惕。君子以作事謀始。此之謂也。使無訟者，謀始也。在陳絕糧。從者病，莫能興。子路慍見曰，君子亦有窮乎。子曰，君子固窮，小人窮斯濫矣。初六曰，不永所事，小有言，終吉。此之謂也。

師。子曰，善人教民七年，亦可以即戎矣。以不教民戰，是謂棄之。師言以此毒天下，而民從之，吉又何咎矣。衛靈公問陳於孔子。孔子對曰，俎豆之事，則嘗聞之矣。軍旅之事，未之學也。六三象曰，師或輿屍，大无功也。此之謂也。

比。子曰，德不孤，必有鄰。舜有臣五人，而天下治。武王曰，予有亂臣十人。周有八士。比，輔也。此之謂也。

小畜。子曰，詩可以興，可以觀，可以群，可以怨。邇之事父，遠之事君。多識於鳥、獸、草、木之名。小畜言風行天上。君子以懿文德。此之謂也。

履。孔子曰，君君，臣臣，父父，子子。履言君子以辨上下，安民志。子曰，必也正名乎。故君子名之必可言也，言之必可行也。九二曰，履道坦坦，幽人貞吉。此之謂也。

泰。子曰，周監於二代，鬱鬱乎文哉。吾從周。子謂韶，盡美矣，又盡善也。九三言，无平不陂，无往不復。天地交泰，周德韶樂當之。

否。子曰，甯武子，邦有道則知，邦無道則愚。其知可及也，其愚不可及也。邦有道，危言危行。邦無道，危行言孫。道不行，乘桴浮於海。大師摯適齊。亞飯干適楚。少師陽、擊磬襄入於海。否言小人道長，君子道消。君子以儉德辟難，不可榮以祿。此之謂也。

同人。曾子曰，君子以文會友，以友輔仁。子曰，為命，裨諶草創之，世叔討論之，行人子羽修飾之，東里子產潤色之。同人言君子以類族辨物。此之謂也。

大有。子曰，攻乎異端，斯害也已。子曰，唯仁者，能好人，能惡人。大有言君子以遏惡揚善，順天休命。此之謂也。儒門之攻乎異端，皆順命而為之，非私智也，有不得已者。是故有以大有，而未為損。漢武董子罷黜百家，反得大有，即其明證。大有上九言自天佑之是也。

謙。子入太廟，每事問。子曰，孟之反不伐，奔而殿，將入門，策其馬，曰，非敢後也，馬不進也。子曰，加我數年，五十以學易，可以無大過矣。彖曰謙尊而光，卑而不可踰，君子之終也。夫子謙德，無以加也。

豫。子曰，齊一變，至於魯。魯一變，至於道。行夏之時，乘殷之輅，服周之冕。樂則韶舞。吾自衛反魯，然後樂正，雅頌各得其所。豫言豫之時義大矣哉。雷出地奮，豫。先王以作樂崇德，殷薦之上帝，以配祖考。此之謂也。

隨。子謂顏淵曰，用之則行，舍之則藏，惟我與爾有是夫。子曰，危邦不入，亂邦不居，天下有道則見，無道則隱。隨象曰君子以嚮晦入宴息。此之謂也。

蠱。子曰，德之不修，學之不講，聞義不能徙，不善不能改，是吾憂也。君子疾沒世而名不稱焉。夫子所憂疾者皆若蠱。儀封人曰，天下之無道也久矣，天將以夫子為木鐸。蠱象曰君子以振民育德。此之謂也。

臨。子曰，學而時習之，不亦說乎。有朋自遠方來，不亦樂乎。人不知而不慍，不亦君子乎。老者安之，朋友信之，少者懷之。臨，卦以震君臨四陰，有以象曰君子以教思無窮，容保民無疆。夫子之臨弟子時人，有類於是。

觀。子曰，無為而治者，其舜也與。夫何為哉。恭己正南面而已矣。巍巍乎，舜禹之有天下也，而不與焉。子曰，君子之德風，小人之德草。草上之風必偃。子貢曰，文武之道，未墜於地，在人。觀象曰聖人以神道設教，而天下服矣。風行地上。先王以省方觀民設教。此之謂也。

噬嗑。子曰，片言可以折獄者，其由也與。禮樂不興，則刑罰不中。刑罰不中，則民無所措手足。噬嗑曰利用獄。象曰先王以明罰敕法。此之謂也。

賁。子曰，殷因於夏禮，所損益，可知也。周因於殷禮，所損益，可知也。其或繼周者，雖百世，可知也。鳳鳥不至，河不出圖，吾已矣乎。賁彖曰，觀乎天文，以察時變。觀乎人文，以化成天下。此之謂也。

剝。子曰，夷狄之有君，不如諸夏之亡也。子謂南容，邦有道不廢，邦無道免於刑戮。剝彖曰君子尚消息盈虛，天行也。象曰上以厚下安宅。子曰，歲寒，然後知松柏之後彫也。上九曰碩果不食，君子得輿，小人剝廬。象曰君子得輿，民所載也。小人剝廬，終不可用也。此之謂也。

復。子曰，齊一變，至於魯。魯一變，至於道。五十而知天命，六十而耳順，七十而從心所欲，不逾矩。復言反復其道，七日來復。象曰先王以至日閉關。子曰，朝聞道，夕死可矣。彖曰復其見天地之心乎。此之謂也。

无妄。子欲居九夷。顏淵死，子曰，噫。天喪予。天喪予。晨門曰，是知其不可而為之者與。荷蕢者曰，鄙哉，硜硜乎。莫己知也，斯已而已矣。深則厲，淺則揭。楚狂接輿曰，鳳兮鳳兮，何德之衰。往者不可諫，來者猶可追。已而已而。今之從政者殆而。夫子皆不謂之然，而奮行不退，以至道爲志。无妄尚氏易學言馬、鄭、王肅皆作望，謂無所希望。從之。无妄彖曰天命不佑，行矣哉。象曰天下雷行，物與无妄。先王以茂對時育萬物。此之謂也。

大畜。子曰，行有餘力，則以學文。溫故而知新，可以為師矣。君子博學於文，約之以禮。志於道，據於德，依於仁，遊於藝。大畜彖曰，剛健篤實輝光，日新其德。象曰君子以多識前言往行，以畜其德。此之謂也。

頤。鄉黨篇曰食不厭精，膾不厭細。肉雖多，不使勝食氣。唯酒無量，不及亂。食不語，寢不言。頤曰自求口實。彖曰自求口實，觀其自養也。象曰君子以慎言語，節飲食。此之謂也。

大過。子曰，甚矣吾衰也。久矣吾不復夢見周公。朝聞道，夕死可矣。子之燕居，申申如也，夭夭如也。曾晳曰，莫春者，春服既成，冠者五六人，童子六七人，浴乎沂，風乎舞雩，詠而歸。夫子喟然歎曰，吾與點也。尚氏易學言漢人皆謂大過為死卦。陰大賊陽，陽失其用。大過象曰君子以獨立不懼，遯世無悶。此之謂也。

坎。子謂公冶長，雖在縲絏之中，非其罪也。以其子妻之。坎有重險陷阱之意，而象曰君子以常德行，習教事。此之謂也。（本書卷十四有明儒獄學之說，亦類之。）子曰，不憤不啟，不悱不發。愚按惟其憤悱之難，方有啟發之利。坎象曰王公設險以守其國。亦近之。

離。子貢曰，仲尼，日月也，無得而踰焉。夫子焉不學，而亦何常師之有。子曰，當仁，不讓於師。離象曰日月麗乎天，百穀草木麗乎土，重明以麗乎正，乃化成天下。象曰大人以繼明照于四方。夫子繼明者也，當仁不讓于先聖之業。然六五曰，出涕沱若，戚嗟若，吉。其非夫子之時運哉。

周易下經論語解

咸。子曰，關雎，樂而不淫，哀而不傷。咸曰取女吉。彖曰天地感而萬物化生，聖人感人心而天下和平。觀其所感，而天地萬物之情可見矣。此即關雎之作及為國風之始之義。夫子述之，言其所化和平之境。觀關雎，則詩三百之情可見，天地萬物之情亦可見矣。

恒。子曰，南人有言曰，人而無恒，不可以作巫醫。善夫。不恒其德，或承之羞。子曰，不占而已矣。善人，吾不得而見之矣。得見有恒者，斯可矣。亡而為有，虛而為盈，約而為泰，難乎有恒矣。恒象曰君子以立不易方。與夫子之義同。子曰，吾道一以貫之。亦涵恒意。子曰，唯上知與下愚，不移。上知不移言者，亦恒也。下愚不移，蒙滯也。子曰，天何言哉。四時行焉，百物生焉。天何言哉。恒彖曰，日月得天，而能久照，四時變化，而能久成。聖人久於其道，而天下化成。此之謂也。

遯。子曰，君子哉蘧伯玉。邦有道則仕。邦無道，則可卷而懷之。子曰,賢者辟世,其次辟地,其次辟色,其次辟言。皆遯之義。遯象曰君子以遠小人,不惡而嚴。此之謂也。子欲居九夷。或曰,陋,如之何。子曰,君子居之,何陋之有。遯九五嘉遯貞吉。上九肥遯无不利。此之謂也。

大壯。子曰,非禮勿視,非禮勿聽,非禮勿言,非禮勿動。顏淵曰,回雖不敏,請事斯語矣。大壯象曰君子以非禮勿履。其義同。大壯者,正大也。然大壯充盈,常有率任僭禮之患,故象以非禮勿履釋之。子曰,人無遠慮,必有近憂。雖夫子正大如此,猶多有此夕惕之心也。

晉。子曰,如有王者,必世而後仁。苟有用我者,期月而已可也,三年有成。晉象曰晉,進也。明出地上,順而麗乎大明,柔進而上行。此之謂也。子謂顏淵曰,吾見其進也,吾未見其止也。子曰,譬如為山,未成一簣。止,吾止也。譬如平地,雖覆一簣。進,吾往也。晉象曰君子以自昭明德。此之謂也。

明夷。微子去之。箕子為之奴。比干諫而死。孔子曰,殷有三仁焉。不降其志,不辱其身,伯夷叔齊與。明夷象曰以蒙大難,利艱貞,晦其明也,內難而能正其志,箕子以之。此之謂也。象曰君子以蒞眾,用晦而明。尚氏曰,蒞眾謂三也。殷有三仁。於數亦偶合。

家人。子曰,弟子,入則孝,出則弟。子夏曰,事父母,能竭其力。子曰,書云,孝乎惟孝,友于兄弟,施於有政。是亦為政,奚其為為政。子曰,孝哉閔子騫,人不間於其父母昆弟之言。家人曰利女貞。彖曰男女正,天地之大義也。家人有嚴君焉,父母之謂也。家道正,而天下定。象曰君子以言有物,而行有恆。言有物即言其不離乎經常也。孝也者,實為三綱之本也。家人之道,亦本乎孝也。九五王假有家,勿恤吉。上九有孚威如,終吉。家人之道,係乎國政也。

睽。子曰,君子周而不比,小人比而不周。君子和而不同,小人同而不和。君子矜而不爭,羣而不黨。不比不同不黨,皆睽義。

惟其睽，而能周和。惟其矜，而能不爭。睽彖曰，天地睽，而其事同也。男女睽，而其志通也。萬物睽，而其事類也。象曰君子以同而異。事同志通事類者，皆周和之義。以同而異，即和而不同之義。妙哉。言彖象辭為孔子作，不亦宜乎？

蹇。子曰，不患人之不己知，患其不能也。曾子曰，吾日三省吾身。蹇彖曰見險而能止，知矣哉。象曰君子以反身修德。此之謂也。夫子處蹇難之時，而能教化深遠者，蓋非蹇難，亦無以成之。彖曰蹇之時用大矣哉。誠不虛也。蹇九五大蹇朋來。子曰，有朋自遠方來，不亦樂乎。近者說，遠者來。皆同。大蹇而有朋，惟聖賢而能之。

解。子在陳曰，歸與歸與。吾黨之小子狂簡，斐然成章，不知所以裁之。此夫子之解也。夫子周遊列國，不得行其志，蹇難其中，歸與之嘆，蓋悟其時勢之非，經權之途，惟有洙泗。述作講學，亦足以樂。蹇難既解，自得其化。解彖曰，天地解，而雷雨作，雷雨作，而百果草木皆甲坼，解之時義大矣哉。斐然狂簡，真有甲坼之相。子曰，過而不改，是謂過矣。周公謂魯公曰，無求備於一人。象曰君子以赦過宥罪。此之謂也。

損。子曰，攻其惡，無攻人之惡，非修慝與。一朝之忿，忘其身以及其親，非惑與。小不忍，則亂大謀。損象曰君子以懲忿窒欲。此之謂也。子曰，禮，與其奢也，寧儉。損曰二簋可用享。尚氏曰，二簋雖簡，然處損時，亦可也。儉禮非禮之正者，然處損時，則奢不若儉。夫子之意，當如是也。

益。孔子曰，益者三友。友直，友諒，友多聞。益者三樂。樂節禮樂，樂道人之善，樂多賢友。見賢思齊焉。見不賢而內自省也。居是邦也，事其大夫之賢者，友其士之仁者。益象曰君子以見善則遷，有過則改。此之謂也。論語於益道義極備。彖曰損上益下，民說无疆，自上下下，其道大光。夫子移周官之上教，肇興私學於朝野，德比堯舜，澤流極遠，正所謂損上益下，民說無疆，自上下下，其道大光也。夫子居東魯之地，屬震。彖曰木道乃行。震屬木。方位亦合。

夬。子曰，桓公九合諸侯，不以兵車，管仲之力也。如其仁。如其仁。管仲相桓公，霸諸侯，一匡天下，民到於今受其賜。微管仲，吾其被髮左衽矣。夬曰揚于王庭。象曰君子以施祿及下。管仲類之。然夬曰孚號有厲，不利即戎。象曰居德則忌。子曰，管仲之器小哉。管氏有三歸。管氏亦有反坫。管氏而知禮，孰不知禮。管子未能危厲自攝，身後遂有齊兵戎之禍。真所謂居德則忌也。夬之卦，幾為管子而設。

姤。堯曰，咨。爾舜。天之曆數在爾躬，允執其中。四海困窮，天祿永終。舜亦以命禹。姤彖曰天地相遇，品物咸章也。剛遇中正，天下大行也。象曰天下有風。后以施命誥四方。論語錄堯命舜之語，亦可會夫天后施命誥四方之義。彖曰姤之時義大矣哉。孔門以堯曰篇壓軸，非無故也。夫子未得位而行之，惟托諸古聖耳。

萃。微子篇有曰，逸民伯夷、叔齊、虞仲、夷逸、朱張、柳下惠、少連。夫子萃聚而言之，深意寓焉。萃彖曰觀其所聚，而天地萬物之情可見矣。論語微子篇所萃聚者又有殷之三仁、周之八士，楚狂接輿、長沮、桀溺、荷蓧丈人之儔，大師摯、亞飯干、三飯繚、四飯缺、鼓方叔、播鼗武、少師陽、擊磬襄之類。觀其所聚散，則彼時彼世萬物之情可見矣。

升。子曰，譬如為山，未成一簣。止，吾止也。譬如平地，雖覆一簣。進，吾往也。苗而不秀者，有矣夫。秀而不實者，有矣夫。象曰，地中生木，升。君子以順德，積小以高大。此之謂也。

困。子曰，仁者，其言也訒。為之難，言之得無訒乎。困曰有言不信。象曰有言不信，尚口乃窮也。則不若訒也明矣。子曰，見利思義，見危授命，久要不忘平生之言，亦可以為成人矣。（要為約之借字，窮困也。說見楊遇夫積微居小學述林。）子張曰，士見危致命，見得思義，祭思敬，喪思哀，其可已矣。象曰，澤无水，困。君子以致命遂志。此之謂也。

井。子曰，使民以時。子適衞，冉有僕。子曰，庶矣哉。冉有曰，既庶矣，又何加焉。曰，富之。曰，既富矣，又何加焉。曰，教之。象曰君子以勞民勸相。尚氏曰，言以言語勸導，使有所勉也。九三，井渫不食，為我民惻，可用汲，王明，並受其福。子曰，修己以安百姓，堯舜其猶病諸。其憂民之心同也。而夫子之學，為萬世法，萬民受其福也。

革。子曰，周監於二代，鬱鬱乎文哉。吾從周。殷因於夏禮，所損益，可知也。周因於殷禮，所損益，可知也。其或繼周者，雖百世，可知也。象曰，天地革而四時成，湯武革命，順乎天而應乎人。革之時義大矣哉。象曰，澤中有火，革。君子以治曆明時。子曰，大哉堯之為君也，巍巍乎，唯天為大，唯堯則之，蕩蕩乎，民無能名焉。巍巍乎，其有成功也，煥乎，其有文章。九五，大人虎變，未占有孚。尚氏曰，喻大人履九五之尊，威德誕敷，崇高巍煥，改易舊觀，故曰虎變。觀巍煥之詞，尚氏亦用論語義。

鼎。子曰，不仁者，不可以久處約，不可以長處樂。仁者安仁，知者利仁。象曰，聖人亨以享上帝，而大亨以養聖賢。安仁利仁，所以養聖賢也。竊謂夫子所言之仁，有鼎之象。象曰君子以正位凝命。仁則正位凝命，養仁之法，以木巽火，類乎亨飪也。不仁則無救矣。九四，鼎折足，覆公餗，其形渥，凶。此之謂也。子曰，君子而不仁者有矣夫。未有小人而仁者也。人而不仁，如禮何。人而不仁，如樂何。折足之鼎，夫子疾之。

震。鄉黨篇夫子迅雷風烈必變。子入太廟，每事問。象曰，震驚百里，驚遠而懼邇也。出可以守宗廟社稷，以為祭主也。子之所慎，齊戰疾。曾子有疾，召門弟子曰，啟予足。啟予手。詩云，戰戰兢兢，如臨深淵，如履薄冰。而今而後，吾知免夫。小子。象曰君子以恐懼修省。此之謂也。

艮。子曰，知者樂水，仁者樂山。知者動，仁者靜。知者樂，仁者壽。山靜壽，皆艮之象。夫子所謂仁亦有艮之象。子曰，不在其位，不謀其政。象曰，君子以思不出其位。義同。象曰，艮，止也。

時止則止，時行則行，動靜不失其時，其道光明。艮其止，止其所也。子謂顏淵曰，用之則行，舍之則藏，惟我與爾有是夫。亦若符契。

漸。子曰，民可使由之，不可使知之。漸，女歸吉，利貞。上下卦皆陰乘陽，類乎婦從夫。彖曰，漸之進也，女歸吉也。進得位，往有功也。進以正，可以正邦也。象曰君子以居賢德善俗。民之由之，由君子誘導之，為漸之象。若使知之，則近乎蠱矣。葉公問政。子曰，近者說，遠者來。夫子循循然善誘人。皆漸之象。

歸妹。以少女從長男之歸妹，不如以長女從長男之恆為吉。是以象曰君子以永終知弊。以知弊相箴。子曰，好仁不好學，其蔽也愚。好知不好學，其蔽也蕩。好信不好學，其蔽也賊。好直不好學，其蔽也絞。好勇不好學，其蔽也亂。好剛不好學，其蔽也狂。仁知信直勇剛，諸道得其宜，足以永終，而必知六蔽如是。子曰，愛而知其惡。以少女從長男固美矣，而能知其征凶，歸妹之義在茲焉。

豐。子在川上曰，逝者如斯夫。不舍晝夜。彖曰，日中則昃，月盈則食，天地盈虛，與時消息，而況於人乎。況於鬼神乎。豐之不足恃，一如川之永逝。九四象曰，豐其蔀，位不當也。日中見斗，幽不明也。遇其夷主，吉。子畏於匡。曰，文王既沒，文不在茲乎。天之將喪斯文也，後死者不得與於斯文也。天之未喪斯文也，匡人其如予何。夫子之以天命為夷主，非盈虛鬼神所可拘囿也。

旅。子曰，從我於陳蔡者，皆不及門也。德行，顏淵、閔子騫、冉伯牛、仲弓。言語，宰我、子貢。政事，冉有、季路。文學，子游、子夏。此夫子之旅也。尚氏言旅之卦義，先儒皆以行旅為說，然卦象有伴旅之義。甚有可取。

巽。子曰，君子之德風，小人之德草。草上之風必偃。象曰，隨風，巽。君子以申命行事。此之謂也。巽風之至，則疾逾電機唐棣之華，偏其反而。豈不爾思，室是遠而。子曰，未之思也，夫何遠之有。仁遠乎哉。我欲仁，斯仁至矣。此之謂也。夫子大備乎巽德，其學秉天命之性，蹈率性之道，本契天理，大化之疾者莫若巽風，宜其大行於天下。

兌。子路問政。子曰，先之，勞之。請益。曰，無倦。愛之，能勿勞乎。忠焉，能勿誨乎。自古皆有死，民無信不立。彖曰，說以先民，民忘其勞。說以犯難，民忘其死。說之大，民勸矣哉。象曰，麗澤，兌。君子以朋友講習。是以夫子兼以勞誨言之。曾子曰，君子以文會友，以友輔仁。亦兌之道。古人朋友講學，常與鄉約族教為一體，輔仁立信，真兌之道也。

渙。子曰，質勝文則野，文勝質則史。文質彬彬，然後君子。子貢曰，文猶質也，質猶文也。虎豹之鞟，猶犬羊之鞟。尚氏訓渙為文，甚是。渙曰王假有廟。象曰，風行水上，渙。先王以享於帝立廟。無其文則亦無以爲質也。

節。子曰，節用而愛人，使民以時。有子曰，禮之用，和為貴。先王之道，斯為美。小大由之。有所不行，知和而和，不以禮節之，亦不可行也。子路曰，長幼之節，不可廢也。彖曰，天地節而四時成，節以制度，不傷財，不害民。象曰君子以制數度，議德行。此之謂也。

中孚。子曰，老者安之，朋友信之，少者懷之。克己復禮為仁。一日克己復禮，天下歸仁焉。彖曰，說而巽，孚乃化邦也。豚魚吉，信及豚魚也。此之謂也。子曰，善人為邦百年，亦可以勝殘去殺矣。誠哉是言也。象曰君子以議獄緩死。亦同。

小過。林放問禮之本。子曰，大哉問。禮，與其奢也，寧儉。喪，與其易也，寧戚。象曰君子以行過乎恭，喪過乎哀，用過乎儉。可謂渾然符契。子曰，不得中行而與之，必也狂狷乎。狂者進取，狷者有所不為也。此夫子之所謂小過也。

既濟。尚氏曰，既濟者言六爻盡當位而止其所也。止其所而不遷，則道窮，故彖辭不許其終吉。論語所言，以漸進化育爲主，大多未至六爻盡當位而止其所之地。子曰，己所不欲，勿施於人。亦類遮詮。子曰，中庸之為德也，其至矣乎。民鮮久矣。如斯而已矣。象曰君子以思患而預防之。論語一書，此義尤夥。夫子不欲直詮既濟之地以自招咎悔。儒之異乎釋道，亦有在此者。宋儒效釋氏直詮天理，其之自招咎悔，亦有故也。禪門之摒棄義學，不立文字，不欲以言詮犯正位，自遺咎悔，亦有故也。

未濟。未濟六爻皆不當位，復歸於混沌。象曰雖不當位，剛柔應也。象曰君子以慎辨物居方。子張問崇德辨惑。子曰，主忠信，徙義，崇德也。愛之欲其生，惡之欲其死。既欲其生又欲其死，是惑也。子曰，視其所以，觀其所由，察其所安。人焉廋哉。人焉廋哉。所以所由所安，皆辨物居方之謂也。子曰，君子之於天下也，無適也，無莫也，義之與比。是未濟之復歸於乾也。

潘氏過半刃言閑議

潘氏雨廷先生專肇象數，義理之學亦高妙，可謂兼漢宋之長。過半刃言一書，專釋六十四卦，不涉爻辭，勝諦貫串，殊多沉慨。愚憾乎今世鮮有道其書者，略摭精義如右，猥附己意，以爲發揚之用。

過半刃言乾卦有云"元之爲言，春也，東也，仁也。亨之爲言，夏也，南也，禮也。利之爲言，秋也，西也，義也。貞之爲言，冬也，北也，知也。元利者，其時春秋。春秋之名，孔子因魯史而斷二百四十二年之史實者。其位東西，東西之實，萬物之總名。萬物始生，有不占方所者乎。其德仁義，仁義之理，人道之基"。曩日塾童之敏者嘗問，夫子述作名春秋而不名夏冬者何？愚於舊說皆有未愜者。今觀潘氏之說，可以無憾矣。

復卦有云"讀易而未知陰陽，猶未入門也。知陰陽而未知消息，入門而猶未登堂也。知消息而未知剛反之復，登堂而猶未入室也。知復亨而未知出入无疾之心，雖入室而猶未得其實也"。甚爲精闢。末句義尤爲前人所未道。又訓无疾之心有云"夫人參天地，天地之心猶人之心，然未參天地者不與焉。此或去或存，幾矣微矣。去者當復而存之，求放心之謂也。存者當存而又存，性乃道義之門也。君子之覺者，覺此耳。出以自覺，入以覺人，因時出入，何疾何咎”。窮究心術，轉精於宋儒。**程傳**言“出入无疾，謂微陽生長，无害之者也。既无害之，而其類漸進而來，則將亨盛，故无咎也。而卦之才有无疾之義，乃復道之善也”。義甚平篤。潘氏言知復亨而不知出入无疾之心，雖入室而猶未得其實者，洵不虛也。杭辛齋學易筆談二集卷一“出入无疾”條言程傳語意尤爲猾突，不成文理。然辛齋訓疾爲不疾而速之疾，潘氏異是。

遯卦有云“大道有不議而知者，天理有不辨而明者。心及非非，絕之有得，事遇不決，舍之可成。是之謂喪我，是之謂遯亨，達人之思，大人之知也”。三祖信心銘云，至道無難，唯嫌揀擇，但莫憎愛，洞然明白。趙州云，才有語言，是揀擇是明白。故不議不辨者，皆莫揀擇也。碧巖錄雪竇頌曰，聖諦廓然，何當辨的。對朕者誰，還云不識。義同。潘氏深諳禪門，想其讀易時亦有此義在。

剝卦有云“故順其自然者，息則安之，消則憂之，見人之日趨於死而莫之知避，能不憂之乎。忘情而不憂，非君子也。憂之而不尚天行，亦非君子也。聖人憂患作易，非目睹此剝象乎”。潘氏歷諸劫運，書多憂患之言。其言忘情而不憂，非君子也，語極沈慨。道釋二教皆主忘憂，然憂何能真忘之耶。老莊釋迦，實大憂患者。儒門直面憂患，不事文飾，爲大無畏。

既濟卦有云“既濟之爲德，其天則之謂乎。然天則之基，仍瞬息萬變，或忽其變而止之，則昔日之天則有不爲今日之失則乎。昔日之至德有不爲今日之亂德乎”。真可迴鑑。潘氏之世，昔日之天則真爲今日之失則，昔日之至德真爲今日之亂德，時世反覆，爲顛倒之相，於此之世，若忽其變而止之，爲致禍之由，是以潘氏而有斯言。以正論之，天則之基，亘古無二，豈瞬息萬變者哉。

井卦有云“蓋井之爲德，體而一之，不知有遷改，何論乎消息。成於此，毀於此。立地之堅定，中乎消息而不變，有甚於井者乎。其好遷善改者，趨時易位者，尚知有井德乎。聞之能無羞乎。能無愧乎，何不以之爲戒”。亦砭絕俗學之言。近世之人，大多好遷善改，趨時易位，而固守井德者，惟毀而已矣。慟哉潘氏之言。而今世之趨時易位者，愈倍蓰於前，天下滔滔，固守井德者，蓋亦鮮矣。非固守井德者，不能傳國學之血脈。亦惟此固守井德之人，始可以言變通也。

賁卦有云"利往以文天，反身以文人，人文文天，天文文人，天人相生，人天相文，其變不已，其賁不已，化成天下之道，其有已乎"。人天相文之理，深粹可味，文心雕龍原道之義盡得之矣。彥和曰，觀天文以極變，察人文以成化，道沿聖以垂文，聖因文而明道。竊謂唯人天相文，方可致天人相生，人天不相文，或亂爲文，天人則暌離不相生矣。今世已漸趨於人天不相文亂爲文之時，則天人相生之澤亦將竭矣。可不憂乎。

隨卦有云"陰以歸陽，其元不二。後以從先，其道不迷。下以親上，其首不濡。述以准作，其思不亂。隨之爲德，至理存焉"。述以准作，其思不亂一語，最有見地。夫子自謂述而不作，實則乃述以准作也。

師卦有云"人之所以爲人，別於禽獸耳，此神聖之功，然其間之辨幾微者也。有形雖離象尚有未離者，口已熟食心尚未大化者，其言行猶同畜類者，聖賢不得已有獄有師"。潘氏聞見此畜類者必極夥，故有斯言之發。明儒有言，莫問生死，先辨人禽。蓋人禽之辨，爲道化之基，最爲危亟。人之自別於禽獸者，今世之人鮮有辨之。今世獄師之處境，誠不得已，其之不以聖賢之義、神聖之功爲然，非無良知，乃世運習氣使然。仁者導以中道，引其奮發，自能新闢一天地。使聖賢之義不墜於地，亦復順應時變而不悖。吾有蘄之也。

訟卦有云"若夫智愚，其見各別，象亦不同，惜智愚者，每欲辨一日之是非得失。愚者如是，猶可說也，智者如是，其與愚者之智亦近焉，而訟又咻咻無已"。儒門自子輿氏以來多有好辯者，流弊難免，歷代賢者亦多爲所累，如朱、陸之諍，遺憾未絕。釋氏教宗林立，然氣象多寬弘，隋唐以降，多爲儒者師，非無故也。至宋明釋子亦漸好諍，宜其衰墮。重陽、處機，會同三教，而不好辯，根深氣厚，宜其興盛。

渙卦有云"廟何用，用在主其人之思，一其人之志，安其人之心，凝其人之情。易惟於萃渙二卦繫王假有廟之辭，皆此義也。蓋當萃聚散之至，必宜有廟以亨之，以慰其歸，生趣寄矣"。今世所憂，非缺伽藍，乃少家廟，家廟既稀，則綱維不厚，風俗澆漓。孔廟亦同虛設。孔廟既亡其精神，學術日趨流雜而無主。今日處渙散之際，吾儕有志講學者又多患無廟以用。惟賴釋氏立廟以主持之耳。愚是以知夫釋氏之壽，又幸於儒教也。

大畜卦有云"小畜者畜文事，大畜者畜史事，文者一己之妙言，史者天下之公論。文不可不博，何往而不成章，亨之至也。史不可不實，何時而不可鑑，貞之效也"。史學之重，要非文事所及者，以此也。遷固史而爲文，大小皆畜，宜其爲極。後世文而爲史，已落小乘，宜其日靡。史書實爲大畜之相，汪洋弘廓，而必準以正義。文集自類小畜之相，穡發厚儲，而多曜以靈光。潘氏之言妙甚。

萃卦有云"知萃而不知所以萃，宜殺牛之不如禴祭也。求也爲季氏聚斂，小子當鳴鼓而攻之。舞八佾，旅泰山，可謂文萃乎。萃物而不施之，有澤而不下之，存以羊易牛之仁術而不大之，其何以亨之哉，是皆萃德之未足也"。今世吾國貨殖隆盛，國庫豐盈，多有萃聚之相，然猶未有萃德，以此故。夫萃德必王假有廟以致禮亨，聚以正也。此今人所忽而未行者。夫國家大戶皆未知萃之所以然者，則德化將難成。

蒙卦有云"若童蒙志應而來焉，有蒙而求覺焉，師乃因時中而告之教之。當包則包之，當困則困之，當擊則擊之，當發則發之。包以養其元，困以煉其元，擊以正其元，發以顯其元"。包困擊發四字可爲訓蒙之訣。四字皆從論語化出，深有蘊藉。以禪門教化之靈機縝密，尤能得其妙處。臨濟四料簡所謂王登寶殿，野老謳歌者，即包也。感化也。所謂幷汾絕信，獨處一方者，即困也。磨煉也。所謂王令已行天下遍，將軍塞外絕烟塵者，即擊也。克敵也。所謂煦日發生鋪地錦，嬰孩垂髮白如絲者，即發也。滋育也。發者,奪人不奪境,主乎童蒙之心志也。擊者,奪境不奪人,主乎童蒙之情識也。困者,人境兩俱奪,主乎童蒙之性情也。包者,人境俱不奪,無爲而無不爲也。潘氏之說,與四料簡冥符無間,豈偶然哉。

　　節卦有云"然節以顯真而節非真,惜有以節爲道者,其道可得乎。不得而執之,糟粕也,苦節也"。宋儒倡苦節之制,誠於教化有砥礪之功,然取大非於後世,理學之名,幾爲禮教苦節之制所壞。劍之雙刃,孰能免之。釋氏義求解脫,其宗派亦鮮有能超然不敗者,其所由敗者,往往即曩日所由樹立者。成敗皆以蕭何,古人蓋先以為嘆。然節者固苦也,豈有無苦之節哉。聖者固無累矣。賢者以下,欲求至真至誠者,舍節焉能得之。既循節制,而終淪苦節而未大化者亦多矣。不然亦不足以爲聖德之至。蓋亦不可厚非也。

倦游菴槧記解易甚精

　　清儒萊陽周悅讓孟白先生學術博厚精湛,撰有倦游菴槧記一書,惟劫運踵至,百二十年間未付剞劂,幾成塵沫。十年前始由齊魯書社梓行之。是以其人其書,聲聞泯晦,人罕之知。愚偶獲之,開卷而異焉。周氏之書,貫通群經,樸茂湛密,多發前人未發者,每能益人神智,實有神於經學,不可廢也。趙孝陸氏評其書精湛浩博,不亞高郵王氏讀書雜志。非誣也。今略摭其解易勝義,以昭其碩學以萬一。

　　竊謂槧記經隱周易二卷有四美,其一曰訓詁脫俗,邃異別裁,而皆爲樸學正解之法,不事臆測。其二曰義解殊妙,豁然秀穎,每能出舊學之外,爲千古未道之說。其三曰,以史釋經,參引古史諸子之錄,獨具奧機妙理。其四曰,以禮釋經,不似象數家多拘囿以象數,轉以古學之精諦,自成一說。

　　訓詁。豫六三盱豫悔,遲有悔。孟白以憂病諸古義訓盱,有云"盱豫者,乃以憂病爲樂也。孟子曰,安其危而利其菑,樂其所以亡者，即盱豫之義也"。又引左傳釋悔之義。惠氏周易述以張目訓盱，而以爻位釋之。尚氏言艮爲視，坤爲病，故曰盱。諸爻獨三得承陽，然失位，故睢盱上視，有憂悔也。則兼取二義，皆以象解之。實恃易象之說太甚，轉生附會，不若孟白以經子之語釋其底蘊，反能深切卦義。頤，貞吉，觀頤，自求口實。孟白有云"周禮籩人，朝事之籩。注，謂清朝未食，先進寒具，口實之籩也。云云。則頤之自求，乃寒具之屬，非正饌也，如今俗點心矣。禮記曲禮百年曰期頤云云。政以老人正食時不能多進，須備小品，時時補之，使頤中常有物故耳。書仲虺之誥傳，以常不去口詁口實是也"。舊學皆以食養解頤，而莫知頤之爲言非正饌，孟白之說，政前人所未道者。咸。咸其股，執其隨，往吝。孟白有云"古人謂小便處爲私，而私隨聲同，則本經隨宜作是解，非趾及腓之謂也。咸三位居股，善動者也。而動則必往，往則必吝。然其動在股，而股之所以動在隨，執之斯不動矣。此處咸之方也"。亦爲新義。咸，爲少男仰求少女之象，得婚姻之正，故曰取女吉。九三之所以往吝者，蓋春情旺而好動，動而失節，則必損乎婚姻之正者。孟白訓隨爲私，執隨爲節制私情，實爲妙義，爲前人所忽。此解貌甚駭異，而實平正。豐。六二，豐其蔀，日中見斗。孟白訓蔀爲蓋，六二應五震中爻，震爲車，當車中而高者蓋也。斗者，車蓋之斗，非天上斗宿。於九四有云"凡人豐則自張，隨其張之廣狹，爲其禍之小大。蔀無重幨，沛猶可斂，屋則四塞而不通，一成而不變，故其禍亦大而不可解矣。屋象亦由蔀沛而類推之也"。尚氏等以虞氏日蔽云中稱蔀爲然，不若孟白之說之能具體稱象，上六豐其屋蔀其家凶，能得其妙解。渙。亨，王假有廟。孟白訓渙爲離麗，乃散而有所麗著之義，謂氣盛而發散，非氣衰而離散。舊解皆以後者渙散爲說，孟白反之，獨具超識。尚氏之學在周氏之後，其訓渙爲文，文理爛然，有煥爛之義，實與周氏之說暗合。此皆孟白訓詁之精拔俗學者也。

　　義解。蠱，上九，不事王侯，高尚其事。孟白有云"本卦自初至五，皆以父母爲言。而本爻獨言事王侯者，蓋如魏王裒之終身不西鄉,南齊褚貢之不肯襲爵,五代楊凝式之終身稱疾,事雖不同,而其從父起見則一也。是不事王侯,政爲幹父之蠱耳,非無故隱居者所得援以爲例,故曰高尚其事,而傳亦曰,志可則也。古有道之世,無無故而以隱居爲高者也"。義理深切,舊說疏闊,爲之廓清,如湯沃雪,還其本致。程傳之失,可以免矣。惠氏周易述言,是親老歸養乃事之最高尚者,故臣不得事君,君猶高尚其所以之事也。義亦得正。惟不及孟白之說之能圓密無憾。賁。六二,賁其須。孟白言,須老而白,賁之使黑,合情飾貌之事,自二至上,皆以賁其須爲義,故傳曰與上興矣。此爲前人所鮮道者。孟白有云"賁須以飾貌,其情本涉于吝,如南史之陸展,元史之史天澤之類皆是。須以白而後賁之,以求其不白,而上曰白賁,則是未嘗賁也。非賁而曰賁者,志不求世用,故示人以白,以免于世之相求,乃得其志也"。理極微妙,亦爲新義。說白賁微妙若此,真匡衡說經解頤之地也。

以史釋經。屯。利建侯。孟白援柳子厚封建論、莊子讓王篇王子搜患爲君、陸士衡五等論以言建侯之三義,可謂別出心裁,清穎可味。明夷。孟白言前四爻皆言文王,以羑里事,閎夭求驪戎之馬獻之紂乃赦西伯事,伐崇侯而作豐邑事等解前四爻,亦稱新穎。宋翔鳳過庭錄卷一言乾之六爻,明禪讓之法,爲堯舜之事。以史釋經之法略同。宋氏又云,坤之六爻,明征誅之法,爲文王與紂之事。則與孟白言明夷者亦同。然坤元厚德,擬之征誅或非宜,不若於明夷言其事爲合。旅。上九,鳥焚其巢,旅人先笑後號咷,喪牛于易,凶。孟白引山海經王亥託于有易河伯僕牛,有易殺王亥,取僕牛事,曲爲核證,頗感契合。易經本多古史印迹,於此或可窺一斑。

以禮釋經。周氏尤精三禮,每以禮制說易,曜熠生輝,較之拘於象數者,廣矣。復。上六,至于十年,不克征。孟白引左傳言先王卜征五年,而歲習其祥,祥習則行,不習則增修德而改卜。本經政取此義。日用行師,曰征,即卜征也。不習則凶,凶則五年不克征,再卜而不吉,即十年矣。而惠氏尚氏惟以坤數爲十以解十年,實不若周說合禮之數。易經之數豈皆象數之數哉。睽。上九。載鬼一車。孟白云"書甘誓傳，天子親征，必載遷廟之主行。祭法，去埠爲鬼。本經載鬼，即此主也"。此說平正，可去舊說玄誕之習。姤，九二，包有魚。孟白云"禮記昏義，古者婦人先嫁三月，教于公宮，教成祭之，牲用魚。云云。有魚，即謂此魚也。教成，則女不用壯而可取，故无咎。包无魚者，教不成之女也"。此於姤義甚合，亦可備一說。既濟。九五，東鄰殺牛，不如西鄰之禴祭，實受其福。孟白云"九五乾爻，當夏正三月時，自孟春犧牲勿用牝，至季春合腾，通在春令，而禴本爲春祭，于時不用犧牲，故殺牛以祭，不如汋菜以祭者之得受不殺之福。傳曰，不如西鄰之時也。政以春時爲言也"。義殊明晳。較之舊說之迷滯不決轉勝矣。尚氏以離東坎西爲位爲學，然亦不能會殺牛不如禴祭之所以然，惟言坎當五得中正之時而已。繫記一書以禮說易者甚夥，亦有偶傷附會强說者，然大體殊有新義，爲古人時賢所無者。其說羣經之精博亦在宋翔鳳、俞樾、李慈銘、徐鼒、趙紹祖諸筆記之上，不可多得也。

徵聖錄卷二　羣經類

春秋繁露義證精華摭記

魏默深董子春秋發微序謂董子之書，三科九旨，燦然大備，其用宏通精淼，內聖而外王，蟠天而際地，遠在胡毋生何劭公章句之上。蓋彼猶泥文，此則優柔而饜飫矣。彼專析例，此則曲暢而旁通矣。故抉經之心，執聖之權，冒天下之道者，莫若董生。所論極是。皮鹿門經學通論言孟子之後，董子之學最醇。春秋之學，孟子之後，亦當以董子之學為最醇矣。亦然。愚至謂春秋繁露堪與三傳并稱，幾非子部所能囿。蓋其書義理之醇正，經緯之弘廓，非徒公羊學之鴻寶，實漢儒精魄之載具也。清季蘇厚菴輿乃董子第一功臣，其春秋繁露義證註解精闓詳實，雅正博洽，愚極愛之。厚菴之論斷引申，精義亦夥，頗能俾益世人。惟蘇氏奄逝，湮沒既久，今略摭數條，聊伸其神氣以萬一。

玉杯第二言惡厚而責薄，義證有曰"賢者可以理論，而下愚不足齒數。罪顯易聽，鈇鑕治之，非筆削所能懲。其恕也，乃其所以為嚴也。傳所謂不疾乃疾之意也。是故春秋之義，責下輕而責上重，責小人恕而責君子愈嚴"。吾國綱常禮教，周徧朝野，無有分別，然實嚴責於士夫君子，而恕求於庶民野人。惟嚴責於士夫君子，仁義道德之聖教方能不衰于百代，此吾夏文教統系之樞紐也。

而今世每以夷變夏，動輒以庶民野人之民權為衡，而施普遍雷同之教化，遂令士類不振，胥化於羣氓矣。士類之不振，蓋由無此道德禮教之嚴責也。而一國之精神必由此而凝一。一國雖以霸術而奮起，其元脉精魄則非上士俊秀不能自振。蘇厚菴言之深矣。而今人多未識此義，關者猶斷斷於禮教之繁縟窒情，謂天理人欲之教豈庸民庶人之所能受，殊未知公羊大義惡厚而責薄，本為君子而設教，實非刻苦于庸民。

竹林第三言中權，義證有曰"公羊說權義甚嚴。其見於傳者，假祭仲見例而已。然且申之曰，權之所設，舍死亡無所設。則於死亡之外，固不許行權矣。至董子說權義尤深，丑父之於齊頃公，生君以自殺，存君以自亡，宜若可許為權矣，而猶以邪道責之。其不輕言權如此"。權變為豪傑所樂道，是以百代以降，時人每以經權自飾，龍蛇淆混，授人口實。是以程子曰"古今多錯用權字，纔說權，便是變詐，不知權只是經所不及者。權量輕重，使之合義。纔會義，便是經也"。厚菴許為與董義合。權之道，實為天地正道之奇變，若不可測者也，豈易言易行哉。杭辛齋學易筆談初集言光緒甲午以後，我國新進，厭弃古學，而竺舊之士，又墨守糟粕，不能發揮精義，與新理相調和，而資利用。致精義入神之學，日就澌滅。案辛齋之意，蓋嫌時儒未能應權。然彼時何者為權，何者為詭，豈辛齋所易言哉。康梁為權耶，太炎為權耶，新文化為權耶，今日觀之，皆非是也。而彼等皆闢闔開拓，自任經緯。百年而下，世局大異，而今群經既廢，權者焉存。所謂權者，乃夷學之糟粕耳。葉水心有言"治道固不能不與時遷移，然亦有清靜寧民，可以坐消四國之患，使古意自存者"。庶幾權之義。董子說權義之深嚴，自有其廓遠愷切之謀。

重政第十三言說不急之言以惑後進者，君子之所甚惡也。義證有曰"此教人治經之法。掇拾煩碎，所謂能說鳥獸之類，不急之言耳。以此為教，尚惑後進，況於附合經術，造詞荒誕，以淆亂觀聽者哉。徐幹中論治學篇曰，凡學者，大義為先，物名為後，大義舉而物名從之。然鄙儒之博學也，務於物名，詳於器械，玫於訓詁，摘其章句，而不能統其大義之所極，以獲先王之心。故使學者勞思慮而不知通，費日用而無成功。至董子非不尚訓詁，亦未嘗非名物，實皆以明義理為歸，異乎後人之徒以章句訓詁為事者"。此說頗能中清儒之病。乾嘉之儒，惟東原次仲之徒猶樂舉義理之綱緒，而其所謂義理者，實皆未正。他儒則多湛守名物之辨文辭之華而荒於大義，不免斷港絕潢，爭于波靡矣。名著若馬瑞辰毛詩傳箋通釋，於訓詁名物精審湛明，而幾不涉大義，識者每樂其博洽而憾其偏頗。漢儒洞見邃遠，拳拳以不急之言為戒，為開千年道術問學基業，不惜辭費，而蘇厚齋承其師王葵園之風，能辨清儒專務訓詁之弊失，是以有志於董子之學，終能附驥尾而不朽矣。

奉本第三十四言遠夷之君，內而不外，義證有曰"顧自秦漢以來，變曰亟矣，然而倫彝攸叙，禮教相沿，有不隨國而俱亡者存焉。故春秋立其極于禮義，以為華夷進退之機。杞越聖裔，習于用夷而夷矣。潞子赤狄，離于夷而許其慕夏矣。循是以往，六合之外，有進於中國而胥為大同者，亦天地之仁所許也。苟先自棄禮義，以蹈傳所謂新夷狄之議，則將為進於禮義者所治，而君子之憂愈切矣"。厚菴所言極深。王船山言國統可亡，而道統不可一日亡於天下，亦同。此函夏不滅之由也。自棄禮義，以師夷為能事百年矣，而今日方思教化羞恥之重，祭祀先聖之大，尚多潤飾之功，而無根本之策，其中憂患，豈吾儕蓬心所致耶。厚菴著書在宣統之時，其議論如此，自有深意。其所匯編翼教叢編，近世幾皆斥其僵守頑冥，而不識其赤誠深切，多具器識。蓋康梁者若荊公新學，而翼教諸公若洛蜀之黨，黨爭雖熾，龍蛇起陸，而天地大道猶在焉。蘇厚菴之怒憂如擣，抑虛費而無功耶。士類貞元之日，必有識其書者群起而自振于巖隴之上也。

王輔嗣注易辨

　　自清儒惠定宇張惠言治易漢學虞氏消息，象數大興，則每以詆王輔嗣注為能事，言其掃袪象數，遂令古學蕩然。李道平周易集解纂疏自序所謂王氏之注，論象數既不及漢儒之確，論義理又不及宋儒之醇，進退無所據，有識之士多擯斥不肯道是也。道平之以芻狗視之，固風氣所致，實非能洞悉真相，平情而得之。王韓之注易，豈若此哉。不然何以立千年而不衰，為經術注疏之典範耶。四庫館臣稍持恕論，提要有曰"易本卜筮之書，故末派寖流於讖緯。王弼乘其極敝而攻之，遂能排擊漢儒，自標新學"。又曰"平心而論，闡明義理，使易不雜於術數者，弼與康伯深為有功。祖尚虛無，使易竟入於老庄者，弼與康伯亦不能無過。瑕瑜不掩，是其定評。諸儒偏好偏惡，皆門戶之見，不足據也"。然此猶模棱調人之見，殊未道及肯綮也。（余氏嘉錫四庫提要辨證卷一論周易正義辨析甚正，斥清儒侈口快意，未考史實之言，觀之爽明。考據之有裨于道，常出人意表，獨有神力。有心哉斯人。）後世論者，有杭辛齋最能探驪抉微，發論警徹。其學易筆談初集卷二王弼為後生所誤有曰"不知王易之所以能掃象而仍無礙其說者，正惟其深得玄理，故能獨超乎意象之表也。乃以玄談為病而去之，則所存之不病者，皆糟粕耳。猶冥然自侈為輔嗣之功臣，致令後世宗漢易者以掃象為王氏罪，曰輔嗣學行無漢易，輔嗣豈任受哉"。此說深闢二百年習見，愚為擊節。辛齋乃主象數之宗師，識見超舉如此，蓋其精于易理使之然。輔弼之深得玄理，乃德性智慧之睿也，豈言辭雋逸，潤飾老庄之謂哉。清儒祇知王易方法之異乎漢儒，而實未審乎其心性道術之通。是亦執乎表象而未達者。易傳言道殊途而同歸，象數義理二派，殊途也，其歸必一。古人求道者也，以歸一為志，是以漢儒宋儒皆能無礙其說，自行其道，何可固執其有詆其無哉。滋溪老人有曰"經者天下之公物，非一人所得私。理者天地之自然，非偏執所能致"。真至言也。愚觀夫今之治易者，多主象數卜筮而輕義理，其自辛齋滋溪淵源而下，復以宋學衰微，固有由也。然其涵養學問已遠不逮清儒，而於晉宋之易，似猶蹈舊識，甚者愈激刻蔑之，良非平正，鄙之聊發此說，欲矯枉之而已。景德傳燈錄三十載菩提達磨有理人行人之說，所謂理人者謂籍教悟宗，舍妄歸真，凝住壁觀，無自無他，堅住不移，更不隨于文教，此即與理冥符，更無分別，名之理人。行人謂報冤行隨緣行無所求行法行，其餘諸行，悉人其中。愚意主義理者類理人，主象數者類行人。蓋義理派徑求三才之理，善以六經相詮解，視名象為筌蹄，既得經義正理，物物而不物于物，堅守如一，以為聖行。是理人也。象數派主卜筮、卦气、消息、六日七分、推卦用事之日之月、納甲爻辰，皆以用行實數為體用，是行人也。達磨言夫人道之途，要而言之，不出二種。治易之途，亦不出象數義理二種。何可輕此而薄彼哉。杭辛齋言儒與佛老雖異，而道無不同，蓋天地之數，至三而備也。孰謂佛理不可援會吾儒哉。

治詩以受用為本

夫詩有齊魯韓三家與毛傳之爭，有毛傳鄭箋與朱子集傳之釁，所謂漢宋強爭，今古莫辨，是所以難治也。愚意一代有一代之詩學，實當以受用為本，而不必專務窮究其義之是非而忽其大本也。蓋今文三家之詩，本有淵流，乃與炎漢政教合體，可與書春秋今文之學相發明。清儒專主三家者不遺餘力，重啓明照，卓有功德。然皆未見乎其之實行，不能移化西漢之詩教於彼世，徒備乎學問而已。孫仲容作周禮正義、周禮政要，為清人經疏之冠冕，立言不朽，而其以周禮輔佑政教之宿志實未能成也，亦同然。皮鹿門經學通論言毛傳不可信者有六，聲气振振，然亦何足損乎毛傳之體也。蓋毛傳千年不衰，淪肌浹髓，固已與人心思行同一矣。學問之辨，固有高明，尚不足以動其心行之悠久。自毛詩傳授，三家遂絕，亦天勢之本然，非區區人力所能左右。毛詩弦歌既遠，其根蒂固深切矣。三家不可不學，然舍毛而言詩，或非正也。惟朱子作詩集傳，摒絕毛序，幾令毛廢，爭議最多，清儒尊毛而攻朱，辯之亦詳矣。（近儒張舜徽清人筆記條辨評王漁洋居易錄卷三十三論詩小序授受有據不可廢，紫陽集傳臆斷而不可憑，嘗援引馬端臨文獻通考之妙譬，而說愈備。右毛傳者，不可不觀之也。近觀潛研堂文集陳先生傳，清儒陳祖范亦嘗云"朱子以後代詩人之習，上觀三百篇，故於小序，覺其迂闊牽強而難信也"。又云其師心自用。）此朱子天性剛奮之所在，亦其治經之霸術也。其書極有裨益于詩學，流傳深遠，然原其道術，終未若毛傳之長且醇。皮鹿門言朱子不信毛序，亦有特見，魏默深駁毛序之說多有朱子已言者，此固朱子之雄強明睿處。若衡以聖道之中正平和，則或失之獨斷。錢澄之與張敦復學士書有曰"弟於詩特宗小序，以小序去古未遠，其世次本末雖難盡據，然大要不甚謬也。朱子集傳凡從鄭夾漈說者，蓋不敢遵。若毛氏之傅會，鄭氏之穿鑿，皆力闢其謬，亦各從其是而已"。實為治詩之康衢。（鄭堂讀書記卷八言明豐坊偽撰詩說一卷，作偽者心勞日拙，此皆宋人廢序言詩之流弊也。）

宋儒治詩之中正平和者，為吾鄉呂東萊呂氏家塾讀詩記。其書尊毛序，重統緒，又參稽洛關以來宋儒之說，附以己意，實能兼存古義新知，漢宋之學，並行而不悖也。雖明辨精思未若朱子集傳，其質之溫潤典正，則能長之。愚所謂一代有一代之詩學，朱呂講學之時，治詩之正統尚在呂氏，而以朱子為偏霸。（宋世治詩之正統者，呂氏之前有吾鄉范處義逸齋之詩補傳，後有嚴粲之詩緝。万斯同嘗言呂、嚴之書卓絕千古，餘書莫可得而鼎立。非愚鄉曲之私也。）愚所謂當以受用為本者，則又將陵轢偏正之說之上，而歸諸踐履也。呂氏蚤逝，涵養未足擴充，讀詩記是以少焠煅之功，是為憾也。宋儒王深寧作困學紀聞，最具特識。其論詩說，尤能備三家毛傳諸說而不偏廢，是以能鳳翥後世，為清儒推重。然愚所特賞者，乃其說多崇本受用之精神，非章句學問之是非所能囿也。其曰"子擊好晨風黍離，而慈父感悟。周磐誦汝墳卒章，而為親從仕。王裒讀蓼莪，而三復流涕。裴安祖講鹿鳴，而兄弟同食，可謂興於詩矣。李楠和伯亦自言,吾于詩甫田悟進學,衡門識處世。此可為學詩之法"。愚懼夫習詩者淫浸章句而不識此學詩之法,則將喪其本心大體,非古人之所謂為己之學者也。宋儒多於此焠煉引申,而清儒則鮮有得乎此者。今世治詩者,當有取鑑之意方是。(宋王逢原集卷十六上孫莘老書言後世詩道大壞,嘗推索孔子所謂可以興觀羣怨者,幾絕矣。則是邇之事父、遠之事君之道,其亦略矣。其所以弊者,詩之無主故也。逢原之所謂無主,猶愚之所謂無受用也。清儒周壽昌亦明斯理。其思益堂日札卷一詩敎一條亦嘗援引王深寧斯語,其復云"王式以三百五篇諫昌邑,王尊爲東平王誦相鼠之詩。雖至魏主丕時,鵜鶘集靈芝池,猶能下詔博舉雋德茂才,以答曹人之刺。後世但以詩爲詞章記誦之業,詩敎遂亡"。)王深寧又曰"朱子詩序辯說多取鄭漁仲詩辯妄。艾軒謂,歐陽公詩本義不當謂之本義,古人旨意精粹,何嘗如此費辭"。林艾軒此言極妙。宋儒說經以武斷稱,蓋宋人已能自識之,非特為清人所駁擊也。而古人旨意精粹云者,豈非毛傳之謂哉?呂氏不欲強立私意,是其所以平和溫潤者也。張舜徽愛晚廬隨筆學林脞錄三有曰"清末李慈銘一生鄙夷宋學,獨其勸友人治詩,以註疏及呂氏詩記、嚴氏詩緝為大綱,而以陳啓源胡承珙馬瑞辰諸家書為緯,實獲我心,亦學者之公論"。極是。愚意習者不懷好異之心,能自求古人旨意精粹於踐履中,方為百世學者之正道也。是以清儒主三家者,精思強辯,啓牖神智,極有發明,然終不免乎此好異之名。葉水心嘗言,知道然後知言,知言則無章句。宋儒每有清氣高華,不作轅下物事想,有清之世曷可見之哉。

儀禮禮意辨

儀禮凡例圖解,清儒釋之備矣,而治禮經者必講禮意,是以凌次仲校禮堂文集又有復禮三篇,專求大義,以補其釋例之著之專。陳澧東塾讀書記卷八論儀禮有曰"既明禮文,尤當明禮意。朱笥河以儀禮難讀,欲撰釋例之書,又以禮莫精於喪禮,欲撰禮意之書。釋例則凌次仲為之矣,禮意則鄭注最精,非獨喪禮也"。東塾尊鄭注之深微,可謂抉經之心矣。後世習儀禮之意者不可不知此。然論者多溯之宗周,尋禮經之原本,又非鄭注之義所能限。蓋儀禮者,儒家之經也。惟儀禮之重,非此則無足以成儒教,是其所以為經者。然拘守此說者,亦多非通人達旨,不可不辨。葉水心習學記言有曰"曲禮中三百餘條,人情物理,的然不違。餘篇如此切要語,可併集為上下集,使初學者由之而入。豈惟初人,固當終身守而不畔。蓋一言行而有一事之益,如鑑覩像,不得相離也。古人治儀,因儀而知事,曾子所謂籩豆之事,今儀禮所遺與周官戴氏雜記是也。然孔子教顏淵非禮勿視勿聽勿言勿動,蓋必欲此身常行于度數折旋之中。而曾子告孟敬子,乃以為所貴者動容貌正顏色出辭氣三事而已,是則度數折旋皆可忽略而不省,有司徒具其文,而禮因以廢矣。故予以為一貫之語,雖唯而不悟也"。水心疑曾子略儀禮之教,實言其非孔門正宗。水心嘗言"蓋以心為官,出孔子之後,以性為善,獨自孟子始,然後學者盡廢古人入德之條目,而專以心性為宗主。致虛意多,實力少,測知廣,凝聚狹,而堯舜以來內外相成之道廢矣"。所謂以性為宗者,自指唐宋以來援佛禪論儒義者,而必追罪於曾、思。儀禮,即其所謂內外相成之道也。惟以內外相成,始足以言經。水心與朱陸同時,而見地超邁,已開後世顏習齋清儒之緒。梨洲言水心異識超曠,不假梯級,謝山言水心有卓然不經人道者,然也。凌氏復禮中有曰"脩身為本者,禮而已矣。蓋脩身為平天下之本,而禮又為脩身之本也。後儒置子思之言不問,乃別求所謂仁義道德者,於禮則視為末務,而臨時以一理衡量之,則所言所行不失其中者鮮矣"。復禮下有曰"聖人之道,至平且易也。論語記孔子之言備矣,但恒言禮,未嘗一言及理也。彼釋氏者流,言心言性,極於幽深微眇,適成其為聖知之過。聖人之道不如是也。其所以節心者,禮焉爾,不遠尋夫天地之先也。其所以節性者,亦禮焉爾,不侈談夫理氣之辨也。後儒熟聞釋氏之言,竊取其理事之說而小變之,以鑿聖人之遺言"。實與五百年前水心之說不異。是以儀禮之意,必自水心之所謂內外相成,凌氏之所謂至平且易者觀之，方可會其本原。

此說盛行百餘年矣。然其果為是乎。抑為非乎。愚謂非也。蓋禮經之學宋倡於朱子，清興乎淩、胡、張諸儒而未得復行者，自有由也。其之不復，非可全責于學者。豈非天道存亡所在。而唐宋儒者之援釋崇儒，開一千年基業，亦本乎天則人心之同然，為上古聖賢之血脈流傳者。豈其學有同於釋教者即為偽哉。此水心淩氏之未達也。所謂內外相成者，宋儒經權，誠有致虛意多，實力少，測知廣，凝聚狹之弊，格局固不逮乎周漢之大，而其血脈體要，終是正統。古人所謂之具體而微者，亦此也。而清儒必以己之學為漢學，其學固淵邃通古矣，而其行則愈悁怯不稱，古人之所謂內外相成者則愈悖遠矣。其之鄙夷宋儒，政見其不自量。考江艮庭錢竹汀，皆尊朱學者。錢賓四言竹汀論學，一本之于人事與義理，不以漢宋為疆界，不以註疏為終極。誠然。而乾嘉詆宋之風氣，實多滿人譎術強政所曲致者。主此風氣者，莫若戴東原。而從此風氣者，又多非戴氏本旨。可嘆也。是以愚觀夫淩氏之學，偉則偉哉，而終不悟宋學根脈之正而時儒門徑之偏。清儒至陳澧朱一新，調和漢宋，方見其折衷。至馬湛翁熊十力，則見其反動矣。荀子非相有曰“文久而息，節族久而絕，守法數之有司極禮而褫。故曰，欲觀聖王之跡，則於其粲然者矣，後王是也”。其說旨意通徹。後王者所開者後王之法數也，其義自可通於先聖，其禮自不必拘囿於舊文。東塾讀書記有曰“通典云方今不行之典，於時無用之儀，空事鑽研，競為封埶，與夫從宜之旨，不亦異乎。王西莊謂唐中葉經學已亂，故杜佑通典多狥俗。然讀儀禮者，亦宜知此意。十七篇中，冠婚喪祭諸篇為要，蓋古今同有之禮，信宜鑽研。今所不行者，但掇其大要可矣”。陳氏之主實用從宜，實言習儀禮者亦不必拘泥於古義而異軌于時流。皮鹿門經學通論卷三言古禮多不近人情，後儒以俗情疑古禮，所見皆謬，誠是也。然古禮之不近人情，則其終難為用也明矣。鹿門曰“禮器，禮之近人情者，非其至者也。古人制禮坊民，不以諧俗為務，故禮文之精思，自俗情視之，多不相近”。其義則極正。惟其義之不朽,後世聖人可取而用之,其例則斟酌損益從時變可也。近世張孟劬史微卷五有曰"禮貴義不貴數,苟得其義,則繁文縟節雖不具可也。不得其義而惟數之是求,則雖損之又損,如何邵公冠儀約制,亦恐有難行者矣。又況宮室籩豆之制度,古今異宜哉"。是也。(後又引抱朴子之說,恐亦本東塾讀書記。)是則禮意之學尤較禮例之學為重。今之治儀禮者或可致力乎此也。

周禮未可因考證而廢

困學紀聞卷四論周禮有曰"漢河間獻王得周官,而武帝謂末世瀆亂不驗之書。唯唐太宗夜讀之,以為真聖作。人君知此經者,太宗而已。劉歆始用之,蘇綽再用之,王安石三用之,經之蠹也。唯文中子曰,如有用我,執此以往。程伯子曰,必有關雎、麟趾之意,然後可以行周官之法度。儒者知此經者,王程二子而已"。伯厚一語,道盡古今治周禮者之別異。末世瀆亂之語,出漢人林孝存,則其人為排詆周禮者也。劉歆諸人,為以周禮潤飾政教者也。太宗、王、程,為深信周禮為可行之聖道者也。莫外乎此三者。排詆周禮者,以近儒錢賓四為典型。所撰周官著作時代考,辯證縝密,言其為戰國晚世之書,非周公制作,似為定讞矣。然其所辯證之法,皆以周禮祀典刑法田制音樂有非春秋所能有者為證,惟此僅可明周禮有後世增益者,尚不足以言其本非周公制度。賓四之學精博,其文亦極辯,然猶有武斷之嫌。略知學者皆可明周官非周公制禮之原本,而多有後儒所附益者,孰可以後儒之附益而即斥其偽哉。愚未能無疑。惟憾賓四行文,每以滑稽把戲之謂遣怒作者,鄙薄古人,為吾人所不忍者。此考證習氣所在,己之發明,未免自尊太過,辭氣未能醇和。古今以周禮潤飾鴻業者,劉蘇王三人為魁首。困學紀聞言"張禹以論語文其諛,劉歆以周官文其姦,猶以詩禮發冢也。禹不足以玷論語,而以歆訾周官可乎"。伯厚言莽歆之篡,不足以敗周禮也。愚謂劉子駿王荊公皆意志駿邁,材力雄大之人,而皆心術未醇，剛愎自負，有開闔之才，而無宰相之量，其業良足以自敗之。然其因周禮感興，施行策略，亦足以知夫周禮為聖意所在，孟子所謂豪傑之士雖無文王猶興者也。以二人為豪傑，亦未為過。陳蘭甫東塾讀書記有言"謂周禮不可行者，徒以王安石之故耳。趙雲崧廿二史劄記有云，古來宮闈之亂，未有如北齊者。後周諸帝后，當隋革命後，俱無失節者。良由宇文泰開國時，早能尊用周禮，家庭之內，不越檢閑，故雖亡國而無遺玷。此可為用周禮之效也"。經蠹者雖敗，而器宇實鉅，固不可以成敗論之。康南海至謂劉歆偽造群經，過矣。此皆清人考據自信太過，悖異中道而不自知之失。愚觀夫南海氏之作大同書，實亦闇用周禮者。夫深信周禮為可行之聖道者，近世以陳蘭甫孫仲容為典型。孫仲容作周禮政要，其之深以周官為治世法度，愚尷書雜評舊已論之矣。而陳蘭甫持論尤平實可信，讀書記論述未富而多能服人，其有曰"末世瀆亂不驗之說非也。武帝以為瀆亂，群儒尚采之乎。張橫渠語錄云，周禮是的當之書，然必有末世增人者。此以末世瀆亂，改為末世增人。四庫提要引之，而伸其說，云此如後世律令條格，數十年一修，修則有所附益。斯為定論矣"。是也。又曰"讀周禮者，知漢晉唐儒者舉今曉古之法，則當遵循之。讀周禮畢，當讀大清會典，舉國朝之制以況周禮，則周禮更顯而易見，而今制之遠有本原，亦因之而見矣。周禮者，古之政書也。治此經者，宜通知古今。陋儒不足以知之也"。後世法制之遠有本原，實能明夫周禮為聖人制意之所出，為函夏政教之潛脈。豈可以考證而廢之哉。愚觀夫今之政教，猶多可取諸周禮者，時之聖者，當有所擇取焉。（熊氏十力建國初與友人論六經極推周禮之學，以為有裨益於時之治道。友人者，時之居顯位者也。又撰原儒，大張其說。其書以周禮附會社會主義，幾等孔子若馬克思，論學書札致管易文亦云"孔子之外王學與馬列完全遙契"。學術荒謬武斷處，固不足辯。然亦自成一家之說，有可觀者。時之儒者，或自守其道，或迎合時流，其兼之者，恐以熊氏最為典型。然不免曲學阿世之譏矣。與友人論六經書末節言馬列主義畢竟宜中國化，乃驗之於今日，是其億則屢中也。）

爾雅釋詁備群經義

　　爾雅非徒訓詁之書，亦經義之書也。郭景純爾雅註序言其誠九流之津筏，六藝之鈐鍵，後人之以小學津筏視之，良有以矣。然此尚不足以盡其道。爾雅亦經也，經者經綸宇宙，體構三才，豈區區小學之謂哉。釋詁第一諸條次第井然，內循大義，非隨意之作。"初哉首基肇祖元胎俶落權輿，始也。林烝天帝皇后辟公侯，君也。弘廓宏溥介純夏幠厖墳嘏丕奕洪誕戎駿假京碩濯訏宇穹壬路淫甫景廢壯冢簡箌昄晊將業蓆，大也"。此即公羊傳元年春王正月之義。公羊傳曰"元年者何，君之始年也。春者何，歲之始也。王者孰謂，謂文王也。曷為先言王而後言正月，王正月也。何言乎王正月，大一統也"。釋始君大三義，即與元年春王正月義同。公羊純乎義者，而爾雅釋詁規模闊大，廣蓄精發，釋大三十九字，邃遠明麗，皆可為王正月引申其義。再觀郭注邢疏、郝懿行義疏，勝義极夥，往往開脯神智。是者實爾雅之勝於群經處。釋始君大三章亦可與易元亨利貞相參照。易言陰陽，不言有無，張橫渠正蒙大易篇舊有是讚。爾雅釋詁第一第四章亦曰"幠，厖，有也"。邢疏言，成十六年左傳云，生民敦厖。言人生聚豐厚，大有也。易之篤健，實近之。易重變尚禮，爾雅復釋至釋往釋賜釋善釋緒等，乃可與六十四卦相發明。易教物以類聚，人以群分，爾雅每以物類分區，有得乎此。其次釋樂服自循謀常法皐壽信誠，其義禮樂近之。釋戲謔曰於合匹對繼靜，其義毛詩近之。釋告遠毀陳主冢事長高勝克殺勉強，其義尚書近之。釋詁上一卷，乃與五經大義貫通也如是。釋詁下則首釋我身予三義，即聖教反諸己之義，乃見君子務本之所在。又釋進導勴右亮光固諸義，為君子成德之所在。又釋美和音聲和重盡豐聚諸義，為養性之所在。又釋疾速虛衆多擇懼病憂勞勤思福祭敬早待危諸義，君子動心忍性之所在也。其餘諸條，實可與此相稽。如釋故今厚偽言見視微止厭業成直靜安易疑作習清徙興嘉息愛動絕道數治傳養慎喜獲難利固正亂取存察諸義，皆關涉乎格物致知誠意正心修身齊家性道教中和誠明鬼神之綱目，是以知釋詁上備五經之義，釋詁下備論語及曾、思諸子之義也。其義蘊之淵懿，涵攝群經。豈可以小學視之哉。凡經義，必徵諸古，故此篇以釋詁行之。詁者，古也。爾雅一書以釋詁發明經義肇首，釋言第二釋訓第三，即其繼者。由質而文，亦從周之義也。爾雅者，爾，近也，雅，正也。言可近而取正也。是以爾雅親人事而敬天地。釋詁釋言釋訓釋親釋官釋器釋樂，人事也。釋天，天道也。釋地釋丘釋山釋水釋草釋木釋蟲釋魚釋鳥釋獸釋畜，地道也。篇目次第，秩然可序。范祖禹中庸論有曰"聖人之道，必始于小，而後至於大。必始于微，而後至於顯"。蓋儒家素重由近及遠之義，爾雅之經義實肇乎此。是以觀爾雅之書，不可不知其之多經義也。郝氏爾雅義疏典厚細密，勝義珠貫。訓詁既明，義理自彰，愚自觀郝氏義疏後，方悟此理。蓋訓詁關涉文字氣脈，訓詁明則氣脈顯，古人之大體自可以訓詁察之，固為一正途。惟清儒多拘墟於此，是以反喪其大者也。

程石泉論語讀訓小議

　　當世耆宿程石泉先生撰論語讀訓解故，以鐘鼎金石文字、歷代石經遺文、敦煌論語殘卷參稽校勘，每能解紛脫膠，破自古傳習之宿惑，可謂論語校勘之集大成者。固為論語之功臣。其學實清儒考據學之遺嗣，耆舊儀范，良足瞻式。然愚猶有未慊者三，姑妄發之。徑改論語原文，或失決斷，一也。菲薄故訓，或失率躁，二也。懲責儒教，或失深刻，三也。徑改原文者，固積學自信所致，然古人曰經文不可輕改，改經文將啓學者不敬之心。誠是也。經書固有乖缺衍錯簡之舛，然此非一二學者之誤，為千年間天運人事所自致，已成血脈，啟迪深微，焉能一朝徒以學術之新進而徑替之哉。況石泉之考據，亦有未可信服者，如為政篇先生饌嘗作飽，八佾篇泰山為求也，而率以易之，其之果決剛斷，實非平正之途。愚意原文當存舊觀，校勘之語可詳備於釋語中，庶幾兩全。或可免夫支離唐突之憾。（論語曰武王曰予有亂臣十人。程書引于省吾論語新證說，因金文形似而訛，亂本作古司字，為古治字。司則言臣也。石泉是之。尚書臯陶謨曰亂而敬。于省吾尚書新證則曰說文籀文辭從司，金文治作古司字，與辭通用。古司字與亂形似而訛。舊說訓亂為治，非的詁也。辭怡聲同相假。則訓亂為怡。同一亂字，于氏或訓司，或訓怡，如何變幻無定，而其所據者無非金文形訛之想象耳。時人治文字學，類多此翻覆附會之法，信清儒之法不免太過，未必為典要。今人劉起釪撰尚書校釋譯論有云，今如以治為怡，自見恰當。但僅據文字學推定，無直接版本依據。整理古籍最忌改字，是故改亂為怡，予終無此膽量。愚謂劉說是也。于氏膽大，高遠新說，警動有餘，未必為正，惟石泉襲之而已。程書訓詁未定之說，有類乎此。章太炎讀古醫書甲乙經而悟說文臑字訓臂前矢之義，益知古書不可妄改，而笑段若膺、孫仲容之說誣罔。見書信集與錢玄同。斯亦一例。）菲薄故訓者，亦民國疑古習氣所致也。子夏曰賢賢易色。朱子集注云賢人之賢，而易其好色之心好善，有誠也。石泉言其望文生義，徒見頭巾氣重。並斥顏師古何休宋翔鳳陳祖范輩愚陋，雖王念孫父子亦不能免。其之以今軌古，以己度人，且藐視古之師儒，固非通論。古儒何嘗不知易色即肅敬之意，何必由石泉而發其覆哉。實以好色易為人之大蔽，釋道皆謂其為惡業之重者，故必有以節制之。古人之以賢賢為易好色之心之用，實本乎百世之儒之踐履察驗，其之有俾益乎禮文教化，豈非深切。而石泉未悟耳。然大達者焉能為好色所累。其固有合於天性者，順性命而已。先儒特誠示之，以教中下也。（清儒陳祖范謂論語賢賢易色，主夫婦而言，賢賢如關雎之窈窕淑女，君子好逑、車牽之辰彼碩女，令德來教，好德不好色，故云易色也。造端夫婦，道理甚大，若賢人之賢，交友一倫已包之矣。見潛研堂文集卷三十。所論頗有理致。雖為新出之說，而可為古註之輔翼。後劉逢祿論語述何、劉寶楠論語正義踵其說。近獲臺中蓮社刊李炳南居士論語講要，亦同此說，發明甚切，所附雪公講義亦言及陳祖范之著。）"思無邪"一章，石泉言"孔子選詩未必如朱子所云以感發人之善心，懲創人之逸志為準繩，觀乎國風中私情悅愛之詩幾過半，且孔子甚贊關雎之亂，洋洋乎盈耳哉，是故孔子不迂腐也"。

此亦以世俗之情測聖賢之心者也。朱子之言，甚為妥善，其猶未臻極者，勉強而已。聖人無此勉強。（且國風中情悅之詩幾過半，此等詩亦能感發人之善心。其以淫詩視之，後人之俗情也。聖人絕非如此。）愚意孔子選詩，渾若周公制禮，意旨邃密，自有天命，迂腐云者，政見石泉之俗情未銷。為政篇石泉云，唯朱熹明知孝乎惟孝，應詮為孝于父母，究不能明指經文之誤，豈尚有蓬心與。此實石泉之蓬心也。懲責儒教者，亦新學風氣使然。八佾篇"夷狄之有君，不如諸夏之亡"一章，皇侃疏言此明孔子重中國賤蠻夷。石泉言皇侃雖信釋氏，仍不免于儒家之固蔽。愚意惟皇侃信釋氏，正可見其說為自古士夫之通識，孰能以固蔽一言蔽之。所謂固蔽者儒家誠亦有之，然皇侃所言之說，實為春秋公羊之古義。石泉蔑視古義而自是新說，實多凡情耳。此又非愚所能知者。（石泉為名儒方東美之弟子，推崇儒學，亦不以胡適、顧頡剛諸氏為然，固應引為同調。然猶有不盡相合者，亦不必苟同。愚於民國尊孔諸儒之學，多有不盡符契者，惟會稽馬先生大體相近。以今人視之，恐亦觀念愈為保守之故。然自我觀之，亦情志本乎忠恕之故也。如迎合西學，貶議古人者，愚不忍也。如假借唯識宗，而反攻釋教聖哲者，愚亦不忍也。如師心自用，目空一切者，愚亦不忍也。於聖須忠，於古須恕，此愚之道也。）

疑孟說

吾國輕視古人之風，蓋戰國諸子之流弊也。刑名縱橫，視天地為殺機，睥道德為糟粕，固不足論矣，而醇正若儒家流，此風亦熾烈可畏。後之號為正學者，大多無免乎此剛峻之偏。孟子輕齊桓管仲，言五霸者，三王之罪人也。又曰，管仲，曾西之所不為，而子為我願之乎。荀子仲尼第七亦反復論之。言齊侯以飾爭依乎仁而蹈利者也，小人之傑也，固曷足稱乎大君子之門哉。齊伯管晏之功，儒門非不知也，春秋、論語言齊桓管仲之功亦顯矣。雖有微辭焉，其大者自昭昭於宣聖之心。禮記祭義曰，至孝近乎王，至悌近乎霸。儒者實不以霸爲諱也。而時至季世，孟荀經權，每以弘言讜說周旋于諸侯間，則曰仲尼之門，五尺之豎子，言羞稱乎五伯以輕之。其王霸之論固高明矣，然辭氣不遜，於五伯管晏未免未公。（顏習齋四書正誤卷三有云"孔門五尺童子羞稱五霸，誰氏之言乎。老孟救時之言，誤死宋人矣。明儒云以富強為仁義，少有知覺，惜亦未能改宋家老儒故轍也"。可謂深獲我心。）且孟子動輒言以齊王由反手也。伐言煌辭，而未見其實，曷若管晏之行跡具在。非吾特以成敗論之，惟君子須慎于言耳。（葉水心習學記言卷十三有云"推孔子之志，將率天下以復周召之功，其道之順，時之易，無如管仲。所以不能者，視聽言動不由於禮，敗撓其力，削損其器，大道之喪，由此其始，孔子之所深恨也。按子貢子路及孟子所稱曾西羞比管仲，其實不知孔子之意。至孟子以管仲，曾西所不為，安得為我愿之，而自謂以齊王猶反手，則不知孔子之意又甚矣"。所言極是，亦如出我心。）錢澄之田間詩學十五國風論有云"吾觀變風之作，大抵皆春秋時事。周太史類能歌之，意必桓、文主盟，率諸侯共尊周室，修復故事。孟子曰，王者之跡熄而詩亡。謂不能如先王時，因詩以行黜陟之典耳。于是孔子作春秋，用褒貶以代賞罰。嗚呼。詩以霸主而存，春秋因霸主而作，齊桓、晉文之功，曷可誣哉"。立論警策，可備一說。使其言不虛，則詩春秋經籍之成，亦桓、文興起方得有。孟子之純以霸術視之，豈非偏矣。（魏叔子日錄一編有云"功利傷教害義者當闢，功利有利於名義者不當闢，如秦楚當闢，齊晉不當闢，此孔子所以予桓、文，仁管仲也"。義殊平實無弊。）孟子文辯，高明剛峻，故有此流弊而不自知也。荀卿非十二子篇斥子思孟軻材劇志大，聞見雜博，案往舊造說，謂之五行，甚僻違而無類，而祇敬之曰，此真先君子之言也。荀卿此論甚激悍，而亦有中其病痛者。張舜徽愛晚廬隨筆四有云"楊倞申其旨曰，荀卿常言法後王，治當世，而孟軻子思以爲必行堯舜文武之道，然後爲治。不知隨時設施，救當世之弊，故言僻違無類。此言得之矣。儒者之效，固以匡時濟物為最要。荀卿頌周公功烈之美，謂為大儒之效。則其鄙夷二家，亦豈過哉"。雖推尊荀卿有過，亦甚有理。（荀子一書激宕過中處亦多。如非十二子篇斥子思孟輕者，失之峻厲。蓋戰國風氣如是，大賢不免，遂令有如嬴政者廓清掃蕩之。其非嬴政之暴使然，實戰國之氣運合如是也。然墨楊諸派，儒門之勁敵，秦帝振厲，摧蕩幾沒，荀子非十二子篇所謂假今之世，飾邪說，交姦言，以梟亂天下，使天下混然不知是非治亂之所存者，多歸之煙塵，秦人所尚之刑法家，亦至極而變，而道儒根脈藏深蓄厚，得漢遂有大行，儒法並用。故秦帝亦可謂儒道大顯之因。孔鮒持孔氏之禮器往歸陳王，蓋非前知也。此猶唐武宗毀佛，天台唯識華嚴諸宗頓入衰殘之境，而崇尚山林之禪宗，遂得行于天下，開函夏千年慧命。雖不可謂武宗為宗門之功臣，究其因果，亦有之也。武宗之政，豈惟暴而已矣。)是以後世敦重篤健者多有疑之，司馬溫公之有疑孟之篇，良有由也。孟子伯夷隘，柳下惠不恭，君子不由也。溫公辨其非，殊有理。孟子既自云伯夷聖之清者，柳下惠聖之和者，如何又詆其隘與不恭。其條理之所以未圓者，蓋意氣有勝之故。伯夷柳下惠聖賢之材，孟子斥之若是，齊桓管仲，自無待言矣。愚觀疑孟十二篇，大多有據，溫公持論，中正篤實，子輿氏言論過激之處，可以窺之。溫公有言"陳仲子誠非中行，亦狷者有所不為，孟子絕之過甚"。(春秋之義，責下輕而責上重，責小人恕而責君子愈嚴。孟子之絕陳仲子，實以春秋之義。然後人不識其義，傚其嚴苛，則近乎悖矣。此固非孟子之罪。春秋之義，宜當施諸春秋青史，儻施諸士人言論，恐常有過高之病。國之利器不可示于人，春秋之義，亦不可不慎用之。此孟子之無所逃責者。)又言"夫仁，所以治國家而服諸侯也，皇帝王霸皆用之，顧其所以殊者，大小高下遠近多寡之間爾。假者，文具而實不從之謂也。文具而實不從，其國家且不可保，況于霸乎。孟子言王霸為假，亦失矣"。(所言極是，南宋金華、永嘉諸儒之學，實有自涑水開出者，觀此亦可窺矣。)觀宋元學案所引余隱之尊孟辨及朱子評語，固亦通暢，而溫公之疑，終未可釋。以涑水之博厚明辨，學通天人，豈為無見。洛閩之學，尊孟為經，其於孟子之諸子習氣，或隱諱焉。是以異乎溫公之直。邵博邵氏聞見後錄收諸儒或非或疑或辯或黜之說甚備，如溫公之疑孟，李泰伯之常語，劉原父之明舜等，多發人深省。邵氏雖曰大賢如孟子，其可議予不敢知，然亦明言退之於孟子醇乎醇之論，亦或不然也。(清尤侗艮齋續說卷七亦嘗論之。)宋王逢原集卷十三讀孟子亦疑其言皆曰有七十里五十里興者,何時如此甚難,而功如此甚大,效如此甚速也。其有云"愚讀孟氏之書,一年而奮奮于肯中,二年而縮縮懼不能行,三年而退默以吁,嗚呼,孟氏之道可知矣"。真為冷靜之言。(逄原以詩豪,議論亦多有可觀。)永嘉薛季宣嘗言"孟氏于孔氏之門為有功,其氣豪而辭辯,無聲無臭,豈其然乎。比而同之,其害有不可勝言者。讀其書而知其旨,能內參諸其心,仰觀聖人之形容,察其像似,而自識其真偽,從而為取捨焉,不隨波于末流,真好學者也"。葉水心總述講學大旨亦嘗言"世以孟子傳孔子殆或庶幾。然開德廣,語治驟,處己過,涉世疏,學者趨新逐奇,忽亡本統,使道不完而有迹"。皆殊有見識,異乎時儒。而此輕視古人之風氣,亦以宋儒為猛厲。如程伊川言漢儒董仲舒見道不甚分明,楊雄規模窄狹,王弼注易元不見道,堯舜之事如太虛浮雲,唐太宗魏徵為惡,東漢士人尚名節只為不明理,又言漢儒經權之論為非,權只是經,自漢以來,無人識權字。諸說之義實皆未安,伊川之獨斷,或非公論。(然其自有深義,亦不可純以獨斷視之。可參本書卷九薰蕕一篇。)朱晦翁尤有剛性,猛利健爽,時有偏躁氣象,此亦朱子所自知者也。(愚嘗笑謂朱子語類中古今人物幾為此老指摘責難略盡,亦可謂前無古人。楊升庵集論朱文公書亦嘗云"蓋自周孔已下,無一人能逃其議。昔人謂君子當於有過中求無過,文公語錄論人皆無過中求有過者也"。非盡誣也。劉申叔國學發微有云"宋儒尚論古人,以空理相繩,筆削口誅,有同獄史,胡寅朱子其尤著者也,是為法家之支派"。亦不為過。蓋於此端後來者惟清初毛西河堪與軒輊。而西河排擊最甚者莫若宋儒,於宋儒中排擊最甚者則莫若朱子。豈偶然哉。章實齋丙辰劄記有云"毛西河氏性與朱子歧趨。所著四書駁議,誠不免過奇。其專立一門,摘朱子之貶抑聖門,則語語允心切理,雖間有措辭過激之處,要於是非得失,不得謂其非持平之論也"。近人程樹德先生論語集釋亦言朱子有意貶抑聖門,殊有失忠厚之旨,不可為訓。見卷三十八。錢默存談藝錄二一亦云"朱子雖學道,性質欠和平中正。張南軒、呂東萊與朱子書,屢以爭氣傷急為誡"。又以朱子詆東坡言道學家嫉惡過嚴如此。)涑水門人晁景迂說之有言曰"惟通人有蔽,夫三先生者,亦豈無蔽哉。明道取人太吝,橫渠輕視先儒,伊川時出奇說,亦不可不知也"。理學諸子之偏，時之明達篤厚者豈無辨之者。（馮定遠鈍吟雜錄卷一有云"漢儒釋經不必盡合，然斷大事，決大疑，可以立，可以權，是有用之學。去聖未遠，古人之道其有所受之也。宋儒視漢人如讐，是他好善不篤處"。所言甚是。漢儒豈容卑視哉。魏叔子日錄三編有云"賢人之衛道也嚴，其稍不合道必貶，故不特斥楊墨，鄙管晏，雖伯夷、柳下惠猶推論到隘與不恭。然流弊至宋儒，便吹毛求疵，口無完人。若看到隘與不恭處，決不肯以聖清聖和、百世之師推之矣。還他隘與不恭，仍還他清和聖人，此所以為大賢之見與"。言殊深切。此猶遍計所執者不知依他起性故，非其自性之累。叔子還他之說，得之矣。日錄三編辨宋儒胡致堂以魏文侯不能師子思為貶，亦言宋儒論人過刻之病，甚爲條暢。）而時之激者，尤推王荊公。傳其有言天變不足畏，祖宗不足法，人言不足卹。古今駭異之言，蓋無甚於此者。或謂荊公文似孟子，抑其氣類近之耶。錢竹汀十駕齋養新錄亦嘗云"安石心術不正，即在好非議古人"。審矣。又云"大抵好詆毀人者，必非忠信篤敬之士，于古人且不能容，況能容同時之善士乎"。是宋人黨爭所以為烈者也。夫洛蜀新諸黨，皆好詆毀人物。入明則有東林黨禍。（明史崇禎元年倪元璐上疏云"東林，天下才藪也。而或樹高明之幟，繩人過刻，持論過深，謂之非中行則可，謂之非狂狷不可。且天下議論，寧假借，必不可失名義。士人行己，寧矯激，必不可忘廉隅。自以假借矯激為大咎，於是彪虎之徒公然背畔名義，決裂廉隅"。其說於理固正，於事終未圓滿。古今君子小人之爭，入明愈熾烈，入清愈淆亂。士人能不失假借矯激者，蓋亦鮮矣。然假借矯激，終非中行，使在朝者不得不以此抗奸佞，其在野講學自修者，豈不可以聖道自期，歸于中和乎。聖人之道，不可隨氣數之衰而俱隳也。）明季清初，學術大異。陸王受詆於時人，猶為輕也。重者若顏習齋一流，則又直視數百年道學為禍害，濂洛關閩為異端矣。然猶未止乎此。乾嘉樸學諸儒，則又斥宋明儒性命血脈之學為無根膚談，而視先儒為土苴。猶未止乎此。民國新學興，則皇帝聖賢孔孟程朱，皆墜輿論讁絕之淵藪。數十年後，華夏方正氣類，幾淪灰燼。（今人郭仁成尚書今古文全璧引葉德輝與戴宣翹書有云"有漢學之攘宋，必有西漢之攘東漢。吾恐異日必更有以戰國諸子之學攘西漢者矣"。愚謂漢學之攘宋，亦本諸宋學之攘漢唐。蓋有因果如是。常人每怪漢學之攘宋,而不知宋學之攘漢唐,固非能盡合乎經權也。)嗚呼,輕視古人之弊以至於斯哉。極矣。聖教主以中正和平,溫柔敦厚,而習者每自染于諸子風氣而不自知,是吾所以憂乎今者。錢德洪答論年譜書第十篇有曰"聖人立教,只指揭學問大端,使人自證自悟。不欲以峻言隱語,立偏勝之劑,以快一時聽聞,防其後之足以殺人也"。言極深徹。諸賢之失,或有在於是。今不揣顓蒙,辨其淵流於孟子,用自儆導可也。葉水心嘗言"以孟子能嗣孔子,未為過也。舍孔子而宗孟子,則于本統離矣"。可不為誡乎。

徵聖錄卷三　羣 經 類

讀經小札九條

　　老子曰，道生一，一生二，二生三，三生萬物。三之爲數，關係物化奧秘。周禮春官曰太卜掌三易之法。連山一也，歸藏二也，周易三也。卜筮至三而備。故子雲擬易作太玄，以三起數，三位疏成，陳其九九，以爲數生。數學愈密矣。鄭玄云"連山，似山出內氣也，歸藏者，萬物莫不歸而藏于其中"。連山，道生一也。山岳之神，有以降之。艮艮叢鬱，神智滋生。周官小宗伯言四郊、四望、四類。四郊以祀天，四望以祀地，四類以祀四方。此固周代之制。連山之作者，杜子春曰宓戲氏，孔沖遠曰神農氏，自難考證。要其玄古之際，先民多居山林，固未有周代天地羣祀之制。後之所謂五岳四瀆者，其時尤爲先人所親近，是以其易號爲連山，渾樸而已，顯其淵源所自。（爾雅林蒸，君也。尚書有四岳之號。自古有登山封禪之制。先民多居山林，於是可窺。蒸者，即類乎鄭玄所云連山似山出內氣也。章太炎中國民國解言華夏之華，亦以雍州為民族奧區根極所在，而以華山為界，是以得名。可備一說。連山者，真先民之實錄也。）元李治敬齋古今黈卷二有云"濂溪通書稱無極而太極。晦菴云，無極而太極，祇是艮卦而已。晦菴以艮卦當太極者，政以終萬物，始萬物，莫盈乎艮者也。艮，止也。止，息也"。連山之爲三易之首，先于歸藏，其玄義大矣

哉。歸藏，一生二也。杜子春言歸藏黃帝。吳萊三墳辨言歸藏本
黃帝之別號。吾國卜醫，皆導源於軒轅氏。黃帝之時，道術漸備，
神智大成，萬物必歸諸道源，老莊神仙，素問靈樞，皆從發源。歸藏
者，返乎道源純坤之謂，非如黃帝之前，以連山內氣止息爲底蘊也。
（道家、道教，皆歸藏之遺嗣。歸藏卜筮之法，未得傳，其精神則亙古常新。宋
翔鳳過庭錄卷八有云“禮運篇曰，吾學殷禮，是故之宋而不足徵也，吾得坤乾
焉。案坤乾為歸藏。莊子音義引世本云，彭祖，姓籛名鏗，在商為守藏史，在
周為柱下史。史記云，老子周守藏室之史也。漢書張湯傳云，老子為柱下史。
蓋守藏、柱下同為一官。以歸藏殷禮之所存，故曰守藏。彭祖子孫世世爲此
官，至周而老子繼其職守。故記稱商老彭”。可備一說。然趙甌北陔餘叢考
卷四考論語竊比老彭，至謂彭祖即老耼，則過矣。甌北至信老子入西域為浮
屠之說。清人之好為異說，此亦一例。）歸藏深湛，歷時既久，夏殷而後，
又有周易。周易，二生三也。賈公彥云“以周易以純乾爲首，乾爲
天，天能周布于四時，故名易爲周也”。周公制禮作樂，莫非周布如
天氣象，周易之生，合乎天行，迺西周精氣凝蘊所出，不足怪也。觀
尚書禮樂，彼時氣數格局，非周易無以配。京房云“大衍之數五十，
爲十日、十二辰、二十八宿”。周易包涵天地，其制愈邃密。四郊四
望四類羣祀之制成，迺亦與周易之數相匹配，是以三生萬物。周易
既成，永垂世而不墜，萬代受其澤養。揚子雲意猶未盡，遂演太玄，
以三起數，成三生萬物之格局，方州部家，誠前人所未有。昆侖旁
薄，思諸貞也。然亦無以增損周易，自古用太玄者寡甚。故曰，連
山歸藏周易之次生，合乎道一二三之天序。子雲太玄，亦於三之數
爲闇契。數之至三，實已極矣。孫仲容札迻卷一易稽覽圖鄭康成
注一條言孔子有易三備經，釋湛然云，孔子有三備卜經，上知天文，
中知人事，下知地理。數至三而籠罩萬物，可以知矣。（周元公，道
生一，二程，一生二，乾淳三先生，二生三也。至三先生，道學方大盛，三生萬
物。元公連山氣象，儒道釋渾然，二程歸藏也，歸於六經，三大儒周易也，周匝
天下，變易各成家數。乾淳三大儒中南軒影響未遠，以象山代之成三之數可
也。釋教亦有此三易。原始佛教，連山氣象，道生一。四阿含經渾樸真切，梵
志多苦修於山林。大乘有龍樹中觀、世親瑜伽二派，歸藏氣象，一生二。瑜伽

行派尤稱圓熟，所歸者唯識如來藏也。後傳分漢地大乘、藏地密教、上座部三大系。此二生三，三生萬物也。中觀有三諦，瑜伽八識外又立阿陀那識，為九識。數至三而籠罩萬物，不宜信乎。）【太卜掌三易】

孔門四科，德行言語政事文學。人多以文學為後世文賦所出。實不然。孔門之文學，後世經學之所出。文賦出於言語。劉寶楠論語正義引毛詩定之方中傳云，故建邦能命龜，田能施命，作器能銘，使能造命，升高能賦，師旅能誓，山川能說，喪紀能誄，祭祀能語。此皆言語，而文賦滋生。文字先音而後有形，文賦先言語而後有文體，其理一也。【文賦出於言語】

論語季路問事鬼神，子曰未能事人，焉能事鬼。劉寶楠正義直引趙佑溫故錄，闡祭義以正論。黃以周禮書通故卷十四辨子不語怪力亂神而左傳多言之義，是鄭玄而非何休，亦闡鬼神以正論，而云子不語者，其變態有不可窮詰者也，君子道其常，不語其變。皆以經義，而不得孔子之深意。其過執者，曾不若古注云，鬼神及死事難明，語之無益，故不答為中肯。素問五藏別論有云，拘于鬼神者，不可與言至德。辨論語問事鬼神義者，不可不援此以為正解。劉黃二氏之說，過猶不及。（夫子之說，乃與大乘不離不即義冥符。劉黃皆博學通儒，然尚不足以識之。）左傳好語怪力亂神，何休言鬼神為政必禍衆，今左氏令後世信其然，廢仁義而祈福于鬼神，此大亂之道。未為失言。後世鬼神為政禍衆之事極多，究其緣由，左傳不為無弊。非徒鬼神，釋教為政亦可禍衆。如梁武之事佛，元人之用喇嘛教，皆其驗也。子曰未能事人，焉能事鬼。大有深意，不刊之說也。【問事鬼神義】

禮記月令有三時儺。禮書通故云"儺以除陰氣，秋冬陰盛，春亦陽微，皆有儺，獨夏無儺"。愚觀吾國邊陲所遺存之儺迹，皆有陰詭之氣，蓋陰慝為盛，陽體不免為陰氣所染，純陽之不足克陰時，莫若以毒制毒，故巫儺常有幽嚴之氣，如釋氏密法之崇忿怒相。智者大師之立性具有惡之說，亦有此意在。扶桑國能劇或即儺之遺意所在，愚嘗觀之，亦瑰奇而陰鬱，中蓄陽剛之氣，有莫可測者。【儺】

禮記郊特牲言虞氏尚氣，殷人尚聲，周人尚臭。周人廟祭，煮鬱合鬯，其事在作樂之前。以鬱合鬯，臭陰達於淵泉。郊特牲曰祭求諸陰陽之義也，殷人先求諸陽，周人先求諸陰。此固所以尚臭之一端。亦可知周人以臭之靈敏感通，愈過於聲。聲樂與詩禮並存，而臭味有待乎師人。以孔子之從周，而論語極崇樂而鮮道及臭，則孔子尚是殷人，非惟兩楹之間而已。臭有陽臭、陰臭。陽臭，蕭艾也。陰臭，鬱氣也。則端午懸艾草、菖蒲，亦周人尚臭之遺意。血氣不可恃，而代之以聲，聲甚靈通，而臭較之愈甚。釋教中亦多有其驗。如燒香禮佛，必在梵唄之前，亦同于周人尚臭之意。高僧之所，或有異香，非世間有，屢見於僧傳，信非杜撰，則臭之神異，固有聲音未及者。（三國志載道士于吉來吳會立精舍，燒香讀道書。燒香之見於載籍，或始于此。高僧傳中言及燒香最早者為康僧會，在吳赤烏年間，與道士幾同時。佛經如長阿含、法華、無量壽等皆有燒香供養之記載，後之密教尤重之。故吾國釋教之重燒香，當傳自天竺。大日經疏卷八曰，燒香是遍至法界義。其與周人之臭陰達於淵泉，甚相類也。殷周之樂，其與梵唄，其于感格十方，亦相類也。華竺闇契如是，所以能一融。）【周人尚臭】

春秋稱公社。公社之公，鄭玄謂其非上公之謂，社者五土之神，以古之有大功者配之爾。（出鄭氏駁五經異義。）則公者，古之有大功者之謂也。今以西學之故，人或誤公社之公，為公共之謂，非也。社之不可無公，猶言文學之不可無賢人，公社之于文獻，其詞理一也。今世以公共而沒先公，徒知文籍而不知尊獻者，皆無有敬畏之念，其失一也。【公社之公】

"野有死麕，白茅苞之，有女懷春，吉士誘之。"宋翔鳳過庭錄解之最合義法。其言凶荒殺禮，或不能具鹿皮，乃取死鹿之皮，白茅純束，以為禮數。誘者，謂當仲春會男女之時，男先於女前道之。（毛傳，誘，道也。爾雅，誘，進也。馬瑞辰毛詩傳箋通釋亦發明古訓，而斥歐陽氏始誤以為挑誘之誘。）詩義蓋言於凶荒殺禮之時，猶不欲廢親迎之法也。尚有淫亂之不化者乎。自輓世胡、顧輩率爾解詩以降，此詩尤蒙誣蔽。宋氏此說，實可為正名。使後生小子習詩得觀此義，則彼之謬說自難復惑人。此詩序言被<u>文王</u>之化，雖當亂世，猶惡無禮。<u>朱子</u>集傳謂女子有貞潔自守，不爲强暴所污者。實有可疑處。<u>錢澄之</u>田間詩學引<u>范質公</u>云"通篇皆詩人美貞女，刺狂夫，若作女子拒之之辭，終乏風霜之氣"。<u>朱子</u>之說當非是。<u>胡</u>、<u>顧</u>輩之謬說，恐亦<u>歐陽氏</u>、<u>朱子</u>之說激成之。（宋儒說經如此，誠亦自遺因果，而必有待乎後人之矯枉過正。）此詩序言惡無禮，亦似與<u>召南</u>諸詩多德化之美不相類。竊謂于庭先生之說得之矣。非惡無禮，乃不廢禮也。

【野有死麕】

　　<u>戴東原</u>古經解鉤沈序有云"人之有道義之心也，亦彰亦微。其彰也是為心之精爽，其微也則未能至於神明。六經者，道義之宗，而神明之府也。古聖哲往矣，其心志與天地之心協而為斯民道義之心，是之謂道"。其欲以古經解而至於神明，發心不可不謂閎深。然樸學之勝，在於通物理，正名義，而其弊端，即欲以其所勝之物理名義，轉奪古人之心而為心。其術亦霸矣。古人之心終不可奪。學欲至於神明，則亦非經解訓詁之學所能達。夫誠意正心親證實修者，始可語于至善神明。惟清儒學問之能疏通物情，豁蒙解蔽，亦自有近道處，不可廢也。其近道處，吾自亦喜之。（嘗讀<u>郝氏</u>爾雅疏證、<u>馬氏</u>毛詩傳箋通釋，中心歆悅，有異于讀義理之書。其樂固亦天地之心之所出也。其雖有異于義理之學，而轉滋于義理。）【至於神明】

　　經義固不必墨守，然亦不可發揮太過。<u>乾嘉</u>之儒多墨守，<u>宋</u>儒則或有附會之失。欲取其中道甚難。<u>杭辛齋</u>學易筆談二集卷一論高尚其事有云"經曰，不事王侯，高尚其事。夫不事王侯，無所謂高也。夫曰其事者，乃各人所切己之事，爲己所審擇而從事者是也。高尚者，無以復加之謂。近日<u>歐美</u>學者之所謂神聖，如勞動神聖職業神聖者，亦即高尚其事之意也。故必人人能不事王侯，人人能高尚其事，而蠱元亨而天下治矣"。純爲新奇之說。愚謂不事王侯高尚其事之確解，爲<u>周悅讓</u>倦游菴槧記之說，前已述及。<u>辛齋</u>之說，不合經義，徒以新學相傅會耳。不啻爲<u>民國</u>新世之宣言，豈經權之所爲哉。<u>尚秉和</u>之學，猶爲古風，矩矱秩然，法度貞固。<u>杭氏</u>之學，

則不免沾染康梁之餘習,好以新學,託諸古義,是以其書猶有未能取信於後世者存焉。辛齋屢斥宋儒好議論附會,而不知己亦承其餘習也。【高尚其事】

中庸字義

杭辛齋學易筆談初集卷四大學中庸易象有云"中庸之中,即離坎中正之中。庸者從庚。陰陽之義,用始乙庚。後天震出東方,首出庶物,萬象更新,故納甲以震納庚。而庚之本位則屬西方,西正秋兌,震仁兌義,立人之道。故庸字之義,乃合震兌二象,兼仁義之用者也。程子曰,不易之謂庸,朱子曰庸平常也,均非確詁。乾九二庸言之信庸言之謹。兌言震行,取象尤極顯明"。辛齋以象數之學,發明中庸字義之古詁,而不從程朱後起義,甚有卓識。庸古訓為用,自禮記鄭玄注有言庸,猶常也,遂為後世異說所本。(鄭玄經注他處亦訓庸為用同漢儒。)考程子以不易訓庸,實用易緯乾鑿度之說。乾鑿度云,易一名而含三義,所謂易也,變易也,不易也。鄭玄依此義作易贊及易論,遂定易簡、變易、不易三義。庸,猶常也。常者不易也。庸,不易之謂也。宋儒之講理學者遂目中庸為道體,至誠無息,不可須臾離也。先聖主實用之書,至宋儒則為傳授心法矣。朱子中庸章句云"其書始言一理,中散為萬事,末復合為一理,放之則彌六合,卷之則退藏於密,其味無窮,皆實學也"。而不知程子之言庸者,天下之定理,已等玄學,惟訓庸為用,方不負實學二字。朱子始言一理云云,亦類華嚴家、宗鏡錄語,以玄理而出之,與漢儒之實學,可謂迥異不侔。朱子訓庸為平常,亦從庸猶常也化出。其所謂中庸者,不偏不倚,無過不及,平常之理,乃天命所當然,精微之極致也。玄學之味,又愈乎程子之上。程朱之力趨高玄,模擬釋教,其後世之受詆於顏元戴震,蓋非無故。涑水門人晁景迂有云"鄭康成說中庸為用中,為常道。質諸安定先生、溫公皆然。新學始析中庸為二端。伊川亦畔二先生之說,他人何望哉"。

（見宋元學案卷二十二。）即其之謂也。伊川門人王信伯記善錄有云"聞之伊川不偏之謂中，不易之謂庸。曰，是非伊川之言。不然，則初年之說也。昔伊川嘗批呂與叔中庸說曰，不倚之謂中，其言未瑩。吾親問伊川如何未瑩。伊川答語甚簡，曰中無倚著。蓋須是四旁方可言不倚"。（見宋元學案卷二十九。）則知伊川門人於其中庸之訓已有異意。宋儒之不主洛閩者，其說中庸自不若是。安定涑水而外，范祖禹中庸論有云"始於易，終於難，而不可以過乎中，是故謂之中庸。開之以易，使天下可得而入也。嚴之以難，使天下不得而輕也。制之以中，使天下不得而過也。夫中庸，有衆人之所易行者焉，有聖人之難行者焉，有聖人與衆人之所同行者焉"。（見宋元學案華陽學案。）義甚著實可信。辛齋言庸之字義，兼仁義言行之用者。略能近之。宋儒著實一派，尚存漢唐之古義，其與高玄一派，參用釋道，新樹理學者，亦可謂異塗矣。（南宋程大昌非理學中人，其考古編卷六有中庸論四篇，寄意高遠，亦非程子之說所能籠罩。）道學家之訓中庸字義，且以爲先聖實學之所在，愚不愜焉。然宋儒之主理學者自有其實學也，精誠剛大，如氣之配義，豈可輕也。此又愚異乎清儒之專尚詆詰者。理學之爲實學者，始啟性理之說，立明心見性之基，使吾儒正心修道之士，得其神明簡捷廣大之法，有裨於教化極大。又融經學與性理爲一，使吾儒學術兼綜釋氏教宗二家之美，兩不偏失，文質彬彬，遂令先聖六藝之學如肉貫弗，再傳千年。故愚嘗謂善師圭峯、延壽者，不在釋氏，而在吾儒也。釋教以南宋爲季法時代之始，程朱之學亦興於斯時，其非先聖經術而實爲末世權法者，或亦同。此非可責於人者。實氣數使然。清儒多有昧大道而曲學阿世者，奚能識其堂奧。然於今世之學者，則不可不辨明之也。（顏氏家訓教子有曰，上智不教而成，下愚雖教無益，中庸之人，不教不知也。王利器集解引郝懿行曰"秦漢以來，以中庸爲中材之稱號，故賈誼過秦論云，材能不及中庸"。中庸之爲中材之別號，亦可證其古訓，爲中用中行，於用行處，著其義理。宋儒之訓中庸，新起之義也。）

辨中庸論語之時位卦象

中庸專言至誠性道，神明之理，深閎精微，而多夫子論語所未道。先儒已疑之。葉水心總述講學大旨有曰"孔子嘗言中庸之德，民鮮能。而子思作中庸。若以爲遺言，則顏閔猶無是告，而獨閎其家，非是。若所自作，則高者極高，深者極深，非上世所傳也。然則言孔子傳曾子，曾子傳子思，必有謬誤"。蓋水心視子思孟子之書爲新說奇論，非孔子嗣傳之學。彼時程朱一派，極崇思孟二氏之妙理，潛以釋氏之學附合鍛造之，以爲所述精微之理，本吾夏所固有，非天竺瞿曇所獨造也。其爲中華之學，闢一兼綜融鑄之道，其功深遠。然亦以己說奪古人之席，古人本相，多所撝沒，好以私意馳騁墳典，其過亦不免。水心之說，明利直捷，蓋爲鍼其過而發，要非虛枉。然竊謂孔子子思孟子之傳，終是一脈，不可盡疑。水心此說亦過矣。疑孟之說宋賢多有，愚前已述之。（參本書卷二。）中庸在禮記中，則本不必與孟子同論。愚今有一說，似前人所未語者。夫欲知其書著述之性者，必辨其時位，而後可以篤信之。惠定宇周易述卷一有曰"經惟既濟一卦六爻正而得位，故云剛柔正而位當。乾用九，坤用六，成既濟，定中庸，所謂致中和天地位焉萬物育焉是也。此聖人作易之事也"。（惠氏又嘗作易大誼，以易註中庸，以爲非明易不能通此書。其書亦云，和也，既濟定也。）子思中庸之理之發揮，實類等既濟之卦位。其精髓固爲孔門之極致。惟處聖人制作之位，略有僭越，要非子思氏所宜，故後學編次禮記之中，不與論語同尊也。而論語之書，本非夫子自訂。其皆夫子日常顛沛間所述之語，多因材施教隨機應緣者，極興誘進，語不一出，其於時位，乃類乎屯蒙咸恆遯大壯六十餘卦，而非既濟之爲得位圓融也。然易既濟有曰，初吉終亂。中庸義極和泰，泰易反成否，是以漢儒不特尊之。程朱一脈諸儒特尊之，其弊亦生焉，執玄義而荒大體，墮理窟而疏實用，終成清漢學之巨變反動。此真所謂初吉終亂者。而論語之書，正以其庶幾遍具大易六十餘卦之時位，而與六經同尊於漢世，惟其不入既濟，而漢儒喜言之。（中庸類第一義悉檀，論語類世界悉檀、爲人悉檀、對治悉檀，亦有第一義。第一義悉檀體具而用寡，非用世之法，論語兼四悉檀義，體用俱備，開權顯實，所以爲不可及。維摩詰經文殊師利問疾品有曰，雖觀諸法不生，而不入正位，是菩薩行。論語即不入正位者，中庸直入正位而不知不入正位之妙道也。）而宋人治論語如朱子者，大致恆以既濟義解未濟，即以中庸解論語，或非全宜。論語者，其固宜以論語解之，可為純善之業。是故先有陸氏，不事經解著述，而譏其支離用私智。又有葉氏釜底抽薪，薄其立說之無據。後有清儒之書，專事名物時位之考證，而無意乎神理之運會。近世有楊遇夫作論語疏證，專以古訓相發明，不用私智。此皆異乎朱子者。朱注自不可廢，惟不必拘囿其說固執一端耳。論語疏證凡例有云“本書訓說大致以朱子集注爲主，其有後儒勝義長於朱說者，則取後儒之說。心有未安，乃下己意焉”。即此之謂也。輓世簡朝亮作論語集注補正述疏，兼綜漢宋，擇善而從，或謂優於劉寶楠之作，亦可謂朱子功臣矣。愚覽其書，如覿故人。周易尚氏學總論有言“易所言皆天地間公例公理，昔人謂專言天道者固非，謂專言人事者亦非。天道人事，無二理也。包括萬有，孕育深宏”。論語以夫子生平人事爲經緯，關涉天命性道甚深，亦不可謂專言人事也。而其所言亦皆天地間公例公理。是以周易論語甚相合，此尤非中庸所得比者。

鈔古義治經之法

近儒楊樹達遇夫先生撰周易古義、老子古義、論語疏證諸書，其例皆廣搜群籍，輯鈔漢晋以前相關言語，略附疏證，以古釋古，非等私智，良爲式範。陳寅恪論語疏證序言其治經之法，殆與宋賢治史之法冥會，此爲司馬君實李仁甫長編考異之法，乃自來詁釋論語者所未有，誠可爲治經者闢一新途徑，樹一新模楷也。然宋賢治史考異之法，實祖裴松之三國志注，非其創造。遇夫述古義，則主義

理,亦非等史學。寅恪之說,或未精切。(是序言裴松之三國志注諸書
頗似當日佛典中之合本子注,其治學之法或亦有受天竺詁經所薰習者,則信
非虛語。)週夫周易古義自序言乃竊仿儀徵阮氏集詩書古訓之例爲
成此書。則芸臺之書,乃其所祖也。劉申叔讀左劄記嘗言"若能仿
阮氏詩書古訓之例,凡周秦兩漢之書,其援引左氏者,分類輯錄,附
於左氏原文之後,以證左氏非僞託之書,此亦左氏之功臣也"。申
叔週夫年庚差一歲,爲同時人。以此亦可知彼時學術有此一種風
氣。時人黃晦聞撰詩旨纂辭、變雅二書解詩,亦皆有引詩之目,同
爲斯法,旨意繹然,觀之歆悅。擘經室一集卷十性命古訓并附威儀
說,以古訓詁性命,援引之外,多加按語,且關涉周易論語處甚多,
體例差備,論議精切,故週夫竊仿之說良爲實錄。蓋以儀徵之法,
擴及全書耳。儀徵治學,多有靈運,開前人之所有者,如文言說、南
北書派論,雖未盡善,而多屬妙悟。其之撰性命古訓,信有若茲靈
運者,其精切處又非宋儒所及。然愚謂此法亦非擘經室所刱。惠
定宇周易述有易微言二卷,遍援經史緯書諸子故訓以證易義,采錄
殊博,富瞻詳備,精細入微,甚者援孫綽游天台山賦、文選注以證其
理,雖所抒己語甚寡,其體例要亦差備。且書中亦有言性命者,阮
儀徵之說或當祖乎此也。江藩作周易述補,阮氏與江氏交好,當見
惠氏之書。是篇號曰微言,窮究玄奧,噓吸經髓,挈舉元神,其精者
又遠非週夫周易古義所能逮。蓋週夫非易家,其書純以鈔錄功夫
行之。定宇於易學爲大師,造詣邃密,其鈔錄之精,自非他儒專以
博覽者所能及。則知鈔書之書,其法不異,而其功力,則又因人而
異。史部鈔書之傑者遠有裴松之、袁樞,邇有顧炎武、馬驌,治經鈔
書之傑者則必以惠定宇、阮芸臺爲巨子。竊謂惠氏易微言之法信
爲開刱,然或亦當有受馬氏繹史啓發者。蓋繹史鈔典籍諸子極精,
其法頗近開闢,受譽於顧氏。顧氏爲清世考據家之祖。惠氏之嘗
聞其書其法,則必矣。(鄭堂讀書記卷十六疑馬氏撰繹史,乃取法於宋胡
宏之皇王大紀。使其爲然,則又爲清儒之學濫觴於宋之說之一證也。)

以史釋經之法

羣經之宜以史釋證者莫若易。漢儒焦延壽鄭康成已有其法，至晉干寶著周易注，其法遂顯，迄宋楊誠齋易傳則專攻史跡，卦爻證以史事，其法為大成。潘雨廷讀易提要論誠齋易傳有云"春秋者由顯而微，周易者由微而顯，易與春秋互為表裏，章往察來而顯微闡幽，易固宜兼及史事也"。其義甚精。（稍前之李光泰發，作讀易詳說，書中爻卦之辭，皆即君臣立言，證以史事，已為先導。稍後之真德秀西山，作大學衍義，亦參證史事。以史釋經，南宋或已漸成風氣。明丘濬作大學衍義補，亦承其參證史事之法。）邵康節作皇極經世，象數曆律之外，推明古今之因革消息，參稽史事，明天人之際，以元會運世，詮述古今，堪與通鑒互為表裏，則邵子之學，融易史為一體，又非誠齋之純以比附證切者所能擬也。邵學絕為拗造，不可思議，然竊謂其所本者，為春秋左氏傳。左傳之體例，即融經史為一體之祖。或謂左氏為史，非傳經解經如公羊穀梁。前儒已辨其非。劉申叔讀左劄記揭櫫大義，發明甚多，乃知左傳經義深切，非徒史事之博麗也。皮鹿門經學通論論春秋是經，左氏是史，必欲強合為一，反致信傳疑經，所謂離之雙美，合之兩傷。所言實不足據。左傳之解經，實別具深心。大義寓諸史學，可與戰國諸子書相發明。左傳所法者，亦周官教化之度也。其為尚書墳典檮杌之嗣，豈後世之所謂史學耶。故言左傳為史者，固不足信。劉知幾之判春秋家左傳家為二，非經而為權也。竊謂左傳為以史釋經之祖，其宗旨為經術，其法度類史學。惟其高古，故經史渾然不可分判。康節皇極之書，雖言易數，究其融鑄經史渾然無間之體例，實本乎左傳也。且左傳多言數術前知，范甯嘗譏其巫，康節之書，以數學詮述古今，預知來者，亦為闇契。治詩之以史釋經者亦有之。韓詩外傳，皆載史事，發明經義，迥異乎三家毛氏，獨有妙解。讀其書，愈可知經義之溫潤切身，非博士雒誦之業所獨專也。與其今文毛氏之聚訟不已，莫若奉受韓詩外傳，以滌養心體。陳喬樅韓詩遺說考序言其雖非專於解經之作，要其觸類引伸，斷章取義，皆有合於聖門商、賜言詩之義也。極是。王船山詩廣傳略近於讀通鑑論，援引經史，議論古今，其書類以史評體行之，亦以史釋經之妙構。治禮用其法者，其祖莫若小戴禮記。曲禮檀弓仲尼燕居等皆載史事言語以釋禮義，近乎韓詩外傳。前人謂儀禮為經，禮記為傳，而辨唐五經正義之非，則戴記亦有類乎左傳者。尚書者，本為古史，後世治書經者考辨史事自為本分，則以史釋經，固屬天然。閻氏尚書古文疏證，辨古文之偽，非史而何。其說未可盡信，其法則影響深長。以史釋經之法，實妙屬天然，自古有之，貫弗群學。舊學或以其非解經正法而輕之，實則其法深切獨到，有非正解所能及者，故不可廢。其獨造之處，關係聖學至深，而人多忽之，故不可不辨。釋氏至宋世志磐、本覺一輩人物，亦作佛祖統紀、釋氏通鑑諸書，純用史書之體例，演述教宗佛義，亦融藏教史學為一體，實皆以史釋經之法之靈衍也。（近覽民初釋惟靜佛教歷史，雖甚淺顯，亦頗有味。究其所以，乃法之善也。）黃勉齋輔仁錄序言朋友道絕則君臣父子夫婦長幼四倫雖欲各居其分不可得。朋友者，列於人倫而又所以紀綱人倫者也。（元刻勉齋先生黃文肅公文集景印本卷十九。）友倫居五倫之末，而宋儒推尊至此，非其深造有得，何以有斯語。以史釋經之法，居正解正法之末，而實亦有異曲同工者。竊謂此法絕，則正解正法雖欲居其分亦不可得也。司馬溫公、鄭漁仲、章實齋所以不朽者，亦關係乎此。辛楣、甌北、西莊諸儒，則無足以語此也。（清稗類鈔經術類錄葉奐彬經有六證說，云可以經證經，以史證經，以子證經，以漢人文賦證經，以說文解字證經，以漢碑證經，陳義未深。其言以史證經，至謂國語、國策、逸周書本屬經類，四庫全書均入于史部雜史，非知三書源流者。其說雖過，亦非空穴來風。惟強欲合經史源流為一，實亦將淆亂正統，論者不可不慎。吾于實齋六經皆史之說亦作如是觀。不必盡據為典要也。）

辛齋述易象之源

杭辛齋爲近世象數派之魁傑,讀其書,每有服食甘液之爽。易學七種,誠不朽之作也。然辛齋好爲奇譚,議論玄解,倜儻不羈,較之尚氏之深密貞固,則又異矣。學易筆談初集卷三論象義一得有云"修道之功,歸結於取坎填離。而平時所致力者,所謂龍虎升降。二五交構,皆不越坎離之功用。古來傳記,所載物類能煉形修道者,惟狐爲最多,且其收效之易且速,恒爲人類所不及,雖爲經史所未載,然不盡爲荒唐無稽之語,可斷言也。要皆未能證明其理,乃考之於易,狐爲坎象"。後又引日耳曼人沙某言狐之腦筋異常繁複證其靈性。辛齋深究象數之奧賾,出語每多警拔之意。此論貌爲不經,然頗能道前人所未道。子不語怪力亂神。狐仙之說,多本稗史小說家言。稗語小說亦有實理不虛者,非可全以杜撰目之。窮神知化,非至聖不能。常人之所知,局隅而已,萬物情態變化豈能盡如人意。古之智者,微識其奧,知不宜書諸經史,則口傳於野,後遂有稗史小說之錄。在野則爲先進。吾固知夫子亦多此智也。史傳其辨土之怪墳羊,譚防風氏骨節專車、肅慎之矢諸事甚相類之。易爲羣經之首,包羅萬象,尤非他經專言人事者所及。古之擬坎象爲狐,自有其理。辛齋之說,未可遽視爲謏言怪譚也。尚氏著焦氏易詁,專研逸象,考索極深,然象者之所以爲此卦之象者,尚氏未嘗涉及。辛齋獨好覃思,樂推其奧機,是故不免多以西洋之科學相附會者。其說未必盡確,其功亦大矣。今檢尚氏之書,西漢象學,窮搜幾盡,坎卦逸象百餘種,其象之所以爲象者,尚氏未言一字。惜哉。

兔罝雜說

詩兔罝有曰"肅肅兔罝,椓之丁丁,赳赳武夫,公侯干城"。錢澄之田間詩學言兔罝以喻文王之網羅賢才，前二章言奔走禦侮之士，後一章言運籌帷幄之人。又引墨子云"文王舉閎夭泰顛于罝網之中，而西土服"。金履祥云"計此詩必為此事作也"。葉水心云"在野之凡夫，逐兔之細事，即可以知其才。正如日磾之馭馬，甯戚之飯牛，陳平之宰肉，識者已知其可大用矣"。蘇東坡曰"世未嘗患無武夫，獨患其不知敬而不可近，今武而知敬故可以為干城腹心也"。愚按東坡之說，義理甚美，可與詩序所謂關雎之化行，則莫不好德相通。然馬瑞辰毛詩傳箋通釋訓肅肅蓋縮縮之假借，縮縮為兔罝結繩之狀，傳箋訓肅肅為敬，似非詩義。東坡之言知敬，當亦從此誤會。葉氏之說極精簡，武夫之說，蓋已盡發其蘊，不可加矣。蓋宋儒解經，最善理喻，往往超妙警策。然其法不可肆，肆則病於附會，乖違本義，是以愚謂葉氏之說，不可加矣。適可而止，不為不智。然清儒方玉潤撰詩經原始，於此猶未適意。其曰"然則呂望、閎夭、太顛諸公，亦可謂之赳赳武夫耶。夫擬人必於其倫，呂望諸賢縱極野處，亦斷不至與罝兔野人同秉赳赳之氣，竊意此必羽林衛士，扈蹕游獵，英姿偉抱，奇傑魁梧，遙而望之，無非公侯妙選，識者於此有以知西伯異世之必昌，如後世劉基赴臨淮，見人人皆英雄，屠販者氣宇亦異，知為天子所在，而歎其從龍之眾也。詩人詠之，亦以為王氣鍾靈特盛乎此耳"。此蓋已類乎小說稗官之言。子曰，先進於禮樂，野人也。吾從先進。閎夭諸賢野處，豈非野人，其之先進，固其異於常人者。而其舉止行跡，則無以異也。何如鶴立群鶩之後進君子哉。非文王不能識也。後世惠能避於獵人隊中十五載，人無識之者，亦若然。是以知方氏不至與野人同秉赳赳之氣之說，未為得實。其乃宋儒解經之變本加厲者，未免離奇。且劉基之事，本屬巷間之譚，非說經之體，方氏引為實錄，信其神異，亦謬。方氏詩經原始此類強為新解者極多。俞曲園九九銷夏錄卷一言，清人錢倮著周易緯史，謂屯六二如曹操待壽亭侯，需上六如劉備桃園結義。引演義以說經，此則可為笑柄也。頗與方氏同。方氏其書凡例有曰"今古序既失，不得不本以意逆志之訓而作事或當然之想,因復為擬一序題下,以補其闕,非敢謂即古序也"。是以制兔罝之序曰,美獵士為王氣所特鍾也。甚為離奇。其之擬序,膽力特大,較之廢棄詩序之朱子,則又後來居上矣。明人何楷撰詩經世本古義,自撰詩序,蓋為方氏所祖。(詩經原始卷四芄蘭有云"此詩不過刺童子之好蹋等而進,聖人存之,亦進闕黨童子而教之之意。朱子集傳何至云不知所謂,不敢強解。蓋亦震於序言而無辭以為之說耳"。方氏破除之力,愈乎朱子,於此可窺。愚嘗笑謂方氏有匪氣也。)疑古之風,宋人啟之。清人加厲,而有毀經之禍。宋學之受誣於清人,究其原始,實自貽之。方氏詩經原始卷二注召南義有言"夫與其得罪先聖,而有誣經之誚,無寧獲咎後儒,而無附和之嫌"。言極堂堂,固屬意壯,然矯飾刻意之病,亦所不免。蓋先聖之訓渾成,姚際恒方玉潤諸氏鑿損其古義,雖切近處有之,於氣體則虧矣。民國胡、顧一流秉其銳氣,踣厲而進,有以誣聖毀經遺患無窮也。

讀詩死於句下說

詩經原始卷三雄雉方氏自謂"讀古人詩,當眼光四射,不可死於句下者,此類是也"。襲禪門口吻,粗有豪氣。然禪門修證,全為道計。六藝兼體,施用教化。修道之用,一悟而舉全體。教化之體,貫繹而託諸用。其道固罔二,其用則異趣。是故經學法度,不可遷蕩,關乎教化,必有所守,無其法度,則經不復經,用不復用。方氏蹈襲禪說,實明人狂禪之餘習,非治經之正法。然死於句下之說,亦深中末世俗學之病。考其所死之由,約有二端,其一曰義理拘腐,其二曰訓詁乖謬。訓詁之誤清儒發明之,其業彰顯,愚讀馬氏毛詩傳箋通釋,勝義繹若,琳琅寶庫,摧廓群翳,若飲甘漿,如此句可不死。而義理拘腐者,方氏欲破之,然義理關涉玄奧,茲體極大,非考據析理之法所能受。方氏莽然以意行之,多為俗情臆測之辭。彼不悟義理之拘腐,非其體之拘腐,實人心之拘腐也。故欲破詩義之拘腐,必先摧人心之拘腐。姚、方諸儒則斷斷於古義之拘腐不通，而無根乎德業智慧之學，是以成事甚少而敗事有餘。彼不悟古人遵習詩序故訓，本非拘腐之習，實其德業智慧之所秉也。彼既昧乎斯旨，恣肆爲言，遂遺禍於後世。詩經原始卷三匏有苦葉有曰"是在乎善讀詩者觸類旁通，悠游涵泳，以求其言外意焉，斯得之耳"。以詩學之法臆度經訓，尤非正誼。今之治詩者，自當訓詁參清儒，義理習漢宋，參清儒可使不死句下，習漢宋則使德智能秉中正之統，或可無過矣。

魏風雜說

魏風葛屨序曰"刺褊也。魏地陿隘，其民機巧趨利，其君儉嗇褊急，而無德以將之"。言其與細民爭利也。汾沮洳序曰"刺儉也。其君儉以能勤，否則不得禮也"。清孫鳳城批田間詩學有云"魏君采莫以自課，碩鼠以戒民，可謂儉勤乎。儉勤不中禮，貪忍且皆從此出。此詩刺貴人而親細事，爲儉不中禮耳。朱子曰，若此人者，美則美矣，然其儉嗇褊急之態，殊不似貴人也。最爲簡暢"。魏之患，亦吾國今日之患也。其患有三。其一曰，機巧趨利，褊急陿隘。華夏本博大之邦，須有涵蓄廣闊，寬裕綽大之相。而今九州全境皆以機巧趨利，二十餘年間，民氣褊急陿隘已極，變夏以夷，卒不忍睹。陿隘之至，則民不知王道聖教，數典忘祖，類等籍談。褊急之至，則專尚輕躁，不知靜重之爲君根，風俗必壞。此所以爲憂也。竊謂鍼炙此疾之方，則在尚仁尊義，貶損其風，重賢立德，扶植根本。其二曰，儉勤不中禮。今甌海之民，逐利於天下，類皆以儉勤之力，貨殖而成。要其勤苦，亦少能及者。而儉嗇不好禮，目光短陋，遂貪忍有餘，利澤闕如。徽晋之商，猶知文教，而今江浙之富者，鮮有逮此。易文言有曰，利者義之和也。今之利者，則悖之矣。自奉儉勤而無好義之心，則其不失爲蠹者亦鮮矣。鍼炙此疾之方，則爲興學重教，導其義方，化其貪鄙，轉利爲義之用。其三曰，上與細民爭利，殊非中庸孟獻子所謂畜馬乘之家不察於雞豚者之義。

逸周書程典解亦曰，士大夫不染于工商。竊謂今日官吏貪墨之源，
非徒廉德羞恥之亡也，實上與細民爭利之風致之。彼蓋傚之耳。
鍼灸此疾之方，則爲上者必以魯公儀休爲式範。公儀休爲相，去織
婦，拔園葵，惡其奪細民之利也。今上者則反之，殊非大人之體要。
若不遷革，則廉政終難有大成。縱不能行，亦當有以法相繩制者，
少斂其禍。（實則公儀休之良法，于漢代已難行，遑論近世。然其精神恆
在，爲華夏治術之一磐石，豈能純以迂腐目之。吾固知其事甚難，然于理合當
如是也。）日知錄言利之臣一則有云"讀孔、孟之書，而進管、商之術，
此四十年前士大夫所不肯爲，而今則滔滔皆是也。有一人焉，可以
言而不言，則羣推之以爲有恥之士矣。上行之則下效之，於是錢穀
之任，權課之司，昔人所避而不居，今且攘臂而爭之。禮義淪亡，盜
竊競作，苟爲後義而先利，不奪不饜。後之興王所宜重爲懲創，以
變天下之貪邪者，莫先乎此"。欲轉今貨殖之世，歸于禮義之轍，固
泥矣。漢宣帝訓太子曰，漢家自有制度，本以霸王道雜之，奈何純
任儒生德教。國朝制度自有相類者。今霸術已具，王道闕然，補闕
立本，其待乎今賢。漢昭帝時猶有鹽鐵之議，論者謂粹然一出於
儒，矯桑弘羊、孔僅輩專務財用功利之弊，爲後世法。吾人處此先
利後義之際，可不懷憂懼之心，以圖遠志。孟子言，生於憂患，死於
安樂。古人常謂觀詩可以知今日之利害，豈非然耶。

徵聖錄卷四　史　學　類

實齋不辨正史之義

柳氏翼謀國史要義史統第三言章學誠未陳正史之義,又言章氏生清代,雖熟於史義,顧亦不能質言,姑以遼金元史爲集衆官修之書比之晉唐,實爲清人隱諱之辭,而阮孝緒正史之義,迄未有人發之。所論極是。然實齋之說猶有甚於此者。其丙辰劄記有云"自唐漢三代以還,得天下之正者,未有如我大清。魏晉唐宋之禪讓,固無論矣。即漢與元,皆是征誅而得天下。然漢自滅秦,而元自滅宋,雖未嘗不正,而鼎革相接,則新朝史官之視勝國,皆不能無仇敵之嫌。惟我朝以討賊入關,繼絕興廢,褒忠錄義,天與人歸,而於故明但有存恤之德,毫無鼎革之嫌。明史權衡,又屢頒公慎之訓。是以忠臣載筆毫無避忌之私。此又不得以歷朝成法拘也"。實齋奉大清爲正統,全無華夷之辨,求之正朔大義,虧矣。有以其未能辨陳正史之義也。蓋討賊入關之說,多爾袞之譎辭。褒忠錄義云云,清室之權術。焉能毫無鼎革之嫌,載筆毫無避忌之私。大謬不然。夫清儒之卑格頓媚,觀此亦可知。國史要義史統有云"周樹槐之持論亦曰,必也去其正統之名,紛紛異同之論皆息。然亦曰,元人之以宋遼金列爲三史,非公論。而於蜀漢,南宋又以其人而重之。則未嘗不持種族之正、道義之正也。惟其生於清世,惡清室之竊正統,而不敢昌言,乃以不持正統之說爲得。故不持正統者,即不承認清之統一天下爲正統也"。則實齋又不若周氏矣。丙辰劄記爲實齋晚年之作,而有是說之錄,足證其神理有昏昧處。傑出如實齋,猶有是憾,此真清儒之可哀者。文史通義刪逮正統之義,蓋亦自知其虧欠,不如隱諱耳。不然言史之正體通義,焉能不辨正統哉。輓世柳氏繼起,大書史統之義,所論殊愜,吾儕可以無憾矣。(實齋和州志列傳中亦嘗贊戴氏、馬氏諸人甲申乙亥之死節,辭氣沈慨。其非不知明季之事者,而丙辰劄記作如是語,惑矣。)又實齋乙卯劄記於全謝山微有訾議。其曰"全謝山文集近始閱其詳,蓋於東南文獻及勝國遺事尤加意焉。生承諸老之後,淵源既深,通籍館閣,聞見更廣。故其所見,較念魯先生頗爲宏闊。而其文辭,不免冗蔓,語亦不甚選擇,又不免於複沓,不解文章互相詳略之法。又所撰神道墓碑,多是擬作。而刻石見用者十居其五,是又狃於八家選集之古文義例,以碑誌爲古文中之大著述也。汪鈍翁輩,且欲以漢書諸傳削去論贊,而增以韵銘,同一惑矣"。實齋純以文論,乃以汪鈍翁文人比擬於謝山,全不識謝山之大體。謝山之加意於東南文獻勝國遺事,實華夷正朔之辨使然,微言大義,深有春秋之法。其所撰神道碑,雖多擬作,實爲史傳,欲以傳諸後世,以正法統,豈斷斷以付諸貞珉爲意哉。其文辭冗蔓複沓,政欲讀者明其史實,詳其本末,乃能知前人之苦心孤志,又焉能以文章詳略之法繩之。此皆實齋喜論文章之習自瞽之。謝山深隱華夷之義,而以文章出之,於清世犖犖獨立,尠有逮者。(可參本書卷十五鮚埼亭集國朝第一。)而實齋晚歲,猶言得天下之正者未有如大清之說,視之謝山之嚴毅,亦可羞矣。愚於史學,素推實齋,然於此節,不可爲賢者諱也。

宋史儒林道學分傳辨

章實齋丙辰劄記有云"道學儒林分爲二傳,前人多有訾議之。以謂吾道一貫,德行文學,何非夫子所許,而分明別戶以啓爭端。

此說非是。史家法度，自學春秋，據事直書，枝指不可斷而兀足不可伸，期於適如其事而已矣。儒術至宋而盛，儒學亦至宋而歧。道學諸傳人物，實與儒林諸公迥然有別，自不得不如當日途轍分歧之實迹以載之。夫道學之名，前人本無，則如畫馬，自然不應有角。宋後忽有道學之名之事之宗風派別，則如畫麟，安得但爲磨而角哉。如云吾道一貫，不當分別門戶，則德行文學之行，豈無言語政事，然則滑稽循吏亦可合於儒林傳乎"。所論甚辯，洵得之矣。愚讀此書時嘗攬卷有思焉。周禮天官有曰，師以賢得民，儒以道得民。荀子儒效言有俗儒、雅儒、大儒之分。禮記儒行稱十五儒。儒林列傳焉能盡苞羣儒哉。宋史之分別以道學傳，以顯宋世理學諸儒之學，固宜然。後覽實齋知非日札，則其說有先獲我心者。其有云"前人議元人修宋史不應分別儒林道學，余既有論辨矣。今觀周官大宰以九兩繫邦國之民。牧長之下接以師儒。其曰師者，以賢得民。注謂德行。其曰儒者，以道得民。注謂六藝。師謂師氏，儒謂保氏，則道德宜出師氏，儒林宜出保氏。官守截然有分，古人辨之審矣。後世官師分事，治教分途。遂並古人之官守而忘之。轉以吾道本一之說，議史官之標別門戶。夫吾道本一，則堯舜周孔無二致也，則聖君賢相皆可入儒林傳矣。其說豈可通乎"。所論甚確。清史稿儒林傳亦云，宋史以道學儒林分爲二傳，不知此即周禮師儒之異，後人創分而闇合周道也。孫仲容周禮正義卷三有云"師則泛指四民之有德行材藝，足以教人者而言。以賢得民，祇謂師賢於弟子耳，奚必德行純備之賢乎。儒則泛指誦說詩書，通該術藝者而言"。其引俞樾云"師者，其人有賢德者也。儒者，其人有伎術者也"。愚觀伊川有云"古之學者一，今之學者三。一曰文章之學，二曰訓詁之學，三曰儒者之學。欲趨道，舍儒者之學不可"。宋世文章訓詁之儒，道學家恒以伎術視之，而言其非儒者之學，爲玩物喪志。則儒林傳述訓詁之儒外，豈不可別立一傳以誌儒者之學志乎聖賢者哉。以伊川之意，自當有一道學傳以自別於俗儒也。且道學家多務實政踐履，不拘以儒業訓詁，乃以德行材藝教人爲亟，甚者斥漢唐儒者多昧於大道，豈非周官之古義哉。故宋史不可不立一道學傳，不然，不足以道宋儒之志趣。以此而論，史記之立儒林列傳，固已有微悖於道者。蓋儒林諸人，博士經師而已，奚足以語師保大儒之義。章炳麟國故論衡原儒有云“自太史公始以儒林題齊魯諸生，徒以潤色孔氏遺業，又尚習禮樂弦歌之音，鄉飲大射，事不違藝，故比而次之。及漢有董仲舒、夏侯始昌、京房、翼奉之流，多推五勝，又占天官風角，與鶡冠同流。晚有古文家出，實事求是，徵於文不徵於獻，諸在口說，雖游夏猶黜之，斯蓋史官支流，與儒家益絕矣”。則兩漢儒林傳中人物，本亦淆雜，儒林之目，本非有確稱不變者。且儒林傳中又有戴聖以禮學大儒，而行治多不法，實非真儒本色，章氏尚未道及。日知錄集釋卷十三名教程編修亦云“武帝立五經學，登用儒士，由秦以來，風氣為之一變，特不能擇取真儒，舍仲舒之醇雅，用平津之矯僞耳”。持吾道本一之說者，蓋未察最初之儒林傳其道已非本一。詎可備責乎宋史。（後覽張舜徽清人文集別錄評陳漢章綴學堂初稿云“至若卷二讀宋史道學傳，謂宋代不可無此傳，而駁清初黃宗羲、朱彝尊諸家之說，不知前人若章學誠、宋翔鳳皆已言之，而無庸矜爲創獲”。愚亦何敢以創獲自矜。觀此可知斯論亦由來久矣。章實齋遺書家書六至謂列傳更當立史官傳，以存史法，雖未能設，其意殊佳。道學焉能無傳哉。）

鄉土志議

劉申叔編輯鄉土志序例體密思精，倣周禮法度，視郡邑如列國，設輿地、政典、大事、人物、方書、文學、物產、風俗八志，陳議精微，洵足觀翫。其有曰“若一郡一邑咸編鄉土志，則鄉邦文獻，童稚能嫻。而旅人之莅止者，亦可入國問禁，入境問俗，以得所參考之資，此則章氏實齋州縣請立志科之意也”。申叔極尊實齋之學，其國學發微，嘗言其集彥和子玄二劉之長，鄭樵以還，一人而已。其編輯鄉土志序例即實齋遺義所在，而擴充之。使能行之，亦洋洋可觀矣。洪北江卷施閣文乙集淳化縣志叙錄十八首，言其書凡爲記八，爲簿二，爲志五，爲略三，則其叙錄當亦爲申叔鄉土志序例之所本。觀其例，較之申叔，尤爲細密。愚弱冠時極崇實齋，甚欽其方志之學。而立之後，漸覺其不倫，不能無疑也。章太炎國故論衡原經有云"自秦以降，以郡縣治民，守令之職不與王者分重。獨如華陽國志錄公孫述劉備李勢之流自治一方者，宜在春秋。其他方志、小說之倫，不得以國語比。宋世范成大志吳郡，猶知流別。輓世章學誠、洪亮吉之徒，欲以遷、固之書相擬，既爲表志列傳，又且作紀以錄王書詔書，蓋不知類"。又云"莊周曰，飾小說以干縣令。今之爲方志者，名曰繼誦訓，其實干縣令也。而多自擬以太史天官，何其忘廉恥之分邪"。則太炎以實齋北江之法爲非，不爲無據。章劉之法例固精密，然於大義猶有不通，誠有如太炎干縣令之哂者。（太炎論史，有異於實齋。其與吳君遂書有云"近方草創學術史，覺定宇、東原，真我師表，彼所得亦不出天然材料，而支那文明進化之迹，藉以發見。麟家實齋，與東原最惡，然實齋實未作史，徒爲郡邑志乘，固無待高引古義。試作通史，然後知戴氏之學，彌綸萬有，即小學一端，其用亦不專在六書七音"。乃謂實齋差能于小而見大，而未必能于大而見小。作通史之大業，精微詳瞻，其力有不逮，而郡志之小功，其高引古義，亦或不必。太炎此說于東原自有偏袒，然亦非無見。輓世極推實齋史學，實則其所長之史學，史學之學耳，非真史也。以史材論，實齋于史識最高卓，于學于才，非爲一流。太炎其學其才，在實齋上，識亦通明，素有作史之志而不成，史學之難，尤甚於經子，可以知矣。）自古傚法周禮者多易入狂譎之塗，如王莽、荆公，此在政事之大端。此非法之弊，人之弊也。修方志者，亦欲典刑周官之制，視郡邑若列國，則其態狀，恐亦難免乎狂譎之誚。誠亦夫子之所謂割雞焉用牛刀者。蓋天下之正理，莫若物得其所。使郡志擬國史之例，則略僭禮，恐非合宜。儻令郡志各得其地之史，順遂其地之理，而不必拘以定式，靈變自適，待乎作者之材器，或可以無弊。（清初諸遺民大儒如亭林、南雷、船山，皆倡封建而斥郡縣之失。或謂實齋之治方志若古者侯封一國之書，即潛寓諸大儒之說也。竊謂實齋素以清爲正統無異辭，非能傳諸大儒之衣鉢者。使其論爲然，則太炎先生當作斯議矣，而其適反之,斥章、洪之不知類。故知實齋之方志體例,本與封建郡縣之議無甚關係。太炎實事求是耳。彼既不能如遷、固肆力行志於廟堂之史,不得已窮其神智於方志小邑耳。蓋禮失而求諸野,不得不然。其與宗族論撰節愍公家傳書亦自云,"三十年來,苦饑謀食,輒藉筆墨營生,往往爲人撰述傳志譜牒,輒嘆寒女代人作嫁衣裳而已,身不獲一試時服"。可以想見其寄意於方志之苦心,亦乃不甘代人作嫁衣而已。)然吾國今日之方志,均循泰西科學之例,非惟古義蕩然,有悖雅正,其面目亦皆雷同,殊少靈化,觀之無味。使章洪劉諸賢九原有神,亦將慟哭而已矣。抑其史學模古怪麗之法,亦今世方志隳變之前兆耶。

八書十志優劣

蒙氏文通中國史學史論世本與史記有云"羣書引世本有帝繫篇,有謚法篇,有居篇,有作篇,此史遷八書之所由仿也。八書之作,天官律曆備極詳實,此史公專門之業,唐都洛下閎之傳,正其家學。作禮書樂書,徒取樂記荀卿之言,膚略如此,其下班固遠矣。或疑禮樂書爲褚先生補,其言無據。以史記八書衡之班書十志,則馬遷爲有愧也"。漢書十志精善完備,八書衡之自有大輅椎輪之嘆,此世所公論者。然史遷之高古深邃處,實亦有班志所未逮者,今略辨之,使世之輕史遷者,有以惕若,知古人之不可輕議。章實齋丙辰劄記有云"劉氏史通知書志爲三禮之遺。不知史記之天官、平準名篇乃是官名,班史改天官爲天文,改平準爲食貨,全失官禮之意矣。嘗議書志一體實官禮之遺,非三禮之謂也。故叙事溯典,當取一代人官爲綱領,而重輕詳略,則作者自爲權衡。此義明,則諸史書志不致參差矣"。所論極是,爲前人所未道者。史遷雖嘗有採於世本,然帝繫居作諸篇,未足爲八書之本。史公八書之刱作,實作者自爲權衡而制焉。此開闢之功,孰能奪之。天官平準諸篇,既深寓官禮遺義,乃爲史學通經之關鍵。後世作史者漸失其義,或令書志降格,爲本紀列傳之輔,或繁褥以排比籍文爲事,甚無史識

旨意，此非史遷之嗣傳也。禮書之取荀卿，樂書之取樂記，尠及當
代制度，然亦有大義存焉。此取孔子後學之書入史記，實以明漢制
禮樂之根本。欲樹根本，徑取孔子後學之書，明粹正大，非為不智。
斯亦實齋文史通義言公之義也。此或為史遷開闢之深意所在，奚
可以後來者而轉蔑其原始哉。數典忘祖，實古今論史者之常病。
觀禮書樂書篇首太史公曰，堅卓密栗，應物感動，有作者之志，則可
知重輕詳略，實史記作者自權衡之，非徒襲舊說以自飾。八書中又
有封禪書，以封禪之禮述玄古之制，且多言漢武時事，深有諷諫寓
義，筆法高邁靈變，使觀者洋洋然莫測其涯涘。較之漢書郊祀志之
嚴整實錄，史遷之書，蓋圓而神者。故知八書義古筆神，十志方整
明麗，其優劣之論，未可輕議也。（班馬優劣，論者互有異同，大約右馬
而左班。清尤侗艮齋雜說卷二亦嘗論之。尤氏言班書古今人表一篇，固之刺
謬多矣。蒙氏右班而左馬，蓋矯而言之，過猶不及。中道而論，班馬分殊，而
實成一體，不必以分別心觀之也。）

蘇子瞻史才辨

　　自蜀洛黨爭，蜀學每受道學正流排詆，恆視子瞻為縱橫任權之
人，幾為名教之罪人。過矣。長公固非能盡合聖道，然豈無與古賢
頡頏者。其傑出處，炳炳麟麟，實有古風，後世學者，不可不拭目以
自辨之。章實齋知非日札有云"南豐曾氏史學本於向歆父子，乃校
讎之學，非撰著之才也。神宗欲修國史，用曾南豐，不當意而改用
蘇氏，則又去之遠矣。蘇長公之於史事，風馬牛也"。其鄙夷蘇氏
全不當史職，過矣。竊謂子瞻史學長處有二。其一曰，古史官秉筆
直書，廷爭面折，官守之責，風節遒勁，蘇氏猶存焉未泯，尤為時儒
所不及。柳詒徵國史要義史權篇屢稱其蹤跡遷流，能承古義。其
有云"蘇軾所謂委任臺諫一端，是聖人過防之至計。風采所繫，不
問尊卑。言及乘輿，則天子改容。事關廊廟，則宰相待罪者，非由
自古雖天子不得為非之定義而來乎"。此言長公能識史權之大端

也。觀蘇氏生平，變法之際，深忤安石，元祐之朝，復乖溫公，莫非秉直尚義，守南董史魚之風猷。溫公對之，猶有虧焉。愚讀子瞻熙寧四年上神宗皇帝書，陳義極正，深沈堅實，洵古大臣之紆謀，為史職之所必備者。此種風範，非實齋所能逮也。（蘇氏曰"古之聖人，非不知深刻之法可以齊眾，勇悍之夫可以集事，忠厚近於迂闊，老成初若遲鈍。然終不肯以彼而易此者，知其所得小而所喪大也"。愚論新法常持此說，讀蘇公奏議，始知已為子瞻道盡。蘇公奏議，真陸宣公之嗣也。日知錄宋世風俗一則亦言當時論新法者多矣，未有若子瞻奏議之深切者。）其二曰，子瞻承蘇明允論經史之家學，熟習史政，深燭幾微，筆致密栗高邁，足可傳世。良史才學識三端，蘇公雖未能盡善，而大體粗具。神宗不當意於南豐，則捨蘇氏其孰與歸，亦一時之公論。蘇氏文筆之高，與古人可相軒輊，後世作史者皆不及之，此最優者。宋元學案蘇氏蜀學略言其體渾涵光茫，雄視百代，有文章以來，蓋亦鮮矣。不無溢美。然使之施諸史書，其文亦必馬遷一流，足可雒誦。蘇氏學問，論者言其未達大道，失之膚略，甚是。然其規模恢闊，博物廣達，且熟識史事，歷代變遷，施之史職，焉得無庸。蘇氏史識，觀刑賞忠厚之至論、春秋定天下之邪正論及諸史論，多警策深長之旨，自不在歐公之下。其辨識時政優劣，尤稱洞徹，豈無史識者所能具。實齋乙卯劄記謂蘇明允史論所見極為膚淺。謂其不知古無經史之分，聖人亦無私自作經以寓道法之理，六經皆史，非其所能喻云云，皆以己長衡人之短，而不思彼之長又有甚於我者。矧其所自詡之特識，亦未必爲定理耶。章太炎國故論衡嘗徧駁之。實齋之評，信屬苛論。其評長公亦然。（觀蘇明允史論，則其通識體式，雖不逮文史通義，然亦非庸劣下駟，足可振厲士類，為不朽之業。）宋世史學特盛。司馬君實、李仁甫、鄭漁仲皆有大成。眉山蘇氏自具一格，亦終可曄曜百代。蘇子由作古史，朱晦翁謂其近世之言史者，惟此書爲近理。輓世蒙文通亦謂北宋新、洛、蜀三家，惟蘇氏能不廢史學。蘇氏延北宋一綫史學之傳，俾蜀之史著，風起雲蔚，其爲教亦宏矣。（見中國史學史第三章。）蒙氏蜀中英物，善識蘇氏之大端，可與愚說相參證也。

倭夷猾夏適成史學

輓世倭夷猾夏，爲五濁劫命之數，生靈塗炭，游魂污血，誠可浩歎。然函夏士類，值際變陵谷之世，中心惻然，每奮飛有自彊之志，付之著述，適成鴻業，炳炳麟麟，可以不朽，此又劫濁之摩尼，爲後世未來之覺照也。大儒著述，首推馬湛翁泰和宜山會語、復性書院講錄諸書。其書主治經義理學，精邃博達，可與古儒幷駕，正道術、濟人心，同乎聖賢之立言。泰和會語引端有云"此是某之一種信念，但願諸生亦當具一種信念，信吾國古先哲道理之博大精微，信自己身心修養之深切而必要，信吾國學術之定可昌明，不獨要措我國家民族於磐石之安，且當進而使全人類能相生相養而不致有爭奪相殺之事"。志願深宏，蓋以倭亂爲命數之理，乃人心沈溺之所以致之者，故湛翁講學以明聖德正人心爲主，爲大人寬厚之象。時儒又有楊樹達遇夫作春秋大義述，嚴於斧鉞，華夷之辨，凜然難犯，高標榮復讎、攘夷、貴死之大義，深疾倭夷之凶狡無禮義，痛絕叛盜之無恥罪惡。曾運乾序謂其鑒於國變日亟，慨然中輟其考訂精嚴之素業，而從事於師絕道喪之微言。此真爲遇夫先生不可及處。春秋大義述以漢儒今文之學，行當世復讎之教，為史遷剛峻激宕之風氣，其格固有異於湛翁之書者。諸儒著述，尤以史學為隆盛。陳援庵作通鑑胡注表微，作本朝書法、臣節、夷夏等二十篇，以明胡身之遺民之志，顯其忠義之心。援庵自謂鑑注成于臨安陷後之八年，為至元二十二年乙酉。表微之成，相距六百六十年，亦在乙酉，此則偶合者耳。表微之書，其體例堪稱獨步，考證校勘精切，而獨具隻眼，審斷中正，繫以深慨沈痛之語，衡以謝氏西臺慟哭記、船山黃書噩書，其名實之全、剙體之新，又矯然為尚矣。其學術功力甚深，較之遇夫之中輟考訂素業而轉攻今文學，可謂專精也。援庵又嘗先成南宋初河北新道教考，述全真、大道、太一三教祖師創教之業。援庵有云"三教祖皆生於北宋，而創教於宋南渡後，義不仕金，繫之以宋,從其志也。自永嘉以來,河北淪於左衽者屢矣,然卒能用夏變夷,遠而必復,中國疆土乃愈拓而愈廣,人民愈生而愈眾,何哉。此固先民千百年之心力艱苦培植而成,非幸致也"。援庵又著明季滇黔佛教考,潛發遺民之志,其與表微、道教考諸書,皆慨憤倭夷之猾夏,發憤著書,斐然成文,成石室蘭臺之業。援庵之學,因倭夷而大成者也。此與史公所歎西伯拘羑里演周易者,蓋亦同也。史遷曰,大抵賢聖發憤之所為作也,此人皆意有所鬱結,不得通其道也,故述往事,思來者。援庵述胡身之、新道教、滇黔佛教之往事,所思者皆函夏之來者也。此為援庵不可及處。史學又有柳翼謀撰國史要義,為劉知幾章實齋以來第一等著述,足以追配古人。其書體弘思精,鉤稽深邃,破袪習見,明我大義,實為民族精魄之所聚,非徒史學之寶典。援庵以考述故事勝,翼謀則以發明史義勝,所業不同,其心則如一。又有大儒錢賓四氏,於西南漂流之際,於宜良西山巖泉下寺,著國史大綱。(其地吾嘗一過。)其書成自記云自念萬里逃生,無所靖獻,復為諸生講國史,倍增感慨。(其書之弁,有一類宗教律令語者,特為警醒,言凡讀本書請先具下列信念,其中有云,所謂對其本國已往歷史略有所知者,尤必附隨一種對其本國已往歷史之溫情與敬意。此錢氏之民族大義也。倭亂中史學之意義,莫甚於民族精神之發揚蹈厲。國史大綱,豈綱目而已哉。)賓四學術博達,氣象深閎,其與湛翁、遇夫、援庵、翼謀諸賢,固為函夏淑氣所鍾,正類之矜式。昔日非滿清入關,吾儕不得見船山、梨洲、亭林、二曲、夏峯諸大儒之書。今則非倭夷猾夏,吾儕亦不得見湛翁、賓四、翼謀、援庵、遇夫諸賢之著也。異哉。然元氣傷摧,終亦已皈矣。

汪容甫廣陵通典無取史法

汪容甫邃乎經子,文辭高古,然於乙部,所獲膚略。誠所謂通人不能無蔽也。其廣陵通典,無取史法,純然一編年載記而已。乙部通典之體,昉於唐杜君卿,其書專錄食貨、選舉、職官、禮、樂、兵、

刑、州郡、邊防諸典，體構精弘，宣達幽微，誠爲萬世典志之史之範
式。容甫之書，號爲通典，而實類載記，專詳史事而略於典制，名實
不副，遠不逮章實齋、洪北江史法之備。顧千里序謂其用編年之
體，作釋地之篇，會萃條流，差次月日。上下各代，排比列城，沿革
道里，戶口貢賦，鉅靡不包，細亦無漏，故謂之通。實則通於史事沿
革而已，非史學之所謂通也。顧氏又謂進節義，退草竊，貴賢能，賤
奢逾。刊棄神怪，擯落嘲咏。唯錄有用之事，弗爲無益之談。字求
其實，言歸於正。故謂之典。實則書重正義，文求雅潔耳，亦何足
以語典則。此亦顧氏不諳史法所致。其之讚辭適足以疵之。章洪
二氏以周禮法擬郡志，失之過奢近僭。容甫以編年擬通志，失之過
簡近妄。清儒郡志之學，有此闊略，史學精微，何其難備。近儒胡
玉縉許廎經籍題跋廣陵通典書後引劉毓崧通義堂集書後一篇云
"其名與杜氏通典相同，其體與司馬氏通鑑相類，是書於通鑑固稱
具體，而其未備者尚有數端。通鑑本末完具，而是書中止於朱全忠
遣使，此後未見其詞。通鑑論斷詳明，而是書惟見於徐敬業起兵，
此外未聞其說。通鑑有考異以示折中，而是書所去取者未標其故。
通鑑有目錄以為提要，而是書所編次者未挈其綱。此皆先生所亟
欲為之，而未及卒業者也"。所言皆不虛發，汪書之闕失固多。使
汪氏年永，其書或將不止乎此。然容甫文字奇古，生平亦風骨峻
切，好為奇論，其作廣陵地志，捨舊體而取編年，冒通志之名，抑恐
其好奇之性有以致之。胡玉縉言其書局勢展拓，而無一語溢乎廣
陵之外，體例仍復謹嚴，才大心細，允為近世來之奇作。且謂顧序
洵非溢美。則胡氏之論亦非篤論也。愚謂廣陵通志之美，獨在文
辭。顧序謂其全收隱括之功，悉泯彌縫之跡，可以知其鎔裁之妙。
況乎規模嚴整，氣局開張，人物于焉如生，江山為之增壯，天下後世
有善讀者，庶幾展拓心胸，奚止研練故實。顧序惟此一節洵非溢
美，能狀其善。以文辭故，容甫於是編先後錄鄒陽枚乘奏諫、劉孝
武帝使有司奏削竟陵王誕爵土議、江淹獄中上書、潘徽江都集禮
序、駱賓王討武氏檄、杜佑獻通典書，大抵漢晉以來駢儷之體，為容

甫所嗜者，或以文章之美而錄存之，衡之史法，亦非是。劉毓崧氏言其與通鑑比有未備者，尚可增一條曰，通鑑錄體要之文而不涉浮華，而容甫之書未能也。故廣陵通典之書，謂之史學則非，謂之文士之奇筆可也。（譚氏復堂日記續錄言實齋知非日札卷中砭詆容甫，頗中郵穴，可謂諍友。至曰"聰明有餘，真識不足。觸緒皆悟，大體茫然"。以之形容廣陵通典之作，不為過也。今中華書局本知非日札未見此條，復堂日記所援引者二，皆不見於今本，乃知今本殘佚。）

譚仲修著書欲擬石莊實齋

近世史學私淑會稽章氏之風，蓋導源於清季譚仲修一輩人物。譚氏日記卷一有云"但期還我儒官，傭書充隱，期以十年，治經史未竟之業，得一卷書，附庸於胡石莊、章實齋兩先生，於願足矣"。其屢稱胡章書體義之美，殊見其壯歲時甚有大志，又甚推黃梨洲王船山之書，遠在亭林之上，蓋欲續夫大儒之業也。（天門胡承諾石莊先生與梨洲諸大儒同時，撰有绎志、读书说諸書，學極博達，惜今人多不知之。）然譚氏之以文士終，其所成遠非其素所期者，亦緣其骨力略薄，藝文偏嗜故。復堂日記卷三有云"明以來，文學士心光埋沒於場屋殆盡，苟無摧廓之日，則江河日下，天可倚杵。予自知薄植，竊欲主張胡石莊、章實齋之書，輔以容甫、定庵，略用挽救，而先以不分駢散為粗迹，為回瀾"。則其文士本色，不免泄露。其於經史大義，服膺胡章，原其心術之髓，實欲施於文事耳。非真能得大志，欲續夫先儒著述經國之業者也。陽明言知者不能行，非真知也。有德者必有言，有言者未必有德。自古大著述多出於大儒之筆，而時有文士欲擬其轍範，比肩古人，實多非其所宜。如譚氏者，亦輓世一例，可為今世之誡。其理實齋丙辰劄記業先已辨之。其有云"抱朴子。陸平原作子書未成。吾門生有在陸軍中，說陸君臨亡曰，窮通，時也，遭遇，命也。古人貴立言，以為不朽，吾所作書未成，以此為恨耳。余謂仲長統作昌言，未成而亡，後董襲傳次之，桓譚新論未備而終,班固爲成之。今才士何不贊成陸君子書云云。余每歎文人見解,不可與言著述。今觀抱朴所言,則有道之士猶於此事且隔膜也。文人拘體貌而昧於立言本指者。輒自厭所業而浮慕古人子史專家,思效法之,其亦可謂不達於理而已矣。陸氏子書今幸不傳,觀其文集所存辭章論說,曾無一言足以自見著書旨趣,則其所謂草而未成之書,亦不過辭章詩賦之變調耳"。所言甚是。然章氏持論亦有過刻處。其詆揚子雲不知文無其質,太玄法言皆雕蟲。徐幹中論今日具存,求其立言宗旨邈不可得。王通擬六經,不論心術而但求體貌,較子史諸家爲更進云云。皆峻峭過高之論。太玄法言中論文中子中說諸書,皆典則粹粹之作,爲真儒心血,奚可誣也。章氏藐焉不屑,實宋儒輕視古人之餘習,非篤論也。抱朴子語中恕而已,乃欲成人之美,豈真有道者之隔膜耶。抱朴子內外篇乃子部傑構,葛氏雄文博識,為極深於子史之士,豈無故作浪語,以貽後世之哂。陸子文集亦豈真無一言足以自見著書旨趣耶。觀辯亡論、五等論、文賦,知其見解,亦差可追擬古人。使陸氏子書存,文勝於質者當有之,言其必為辭章之變調,則過矣。此皆實齋持論過高處。復堂雖未能遂其志願,觀其日記,亦頗可覘其規模懷抱之闊,遠非庸常文士所可逮,其識斷之精切中正,亦多陵駕乎時儒之上,衡上不足,衡下則綽然有餘裕。愚自不欲復蹈實齋之苛論,輕視前人。譚氏日記,實乃後世讀書者之利器津梁。其立言旨趣,亦每見於篇什,較之陸平原輩之大致隱沒,蓋亦幸矣。(復堂日記錢基博跋記斥章炳麟之於譚氏,尊其生而畔其死,是敬其有知而慢其無知,是奸人之道而背畔之心。言頗峭刻,非子泉氏淵厚之素性,故編理者亦疑其實出於其子默存氏之手,良非虛肌之談。章之於譚,猶戴之於江。東原嘗謂其師江慎修爲老儒,後世多訾議之,而未必得實。炳麟氏乃輓世少數堪稱子史家者,質薄如譚仲修者何足以服。章氏本不心許其爲業師或可以意逆度之。其致譚氏書箋夫子受業云云,禮俗而已,本不足據。後學忌章氏負氣自高,故喜發其畔師之秘,藉以痛斥之,非中道也。且炳麟氏時務報館與康門梁、麥諸子攘臂大哄時,復堂日記論之云"亂離瘼矣,士人不圖樹立,無端爲門戶之爭,竭心力而成戰國世界。冷眼一笑,熱心尤爲一笑"。實不知康梁一派本非醇正之塗,炳麟氏焉能沆瀣一體而不自別異。復堂又焉能逆料炳麟氏日後格局之弘深，遠非其所可測量者。然日記又援寒山子語諷章氏之未能安身積德，則為長者忠厚婉諫之風，章氏生平之纇，亦即此也。譚之於章，格局學術，莫能前知，氣質之偏，則差能識之也。）

柳氏國史要義評

近世治史學者，多欲發皇遷固，踵躡劉章，成一家之言。仁和張氏孟劬著史微，庸言庸行，固屬正誼，然殊乏刱見，幾同鈔纂。考其著書之時，三十餘歲而已，雖有志於大道，學識皆未能逮。孟劬凡例自嘗云亭林先生有言著述之家最不利乎以未定之書傳之於人，然其書亦有文筆冗蔓之病，皆不能澄清之，其書所以未能廣傳，或亦有由此者。蓋欲續劉章之法嗣，成子史之孤詣者，必備才學識之三端，而年亦至焉，方能機熟。天才若劉申叔劉鑑泉二氏，皆英年隕歿，著述雖富，而未有堪能踵躡劉章者。蒙文通中國史學史文辭湛切，殊有創發，惜爲殘編，體例未周。近世惟柳氏翼謀劬堂先生譔國史要義一書，精微深閎，體例純明，堪稱典刑，可與古人頡頏比肩，他人莫逮也。熊子真十力先生許其博而能約，密而不碎，真不朽之作，洵非溢美。吾讀其書，頗覺其發憤踔厲於溫敦老成中，真虞書之所謂直而溫，寬而栗，剛而無虐，簡而無傲者，實等絕學。翼謀湛乎乙部，而深研經術，史部之有柳氏書，猶經部之有其馬氏復性書院講錄，共爲砥柱。（其他大儒雖著述精弘，亦未有明粹若此者。時儒治學頗循泰西分析之式，不若湛翁劬堂渾成以古法，以此故略損於氣體，所以有間。熊子真甚有刱識，氣魄亦大，惟顓於哲學，格局近隅，非古大儒之舊軌。以渾成論，則劬堂又不若湛翁之純。）

國史要義史原第一追稽史官之古制，而明吾國以禮爲核心之史義。其書有云，賴此史官所持之禮一脉之傳，維繫世教，元凶巨慝有所畏，正人君子有所宗。雖社會多晦盲否塞之時，而史書自有其正大光明之域。古人運之於禮，禮失而賴史以助其治。史義法之嚴，其文極簡，而示禮極嚴。所論精闢，已揭其書根本旨趣所在。

史權第二有言南董秉筆直書，史之權威莫尚焉。後世臺諫之有監察權，不僅監察官吏，實歷代一貫相承之良法美意。吾國史權之尊，固仿佛有他國司法獨立之制度，然其精義，出於尚德而互助，非他族之出于對待而相爭也。所敘明粹，殊能振奮俗習。柳氏有云"惟韓愈猥以人禍天刑為慮，其識乃不逮柳宗元。合觀而言，亦可知政宗隆替史職伸屈之因"。允為公論。韓說雖猥，亦已道出後世史家隱痛。康熙間莊廷鑨明史一案，豈非即昌黎所憂者。翼謀有云"章氏史釋篇略論內閣六科翰林中書之屬比於古史，顧氏日知錄極論唐宋及明代封駁之制之善，第都未能從源及流，為吾國史職作一有系統之敘述"。其書蓋有志乎此者。

史統第三明正史之義，而判正統論之公案。正統論紛繁號為難治，竊謂觀史統篇可以無憾。柳氏持論嚴正，而能達乎恕道，爲不可及。其有云"既知不持正統論者之同一尚統一，尚正義，其所持之正義，同一去無道開有德，不私一姓，是實吾國傳統之史義。即亦可以明於持正統論者之基本概念，亦無異於不持正統論者也"。中恕之道也。

史聯第四殊有創識，推周官聯六事之義，言惟聯而後骨理相湊，脈絡相通，而合天下為一家之氣象可見，則史事本無往不聯，紀傳表志之體之縱橫經緯者，乃吾大國積年各方發展，各方聯貫之特徵，非大其心以包舉萬流，又細其心以釐析特質，不能為史，即亦不能讀史。見地極高。又言史以明政教，彰世變，非專為存人。故既以聯合而彰個性，亦可略個性而重聯合。亦前儒所未道。觀史聯之篇，最能擴展心智，知政史精弘關聯之理，可為近世治學曲隅之藥石。

史德第五承實齋史德文德之旨，而暢演之。其言學者之先務，不當專執德以馭史，而惟宜治史以蓄德，殊為篤切之塗。又言治史之必本於德，古史已先有居敬窮理以敬立德之學，非理學家私創之說，亦頗能益人神智。斯篇深研史學尚德之義，愈見深切，其神思力道,亦愈顯其振瞶發蒙之能。其言挾考據懷疑之術以治史,將史實因之而愈淆,而其為害於國族也亟矣。不啻為顧頡剛輩及傚西法者發。又言論學立言,不可不慎,斥梁啓超開附會之風氣,持論嚴正不誣,不偏不倚,非康梁以來務新學者所能逮也。

　　史識第六以三傳之於春秋,解析春秋之義法,以明史識。言衡物異之輕重,視人事之敬惰,已可啟發史識。所謂讀書得間者,即從此等無文字處得之。又舉馬遷史記,考信擇言,非天下所以存亡不著,以見史識之無所不在。則翼謀之所謂史識,閎論眇旨,其微妙處有前儒所未道者。乃於混茫中辨風教,悶沌間闡心術,貌為故訓,新義豁然,而所謂新義,故訓之復明而已矣。故翼謀有云“故在初學,不第不可遽謂前人不逮吾儕,且不得謂吾人於前人所撰著悉已了解。深造自得,正不易言。姑先儲積前哲研究撰著之識,得其通途,再求創闢異境。此雖不敢以律上智,然世之中材最多,循此或可無弊耳”。為極平實篤厚之義,誠當世弊病之針砭。

　　史義第七闡孔門義理,窺史公隱秘,言史記滑稽列傳序深蓄通義,辨杜預春秋釋例為承周魯之史法,皆益人神智不淺。斯篇甚尊黃梨州明夷待訪錄有大義,而推諸當世,有言“世運邁進,其必趨於各遂其私而又各節其私之一途,然後可以謂之公理大彰。吾人深察乎此,以古之治王畿鄉遂者,摶大國為一體,以古之撫邦國諸侯者,會天下之一家,以啟其方新之制,則吾史之義,豈第為一國一族之福利已哉”。廓然有大同之量,雖未易見諸實行,異日未必不為萬國新王之法。柳氏之有西漢儒者風,於茲可窺焉。故斯篇有精義云“公羊家之說,非以周官證之不明”。此治公羊之專家未能道者。

　　史例第八純以經例詮解,為以禮治史之通法。史通書事、隋書魏澹傳以下,梳理文獻,尤見功底,有條不紊,可知長者熟慮,非朝夕之功可致。

　　史術第九言史術通貫經術,為儒術之正宗,亦可與前說相參證。其又云“自捨官禮言中庸,而儒術遂流於空寂”。頗類南宋葉水心永嘉諸儒之說。有云"騖事功者又徒眩惑於物質,不知大本達道"。又類朱晦翁之斥龍川語。則柳氏之學,實亦有宋儒之遺義者。(時儒蒙文通,尤能明南宋史學之精微,汲汲致意焉,惜柳氏書未之及也。)斯篇陳義弘闊有力,實已越乙部之町畦,而述儒術禮教之大義,可使頑夫廉,怯夫屬。

史化第十首揭呂氏春秋貴因之義,頗可與釋氏重因之說相參證。又深許王靜安殷周制度論言周納上下於道德,而合天子諸候卿大夫士庶以成道德之團體之說之善。深贊函夏以華化夷之德術,為史化之正塗。其終則歸之於讀書法,以見史化之秘。其有云"真讀書者,自知盡己及人物之性。昔之教也偏於盡人,今之教也偏於盡物"。誠為今世之迴鑒。要義一書,深究本原,洵吾儒之鴻業,不僅為治史者設也。然其多以經禮儒術治史,且顯於本原處設教,以史為經,又以經為史,賓主之位,似欠分明,亦不及劉章之學範圍弘富,學術專詳。陳義重複之失,亦所難免。且著書襲時風,喜鈔書,文辭亦不盡雅訓,通人不能無蔽,此皆美玉之瑕也。

清遺民著史自有正義

清世滿人入關,未為正統,然猶守函夏舊有之禮教,文學言語,猶存矩矱。民國既肇,漢裔自主,然舊有之禮教綱常文學言語,覆沒漸無遺類,則又焉能為正統哉。是以有清遺民之節行著書,自有守文之正義,非可以迂腐目之。孟森非純為遺民,然以公正持平之心著清史講義,申其正論。其首章有云"近日淺學之士,承革命時期之態度,對清或作仇敵之詞。既認為仇敵,即無代為修史之任務。若已認為應代修史,即認為見代所繼承之前代。尊重見代,必并不厭薄于所繼承之代,而後覺承統之有自。清一代武功文治,幅員人材,皆有可觀。明初代元,以胡俗為厭,天下既定,即表章元世祖之治,惜其子孫不能遵守。後代于前代,評量政治之得失以為法戒,乃所以為史學。革命時之鼓煽種族以作敵愾之氣,乃軍旅之

事,非學問之事也。故史學上之清史,自當占中國累朝史中較盛之
一朝,不應故為貶抑,自失學者態度"。所言殊正。劉申叔早年鼓
吹種族革命之義,後忽悔之,經術學問,復於醇正,豈非即識其為軍
旅之事,非足以語學問者哉。或以畔變視之,非允論也。清史稿之
出,以滿清為正朔,循史書之舊軌,而深為新派所疾恨,則新派之容
量,又不如前朝也。而貶抑之風,日趨熾烈,阬儒焚書之禍,接踵而
至,清遺民著史之正義日淪於淵穴而不彰矣。趙爾巽清史稿發刊
綴言動輒以時事之艱虞,學說之龐雜為詞,以此稿乃大輅椎輪之先
導,并非視為成書,則亦自知身厄前所未有之變世,何敢以正史自
炫招禍。惟時事之艱虞,學說之龐雜,清季民國諸儒之本志,多隱
沒無識者。遺民中柯劭忞、王樹枏、夏孫桐、俞陛雲、繆荃孫、馬其
昶、吳士鑑、姚永樸、姚永概、張爾田等,皆列清史稿之館職,其著述
多有深意足堪傳世者,而今世幾難覓其踪迹。今之學者,自當留意
之也。

徵聖錄卷五　理　學　類

全謝山宋元儒學案序錄　五條

　　學案爲史。謝山仿太史公自序作序錄一篇,如躋華嶽之巔,關河絡繹,目擊道存。自孟軻氏倡五百年道統之說,漢書藝文志言王官所出之學,聖學統傳,代有其脈,不爲堯存,不因桀廢。蓋爲天行,非徒人力。其道闇時惟見實行,顯時則玄言大昌。宋元顯時也,儒者喜以道統自彰,周海門、黃梨洲諸先生之刱造斯體,敘載師傳,究竟奧突,亦同史遷孟堅之自覺,實理事兼攝,質文一體,以理爲主,闡發實事,非後世所謂學術史者所能盡其蘊義也。

　　學案類教宗。宋僧志磐作佛祖統記,中土釋教,以台爲主,一以貫之,他教附之。學案類之,以周程朱陸爲主,金華永嘉三蘇新學亦兼之。學案亦類禪門燈錄。師承而外,專記言論語錄。故學案之書,謂之儒之燈錄統紀,亦無不可。然以體例而論,學案材贍識精,純用史筆,又轉勝乎燈錄統紀之上,或無其獨斷單一之失。釋氏效儒教之史學而有祖堂、燈錄、僧寶、佛祖統紀、釋氏通鑑諸書,明儒效釋氏之史書而有宗傳、學案諸作,而以梨洲、謝山之精於史部,乃得其本源,故明儒學案、宋元學案之精善,轉勝於師也。章實齋言浙東之學言性命者必究於史,是其所以卓也。極是。今人有論學案者,每以今日見地,苛議于梨洲,非恕道也。

序錄之文，有風行水上，自然成文之妙。類渙之義。易曰，渙，亨，王假有廟。先王以享于帝立廟。學案諸儒所奉之王道聖學，蓋有類乎此者。學案之作，亦立廟之道也。吾人讀斯編，如入王廟，豈能不齋莊中正慎獨持敬。豈後世之所謂學術史者所能覘之哉。

宋儒之盛，實非明儒所能想見。其氣勢灝灝然若無崖際，渾穆弘大，明儒較之，終顯格局隘促未廓，氣息未厚，惟風節卓犖，不讓古人也。明季顧黃王李諸大儒出，方復有灝灝之氣，可與漢宋大人相軒輊。夫風氣隨時世而移，每況愈下，而必有豪傑之士矯而挽之，此者不可不慎懼以待之。

宋世雄於文者多入學案為儒，如廬陵、蜀學。明世雄於文者多不入學案，如七子。可知文道合一，在宋猶存其體格，入明則愈鬭裂矣。明初宋景濂、方正學猶有其遺風焉。不愧為吾金華學派之傳也。

安定學案　六條

謝山言安定沈潛，泰山高明，安定篤實，泰山剛健，各得其性稟之所近。實齋喜言高明沈潛之別，蓋亦承其教緒。夫子兼具二德，論語多沈潛之說，而高明之義闇然日彰。孟子偏於高明剛健，荀子偏於沈潛篤實，孟子開漢宋儒子之先河，荀子為後世經制之學之權輿。然孟子豈無沈篤，荀子豈無高明哉。蓋天道陰陽，可分剖而言之，不可以渾沌而說也。故濂溪言無極而太極。使太極原始之本，亦剖而為二，言說故也。終為方便權詮，不必據為典要。

胡安定教人之法，立經義治事二齋，其弟子劉彝之所謂明體達用之學是也。周張二程，本懷經濟，有古人風，然傳授之下，即成偏局，主於義理，忽於世務。蓋宋人風氣本已趨清揚，二程之學主於義理，風行而後，則愈成偏塗。南渡後永康、永嘉之學起而矯其蔽，實有古風，而又為朱子所排摒，以異端目之，遂令理學終成偏單之局，與胡安定之旨背轍。數百年後顏習齋痛下猛志，欲革其頹靡，以返於先聖之制，雖失之激宕，要非虛枉。惜顏李之志未成，而尊朱俗儒亦起，尊朱之學僞而難成，而乾嘉諸儒又排蕩之。習齋之志，永淪晦昧矣。周漢晉唐，學脈實渾成，周而不比，和而不同，在釋教猶如此。宋元明清，學脈多支離，三教雖有一致之趨，而少周和之勢，多排擊之說。略有斬獲，即目空千年，以己爲尊，動輒以先聖之學自標，排詆異學，疾言厲色，此後儒之短也。胡安定經義治事之學，實正當古人道術將分裂之際也。

安定多平實無蔽之言，藹然德音，有若澹水。後世大儒多立奇警之說以振動學人，若此水味者亦鮮矣。明儒曹月川吳康齋之可貴，即在此也。

學案言先生推誠教育多士，亦甄別人物。故好尚經術者，好談兵戰者，好文藝者，好尚節義者，使之以類群居講習。此種氣象規模，後世無復睹之。民國北庠有其風範，然卻已失根本，興治未足，而造亂有餘。

徐仲車語錄有云“凡人之文，必如其氣。班固之文，可謂新美，然體格和順，不若太史公之嚴。近世孫明復及石徂徠之文，雖不若歐陽之豐富新美，然自然嚴毅可畏”。然嚴毅不可不立，和順亦不可不養。宋儒養文氣，多類尚書春秋，嚴正峻發，而略少詩禮和悅自然之致。是以邵康節之詩，雖非正體，而確有可貴者，不可廢也。

黃百家有云“先生之教法，窮經以博古，治事以通今，成就人才，最爲的當。自後濂洛之學興，立宗旨以爲學的，而庸庸之徒反易躲閃。是語錄之學行，而經術荒矣”。然自語錄之學行，儒門極昌，人才濟濟，氣貫霄漢，歷數百年而不衰，豈非其功澤。乾嘉諸儒經術盛矣，而氣格弛墮，無復儒者之矜式矣。語錄之學，不可輕議。

泰山學案　七條

孫明復之有石徂徠，猶陽明之有心齋，其於師學，皆折節推尊，不遺餘力，而激宕過之，不爲無害。

春秋尊王發微有云"田必以時，殺必由禮。田不以時，謂之荒。殺不以禮，謂之暴。惟荒也妨于農，惟暴也殄于物，此聖人之深戒也"。今世殺生之暴，殄物之虐，其已至極，而百姓日用而不知其罪，蓋世無聖人之教，彼無由之知也。

夫子述易詩書禮樂為體，以作春秋而亂臣賊子懼為用。春秋為儒者應世之急務。泰山先生以春秋尊王發微為利器，亦夫子之道也。春秋之學，為古今儒者用世之法器，賢者由之，譎者亦由之。劉逢祿，近世之賢者。康有為，近世之譎者。

孫氏睢陽子集有云"專守王弼韓康伯之說，而求於大易，吾未見其能盡于大易也。專守左氏公羊穀梁杜何范氏之說，而求於春秋，吾未見其能盡于春秋也。專守毛萇鄭康成之說，而求於詩，吾未見其能盡于詩也"。精悍之論。宋儒治經，實從此處發揚蹈厲。觀宋儒之經學，多前人所未發者，而氣體充積，言自成理，其之以經學為大用，非專守所謂本義者所能測度也。然以經為用，不守本體，權奇自任，終非漢晉涵渾之正途，函夏自此多事，元氣亦隨時而漓，非徒學術也。此氣數所至，非宋儒所可挽繫。邵康節天津橋上之嘆，信非妄語。

漢唐儒者，猶存直而溫寬而栗之相，宋明之儒，直栗多而溫寬少，秋氣勝乎春氣，不免為春秋誅伐之學所累。宋明之前，政事皆儒者之務，釋教鮮有干之者。宋元以降則反之。耶律湛然、劉秉忠、姚廣孝皆是也。其所以然者，亦以儒者直栗多而溫寬少，未必足以濟時變，而釋氏多以溫寬勝，得以承運而生。清儒則直栗亦鮮有，徒以溫寬自飾耳。儒臣以曾湘鄉為典則，而愚觀夫今世常人之所樂稱道者，其權謀之術而已，較之明儒之樂稱其氣節，清儒之器局深淺于此亦可窺矣。

石徂徠筆致高邁，然峭刻勁悍，有累中道。其識見精透，甚有卓知，氣格亦峻偉可畏，焉可以輕狂之士目之。宋儒之有徂徠、龍川、水心，方顯其大度，明儒之有亭林、梨洲、船山，方露其手段。亭林、梨洲、船山，亦皆狂狷之流也。

劉莘老言士當以器識爲先，一號爲文人，無足觀矣。顧亭林極稱之。莘老爲姜至之門人，至之從泰山學春秋，亦從徂徠。竊謂亭林之學，有與泰山徂徠相契者，氣格亦類之。宋儒言器識者又有呂本中紫微。紫微雜說有云“魏晉以後，評品人物，多言幹局識鑒如何。最是觀人要法，不可不知也。後世忽而不論，故取人之際，不能甚精深，可嘆也”。是以後世文人，多能惑人，亭林疾之，良有由也。

高平學案 四條

范文正、韓魏公、富鄭公英偉之器，正朝綱，立根基，理學所以能盛，實皆諸公開闢局面導之而成。學術者，有名也。道術者，無名也。濂洛者，道術之有名者。范韓者，道術之無名者。後世之以有名勝於無名，實不若以無名是始，有名是母爲宜。

范堯夫在洛，與司馬諸賢爲真率會，脫粟一飯，酒數行而已。觀范氏生平之篤實坦蕩，方正不私，真有道之人。蘇子由平日與先生有異，而能讚公爲佛地位中人。蘇氏未嘗以此辭讚溫公也。可知堯夫境地之高，純以踐履而實之，不務多言語，亦道術之無名者也。黃百家有云，百家嘗想先生父子間，古今來粹然純白，學問中不易多覯之人也。極是。竊謂黃尊素、宗羲、百家父子三代，堅確不拔，亦不易多覯。惟黃氏之貞完，方可有斯語之讚。

富鄭公嘗書座屏云，守口如瓶，防意如城。鄭公雖非道學家，斯語則萬世不刊之道學語也。禪林寶訓載五祖法演曰“衲子守心城”。智祥禪林寶訓筆說云“古有偈云，學道猶如守禁城，晝防六賊夜惺惺。中軍主將能行令，不動干戈致太平”。最可爲鄭公語之注腳。法演與鄭公差同時，心城意城，一也。古人非禮勿動，今世既無禮法，何勿動之有。時勢既變，達者自適，自不必拘泥于古人。雖無禮法，心不可不無主，意不可不防備。使心意有墨子備城門之術，可以無患矣。

李泰伯常語有云“養人者不一物，闕一則病矣。世俗患其雜，則拘于一，是欲以一物養天下之人也”。義理甚精。學術之養人者亦不一物，闕一則病矣。儒道釋及九流，皆不可少。程朱、陸王、永嘉、象數派亦皆不可少。世俗患其雜而拘于一，如後世之欲以朱學爲惟一，是欲以一物養天下之人，其之弊可勝言哉。故宋有永康、永嘉，明有白沙、陽明，清有顏李、乾嘉，皆自然之致。旴江先生卓有獨見，言論廓張，有宋儒者之氣，往往英邁若是，遠非元明人所能模擬也。

廬陵學案　四條

學案載楊文靖公有言“佛入中國千餘年，祇韓歐二公立得定耳”。豈他人皆立不定耶。實則宗儒之士立得定，修佛之人亦立得定，定不拘法，惟依正行。道宣續高僧傳言梁武帝升殿，傳大士晏然其座。憲司譏問。大士但云法地不動，若動則一切不安。法地不動，即立得定。以此而論，韓歐二公尚不足語乎此也。

學案言廬陵之文，天才自然，豐約中度，言簡而明，信而通，引物連類，折之于至理，天下翕然師尊之。八家文中論自然之妙，莫若歐氏。天下之可貴者，莫若自然。歐氏之可貴，可以知矣。古之文士，多有道之士，如揚雄陶潛。宋張邦基墨莊漫錄言歐陽文忠公本朝第一等人也。蓋以品行、功業、學問、藝文合而言之。雖然，廬陵之道實未高也。陳澧集東塾讀書論學札記有云“古之文章皆深厚華美，自歐陽子變爲清暢，使後人易學。至於經學，則古人皆篤實謹慎，唐之中葉，變而輕蔑先儒。歐陽子承之，復自恃其文章，敢爲傲慢之言。又以其名高，遂開爲後來風氣。近日文章之士不足以知此，而爲經學者又多不觀宋人書，故罕知歐陽子之病者也。”所言極是也。

歐公文集有云“昔三代之爲政，皆聖人之事業，及其久也，必有弊，故三代之術，皆變其質文而相救。就使佛爲聖人，及其弊也，猶將救之,況其非聖者乎”。宋儒之闢佛,實乃闢佛教既久之弊耳。歐公雖猶抑之,實若揭然。佛豈非聖者乎。

劉靜春云“吾家原父、貢父二先生,高才博物,風節凜然,惜其與關洛同時,而不偕之講學”。而不知正惟二劉兄弟不講學,方爲其原父貢父二先生。天下養物者非一,敞欵兄弟之格,亦宋儒之特別。二劉聲名不及關洛,後世真篤學者,實皆能敬愛之。近儒雙流劉鑑泉舊書別錄論劉原父共是集、弟子記甚詳備,述言公允,頗能見原父學問之大體。宋元學案實應爲二劉獨闢一學案,方稱允焉。鑑泉亦嘗冤之也。

古靈四先生學案　五條

陳襄古靈病,妻子問遺言,索筆書先聖先師四字。想其至誠不息,臨沒猶有此懷。釋教言死生事大,古靈於死,蓋亦脫落矣。

古靈熙寧經筵薦三十三人品目爲天下正人淵藪,熙寧間人才之庸懇,其氣類之醇厚,觀之悚動。其言司馬光素有行實,以道自任,韓維得道于內,可以應務于外,呂公著道德醇明,學有原本,蘇軾豪俊通方,尤通政務,張載養心事道,不苟仕進,均識儒者之器體,深明體用之合宜,品鑒精切,如覿面指點,非有道之士,止水爲鑑,何能平明如是。亦可知儒者之要,在于器質神識,非可以徒以名相文學、玄思奧意求之。今世論學,徒究思意之特別,言文之表相,未通器識之具體,故略有成就者中,學究則有之,賢哲則罕覯也。

習儒之本,即學者須立志成聖賢正士,無此志趣懷抱,非儒學也。枯魚肆中物事,吾蔑如也。司馬溫公迂書有云,學者所以求治心也。學雖多而心不治,何以學爲。是之謂也。

熙寧經筵論薦氣體莊正寬裕,較之徂徠慶曆聖德詩之峻直招忌,遠爲高致。

古靈門人隱君管師復有詩云,滿塢白雲耕不破,一潭明月釣無痕。爲對神宗時所嘗言者。全類禪者詩，如五燈會元中應接機鋒之語。雲峰志璿禪師有云，竹影掃階塵不動，月穿潭底水無痕。釣魚亦禪門常用語。管師復詩之所本可知矣。

涑水學案 七條

溫公迂書有云"易曰，窮理盡性，以至于命。世之高論者，競爲幽僻之語以欺人，使人跂懸而不可及，憒瞀而不能知，則盡而舍之，其實奚遠哉。是不是，理也。才不才，性也。遇不遇，命也"。溫公之世，大率談禪，所謂高論幽僻之語者，談禪者之說也。其說或以第一義諦附會易傳，高蹈空華，而無實體，非能行導誘化育之功。溫公反之，以簡易之理釋理性命之義，篤實可行，可免蹈空誕之失。然二程遺書卷二上有云"今日卓然不爲此學者，惟范景仁與君實爾，然其所執理，有出于禪學之下者"。所謂此學即佛學。溫公之釋理性命，平實而已，殊非精微之語，或即程子所謂執理有出于禪學之下者。以理學家而言，溫公正本清源之功自爲不朽，要取其玄義教化而代之者，非濂洛關閩不能也。然此猶非確說。竊謂溫公非不能爲精微之理，不欲爲之而已。其學稟乎中道禮義，蓋不欲爲道學諸儒偏于義理之學也。

迂書有云"聖人執禮義以待事，不爲善而善至矣。聖人豈有意乎其間哉"。其與老氏無爲而無不爲者，實有同工之妙。溫公精邃易理氣數，深于易者，實必深于老氏。觀潛虛之書最可明之。溫公之發斯語，可謂兼得孔老之美。頗與濂溪通書氣象相合。迂書又云"治心以正，保躬以靜，進退有義，得失有命，守道在己，成功在天。夫復何爲，莫非自然"。皆爲孔老渾成無間之義，非有道者不能言。溫公社稷大臣之器，而具此有道自然之致，宋明以降，亦罕睹矣。衡以遠古，亦不爲多。近儒劉鑑泉舊書別錄論迂書有云"文正之於學，自史事外少析義之功，蓋真所謂魯者。然惟其魯鈍，故知雖不足而行有餘，辨雖不足而文詞渾"。實則不然。溫公豈真魯者。潛虛之書，非魯鈍者所能作。溫公尚迂實，不尚辨析，乃不欲辯然，非不能也。蓋不以洛關之學為中道無弊。正惟其尚迂實之中道，而能為魯者，重行有餘，而能輕辨析，鑑泉之說，適反矣。陳蘭甫與王峻之書云，見解貴高貴通，工夫貴平貴鈍。溫公有得之矣。

張敦實有云“以溫公平生著述論之，其考前古興衰之迹，作為通鑑，自潛虛視之，則筆學也。留心太玄三十年，既集諸說而為注，又作潛虛之書，自通鑑視之，則心學也”。心學之目，甚可思量。溫公之心學，自易玄而來，天運物理，深承實體，體性名行，均本氣化，稽實健行，度數天則。後世陸王之心學，專尚玄義，振感人心，如韓信立漢幟，趙卒奪氣，其類以虛行，亦獨契神運。然陸王之心學，為佛禪之外嗣，究其玄瑩，未逮宗教之精徹。而溫公之心學，非釋教所能造，為古聖秘傳之實學，所以尤為貴也。惜後之論心學者，鮮有知此者。（日知錄集釋卷十八心學一條，清儒方東樹有曰“日知錄引黃氏日鈔、唐仁卿諸說，以為闢陸王心學則可，以為六經孔孟不言心學則不可”。所言甚是。或謂此心學非彼心學。吾曰，心可分彼此二致乎。學之異，不足以為心之異。聖人之心，天下無二致也。溫公之心學，實有得乎六經孔子，詎可忽哉。）

康節言君實九分人也。其重之如此。所謂九分人者，聖人之九分也。康節之稱溫公，猶蘇轍之稱范堯夫。濂洛關諸大賢，尚未有斯譽也。尊宋學者，濂洛而外，不可不重溫公范氏也。其之教不專以言說，故有以勝于言說也。溫公實宋學之大宗，不在二程之下。清儒陳蘭甫先獲我心也。其東塾集傳鑑堂記有云“澧嘗竊論北宋之學，後儒皆尊二程子，然司馬氏之學不在程氏下。學者讀孝經指解、家範、書儀以治身治家，讀通鑑以知天下治亂興亡，可以為士矣。至平至實，至博至約，不講道學而道學莫真焉，不矜文章而文章莫大焉。坦然如大路而無門戶之爭也，朗然如日月而無風氣之異也。邵康節謂司馬公為腳踏實地人，司馬公之書即腳踏實地之書也”。涑水傳劉元城、晁景迂、陳了齋，人物英偉，咸儒佛融通一派，又實爲南宋金華、永嘉諸儒導源，其影響之巨，豈在二程之下。矧溫公又有易太玄之學之傳耶。

謝山云劉恕道原每言荊公面帶妖氣。清人袁簡齋餘言有云"陸宣公曰，所謂小人者，不必盡懷險詖覆邦家者也。蓋以其趨尚狹促，以自異爲不群，以沮議爲出眾，趨近利而忘遠圖。故孔子以硜硜言行爲小人。此數語，畫出王荊公見解焉"。其說有失峻切，不足據，然觀荊公生平，似亦難自脫矣。伊川嘗謂諸公曰"新法之弊，吾輩當中分其罪。使當時盡如伯淳，何至此哉。以諸公不能相下，遂激怒而成爾"。則元祐諸儒之峻切，亦非無病。既言荊公面帶妖氣，諸儒氣象恐亦有不佳處。南宋施彥執北窗炙輠錄第一條即載伊川斯語，當亦有省察焉。晁景迂有云"惟通人有蔽，夫三先生者，亦豈無蔽哉。明道取人太恣，橫渠輕視先儒，伊川時出奇說，亦不可不知也"。可窺一斑。有宋大人先生氣象尤和厚者，史推韓魏公。魏公早謂荊公爲翰林學士則有餘，爲宰相則不可。此有德者之言也。後人或可不信時儒詆荊公語，然孰能不信韓魏公。劉道原詆荊公面帶妖氣。所謂妖者，專我橫行，善於變化，能擬于聖跡而匿其惡之謂也。惟其善於變化，而亦往往敗于變化。子曰毋意，毋必，毋固，毋我。荊公之意必固我，不幸皆有之，而彼全不恤焉，詎無妖氣。道原之語，挾雜意氣，然亦有入木三分之利。荊公信佛，禪師如黃龍慧南、贊元覺海亦皆嘗誡之。禪林寶訓載黃龍謂荊公曰"凡操心所爲之事，常要面前路徑開闊，使一切人行得，始是大人用心。若也險隘不通，不獨使他人不能行，兼自家亦無措足之地矣"。可謂深中其病。惜其不能用。程伯淳之棄荊公，知其無能改過矣。荊公固不失爲豪傑。惟豪傑之不逮聖賢，即其人尚有若粗氣、婬氣、戾氣、妖氣者在。（近世論人，只知豪傑，未知聖賢，所以荊公之名獨高。時人大都波流茅靡，淟涊取容耳。當吾鄉陳龍川之時，持論尚王霸兼行。近世以來，則純任霸道。夫霸道之患甚鉅，此聖人所憂者也。）荊公其人愚未之見，其墨迹楞嚴經鈔則嘗見之。真有道原所謂妖氣者。宋張邦基墨莊漫錄有云"王荊公書，清勁峭拔，飄飄不凡，世謂之橫

風疾雨。黃魯直謂學王濛，米元章謂學楊凝式，以余觀之，乃天然
如此"。竊謂觀荊公文章，典雅峻邁，面貌修潔，其天資高，蓄藏深，
或未易見其本色。惟其書法天然如此，方見其氣質之謫。天然為
橫風疾雨者，豈非狂謫之類。夫中正之人，其天然之姿，愚覽古今
法書多矣，信必不為若是之輕謫者。故愚觀其法書，峭刻飄宕，不
無道原之感。蘇黃本色，甚為方正，其書雖間亦有峭勁之勝，其與
荊公，固非一類。蘇明允辨奸論有囚首垢面之說。使囚首垢面為
道人遁世之形，則荊公之書楞嚴，實近乎道人之迹也。然荊公果真
道人耶。呂惠卿佞人，世所共知，而其才藝，亦有過人者。錢默存
談藝錄四言朱竹垞曝書亭集卷五十一太原縣惠明寺碑跋謂碑文書
丹皆出吉甫手，雖當時能文善書者無以過之。錢氏亦賞其論詩識
殊卓爾，五古學韓公可謂嚌胾得髓。愚讀其莊子義，其義理深妙，
誠有可取者。幸其人之邪佞，曝於衆議，不然，觀者恐亦為其文字
書法所惑矣。談藝錄二三有云"王荊公書迹，余僅覩故宮所藏尺牘
一通，點畫弱而結構懈，殊不識供臨摹之佳處何在"。又引楊升菴、
王弇州語，言荊公字本無所解。竊謂似為皮相之論，其所觀之墨迹
甚寡，亦不足以評定也。(劉道原妖氣之說實有所本，見於宋人說部。最
可據者為蔡京子絛所撰鐵圍山叢談。其書卷四載其聞術士小王先生言介甫
上天之野狐，安得有後。歸白諸其父。蔡京言有是哉。益駭。蔡京又言異人
李士寧及介甫小字獾兒事為證。蔡京蔡絛乃極崇荊公之人，所錄信非不喜荊
公者之誣詞。故知劉道原之說，所據者亦時人術士之傳聞也。東坡至西太一
見王荊公舊詩，注目久之，曰，此老野狐精也。遂和之。此或可為妖氣之說之
一注腳。王文誥東坡詩集集註故李誠之待制六丈挽詞一首有云，邪正久乃
明，人今屬公思。合註云"宋史本傳，師中曰，王安石眼多白，甚似王敦，他日
亂天下，必斯人也。後二十年言乃信。此二句詩意，豈暗兼安石言之耶"。使
其意若然，則東坡終以邪士目荊公矣。東坡制誥有王安石贈太傅一篇，其于
荊公稱譽極備，今日思之，亦司職所在，非屬正論。使荊公為邪上，則真荀子
禮論之所謂小人不能測者。然溫公諫神宗曰"安石賢而愎，不閑世務，惠卿為
之謀主，而安石力行之，故天下並指為姦邪"。蘇子由曰"王安石強狠傲誕，於
吏事宜無所知，惠卿指摘教導，以濟其惡"。荊公有賢能而強愎傲誕，不識正

邪之辨，進姦邪而退君子，此德性未純，習氣恣肆故，政其所謂妖氣所在。畸人之材固非盡為邪曲，閒亦有睿利者，然其不正之實，未有不釀禍於後世。陸象山作荊國王文公祠堂記，其理貌似平正，實則未能洞悉荊公心術之微。輓代論荊公者，多以泰西之學強合之，推尊不遺餘力，實非公道。國人以泰西之學，奪先聖先儒之席，亦非智也。本書卷十六荊公文字一篇，可相參閱。）

　　康節言傅堯俞清而不耀，直而不激，勇而能溫，是爲難耳。竊謂王荊公清而耀，直而激，勇而悍，所以不能得人心也。

　　學案言，涑水續傳李巽巖無嗜好，無姬侍，不殖産，平生生死文字間。精誠過人，非大丈夫何能辦。明儒黃石齋劉蕺山雖未必無嗜好，其平生當亦無愧於此。惟至清代，此等人物無復見矣。

百源學案　七條

　　康節少時嘗歎曰，昔人尚友千古，吾獨未及四方。于是踰河汾，涉淮漢，周流齊魯宋鄭之墟而始還。夫壯游天下之學，古人所尚。今世交通便捷，其學反絕矣。或問其故。曰，緣無心志耳。

　　康節病革，伊川曰，先生至此，他人無以爲力，願自主張。先生曰，平生學道，豈不知此。然亦無可主張。康節不立主張，實與古尊宿相類。氣象甚廓，洞然不拘。濂洛而下，至明儒王學，皆以主張爲教法，頗與南宋禪僧參話頭相類。康節之大，有洛關非能達者。

　　康節病革，伊川問，從此永訣，更有見告乎。先生舉兩手示之。伊川曰，何謂也。曰，面前路徑須令寬，路窄則自無著身處，況能使人行也。竊謂康節舉兩手者，其意若胡安定之舉經義、治事兩齋學，如是儒術方寬達兼濟。雖康節本意未必如是，要其精神，當有近之者。明道之境，尚極通裕，伊川之教，漸趨偏塗，朱子而後，理學之衍，不免有漸成窄路之議。康節神識遠鑑，其臨沒之語，之於伊川，蓋亦有爲而發耶。

　　康節觀物內篇有云"人也者，物之至者也。聖也者，人之至者也。人之至者，謂其能以一心觀萬心，一身觀萬身，一世觀萬世者焉。其能以心代天意，口代天言，手代天工，身代天事者焉。其能以上識天時，下盡地理，中盡物情，通照人事者焉。其能以彌綸天地，出入造化，進退古今，表裏人物者焉”。（華嚴經海印三昧言佛光攝法界萬象于一心，經又言世尊佛身每一毛孔現無量世界。康節之說，頗有相類者。康節所稱之聖人，移以形容佛陀，亦合。）竊謂古今文字，六經佛典而外，究其立義之高遠，未有過於斯語者。古今著述，經史三藏而外，究其博達奇特，亦未有過於皇極經世之書者。古今詩集，究其溫煦通達，理徹言約，亦未有過於伊川擊壤集者。（唐荆川與王遵巖參政有云“三代之下，文莫過曾子固，詩無如邵堯夫”。有道之詩，愚謂唐之寒山子，宋之邵堯夫，元之丘長春，堪稱三家。堯夫尤傑出。蓋寒山長春詩，尚多道人氣色，而堯夫詩能以平澹行之，所以不俗。四庫全書提要評擊壤集深切中正，觀之嘆服。其有云“北宋自嘉祐以前，厭五季佻薄之弊，事事反樸還淳。其人品率以光明豁達為宗，其文章亦以平實坦易為主。邵子之詩，意所欲言，自抒胸臆，原脫然於詩法之外”。唐荆川言三代之下，詩無如邵堯夫者，言詩無如其能脫然於詩法之外，非言其高過李杜也。陳白沙有詩云，子美詩中聖，堯夫更別傳。即此之謂。）康節者，蓋揚子雲後一人而已。陳了齋言康節先天之學，以心為本，其在經世者，餘事耳。又言康節非數學，其學在心。真康節之桓譚也。

觀物內篇有云“天下將治，則人必尚行也。天下將亂，則人必尚言也”。明初吳康齋曹月川諸儒多尚行，為開國氣象。明季王門後學多尚言，為亂世之兆。於此或可以覘之。亭林之責王學，實恨其氣數之隳耳，豈不知王學自有明睿處。

觀物外篇有云“知易者不必引用講解，是為知易。孟子之言，未嘗及易，其間易道存焉，但人見之鮮耳。人能用易，是為知易，如孟子，所謂善用易者也”。前人多言孟子深于詩書春秋，邵子言其亦善用易。愚疑之。如論語，謂其善用易則可。孟子佳處，固無愧於斯言。惟其往往有失廉悍處，似非易道之圓神也。元保巴周易原旨卷八云，孟軻氏不言易，而實深知易。清人言焦理堂作孟子正義，于孟子之言通於易者，闡發更無餘蘊，從來解孟子者，無此實事求是也。(見鄭堂讀書記卷十二。)近世唐蔚芝先生茹經堂文集有孟子周易學一文。此可為康節語之注腳。(惟蔚芝先生似不知康節有此說。)熊十力先生原儒嘗謂孟子不達易之宏旨，其說誠有偏激處，然亦自有思，可為後學之啓發。竊謂易道之圓神，有非孟子所能達者，非必計較於古人，乃欲後來者多自得，少耳食耳。

康節有云"道滿天下，何物不有，豈容人關鍵邪"。真有道之言。人我之私，今世已極，以人我關鍵天下萬物，萬物病殆，所以天變屢示以惕衆生也。

濂溪學案 三條

安定泰山徂徠古靈諸先生有志於道，皆聚徒講學自任道術，以師範立言為矩矱。獨濂溪自守刑獄之卑職，若無能學術者，不以道德自鳴，而後世賜謚元公，以為道學之開山祖，不亦異乎。素之隱者，隱於林泉風月，嘉遯自得，猶以維持綱紀為聞。濂溪則隱於吏者，若無意乎士論聲聞，南軒嘗言其無分毫矜誇。濂溪之隱，乃異於夷、齊、接輿、陶弘景、釋氏古德，亦不類陳搏、邵康節、林和靖，其特立獨行，古今一人而已。黃山谷謂濂溪廉於取名而銳於求志，薄于徼福而厚於得民，菲于奉身而燕及煢嫠，陋於希世而尚友千古。言極精善。非有道者，孰能言之。朱子論黃山谷曰，孝友行，瑰瑋文，篤謹人也。觀其贊周茂叔光風霽月，非殺有學問，不能見此四字。非殺有功夫，亦不能說出此四字。甚是。

通書有云，大哉易也，性命之源乎。又云，易何止五經之源，其天地鬼神之奧乎。易為群經之首。然漢儒治經，燦爛懋章，易非獨顯。宋儒治經，則易學最盛，勝於他經，究其原因，即皆以易為性命之源也。宋儒視大易為性命之書，以與釋典相抗，以為吾儒大易精微，不假他求，是故易學之盛，獨出特別。程子言艮一卦當一部華嚴經，即此之類。宋儒以易經與釋氏三藏之教相抗，以四書與禪宗壇經諸說相抗，以道統傳授師弟淵源與傳燈法脈相抗，反者道之動,亦天地間一大事因緣也。葉水心習學記言云程、張攻斥老佛至深,然盡用其學而不知者,以易大傳誤之而又自于易誤解也。法眼如電。然誤解云云,固水心拘泥處,不敢苟同。使無此所謂誤解,宋儒之理學何以立哉(近覽馬湛翁與洪巢林書有云"濂洛諸賢莫不參悟,歸而求之六經,其闢禪闢佛,乃是大機大用"。與愚說若符契。抑私淑既深,不期而同耶。)

太極圖說言無極而太極,愚謂天道莫測,可分剖而言之,不可渾沌而說。濂溪剖原為二,以無極太極而言之,亦有由也。不然,惟一太極,尚不足以喻道體之神奧,亦無以與釋氏內學精微之旨相抗。朱子言"不言無極,則太極同於一物,而不足為萬化根本。不言太極,則無極淪於空寂,而不能為萬化根本"。所論極妙。禪宗於理則融般若性空、如來藏清淨心為一,於行則重隨緣任運,無處非道,理行渾合,二而非二,一而非一。濂溪之立無極,如禪門之理,立太極,如禪門之行。不言性空真心,則隨緣任運同於一物,不足為萬化根本。不言隨緣任運,則性空真心淪於虛寂,不能為萬化根本,故知濂溪晦翁之說,皆禪宗胚胎之。

明道學案　五條

大程子定性書,如莊生,如王弼,如僧肇,如宗密,義諦圓徧,言簡辭明,可為理學之童蒙止觀。

愚嘗釋格物義云,人生於世,先天後天,處立格融于萬事萬物之中,其有天道自然之致者,順乎其體,覺照有知,是所謂格物致知也。學案載楊開沅語云,明道仁者渾然與物同體,即大學格物之物,所謂有物有則也。頗與愚說相近。古人蓋已先得吾心也。

王輔嗣出,已知儒老可為一體。自二程出,愚益信儒佛之渾融無礙。聖人之心,原無二致,惟各得其所而已。然非二程得力于禪,亦無以達此境地。金人李純甫屏山尤能洞燭奧機。劉京叔歸潛志卷一錄屏山重修面壁菴記有云"自師之至,其子孫徧天下,多魁閎磊落之士，碩大光明，表表可紀。（師謂達摩。）劇談高論，逕造佛心。漸于義學沙門，波及學士大夫，潛符密契不可勝數。其著而成書者，清涼得之以疏華嚴，圭峰得之以鈔圓覺，無盡得之以解法華，穎濱得之以釋老子，吉甫得之以注莊子，李翱得之以述中庸，荊公父子得之以論周易，伊川兄弟得之以訓詩書，東萊得之以議左氏，無垢得之以說論孟，使聖人之道不墮於寂滅，不死於虛無，不縛於形器，相爲表裏如符券然”。法眼灼灼，受之嘆服。雖有誇詞，而義旨甚偉。

明道有云“風竹是感應無心。如人怒我，勿留胸中，須如風動竹。德至于無我者，雖善言善行，莫非所過之化也”。宋人之喜畫風竹，莫非有此意在。蘇子瞻跋文與可墨竹言“昔時與可墨竹，憤筆揮灑，不能自已。後來人就求索，至終歲不可得。或問其故。與可曰，吾乃者學道未至，意有所不適，而無所遣之，故一發於墨竹，是病也。今吾病良已，可若何”。則文氏之畫墨竹，感應尚有怒心。以畫自遣，實即以畫自警也。後既無病，德近乎無我，則順化無為可也。

明道有云，覺悟便是信。此言極善。白虎通言學者覺也。非覺悟無以為實行，非實行無以為學術也。釋氏最講信願，亦必以般若實相空觀繫念照之，非覺照無以真信也。

伊川學案 六條

明道嘗謂曰“異日能使人尊嚴師道者，吾弟也。若接引後學，隨人才而成就之，則予不得讓焉”。尊嚴師道，成就人才，如物之有陰陽正負，皆教學所不可闕者。師道不尊嚴，則根基浮淺，人無以信服。人才不成就，則空說無益，轉成曇幻漚滅。釋氏千年不絕之傳，其所以能長久者，莫若尊嚴師道，成就人才之為能。其精嚴處多為外學不逮。宋儒自伊川尊嚴師道，遂開法脈不絕如縷。伊川之功德大矣哉。若明道之醇完純粹者，可以濂溪康節溫公堯夫諸公想見之,具體而相近者多。若伊川之以師道自尊,為生平生死之業,且有大力氣者,正為吾儒之所闕。周、邵隱逸樂天,世無師尊教授奮力有為,學焉能大。朱子之推尊伊川,非徒以義理之學也。曩言昌黎之文,可以無原道,不可無師說,理亦同也。

伊川有云"聞見之知,非德性之知,物交物則知之非內也,今之所謂博物多能者是也。德性之知,不假見聞"。乾嘉樸學家之謬,即以聞見之知為德性之知,以博物考據為聖賢之道,類多矜氣自是,以道自任,亦可謂顛倒矣。雖雄力大有,振奮頹媚之舊學,有功後世,究其根本,不為無病。

伊川有云"以無思無慮而得者乃所以深思而得之也,以無思無慮為不思而自以為得者,未之有也"。老子曰絕聖棄智。僧璨信心銘曰虛明自照,不勞心力。此無思無慮而得者,莫非絕聖去智之時,莫非虛明自照之境。

伊川有云"道無精粗,言無高下"。道既為道,惟一而已。精粗者用之所適,非道之有精粗也。儒道、佛道亦然。其為道無精粗也。言之為言,達物而已。有物有則,言文自暢,莫非自然之致,豈可高下判之。儒言、佛言亦然。此必伊川晚歲深造之語。

伊川有云"聖人凡一言,使全體用"。一即一切,即心即佛,言為心聲,一切體用。此非釋理而何。晁景迂儒言有云"經言體而不及用,其言用則不及體,體用所自,乃本乎釋氏"。甚是。

經筵承受張茂則嘗招講官啜茶觀畫,先生曰,吾生平不啜茶,亦不識畫。竟不往。伊川摒絕俗緣,甚為高嚴,未可以不能圓融渾和責之。愚啜茶識畫人也,不之責也。

橫渠學案 八條

荆公不悅橫渠,以按獄浙東出之。程純公時宦御史,爭之曰,張載以道德進,不宜使治獄。安石曰,淑問如皋陶,然且讞囚,庸何傷。荆公矯說,固為無理。皋陶者,其濂溪之謂耶。

橫渠以爲知人而不知天，求爲賢人而不求爲聖人，此秦漢以來學者之大蔽。此猶般若空論者斥禪數之學求爲小乘，而不求爲大乘，宗門之斥教下求爲性空，而不求空空。若無釋氏諸學宗派爭勝力超，爲後來居上之勢，則亦無宋儒力斥秦漢以來學者大蔽之識力膽量。橫渠亦不外之。實則秦漢以來學者豈真有此大蔽哉。其高古厚密處，後世能窺者幾人。此非宋人好言性理者所能知。漢唐學者之高絕處，自不以宋儒之私意爲轉移。然宋元以來學者執見太深，不免引乾嘉諸儒爲漢樹幟。

張橫渠西銘如漢文。張橫浦九成西銘釋文則如明人。吾觀其文，其與羅近溪旴壇直詮語言若隔毫釐。夫北宋之儒，尚有上追漢人之魄，好古希仁。南渡之儒，自橫浦象山而後，已開明人格局氣味，有意玄譚。釋氏亦以南宋爲末法時代之始，異哉。圜悟、宗杲之後，禪門愈降矣。非惟儒學釋教，書法亦然。蘇黃米蔡猶存魏晉之想，爲唐五代人之窮變，南渡之後，則竭矣。函夏文教之大衰，實自南宋始。

正蒙神化篇有云"形而上者，得辭斯得象矣。神爲不測，故緩辭不足以盡神。化爲難知，故急辭不足以觀化"。極好，爲先儒所未道。先儒言修辭立其誠，未嘗判辭爲緩急。臨濟宗風之剛峻威猛，龍驤虎奔，非緩辭也，而以盡不測之神。曹洞宗風之體用宛轉，潛行密用，非急辭也，而以觀難知之化。儒佛同路，理致若一。禪家先有所拗，橫渠後有大成，正蒙之書，備緩急之辭，爲理學第一等著述也。其獨斷橫行，靈光潛轉，伊川易傳亦有不如。易傳尚有泥於經者，正蒙惟自在而已。（黃百家言自中正篇至王禘篇九篇中，不得經旨者亦甚多。未必然。宋儒通脫，實不可盡以經旨相苛繩。）

正蒙中正篇有云"博文以集義，集義以正經，正經然後一以貫天下之道"。宋儒之博文集義，經史而外，多兼釋老之典。博習釋老之文而集其精義，返諸六經而廓清舊說，樹立新義，此所謂正經。故其說或如莊生，或如華嚴，或如禪宗，皆博取之。此橫渠之自泄玄機也。

　　正蒙有德篇有云"藝者,日爲之分義,涉而不有,過而不存,故曰游"。以老子義釋之,精切可信。藝者,自然之致耳,焉可拘爲定義,以窒道化哉。東坡題跋談藝極精,尤得其中妙諦。然自伊川、橫渠諸儒視之,蘇黃諸人終不免涉而有,過而存矣。

　　有德篇有云"天下有道,道隨身出。天下無道,身隨道屈"。極善之言。道隨身出,大丈夫誠意正心,廓然而致大公也。身隨道屈,邦無道則愚,君子遯世無悶,物來而求順應也。十六字非橫渠不能道。此孔老聖人之語也。淮南子齊俗訓云"是故身者,道之所託,身得則道得矣"。荀子勸學有曰"君子之學也,入乎耳,箸乎心,布乎四體,行乎動靜,端而言,蝡而動,一可以為法則。小人之學也,入乎耳,出乎口,口耳之間則四寸耳,曷足以美七尺之軀哉。君子之學也,以美其身。小人之學也,以爲禽犢"。君子之學也,道隨身出,端言蝡動,一可以為法則。小人之學也,身隨道屈,口耳之間則四寸耳。勸小人之學以至於君子,則四寸亦可至於七尺,此身之長短,本因道而伸縮。而身之為身,為君子小人所共有,所以荀子以勸學為首篇,以期于勸小人之學以至於君子。釋氏有三身之說。楞嚴經言不知色身,外洎山河虛空大地,咸是妙明真心中物。藏密大圓滿倡實義覺性之教,視法身為不空。(參今人劉立千先生大圓滿法語淺釋。)則天下有道,道隨身出,言道身一體,空明不二,而以身為實義覺性所在也。天下無道,身隨道屈,言身心二元,空明俱晦,而身自為身而已。大圓滿之說,亦與橫渠闇契。橫渠語錄有云"天地之道,無非以至虛爲實,人須于虛中求出實"。豈非即藏密實義覺性之說哉。金剛心總持論一體三寶論第二十四有云"佛言,性是佛寶,如如不動是也。心是法寶,明決公正是也。身是僧寶,清靜齋戒是也"。性心身一體三寶而不可分離,儒門之言道、學、身,亦為一體,其理不二。

　　學案言橫渠謂范巽之曰,吾輩不及古人,病源何在。巽之請問。先生曰,此非難悟,設此語者,蓋欲學者存意之不忘,庶游心浸熟,有一日脫然如大寐之得醒耳。橫渠答非所問,不執於問,而窮究根源，在於存意不忘，豁然自得。此禪門化人術。橫渠亦可謂善學者也。儻執著于問，則卑矣。以有而論，吾輩何嘗能及古人。以空而論，吾輩何嘗不及古人。空有不二，方是大道，故不可不知吾輩不及古人，隨時提撕覺照，又不可不坐忘物化之，闇然而日彰也。

范呂諸儒學案　六條

陳執中爲相，范景仁論其無學術，非宰相器。及執中嬖妾笞殺婢，御史劾奏。范先生言，今陰陽不和，民困賊熾，執中當任其咎。閨門之細，非所以責宰相。識者韙之。此漢相丙吉問牛之遺軌也。宋儒有漢人風者，范文正、司光溫公、張橫渠、范景仁。范以功業，司馬以學行，張以德文，景仁以仁勇。

李公擇每令子婦諸女侍側，爲說孟子大義。竊謂婦學得孟子，能廓大其淑氣，敏發其感應。孟子者，非列女傳、女孝經之書所能擬也。實齋文史通義婦學篇立意高嚴，所論極備，惜未道及宋儒之以孟子為婦學者。實齋言唐宋以還，婦學雖才識不免迂陋，而趨向尚近雅正。蓋彼時尚有如李公擇者存焉。李公擇，非大儒也，而能如是。實齋言古之婦學，必由禮以通詩，今之婦學，轉因詩以敗禮。蓋彼時已無如李公擇者存焉。士之非大人者，焉能為子婦諸女說孟子大義，惟悅以詩詞風趣耳。（墨莊漫錄卷一有云，浮休居士張芸叟久經遷責，既還，鞅鞅不平。嘗內集分題賦詩，其女得蠟燭，有云，莫訝淚頻滴，都緣心未灰。浮休有慚色。自是無復躁進意。則宋婦學之雅正者，亦可窺其一體。由禮以通詩，猶古之遺風也。）

呂大防自少持重無嗜好，過市不左右游目。今世之人，愚未之見也。每朝會，呂大防威儀翼如，神宗常目送之。明清人主，尚有此意否。

袁絜齋清敏祠堂記言豐稷真積力久，德盛仁熟，自頂至踵，全體精明。陽明傳習錄中多有全體精明之義。有云“可知充天塞地中間，只有這個靈明，人只爲形體自間隔了”。則陽明之全體精明，又非自頂至踵一形體之謂，乃自天至地之全體之謂。楞嚴經言斯元本覺，妙明真精，妄以發生諸器世間。此陽明之所本。豐清敏，誠為師保。王陽明，則如師襄。樂之失也奢，陽明之謂也。

　　杜純言浮屠老莊與吾學同出也。似非而是。

　　學案繫黃涪翁爲呂范學案後學，而蘇子瞻蜀學列卷末，與王介甫新學鄰，類史部之姦臣傳，不公也。

元城學案　六條

　　元城談錄有云"爲學惟在力行，古人云，說得一丈，不如行得一尺。說得一尺，不如行得一寸。故以行爲貴"。最可爲今世之誡。今世學者，說得一丈，或未行得一寸，猶說不止。可畏可畏。

　　元城道護錄有云"若象數可廢，則無易矣。若不說義理，又非通論。兩者兼之始得"。最見公允，爲治易者之圭臬。其見識之圓通，非宋之主義理，清之推象數者能及。涑水門人，果然高邁有識。

　　涑水之有劉元城、范正獻、晁景迂，皆一代英物，碩學精誠，愚所希慕者。以愚之喜好，其猶在程門謝楊游尹之上也。

　　元符末，元城東坡各歸自嶺海，相遇于道，元城喜曰，浮華豪習盡去，非昔日子瞻也。愚疇昔所未慊於子瞻者，亦以此故。

　　黃東發言劉元城當宣和大觀間，歸然獨爲善類宗主，至今誦其遺言，無不篤實貫厚，使人鄙吝之心爲消。嗚呼，豈非大丈夫之所當為哉。今日歸然爲善類宗主者誰。吾儕皆有待于斯人之興也。

　　元城謂儒釋道神，其心皆一，并以其師溫公詆佛爲非。見黃東發語。東發言其本心固未嘗不明，學者宜審焉。（金李純甫曾作司馬溫公不喜歡佛辨以責之。見全遼金文。司馬溫公雖不信佛，然亦知敬畏釋教，觀其傳家集文字可知。較之二程詆佛之峻，弗若也。）元城者，謂之天人亦可。濂洛而外，愚尤喜愛者，莫若劉先生。竊謂宋儒持闢佛說者，實多陰用釋氏，其說實非公論。儒者之真主流，則多主三教一致。晁景迂粹然儒者，亦信法華。元城景迂，皆此流之卓者。今人之見，以持闢佛說者为主流，反矣。（朱子實亦能知宋儒學佛之可貴處，非盡排佛也。文集卷八十四跋趙清獻公家書云"趙清獻公之爲人，公忠孝慈，表裏洞徹，固所謂無間然者。然其晚歲學浮屠法，自謂有得，故於兄弟族姻之間無不以是勉之。前後見於家間手帖多矣。如此卷稱其弟心已明瑩，見性復元。教其姪以不失正念，要使純一不雜，又教以公私謹畏，踐履不失，便是初心佛事。且引古人三業清淨，即佛出世之語，以爲此亦直截爲人處。則與今之學佛者大言滔天而身心顛倒、不堪著眼者蓋有間矣。嗚呼。聖學不傳，其失而求諸野者若此，尚爲有可觀也。予是以表而出之。慶元丁巳十月十一日庚辰。"故可知朱子所排者，實儒士學佛之末流耳。而矯枉過正，殃及釋教。此跋至謂聖學不傳，其失而求諸野者若此。何其褒也。慶元丁巳，朱子六十八歲。抑其晚年持論愈平恕耶。豈非亦可入晚年定論一類耶。恐朱子心聲流露於題跋如是。）

華陽學案 兩條

學案言范祖禹獨立不黨，并遊洛蜀之間，皆敬之。論者以爲先生能馴東坡山谷二人，尤同時所難。坡、谷敬其爲人，中禮而已，如何以馴而言之。理學家於坡、谷多輕視，實不知彼之文章氣節，亦大道之羽翼也。

華陽文集有云"近世學士大夫，自信至篤，自處甚高。未從師友，而言天人之際。未多識前言往行，而窮性命之理。其弊浮而無實，鋪薄而不敦"。理學之弊實亦然。天人之際性命之理，本聖學神髓所在，豈流輩所能宜輕論。而自理學興，庸徒皆專研之，而自信至篤，自處甚高，遂令學術風氣，日趨浮薄。涑水門人，學風端正，二程之門，似已不免此弊。明初儒者洞明此弊，而多專尚教行，如康齋月川敬軒諸儒皆是。至王學出，則愈淪溺其境，其言語亦愈高玄不測。宋儒猶有涑水、東萊、永嘉、晦翁一門，著實沉篤，深寧東發，亦敦厚博文。明儒中已鮮有此種氣象。博文者多非理學之正宗，實篤者又多爲王門後學所輕視，所以道術愈降矣。梨洲亭林船山田間諸大儒起而矯之，皆實篤博文，氣貌深厚，亦可謂反正者也。

景迂學案　六條

　　學案載東坡稱晁說之自得之學，發揮五經，理致超然，不踐陳
迹。此清人所視爲虛膚者，而宋儒以爲美。宋儒以爲神理者，清人
以爲枝蔓。吾儕恕之可也。章實齋曰，論古必恕，非寬容之謂也，
能爲古人設身而處地也。吾儕讀經，兼二代之美可也。今世學者，
多偏於考據，少於理致，自得爲學，尤爲所短，傍依門戶，竭澤而漁
而已。

　　景迂儒言有云“博學而不闕疑，則誣先哲而欺後生”。先天象
數，不可不闕疑者，而黃晦木胡朏明必斷其不經，其不爲誣先哲而
欺後生者蓋亦鮮矣。今古文尚書，不可不闕疑者，而閻百詩疏證必
斷其爲贗僞，其不爲誣先哲而欺後生蓋亦難矣。（近覽劉鑑泉先生學
略，論及古文尚書，乃於輯逸之理，深斥清代漢學家重後人而輕聖賢，自甚恕
而厚責人。其言甚辯。先生言孔傳固僞，而經文要不得加以僞字，則最爲平
實之論。）漢儒今古文之學，不可不闕疑者，而康有爲必斷古文多爲
劉歆僞造，其不爲誣先哲而欺後生者亦難矣。其他如周禮之學等
亦應作如是觀。景迂之言，真可謂折獄之尺律也。

　　景迂文集有云“惟通人有蔽，夫三先生者，亦豈無蔽哉。明道
取人太恣，橫渠輕視先儒，伊川時出奇說，亦不可不知也”。洛關學

術,高邁尚新,非盡能中道。取人太呇云云,固宋儒常習。而輕視先儒、時出奇說之二端,則爲理學之風標,亦無可疑。其之有蔽也宜。輕視先儒,則勇於闢新而弃舊,其終則尚古傳統絕而力衰。時出奇說,則銳於志道而率言,其終則正學淆混而迷其塗轍。近世學術之大蔽,亦莫過於輕視先儒、時出奇說二端。世轉以輕視先儒爲常軌,以時出奇說爲正論。今世不爲此籠罩者蓋亦鮮矣。(景迁云,明道取人太呇,橫渠輕視先儒,伊川時出奇說。實類互文。三者之于三先生實皆有之。)

景迁文集有云"古人顧是非不顧利害,若顧利害者,古人所耻。今人并利害亦不顧。古人責名必責實,但責名者,古人所耻。今人名亦不責"。可謂振聾發瞶。今世風氣之敗壞更甚。是非利害名實之說,俱忘而不知矣。是為大憂所在。

景迁文集又云"論理論己之所當者,須從根本上論。論事論人之所當爲,須就事勢上論"。此真恕之道也。道學家或以一理責人事,宜其泥曲。朱子語類中此病不小。

景迁京氏易式自序有云"元祐戊辰仲冬,在兗州爲此書,江淮間有好事者,頗傳去,今三十年矣,不得不修定。惟是其已出者,未容改易,奈何。昔人自期死而後傳其所著之書,用意深矣"。錄此以爲大誡。

滎陽學案 二條

朱子論呂希哲有云"最後論佛學,尤可駭歎。程門千言萬語,只要見儒者與釋氏不同處。而呂公學于程氏,竟欲直造聖人。盡其平生之力,乃反見得佛與聖人合,豈不背戾之甚哉"。反者道之動,弱者道之用。正惟理學之闢佛若悖乎中道者,宋元儒者方能載道精進,使函夏文脉具此氣象。正惟呂滎陽之反見得佛與聖人合,若與程門背戾者,方顯理學本色,實爲儒佛之合體,非能相離也。所謂正言若反是也。劉元城、晁景迁、呂滎陽聲名不逮謝楊游尹遠甚，尊佛而不以儒家自雄，其猶弱雌者之謂歟。然天下學問之正體，莫過於是者。其之爲道之用者亦大矣。自宋及明，三教一致論表則異端，裏爲大宗，謝山嘗言其時陷溺釋氏者亦十九矣。讀宋明儒及釋氏書久，或可以知此。此非弱者道之用乎。

以呂希哲禮教最莊嚴端直之人，而以爲佛氏之道與吾聖人脗合，豈不逾乎操行未至而專鬪異學者。宋儒信釋氏者多爲實行剛峻之士，爲一時之正人，操履精嚴，如元城、景迂、東坡、橫浦。純主程朱者反未易見此等英物。如真西山，操守純正則有之，氣魄則大遜矣。

上蔡學案 三條

上蔡語錄有云，仁者，天之理，非杜撰也。天理當然而已矣。當然而爲之，是爲天之所爲也。上蔡所謂之杜撰者，文字名相之立也。天之理非杜撰，則在文字名相之內外自有實體實行。然大易託象言意，意不離象，離象不足以爲易也。仁者天理，本先聖立言以爲直詮者，實非可離名相杜撰而獨行也。得意而忘言則可，得意而非言則非。天本無言，故愚謂天理亦不離杜撰。釋氏言空而不空，亦同此義。然上蔡以仁者爲天理純然之實行，豈非爽直之至，亦不必拘囿於玄義。今人劉立千先生大圓滿法語淺解言藏密大圓滿視覺性爲實義，只執空分，是爲偏見，實義覺性，渾成妙有。其與上蔡之視天理爲實義，有相契者。

語錄有云"佛之論性，如儒之論心。佛之論心，如儒之論意"。竊謂此言適反耳。當云儒之論心，如佛之論性。儒之論意，如佛之論心。蓋宋儒心性之說，往往自佛家參來也。

黃東發有云"自禪學既興，黜實崇虛，盡論語二十篇，皆無可爲禪學之證。獨浴沂數語迹類脫去世俗者，遂除去一章之始末，牽合影傍，翕然附和"。真名言也。孟子之書自宋儒始極尊之，其緣由亦有相類者。

龜山學案 五條

龜山語錄有云"物有圭角，多刺人眼目，亦易玷闕。故君子處世，當渾然天成，則人不厭棄矣"。使龜山爲具此圭角之人，蔡京之薦，必不應詔而出。彼以渾然天成爲處世法，誠船山宋論所謂徽宗雖闇，而猶吾君，蔡京雖姦，而猶吾君之相，相薦以禮，相召以義，奚容逆億其不可與有爲而棄之。病龜山者，將勿隘乎。故其之應詔而出，亦學之使然。龜山又嘗言古人寧道不行，不輕去就。則不免生疑竇。龜山之出，懷行道之志也必，其之去就如何，未必能無礙也。又渾然天成之道，終非濟拯亂世之法，而圭角崢嶸之士，或可爲豪傑戡亂之材。黃氏日鈔言高明者多自立，渾厚者易遷變，此任道之有貴于剛大哉。有識也。物之不可無圭角，亦不可有圭角，於理皆一。老子曰有無相生，高下相傾，前後相隨。其蔽終不可免乎。君子既不得處無爲之事，行無言之教，惟奮然率性而已矣。成烈士則爲烈士，歸隱遯則爲隱遯，天下萬物，終是萬殊而一致。使天下萬物葆其元氣，以此而後能長久。而葆此元氣者，三聖人之教也。

龜山晚年亦會通佛理，黃東發嘗駭嘆之。其實有何怪異。元城、景迂、滎陽諸先生粹然儒者，不皆如此乎。理學至南宋，持論益隘陋，闢佛愈嚴，所以其學爲辯爲小，不若北宋之能渾能高也。

龜山文集有云"致知在格物，物固不可勝窮也。反身而誠，則舉天下之物在我矣"。實言格我之身，猶舉天下之物。蓋我身一體而備天地之理，窮我身之理則萬物之理亦可明。此理黃老之學、漢儒之書所述已備，如內經、董子春秋繁露，龜山之說，實祖其義。朱子不察之，其大學章句，言必使學者即凡天下之物，莫不因其已知之理而益窮之，以求至乎其極。實非古義，尤見拘泥未圓。其之必期乎一旦豁然貫通玄秘之說者，以此之故。孰謂晦翁爲龜山嫡嗣哉。

呂本中童蒙訓載楊龜山言曰"人所以畏死者,以世皆畏死,習以成風耳。如皆不畏,則亦不畏也。凡此皆講學未明,知之未至而然"。極是。(觀日人山本常朝葉隱聞書,可知彼亦能善用斯理也。)教化不明,人皆以世俗之視聽為主。聖學發揚,則人皆以聖賢之視聽為主。今世之人,七情最熾者為愛欲,為哀懼,而愛欲恒至於哀懼,哀懼之盛,無與比者,致其根由,非今人脆落甚乎古人,聖教不力無以轉易其視聽之故也。

學案列忠定李綱梁溪先生為楊氏後學,惜未錄其文集語錄。實則其文理深奧,多有前人未道者,不可忽也。如其雷陽與吳元中書論易經、華嚴經之異同,亦宋儒深造釋典之有限文字。

廌山學案 二條

游定夫遺書不傳,謝山搜其粹言一二。遺文有云"易之為書,該括萬有,而一言以蔽之,則順性命而已"。此樞夫子之言詩三百者。然言易傳一言以蔽之順性命則可,言易經則非。易經絜靜精微,為天地鬼神之奧,非順性命之大說所能實測也。

定夫嘗言,佛書所說,世儒亦未深考。要之,此事須親至此地,方能辨其同異。不然,難以口舌爭也。極是。然世儒果親至此地,則知不必辨其同異矣。元城、景迂、滎陽、龜山,豈非如此。晦翁、象山親至其地,而闢之甚嚴,實有任道正學之志使之者,非其所見真能陵邁諸儒之上也。

和靖學案 三條

尹和靖對高宗問孟子言紂為獨夫,臣亦可視君如寇讎 一節,言語屬對,真非凡諦。明太祖深疾孟子,惜其臣無有能如尹和靖者。然明太祖非宋帝,使有如尹和靖之臣,亦未必能容之。君威既極,儒格愈墮。宋儒多得君治國之讜論,而深以孟子之言為圭臬,和靖之對,恐亦時論如是,非純為刼說。明儒懾於君威,已無宋儒如此氣度,其不能以尹和靖之說對者,非偶然也。明亡黃梨洲深鑑其病,遂有明夷待訪錄原君諸篇之作。想其草創宋元學案之際,睹尹和靖之說,當有太息如是。(後觀尤侗艮齋雜說卷一亦嘗論之,與愚說若出一轍。尤氏云"宋儒說書之妙如此。明太祖讀孟子至草芥寇讎之言,大不然之,議欲去其配享。諫者罪以不敬,且命金吾射之。尚書錢唐獨抗疏入諫,輿櫬自隨,袒胸當箭,曰臣得為孟軻死,死有餘榮。上見其誠懇,配享得不廢。惜時無以和靖之說入告者"。錢唐之事,談孺木、朱竹垞嘗疑其為野史,不足采信。然明史錢唐傳亦載其人諫之事,惟無袒胸當箭諸語耳。恐其事自當不虛,而後人亦有附益處,彼純以齊東野語斥之,或失獨斷。)

朱子曰"和靖日看光明經一部,有問之,曰,母命不敢違。如此便是平日缺卻諭父母於道一節,便致得如此"。後世曹月川作夜行燭諭誡其父,其朱子之後學也。然光明經何嘗不能觀,以母命而觀之,亦何必諭母以所謂闢佛之正論,愚固知朱子之嚴苛微過。和靖以母命自護,誠未能若劉羵諸賢,直搗黃龍也。

呂紫微師友雜志記尹氏嘗云"古人只是為己,所以得力。卻是今禪家直截,會時便會,不會便去,更沒許多之乎者也。今從事聖人之學,都只被理會之乎者也,卻不理會緊要處"。和靖亦能識禪家直截之利,雖持論偏主伊川之說,亦非全不識釋氏之美而妄詆者。雜志又記其語云"不消分別此是釋氏說,此是孔子說。如此時,卻是私也,但只論道理如何"。絕有見地,非滯於名相者所能及。惟恐學者此私難盡,言之甚易,而行未逮焉。使親證道諦,何分釋孔。

兼山學案 三條

郭雍號白雲先生,精於易道,卒年九十七。理學家之高壽,恐無逾此者。釋氏唐菩提流志春秋一百五十六,鄴都圓寂享壽一百五十五,弘忍門下老安,春秋一百二十八,道流孫思邈亦過百歲。

宋高僧傳中,過九十者頻見。白雲先生躋其後也。釋道人物,頤恬
養和,甚有密法,有以長齡。高僧之壽,確乎有道之徵,不可不敬。
自古號白雲者,晉有天台靈虛隱者白雲先生。華山陳摶,周世宗賜
號白雲先生。郭氏之得高壽,恐亦與其氣類相關也。宋儒之壽,溫
公六十八,康節六十七,濂溪五十七,明道五十四,伊川七十五,東
萊南軒未及知天命。不及釋氏遠甚。蓋其鞠躬盡瘁,心力辛苦致
之。儒者以濟世救民為實務,其之澤于後世者也淵長,未恤一身之
長短也。然淮南子精神訓云,"今夫儒者,不本其所以欲,而禁其所
欲,不原其所以樂,而閉其所樂"。又云儒者迫性閉欲,以義自防,
雖情心鬱殪,形性屈竭,猶不得已自強也,故莫能終其天年。其說
殊為犀利,豈盡為妄語耶。儒者之不善於攝生,自與其學說之特性
相關。正惟如是,宋元之後儒生往往轉入醫道,甚有成就。吾鄉朱
丹溪先生即其人也。

　　白雲門人謝諤號艮齋,躬自厚而不責於人。學案言是時伊洛
之說盛行,各有門牆。先生為郭氏世嫡,顧不言而躬行,弟子數百
人,隨材教之,而未嘗與世之講學者角異同,然學者無不稱為艮齋
先生。謝艮齋或視與他人角異同為餘事,而以躬行為主一,真古修
士之風也。釋氏中亦然。寂默自修,不務言說者,歷代多有其人。
老死巖壑,幾無名跡。而以開宗立言著稱者,未必皆為一時之龍
象。儒教周漢以來,本以躬行為主,文以載道,至宋不免專尚言語。
若艮齋者,猶守古風也。自古號艮齋者,宋又有薛季宣,清有倭仁,
亦敦行之士。清初文士尤侗亦號艮齋,名實恐未能相稱,然觀其艮
齋雜說續說,亦淹通經史,為博物君子,又非吳偉業、龔鼎孳輩所能
逮。明儒鄒東廓文集有艮齋說,繹理湛密,超于舊義,後人之亦欲
以此自號者,不可不觀之也。

　　郭白雲自述得于郭忠孝最要者曰"所得在艮。艮者限也,限立
而內外不越。天之命我,限之內也,不可出。人欲,限之外也,不可
入"。極嚴切。自程子言艮一卦等一部華嚴經之後,宋儒於易最好
言艮之義,實不知有漸為艮止所囿限而不能廓大者。宋儒之學,亦

漸為理學所囿限而不能廓大也。陳龍川集上孝宗皇帝第一書有云"使其君臣上下苟一朝之安而息心於一隅，如元氣偏注一肢，其他肢體往往萎枯而不自覺矣，則其所謂一肢者，又何恃而能久存"。其理於學術亦然。使宋儒元氣偏注於一理學，易學精義偏注於一艮卦，何能久存。所幸者宋儒元氣之又兼注於史學，司馬溫公、李秀巖心傳、李巽巖、雁湖父子皆以不朽，易學精義又兼注於象數，康節、溫公、朱漢上、蔡元定、張行成亦以不朽，所以宋儒之學，能久存而不絕。而涑水之學所以為宋儒之大宗者亦以此也。

震澤學案 三條

宋高宗語輔臣有云，王蘋起草茅，而議論若素宦于朝者，此通儒也。竊謂吾國之聖教，政使田畝之中有輔弼之材，巖穴之士存魏闕之念，一以貫之，有以內外一體。王信伯之能，不亦宜乎。伊川高弟張繹亦本一酒家保，而奮然有志聖賢之業。後世泰州王心齋每言出則必為帝者師，處則必為天下萬世師。以一灶丁子弟而能發此宏志者，皆吾國自古聖教之專能也。非其教法之廓大弘正，何足以至此。釋氏之能長久，非其教法之廓大靈明，亦無足以至之。

學案言先生昔在洛中，晚坐，張思叔誦逝者如斯夫。范元長曰，此即是道體無窮。思叔曰，如是說，便不好。先生曰，道須涵泳，方有自得。所言極是。逝者云云，程朱以道體無窮直詮之，縣以定式，反見其滯礙，無益於學者之自得。若繪事之不餘白，靈運虧矣。信伯先生又嘗言不偏之謂中非伊川語，多見其人，能有自得獨特之學，不隨時流。

信伯嘗語曾逮云，師不專在教授，友不專在講習。精神氣貌之間，自有相激發處，是為善親師友者。曾逮自云因觀鄉黨一篇所記動容周旋，然後知群弟子所以事夫子，用是道也。真為名言。教授講習類本事而近乎末，威儀氣感類外事而近乎本，自然活用，全相承貫，方是師生境地。師生間亦有似誦道者。弘忍授惠能衣鉢，又許神秀為傳嗣,豈非譎道之正乎。

劉李諸儒學案 四條

施氏德操北窗炙輠言伊川高弟張繹思叔在伊川晚歲門人中最得其傳。今伊川集中,有伊川祭文十許首,惟思叔之文,理極精微,卓乎在諸公之上也。愚讀河南程氏遺書附錄中思叔之祭文,頗是其言。其有云"惟尚德者以為卓絕之行,而忠信者以為孚也。立義者以為不可犯,而達權者以為不可拘也。在吾先生,曾何有意。心與道合,泯然無際。無欲可以繫羈兮,自克者知其難也。不立意以為言兮,知言者識其要也。先生之道,不可得而名也。伊言者反以為病兮,此心終不得而形也"。蓋其他諸公之文,多在尚德忠信立義達權者著力,而思叔獨鍾於道術之境。其他諸公之文,即思叔所謂伊言者反以為病,此心終不得形者,立意卓高,而不誣。伊川晚歲所造之境,自非其此前著述講錄所能籠罩,其深粹精微處,或非遺書外書文字所能達。程氏外書卷七伊川曰"使顏子而樂道,不為顏子矣"。鄒浩曰"夫人所造如是之深,吾今日始識伊川面"。鄒浩曩日頗以伊川不得比明道,爲有不通處。既聞此語,而嘆伊川見地極高。此一條尤能顯伊川晚歲所造之境。惟此種記錄甚鮮耳。祭文又云"先生有言,見於文字者有七分之心,繪於丹青者有七分之儀"。思叔之文,欲彰其心七分之外之三分,欲見其儀七分之外之三分也。故其言伊川異乎諸儒,淡乎無味,得味之真,死而乃已。其語多涉於老氏亦不顧。吾儕善讀伊川者,當亦思其心七分之外之三分者,不可為傳世文字所拘也。然此甚難。

尹和靖稱馮東皐見伊川曰,二十年聞先生教誨,今有一奇特事。伊川問之,曰,夜間燕坐,室中有光。伊川曰,顧亦有一奇特事。請問之。伊川曰,每食必飽。此伊川之禪話也。其不許道業為奇特,而必以日常為大用,為體要,與宗門無異。

李心傳言"東萊之學甚正,而優柔細察之中,似有和光同塵之弊病。象山之學雖偏，而猛厲粗略之外，卻無枉尺直尋之意"。黃東發言"高明者多自立，渾厚者易遷變，此任道之有貴於剛大哉"。義同。而言皆有美致。然朱陸後學，多效其師之剛厲之氣，有失之粗率者。而吾婺東萊中正優柔之學，反少能習者，所以理學之脈，愈趨偏倚。以跡而論，學陸易而學呂難，自象山開心學一塗，衆人趨之，實多避難而就易耳。故世上剛厲精進者多，中正優柔者少，風俗漸移，其勢不轉矣。今世精進者寡，而剛厲之病不少，吾儕何可忘之。

李道傳臥榻屏間，大書喚起截斷四字，知其用功慎獨如此。四字實出禪書也。想其書法亦類宗門墨蹟，玄暢淋漓。

呂范諸儒學案　五條

呂大忠晉伯性剛毅質直，勇於有為。此儒者之質，非道釋所能有。道釋固亦有剛毅質直者，惟其志趣，乃在勇於無為，故曰此儒者之質也。有宋之最具儒者之質者，莫若范氏、呂氏。范氏有高平、華陽二宗，呂氏有東萊、關中二宗，其人物之盛，他氏盡莫能及。宋元學案有范呂、呂范二學案，初覽者幾欲淆之，亦可歎。宋明儒者之剛質，不讓兩漢，為天地正氣所鍾聚，實范呂之敦風有以化之。橫渠稱先生篤實而有光輝，篤實云者，實儒者之質之通名。釋道，靈通而有光輝者。吾儒則篤實而有光輝者。其光輝一也。

呂大鈞和叔從橫渠學。橫渠之教，以禮為先，先生條為鄉約，關中風俗為之一變。後代儒者多致力於鄉約講會者，可謂濫觴於此。陽明之學既盛，講會遍天下。江右、浙中、寧國府諸地，儒者多兼講學鄉約為一，遂令重質明禮之鄉約，又生靈明之感應。羅近溪諸儒皆致力焉，使函夏鄉土氣質，數百年來，不隨世轉而澆漓。此儒者之功也。顏山農早歲立三都萃和會，自謂與仲尼相魯三月大治相仿佛。近世鼓吹鄉土教育而踐之者，愚謂之顏山農一流之遠裔亦可也。今世鄉約既絕，維持風紀者，蓋闕如也。惟釋教略存其制，服悅人心者，微能存焉。此吾儒之深憂也。

讀呂氏鄉約，如觀宋僧宗賾禪苑清規。和叔宗賾為同時，呂氏先卒，其書在前。其時儒佛人物皆致力乎禮制之修訂，亦必有風氣之相同者致之。在儒則若橫渠者，自知性理之學，必以禮教同行，方可少弊。在禪則於時大德，自知值法盛將衰之際，必以清規誠約其浮修，方可長久。禪門時近陽九，其勢將下。禪法極盛，遂有吾儒性理之學，宋儒性理之學立，則必排鬭異類，物極則變，相互消長，而同為一體。

與叔以赤子之心為未發，伊川以其為已發。黃百家引梨洲孟子師說辨伊川之非。愚謂未必。與叔之說，著實而小，伊川之說，虛明而大。濂溪太極前立無極，明道言性無內外，濂洛精義，莫過於窮究本源，一舉體用。赤子者已生者，與叔以其心為未發，於義未瑩。而伊川亦未有確解。愚有一說。欲觀未發，莫若以父母之心。以父母之未發，滋育自然，蓄蘊將生，而有赤子之全體。以此而論，未發非可離已發而別說，未發已發，本是一物，亦無內外之別也。

橫渠門人又有范巽之、游師雄、种師道、李履中，皆負奇氣，知兵法，以經世安攘為主者，聲氣飽滿伉壯。自古師門具此氣魄者甚鮮。夫子而下，墨翟荀卿，門人多精壯敢為者，諸鉅子、李斯，皆果於有為。文中子世家言李靖、房玄齡、魏徵皆其門人。使其說可信，則王通之師教，蓋亦偉矣。後世儒者，惟橫渠之門不愧前賢。陽明知兵，而門人無有繼之者。湘鄉門下，亦多文士，未逮也。

周許諸儒學案 二條

學案言吳松年風神高邁，談論傾座，超然如唐晉間人物。理學家具晉唐氣者，代不乏人。明有陳白沙，最擅斯美。近世馬湛翁，亦魏晉人物。

鄭伯謙著太平經國之書，發揮周禮之義。氣魄矩模甚大。自古善用周禮者，皆有若是英豪之氣。此非斥周禮為偽者所能知。論者以王莽、蘇綽、荊公而非之，未為公也。鄭氏為永嘉周禮學之鼻祖。其太平經國之書又可溯諸李覯周禮致太平論、葉時禮經會元。劉鑑泉舊書別錄述論李、葉、鄭三家周禮學甚備。其有云"古今言經濟者大凡分經學史學二派，經學主更張整齊，近於刑名。史學主因任權變，近於黃老。蓋主法、主人之殊也。經學家所奉者即周官，蓋專講周官，勢必詳於法而忽於人"。又云"永嘉一派言經濟則本橫渠、藍田之傳，雖詆介甫，實與同氣"。發明殊為深切。

武夷學案 六條

學案錄黃梨洲語云"胡安國之學，後來得于上蔡者為多，蓋先生氣魄甚大，不容易收拾。朱子云，上蔡英發，故胡文定喜之，想見與游、楊說話時悶也"。朱子語類中讜論異評甚夥，想亦朱子英發，亦不欲門人悶塞也。南宋以降，讀朱陸及後學語錄多不悶，入明讀陽明及後學語錄亦不悶，然惟悶者，或方能顯平正篤厚之蘊，而近乎先聖之言。北宋儒者之書有悶者自較南渡為多。愚喜月川敬軒康齋之書，亦以其平實近悶也。老氏言明道若昧。非此之謂歟。李穆堂朱子晚年全論載朱子答陸子靜書札有云"但亦須自家見得平正深密，方能藥人之病。若自不免於一偏，恐醫來醫去，反能益其病也"。理則若是，然於踐行則何其難也。以朱子之學，猶未能得平正深密之純然，其之讜論異評，英發剛健則有之，而未能無病。呂東萊近乎平正深密之純然，而又無朱子氣魄力道。南宋學者中求如司馬溫公、程明道平正深密而剛大者，難矣哉。然朱子終博厚高明，足以補其闕略，其為南宋諸儒第一人亦無疑矣。

東周禮崩樂壞之際，夫子作春秋，而亂臣賊子懼。西漢衰弛昏闇之際，劉歆崇習春秋古文左氏傳，以醒濯世務。東漢黨錮邪道熾盛之際，何休作春秋公羊解詁，崇正摧奸，以明王道。周隋分裂初合，皇基未固之際，王通續六經，擬春秋作元經，尊王道而統綱紀。

李唐歷亂割據不尊王室之際，啖助陸淳作春秋統例、春秋集傳、纂例、微旨諸書，程子稱其攘異端而開新塗。五季澄清契丹狼視之際，孫明復作春秋尊王發微，反求發明本旨，以弼治道。北宋黨爭涸頹夷狄交侵之際，胡安國作春秋胡氏傳，嚴辨夏夷，崇正天理。其書之出，蓋亦氣數使然。自夫子以至於安國，每臨亂世，幾皆有獨治春秋者，以矯時弊。輓世清廷中衰之際，常州公羊今文學大興，亦氣數也。或問，明季如何無治春秋之顯者。實則明季治麟經者甚夥。如高攀龍之春秋孔義，黃石齋之春秋揆，朱朝瑛之讀春秋略記，張岐然之春秋五傳平文，王葦齋之春秋稗疏等，觀四庫提要，窺其大概，似無足以與古人比肩。竊謂明季之春秋學，毋寧曰談遷氏之國榷、張岱氏之石匱書是也。蓋彼時當務之急，史也，以麟經別註辨析之迂遠，不如立史之深切痛快也。

曾吉甫嘗問胡安國曰，今有人居山澤之中，無君臣，無父子，無夫婦，所謂道者果安在。曰，此人冬裘夏葛，饑食渴飲，晝作入息，能不為此否。曰，有之。曰，只此是道。胡氏此說，極見精采。持儒說者或以無三綱黜釋氏，胡氏則言飲食作息皆是道也，非可以三綱相拘繩。真達者之言也。以今視之，三綱者實為儒家之權，五常者實為儒家之經。蓋今世三綱不復存矣，而其神理猶在，其神理則仁義禮智信五德是也。權可變而經不可易。故三綱不存，君臣父子夫婦猶可葆其神理。國民父子夫婦自應有天理在，形式不必泥古而其神理不可滅也。惟五德之不易，乃能與釋道會通同體，而各有分殊，函夏萬祀之福，賴此也。（以今日之自由婚姻而論，夫婦間以義相訓，知書達禮，猶可守其中和。雖無舊日之威儀家法，其心乃可相尊重愛惜。以國家而論，吾國猶吾君也，吾人猶臣子，可不忠誠乎。雖不必愚忠，亦有個人之自由，其心固可守其志也。）

呂東萊與朱侍講書有云"蜡賓之嘆，自昔前輩共疑之，以為非孔子語。蓋不獨親其親，子其子，而以堯舜禹湯為小康，真是老聃墨子之論。胡氏乃屢言春秋有意于天下為公之世，此乃綱領本原，不容有差"。宋人疑古，常有拘束自限之感，如歐陽修之疑繫辭傳，朱晦翁之疑毛詩序，王柏之刪詩。皮錫瑞經學歷史亦屢斥歐公之言爲拘閡。東萊所言前輩之說亦然。胡氏不取之，是也。使真爲老聃墨子之論，不即所謂悖道不經者乎。宋儒之攻異端者，多有拘閡若此者。

曾茶山有云"崇德必先事後得，如釋氏卻是先得後事"。先事後得，行入也。先得後事，理入也。達摩有理入行入二人之說，其皆爲入道之塗。崇德者以格物爲先，釋氏者以覺照爲導，格物而遂有致知，覺照同一禪行，實境既至，不待言詮，殊塗而同歸，不亦宜乎。

梨洲云"湖南一派，如致堂之闢佛，可謂至矣。而同學多入於禪，何也。朱子曾舉一僧語云，今人解書，如一盞酒，被一人來添些水，那一人來，又添些水，次第來添去，都淡了"。其說未必，其譬則甚妙。今世學者，多遍求外學雜說，而不知歸宿，添水太多，故非聖人而多賢人。（三國徐邈謂醇酒爲聖人，濁酒爲賢人。）

陳鄒諸儒學案　九條

北宋諸儒之殿軍爲陳了齋。全謝山言了齋最宗劉元城，則以爲涑水私淑弟子可也。每得明道之文，衣冠讀之，以爲二程私淑弟子可也。精於皇極之學，以爲康節私淑弟子可也。使吾生彼之世，所學宗旨亦當如了齋者，兼宗涑水二程康節諸儒，以爲中道所在，故吾謂北宋諸儒之殿軍非龜山、安國，而爲陳了齋先生。先生方正廉稜，其生平節義，龜山亦不如也。

了齋有云"孔子以柔文剛，故內有聖德，而外與人同。孟子以剛文剛，故自信其道，而不爲人屈。衆人以剛文柔，故色厲而內荏"。唐宋之儒往往學孟子，自信其道，不爲人屈。唯濂溪、明道二三人，爲學孔子者。

陳氏忠肅文集有云"古之善學者，心遠而莫禦，然後氣融而無間，物格而不惑，然養熟而道凝"。真粹言也。學者之患，其在心體不能曠遠，氣體不能莫禦，知體不能不惑。不能曠遠者，器局不寬，於道未親。不能莫禦者，外境薰擾，未得自主。不能不惑者，質性脆薄，多疑無得。皆學者之大忌。

了齋有云"生死無時而不一，四大無時而不離，何待死其為歸乎。其生也心歸，其死也形化，歸而待化，復何俟于言"。此語氣息渾然，孔、釋、莊之說，乃已熔鑄為一矣。其與橫渠西銘之作，氣脈甚為相類。惟了齋明用佛語耳。

了齋有云"不知六經論語發明中實之道，以稽古為本。華嚴云，依教修行。此語為百家之總門也。吾教非彼教，彼教非吾教，其實無二，其門不一，各依自教，則本不相妨矣。如稽古之事，載于六經，六經之後，千餘年之事，散之諸史"。極通徹中道之語，非兼宗涷水、元城、明道者不能道也。愚近年甚悟三教一致之說，今觀了齋之說，嘆為殊勝。

觀了齋雜說，知其受姦譖陷迫之際，顛沛死生之時，深習禪佛，了然無怖。其學所得之於憂患者亦多矣。觀其論釋氏之說，其所證之境亦當在二蘇及張橫浦、汪玉山之上。

雜說有云"身教者從，言教者訟"。真粹言也。南宋諸儒多訟，言不免過身。陽明後學多訟，言不免離身。乾嘉之儒多訟，言不免棄身。後漢書第五倫傳云，以身教者從，以言教者訟。則了齋之語，本乎漢人也。

先生有言，王安石乃欲廢絕史學而咀嚼虛無之言，其事與晉人無異，將必以荒唐亂天下。謝山言先生彈蔡京云，滅絕史學，一似王衍。後世大儒顧亭林日知錄以王安石擬王衍，蓋祖乎此也。

鄒浩道鄉語錄有云"為善如著衣吃飯，不可有功過心"。甚粹。明儒袁黃開功過格之法，不免拘泥。又云"士不可無山林氣，節義文章學術，大抵皆然。何謂山林之氣，即純古之氣也"。亦甚粹。後世多以山林氣為疏野放任，不知其實為純古溫敦。其真味豈放任者易得哉。釋氏宗派之尤有山林氣者為禪宗，論者亦謂其純古有釋迦授法時原始之風。道鄉之說，靈明之言也。又云"十二時中,看自家一念從何處起,即檢點不放過,便見功夫"。愚近來常行此法,甚見功效。鄒道鄉亦粹士也。

紫微學案 五條

自呂本中紫微遷吾婺,南宋儒者之學始矣。大小東萊祖孫二人多識前言往行以畜德,北宋儒者矩矱,多有守成,故前人常謂中原文獻之傳,猶歸呂氏,非他儒所能,誠不虛也。楊時、胡安國、朱震皆學有專精,而不若呂氏之通博廣畜,淵源茂實,故欲存北宋儒者之矩矱遺軌者,捨呂氏而誰與。南渡之學,固以北宋爲根柢磐石也。

學案未言呂本中號紫微之由。紹興八年呂氏遷中書舍人。唐宋中書舍人別號紫微,取天文紫微垣之義。時人之號本中以紫微必本乎此。愚又考陳龍川北山普濟院記有云,梁劉孝標以不合當世,棄官居金華北山,結廬紫微巖,吳會人士多從之學。劉孝標格致高逸,固足慕者。本中自北遷婺,亦與孝標相近。紫微之號,藉此而愈妙矣。

紫微氏西垣童蒙訓、舍人官箴,皆極平實敦重之言,類論語。朱晦翁、陸象山語錄,則有高邁靈明之說,類孟子。北宋諸儒近夫子,南宋諸儒近孟子。學案謂紫微器蘊宏厚,行誼純篤,誠意充積,表裏無間。其與龜山、武夷、漢上諸儒,亦皆近乎曾參、子思者乎。

紫微嘗述顧子敦語告門人方困齋曰,守至正以待天命,觀物變以養學術。真粹言也。天命不以至正守之,不足以爲天命。學術不以物變觀之,不足以爲學術。故天命之謂性,性者至正至大。物格而知至,知者純仁純義。守,行之體。觀,學之體。馳騁強力者,非行之正格。記誦博覽者,非學之主要。正於行者,守而後能大。主於學者,觀而後能通。而必返諸身,故曰自守觀己者也。宋儒善守者莫若呂氏,善觀者莫若邵氏,宜其流澤遠大也。

近梓全宋筆記第三編有呂氏師友雜志一編。拜閱一過,愈覺其能與愚說相爲映證。愚說有二。其一，北宋儒者，以儒佛兼融爲主流，理學諸儒其支脉也。呂氏家學，自其祖滎陽公希哲以來，皆尚學佛。其書又錄時士饒節、謝逸、晁以道、高秀實、關沼、陳瓘、劉元城、王直方、范元實諸人言行，亦皆主兼融者。又多錄伊川門人事。游酢後更爲禪學。尹焞亦能識禪家直截之利。張繹窮理造微，早間見道楷禪師，悅其道，有祝髮從之之意。後且嘗以智深長老比伊川，言其爲狹。胡安國甚非佛學，而極推重滎陽公，許其儒釋兼通。則游尹張胡之思學，非獨尊仲尼，可以想見。又嘗錄邵伯溫子文云，先人非是毀佛，但欲崇立孔氏之道爾。使其言可信，則康節之心，原非排佛，亦可想見。其二，北宋既亡，中原之學，樸散爲金華、永嘉、朱子、張子、陸子、易數諸家，諸家各得其偏主，而不得全體，由之也。師友雜志有云“以此知游學之士，須經中原先達鈐椎，方能有成”。南宋之士，喪此鈐椎，其氣非復舊日之渾成，亦不得已。

漢上學案　二條

朱震漢上易解言陳摶以先天圖傳种放，种放傳穆修，穆修傳李之才，之才傳邵雍。修以太極圖傳周敦頤，敦頤傳程顥、程頤。是時，張載講學于程邵之間。謝山言漢上謂周程張劉邵氏之學出于一師，其說恐不足信，其意主于和會諸家，而反不免于晁氏所譏舛錯者。竊謂其說或不足信，然亦不可忽之。徵諸文獻，陳摶所傳者易數也。言其傳先天圖云云，自漢上始，自多可疑者。二程不稱濂溪爲師，而其師教之實亦不容諱，陳了齋言身教者從，言教者訟。濂溪光風霽月，道體粹明，其身教之於二程者實甚大。傳學者所傳者道也，非名儀也。永嘉玄覺謁曹溪一宿而已，亦稱門下。以此而論，二程雖未拜濂溪爲師，傳道之實則有之，豈可以世俗師弟名儀拘之。故謂敦頤傳二程亦無不可。惟其所傳者，恐非先天圖一類。二程心氣高邁，自許其學爲開闢，其之不以胡安定、周元公爲師授，固天性使然。非其實果無傳授。橫渠講學程邵間，猶胡安國講學上蔡、龜山間。前人嘗謂安國爲上蔡弟子而安國自不然之，橫渠之於程邵，恐亦有類之者。太極圖本道教密授修煉之法，而濂溪自化用之，其說復異玄教而其神理不二，故陳摶一系之穆修傳太極圖於周元公之說，亦非風影之譚。朱子辨太極圖說必爲濂溪所作，非受諸人，實不可據爲典要。黃晦木太極圖辨闡發甚切，足資定讞。太極圖說固爲濂溪所作，然其圖必有受諸人者，非純爲創造也明。邵康節之受學于李之才，并無異辭。以此觀之，則朱漢上之說亦不可以虛誕不實之言視之。北宋儒者多渾融，講會和諸家，朱漢上亦承其矩矱。至朱元晦、陸象山諸儒起，其所辨論則有失專斷矣。

　　林拙齋記問曰"漢上叢說云，反觀吾身，乾坤安在哉。善端初起者，乾也。身行之而作成其事者，坤也。人皆有善端，不亦易知乎。行其所知，不亦簡能乎。饑而食，渴而飲，晝作而夜息，豈不簡且易哉。以此推之，天下未有不知而作者"。竊謂古來論吾身具乾坤義者，未有若是言之簡明而深粹也。禪宗南傳有頓修之義。頓者，實乾也，即心即佛，而體用皆在。修在，坤也，正念不住，任運應緣。觀漢上之說，嗟歎再三，其與靈山密授心法亦相類。天下之道，焉有二哉。

徵聖錄卷七　理　學　類

豫章學案　四條

梨洲云"龜山之傳得朱子,而其道益光。豫章在及門中最無氣
焰,而傳道卒賴之。先師有云,學脉甚微,不在氣魄上承當。豈不
信乎"。夫子門人,曾子氣魄不若子張子路,而傳子思孟子爲正脉。
陽明門人,鄒東廓氣魄不若王龍溪王心齋,而最稱正統。戢山言學
脉不在氣魄上承當,真精識也。故知氣魄利於開闢,醇穩利於傳
道,各有其優劣而不可相失也。

趙普對太宗曰,陛下以堯舜之道治世,以浮屠之教修心。羅從
彥遵堯錄斥其不知言。實則趙普之說,最見平實。堯舜之道,其大
功莫過于治世,浮屠之教,其大善莫過于修心。此隋唐之世政教之
矩矱,治道之心法,而五季之末猶有守之以爲天然者。理學諸儒不
以爲然,其所推內聖外王之說,祖述三代,實皆後起之義。

羅豫章從龜山游,摳衣侍席二十餘載,如山僧之依師傅,其與
永嘉一宿覺者,真可謂霄壤。然永嘉、豫章皆有得者,故知侍席之
長短,各性稟之所近而已。李延平謝絕世故餘四十年,簞瓢屢空,
怡然自適,亦類乎巖藪道人之所爲。羅李師弟二人,淵靜無爲,似
不任道,加以劉白水、胡籍溪、劉屏山之潛德,其所蓄者,皆以朱晦
翁而盡發之。其猶自達磨開闢,慧可、僧璨、道信、弘忍諸祖之蓄,

一待惠能而盡發其蘊。天下事理，有甚相似者。

延平答問多深粹溫厚之語，義理亦邃，讀之，似前未曾有。蓋能兼得深粹溫厚四者，鮮矣。涑水之門，溫厚深切有之，義理或不若是之粹。謝楊游尹，深粹有之，氣象或不若是之溫厚。延平真有道之人也。朱子言李先生不著書，不作文，頹然若一田夫野老。終日危坐，而神彩精明，略無隤墮之氣。豈非其有道之徵耶。儒之有延平，古氣純然，寬綽感人，真為幸事。

橫浦學案 九條

朱晦翁斥張橫浦之書，比之洪水猛獸之災。過矣。此皆孟子斥楊墨爲洪水猛獸有以誤導之。以夫子之溫厚廓通，必不爲是言之峻切若詛。其非聖人之言，明矣。宋儒多好學孟子者，亦不免有病。王荊公、朱元晦、陸象山皆好學孟子，荊公病在譎，元晦病在猛，象山病在粗。宋儒庶幾無病者，濂溪、明道、橫渠、涑水、元城、東萊。曩有疑孟之說，續涑水先生之緒也。孟子之精義入神，愚誠敬愛之。若謂孟子七篇皆聖人之言，則不苟同。元晦之斥橫浦，猛利騁氣，非可取信乎後世。

橫浦心得有云"學問于平淡處得味，方可以入道"。觀尚書詩經，其淵奧之裏，莫非平淡真實，篤行坦履。末者忮求其華而忽其實，則文士小慧之行，非能得乎真源。真善習經者，非好立新異之辯以爲學術之謂也。須於平淡處得味，篤實處得力，庶幾習經之道。以易之神虛，禮之繁縟，春秋之嚴正，實皆有此平淡真實處，爲習經者之根柢。馬祖道一言平常心是道，謂平常心無造作，無是非，無取捨，無斷常，無凡無聖，行住坐臥，應機接物，盡是道。以詩書易儀禮之渾成無間，繹然自全，類乎無造作，無是非，無取捨，無斷常，無凡無聖，蓋凡聖是非之辨，多後儒加之者。章太炎國故論衡宗經之說亦嘗明之。夫子自言述而不作。春秋之書，似主于造作是非取捨斷常凡聖者，嚴於心誅，然其歸宿，亦莫非聖道之坦夷平常。六經之於平常心，亦一矣。張橫浦有受乎六經之教，又有受乎馬祖之禪，其言學問于平淡處得味，方可以入道，亦自然而已。有六經之教馬祖之禪而不能若此之自然者，卑矣。

　　心得有云"六經之書，焚燒無餘，而出于人心者常在，則經非紙上語，乃人心中理耳"。又云"六經即聖人之心，隨其所用，皆切事理"。宋景濂六經論云"六經皆心學也，心中之理無不具，故六經之言無不該"。後世之論六經爲心學者，乃可溯源于張橫浦。謂其爲心學之祖，亦可也。

　　心得有云"學者先論識，若有識者，必知理趣，孰非修身行己之事。本朝名公，多出科舉。時文中議論正當，見得到處，皆是道理。汝但莫作凡子見識足矣。科舉何嘗壞人"。科舉終本聖學，其之有流弊遺毒，為政制之拘囿耳。此弊使在漢儒亦不免，非聖學之罪。宋元以降，歷代大材名公，多出科舉，熔鑄人才，其法不可謂不善。輓世錢賓四先生改革中學教育議一文言今日之教育筋骨柔脆，意興卑近，回視百年前吾儕所最鄙視之八股時代，蓋猶有遜色焉。彼時一秀才，近者數百里，遠者數千里，經月累時，猶得以跋涉山川，冒歷風霜，識天地之高厚，親民物之繁變。其所以強身體而壯精神之道，有非今日學校所能夢想。所言極是。則可知科舉之學，非徒得乎聖學，其所功用，亦施于體魄精神，令學者兼行董子、馬遷之事，渾然經史一體，莫怪乎歷代人才之從是出者濟濟焉不絕。此非今之人所能知也。

　　橫浦有云"見道者如見故物，則他物不能易。聞道者如聞妻兒聲，則他人聲自不相投"。譬喻極妙。自程子舉醫書言手足痿痹爲不仁，最善名狀而來，儒者多善以切身之感喻精一道理。橫浦此說，尤見奇特，而所喻極精，啟人神智。或有得于禪門。陽明傳習錄有云"人君端拱清穆，六卿分職，天下乃治。心統五官，亦要如此"。轉以政治喻心術，亦奇警非凡。然終不及橫浦之說爲妙。矧其說或本乎荀子天論。其曰，心居中虛以治五官，夫是之謂天君。釋氏金剛果論亦有相似語。

　　橫浦日新有云"學文者多忌,學道者多退"。愚退藏比年,深覺疇昔學文之多忌不廓然,張子之言,信其亦過來言語。然學文者不可不學道,學道者亦不可不學文,道而無文,殆亦非道。古今有道者,吾未見其未有文也。世傳惠能不識文字,然其語言,皆中經論,其之有至文,孰可疑哉。故知所謂文者,亦非徒文字文辭之謂也。

　　困學紀聞論孝經引張橫浦有云"多與詩書意不相類,直取聖人之意而用之,是六經與聖人合,非聖人合六經也。六經即聖人之心,隨其所用,皆切事理"。此即象山學苟知本,六經皆我注腳之說之所本。橫浦之爲心學祖,蓋無疑也。

　　橫浦憂深懇切,堅苦特立,氣節粹正,不讓元城了齋。精思仁覺,知行兼得,義理玄妙,每爲新出,不讓上蔡景迂。而以宗杲交厚之故後儒多有斥之者,非公論也。陽明傳習錄云"佛氏不著相,其實著相。吾儒著相,其實不著相"。譚何容易。愚固覺陽明斯語爲不實,入室操戈,有類權奇,非所宜以語吾儒者。(若易之曰,佛氏不著相,其後世末流之說實著相。吾儒著相,其正大純粹之境實不著相,或可以無病。)

　　于恕錄橫浦語有云"佛氏一法,陰有以助吾教甚深,特未可遽薄之"。(此猶西諺皇帝新裝之童言。)宋明儒者於此關節多曖昧矯飾,不若橫浦之爽直。橫浦之受訾於後儒,亦以此故。

衡麓五峯學案 十條

　　胡致堂崇正辨闢釋氏多涉小智意氣,其說著相沈滯,不足據。然文字健舉,甚有豪氣,亦可觀賞。胡氏血嗣如此,亦天下不可無者,容焉可也。朱子述致堂議論英發,人物偉然。見其數盃後歌孔明出師表,誦張才叔自靖人自獻于先生義、陳了翁奏狀等,可謂豪傑之人。如此豪士,以氣奪人,自不必以常理拘之。

　　胡五峯優游衡山二十餘年,玩心神明,不舍晝夜。蓋亦李延平一流。自邵康節以隱遯爲主,道學家有此一脈,不尚仕進,專研自得。其名聲雖遠不逮主政剛奮者，其滋味神明則往往能過之。近世梁、馮、熊諸氏名聲遠在湛翁之上，而馬氏滋味神明又非彼等所能逮。他日游衡，必薰沐叩其舊迹，方不負讀此學案。

胡五峯知言有云"仁者，人所以肖天地之機要也"。其說甚巧，靈明秘密，盡蘊乎中。以仁爲機要，頗類釋氏之有密宗，以三密爲成佛之機要也。然所以爲仁爲三密之法，須讀者細心體察而後自得之，非胡子所能灌頂師授也。

朱子疑五峯知言者多拘泥。五峯有云"天理人欲，同體而異用，同行而異情"。使五峯斯語大行於天下後世，可令戴東原輩斂口。

五峯有云"性也者，天地鬼神之奧也，善不足以言之，況惡乎哉"。絕有超識。性者不可以善惡言之，拔孟荀揚諸子之籠罩，前儒聚訟，可以廓清。愚極賞之，以爲最是渾成之義，不可奪也。汪玉山有云"今之謂性善者，蓋尊信孟子而云耳，未必心見其誠然也"。其斥五峯說者，多屬此類而已。晦翁有云"天下之理，無異道也。天下之人，無異性也。性惟其不可見，孟子始以善形之，惟能自性而觀，則其故可求。苟自善而觀，則理一而見二"。蓋亦從胡五峯之說化出。義愈精矣。

五峯言其父安國嘗曰，孟子之道性善云者，歎美之辭，不與惡對也。愚謂，荀子之道性惡云者，箴貶之辭，亦不與善對也。

五峯文集有云，莊子之書，世人狹隘執泥者，取其大略，亦不爲無益。爲通達之說。然莊子實不限乎此。其大端言道體者，實可與大易藏經相發明。禪家之任運隨緣，尤得於莊子者爲多。近世餘杭章氏作齊物論釋自謂一字千斤，蓋亦有得乎此。

五峯有云，道學衰微，風教大頹，吾徒當以死自擔。此語甚激越。然道學之衰，風教之頹，亦自有因緣合成。近世王靜安、梁巨川以死自擔，而不能挽禮教人心之壞。舊日之道學既死，吾人須著力于新道學之樹立。舊日之分教既頹，吾人須著力于新風教之培養。自不必處處拘泥于古法而已。

趙師孟從五峯游餘三十年,自以爲未有得。一日晨起,洒然有喜色,家人怪而問焉,則笑而不答。已而語其友人曰,吾今而後,始爲不負此生。平時滯吝,冰解凍消,其樂自有不可名言者。最可玩味。今世自以爲有得者甚夥,而其滯吝常未消融,愚固知其不得爲有得者也。

清初劉繼莊廣陽雜記卷二述船山父王修侯先生遺命葬蓮花峰下,又讚而農先生,洞庭之南,天地元氣,聖賢學脈,僅此一綫耳。其後詳述衡山遊跡,嘆其地靈人傑,惜未及有宋衡麓諸儒。蓋衡嶽所繫湖湘學派甚鉅,宋明以來,不絕如縷。此山岳之集神,莫可測者也。予自岱華嵩洛歸,愈知夫山岳一會,勝於讀書千卷,若能於山岳讀書,其利勢將倍蓰耶。近日遊晉,嘗訪崛圍山紅葉洞,乃傅青主舊居也。山勢偉岸,眼界弘張,氣體特爲清遠。下有寒泉,甚甘冽。棲隱之念,一時頓生。他年當擇一處,以從吾願也。

劉胡諸儒學案　三條

胡籍溪有云"凡學者治經術,商論義理,可以問人。至于出處,不可與人商量"。真大丈夫語。今世之人,至于出處進退,常與人商量,而經術義理,常自斷甚堅,愚嘗見之矣。

五峯言晦翁寄胡籍溪詩有體而無用,自作一詩,極見圓徧功夫。五峯高致,迴出時流也如是。唐時六祖見神秀題壁詩偈未圓而自作之,五峯此舉,亦流風所致耶。

劉子翬有云"三代而下,易學廢矣。六國之士爲談說所蒙,兩漢之士爲章句所蒙,晉魏之士爲虛無所蒙,隋唐之士爲辭藻所蒙,皆處偏滯而不反。初不知其豁然者常存也"。宋儒之卑視前代,鞭撻先儒,多有若是者,即陳龍川所謂朱元晦抱大不滿于秦漢以來諸君子者。實則六國兩漢晉魏隋唐之高妙處,宋儒何曾想見。即以書法一技而論,初唐神致,宋四家亦何嘗夢見之。吾夏學風有一偏性,即不知天高地厚,而獨斷橫行,蓋自宋儒始。

趙張諸儒學案 四條

趙鼎自書銘旌云,身騎箕尾歸天上,氣作山河壯本朝。不食而死,天下聞而悲之。夫忠義之勇,亦儒者之正格。南渡諸儒,氣類多在此輩,中興大業,非此不足以有爲。社稷大局,非儒者莫辦,釋道二氏,少有能與者。函夏中興之業,亦不可不繫於斯輩。

學案評張浚門人王十朋有云,時北方餘學未衰,耆老尚多,有聞先生風聲,皆服其行事,故紹興末、乾道初,士類常推先生爲第一。實可知北方之學所尚者篤行風節,博文約禮,爲北宋諸儒之矩矱,其與乾淳後興起之朱陸之學好尚義理者異矣。紹興乾道時北方餘學猶在,自呂紫微、李延平、胡五峯、胡籍溪、王梅溪諸人沒,則式微矣。

楊誠齋聞韓侂冑用兵事,痛哭書紙,孤憤而逝。其與趙忠簡之自書銘旌而終,氣類有相近者。誠齋庸言有云"惟受責者能爲君子"。真夫子自道也。

庸言有云"附小人,累也。附君子,亦累也。故記曰,中立而不倚"。宋儒爲黨爭所困,誠齋之言,蓋深鑒乎其弊而發。明儒愈爲黨爭所困,無以救矣。

玉山學案 二條

汪玉山文集有云"世之自謂自道者,以前言往行爲糟粕芻狗,以治天下國家爲緒餘土苴,迄之放棄典刑,闊略世務,至于爲西晉之禍。或者出而矯之曰,吾之道,固所以經世也。然而天人異觀,物我殊歸,高明中庸,析爲二致,迹其行事,則私智之鑿而已。道果如是乎"。經世之道,其與自得之道,一也。天人須一而觀之,物我須同而歸之,方爲大道。此玉山之意也。然西晉之禍,豈皆清談玄學誤之乎。明季之變,豈皆王學講會誤之乎。其之繫乎天者,不可盡責於人也。儒者欲天人一觀，物我同歸，亦難矣。孔子蜡祭時已有此歎，而人謂其知其不可爲而爲之。吾儕固須懼私智之自鑿，然篤行之道，聖學之教，不可不勇決而自任之。使天人一觀物我同歸，施於一國而未能，施於吾一身則可矣。將施於吾一身者，方是君子之所爲，以一身而論，吾信其將有所得焉。以一國而論，吾信其將有所待焉。

玉山門人張杰，不愧師門。學案言觀東萊所以稱先生其人，大類同甫一流。實則陳龍川一流，亦彼時氣類之多者，非可以異類目之。

艾軒學案 二條

林艾軒未嘗著書，有曰"道之本體，全于太虛，六經既發明之，後世注解，已涉支離，若復增加，道愈遠矣"。後儒屢謂天理者，先聖先賢發明已備，無庸置辭，惟躬行而已。其說蓋本乎林艾軒。老子曰，爲道日損。注解支離，積聚愈多，非損而益，所以爲憂。然天道窮則變，經解自不能拘腐以定式。故德智者以變通爲務，以日損爲教，非好強爲著作，可為少蔽。清儒鮮有達日損之教者，所以多隘。

林希逸鬳齋學記有云"和靖嘗以易傳序體用一原，顯微無間，如太洩露天機。問于伊川，伊川曰，如此分明說破，人猶不解。愚因此語，深知和靖質實之意。使和靖在今日，見字義、語錄、編類諸書，又不知如何太息也。雖然，天機正何曾漏洩得"。言甚警策。天機洩露者，實直詮道體，極乎玄奧之謂，其言固爽利瑰奇，而非大根器者不能受，或非材中下者所宜。南宋習儒者之蔽即在以如斯高義爲先入，而不知實蹈之爲首。質實之風衰而聰明習氣興矣。天機豈真有洩漏者哉。天道退藏于密，無有破綻增損，何曾有洩露哉。其說本一譬喻耳。

晦翁學案 十三條

謝山云"江西之學、浙東永嘉之學，非不岸然，而終不能諱其偏。然善讀朱子之書者，正當徧求諸家，以收去短集長之益。若墨守而屏棄一切焉，則非朱子之學也"。義極廓通。愚謂朱子正中偏，浙東永嘉偏中正。曹山本寂正偏五位有云"正中偏。全正而偏，即體而相，理事相融，喻全水而波，即金而爲金器。偏中正。全偏而正，即相而體，事理相融，喻全波而水，即金器而爲金"。朱子推濂溪無極義，承伊川義注中庸，其學主於即體而相，以理主事，而物事豐盛，偏於德行政事言語文學四科，皆風行水上，有自然之致。其所偏者，即以理主事，時有峻猛之失，未得全融，且過崇本體，北宋諸儒主崇實行之遺則，亦漸失也。是所謂正中偏也。永嘉之學主經制事功，推古儒實行，鄙視伊洛以來闇化釋氏之道學，涉於玄奧而未必得體。其學即相而體，以事經理，而氣魄高邁，行誼剛健，實爲北宋諸儒遺則之所變者。其所偏者，輕視性理，過崇事功。然所偏之中，純有古義，篤實光輝，自不可沒。水心見識，尤顯英銳。是所謂偏中正也。然正中偏、偏中正二者，其道爲一致而非二塗。故晦翁之學其與永嘉之學其道爲一而無高下。江西象山之學，亦即體而相，而不主攝事，純體而用，涉於虛靈爲多，施諸實學爲少。然道并不因此而有增損。曹山正偏五位說有云"正中來。正窮而通偏，體正而體時，相自現。究理時，事在其中，喻陽之極所，陰兆于此"。象山者，即此之謂也。體正時相自現，究理時事自在，其不主攝事相，而事相自光輝不可沒。象山其人超邁剛正，氣度雄直，見之行事，亦多有可稱。象山後學，多有懿德直行，玄智勇力，其於事相，亦可謂備矣。然其陽之極所，不免弊病滋生，虛靈過甚，邪思自出。此正中來而通偏之險。朱陸浙東，三者之道爲一致，而各有其位，以禪家參證之理稽之，所以無疑矣。

晦翁奏疏，極敢言之勇，激宕奮然。如嘗直斥孝宗即位二十七年,因循苒苒,無尺寸之效,可以仰酬聖志。後世海剛峯之直斥君父,蓋學晦翁而變本加厲者。儒者之勇,真生死不足以移其志。其與巖穴之士,不以生死動心者,豈有異哉。釋道勇於制欲,儒者勇於治國。宋儒於治國之外,亦勇於制欲,釋道人物亦有制欲之外,勇於治國者,如劉秉忠、耶律楚材、姚廣孝。宋元以降,三教一致,豈非實然。

學案於晦翁傳記所錄特爲詳實,他儒莫有,實可知晦翁之所繫於史者亦大矣。他儒或有其質文,而無其史境,所以爲不及。此所謂天命。後世之以朱子爲木鐸,亦有天命在,非一二朝廷之政命所能左右也。

晦翁答張敬夫有云"日間但覺爲大化所驅,如在洪濤巨浪之中,不容少頃停泊。以故應事接物處,但覺粗厲勇果,而無寬裕雍容之氣"。晦翁每自道自身病痛所在,甚見懇切,勇于徙義,此亦象山所不及者。其以晦爲元,猶老子曰明道若昧,劉屏山字朱子以元晦,蓋有深意。

語要所附梨洲先生破邪論論魂魄極見精采,幽明之理,儒者所鮮道,所以爲可觀。梨洲氣宇昂藏,大義凜凜,所述精義,真能振動山河,讀學案者,不可以黃全二氏喧賓奪主目之。

晦翁有云"仁體剛而用柔,義體柔而用剛"。義甚精明,然猶有未瑩。仁義一體,莫非皆仁體,同一而異名。仁體既爲剛,義體焉能爲柔乎。若曰義體剛而用剛可也。

晦翁有云"理義無窮,才知有限,非全放下,終難湊泊,然放下正自非易事也"。必晚年之說,於自省中得之。晦翁之失,有在於是者,過執理義分析之學,心力耗散略多,非中道之義。此亦莊生人間世篇首之義。世儒每詰陽明朱子晚年定論爲誣,實不盡然。以朱子遷善改過之德,其晚年所守,爲無易者。蘧伯玉五十而知四十九年之非。朱子亦蘧伯玉也。晦翁又有云"處事須是慈祥和厚爲本。如勇決剛果,固不可無,然用之有處所。事至于過當,便是僞"。亦蘧伯玉之言也。

晦翁嘗言，小說中載趙公以黑白豆記善惡念之起，此是古人做工夫處，如此點檢，則自見矣。明人袁黃功過格之法，蓋本乎此。

晦翁有云"聖賢說話許多道理，平鋪在那裏，且要闊著心胸，平去看通透後，自能應變，不是硬捉定一物，便要討常，便要討變。今也須如僧家行腳，接四方之賢士，察四方之事情，覽山川之形勢，觀古今興亡治亂得失之迹，這道理方見得周徧"。觀朱子言語久，自可知顏習齋所詰於道學者或失之誣。道學家何嘗不欲經邦治國，何嘗不懷周禮之志，焉能以末枝之流弊而廢其本懷哉。晦翁亦嘗云，人欲中自有天理在。戴東原之詰於道學亦有失之誣者。習齋之說，尚爲道學之猛藥，痛則有之，可以補養。東原之說，則爲道學之利刃，欲加之而後快也。

語要有云"某嘗說讀書須細看得意思通融後，都不見注解，但見正經幾個字在，方好"。極善之言。今世讀皇清經解者，所見皆是注解，反不見正經，真非坦道。傳明僧憨山讀經久忽正經亦不識見，釋氏所謂文字之執，亦盡破除，其與朱子之說，可相參證。

張南軒與呂伯恭書有云"濂溪自得處誠渾全，元晦持其說，句句而論，字字而解，未免流于牽強，非濂溪本意"。甚是。晦翁嘗謂"講學不可以不精也，毫釐之差，則其弊有不可勝言者"。故其著書講學，必欲精密無差。正惟其必欲精密，所以有差。五峯南軒之學，渾全之美，有勝於晦翁處，亦有以此故者。

元晦劾唐仲友，明季談儒木嘗著文辨之，言仲友因元晦之彈文而廢之，非所以示平也。其有云"噫。歐陽永叔薦呂惠卿，司馬君實稱蔡京，程正叔得楊畏，彼大儒所好如此，果真品乎哉。孔子曰，惟仁者能好人，能惡人。信哉好惡得中之難也"。宋儒每好惡不能得中，失之峻切。於闢佛亦然。噫，抑氣數所至，非人力所能回矣。唐說齋學問博厚，實乃朱子之勁敵也。

魏叔子日錄三編有云"論人於三代以下，諸葛武侯是小周公，李忠定是小伊尹，陶淵明是小柳下惠，鄭所南是小伯夷，程明道是小孔子"。愚謂朱元晦是小孟子。象山之學更近孟子，然不若元晦之雄富倔強也。

南軒學案 六條

南軒卒年四十八，東萊卒年四十五。朱子卒年七十一。謝山言"南軒似明道，晦翁似伊川。向使南軒得永其年，所造更不知如何也"。然天意不可回。吾儕欲奮起者私淑艾可也。矧張呂精魄永存，誠梨洲破邪論之所謂凡後世之志士仁人，其過化之地，必有所存之神，猶能以仁風篤烈，拔下民之塌茸。死而不亡，豈不信乎。

南軒答問有云"所謂持敬乃是切要工夫，然要將箇敬治心，則不可。蓋主一之謂敬，敬是敬此者也"。秋水落而湖石出，清風至而靈鐸徹。敬者秋水也，清風也，可期而至者也，心者湖石也，靈鐸也，不期而然者也。吾主一力行可期于進道也，不可期于聞道也。聞道者，非專敬所必致者。

南軒云"格物有道，其惟敬乎。是以古人之教，有小學，有大學，自灑掃應對而上，使之循循而進。而所謂格物致知者，可以由是施焉"。其義未瑩。愚釋格物致知之說嘗云，位置天秩，物類并生，格物者，格應物類，以生正知正念，以稟正命也。應物正命之道，一敬之說未足以盡之。其必有說，則曰居仁敬一可也。或曰，無爲。

南軒文集有云"天地其父母乎。父母其天地乎。不以事天之道事親者，不得爲孝子。不以事親之道事天者，不得爲仁人"。近世仁和周肯堂銘葛嶺抱朴道院摩崖有云"父母者有形之天地，天地者無形之父母"。蓋從南軒語化出。箮錐編論焦氏易林引後漢書李固傳章懷注引春秋感精符曰，父天母地，兄日姊月。則南軒說之所本，或在此。

南軒有云"舍實理而駕虛說，忽下學而驟言上達，掃去形而下者，而以爲在形氣之表，此病恐不細。正所謂欲闢釋氏，而不知正墮其中者也"。極精闢。朱陸後學多有此病在，歷數百年猶不絕。

道學家欲以上達性理之說，掃漢唐儒者之所謂樸實暖姝者，誠有莊子庚桑楚所謂若趎之聞大道，譬猶飲藥以加病者也。又二程所傳之學，本有自釋氏化出者，其欲免除此端，本亦甚難。故賢達者晚年言論多主儒釋會通之說，蓋知其本無由鬩也。非惟宋明儒者有此病，彼時釋氏宗門教下諸家人物，亦漸多此病而日愈衰馳。明僧元賢續黬集嘗言“近世禪者，多是大言大慚。不守毗尼，每自居曠達。不持名節，每借口于圓融。惟相與學頌古機鋒過日。師資互相欺詒”。毗尼名節者，即釋氏之實理下學也。而今日之研儒釋者之病又遠甚於宋明。蓋已盡出形而下者，專務所謂形而上學者也。

南軒東萊二氏皆負北宋諸儒之傳，篤厚圓通，殊少偏宕。今日之治道學者，焉能囿乎朱陸之舊轍乎。

徵聖錄卷八　理　學　類

宋元學案剳記四

東萊學案　十二條

　　橫渠先生曰，爲學大益，自求變化氣質。不爾，皆爲人之弊，卒無所發明，不得見聖人之奧。東萊少時性極褊，後因病中讀論語至躬自厚而薄責于人，有省，遂終身無暴怒。此真變化氣質之善者。世人皆謂命運以性格而定，而不知性格本可因聖學而遷。世人皆信命運之制人，而不知聖學之可使命運佑人。不知聖學者，純任氣質，則多爲人之弊，而自陷於畜生木石之類，不能自拔。其之求諸神巫者，亦無庸矣。古人之善言變化氣質之理者，莫過莊子。大宗師篇顏回自謂忘仁義，又忘禮樂，又坐忘，墮肢體，黜聰明，離形去知，同於大通。寓言篇顏成子游謂東郭子綦曰，自吾聞子之言，一年而野，二年而從，三年而通，四年而物，五年而來，六年而鬼入，七年而天成，八年而不知死，不知生，九年而大妙。庚桑楚篇南榮趎見老子，老子曰，向吾見若眉睫之間，吾因以得汝。南榮趎十日自愁，復見老子。老子曰，汝自洒濯，熟哉鬱鬱乎。然而其中津津乎猶有惡也。豈非變化氣質使然。其言雖未必純乎聖道，良堪水鑑。吾儒須於氣質變化有此精進工夫，方可期乎上達。釋道二氏於此道精甚，不可不敬師之。（後覽呂本中紫微雜說，極有深獲吾心者。其有云“列子記老成子學幻于尹文先生，三年不告。列子之學，三年之後，始得壺邱一晌,五年之後,始一解頤而笑。此皆足以見古人教人規摹次第,故學者得力,非後人所能仿佛也"。蓋非以寓言虛誕視之。以此法讀莊列,可謂善讀者也。東萊為本中之孫,其之能變化氣質,亦家學使然。)

東萊之學,融鑄經史、理學、文辭為一體,寬博中正,少有激宕,而亦以英氣剛體而貫之,所以能醇且勁。夫子之學,博文約禮,呂氏家門禮教,卓乎群倫。東萊品質之溫厚,亦超乎時人。北宋中原文獻之學,亦由紫微東萊而傳。故東萊兼博文約禮之全,而又能深體性理之奧,以此而論,其格體之全,猶在晦翁南軒之上。觀宋元學術,東萊之為大宗師,其潛德影響實大,并不在朱陸之下,以迄明初宋景濂、王華川、方正學,其澤方始竭。謝山言王深寧獨得呂學之大宗,而世儒多以朱陸之學許之。非謝山卓識,何能正名之。

東萊麗澤講義有云"君臣之間,君當求臣,臣不可先求君"。此實對王荊公之主得君治國之說而發。元城語錄言荊公得君之初,與人主若朋友,一言不合己志,必面折之,反覆詰難,使人主伏弱乃已。及元豐之初,人主之德已成,天容毅然正君臣之分,非與熙寧初比也。荊公之罷相,論者或以此致之。竊謂洛蜀之不滿于荊公者,亦以其人之以臣而先求君,強行己意於天下之故。故東萊之說,實有的而發。其說於義極正。古之聖君,皆求臣在先,方有郅治。如玄德之求諸隆中,亦其遺風。後世此義漸昧,而東萊揭櫫之,簡正直捷,真法言也。惜宋儒求君之志甚切,不僅荊公而已。南宋諸儒亦如此,往往適得其反矣。

麗澤講義有云"此理雖新新不息,然不曾離元來去處一步,所謂立不易方"。學者之治經史理學文辭,日日有新新不息之趣,淺者逐其流而奢其心,終致乖中庸而裂道術,深者則能持正守藏,知不曾離元來去處一步,而可期遠大粹然之境。真為有道之言。宋儒博學者甚多,而鮮有能逮此者。清儒博學者極多,幾未有能聞此者。悲乎。

講義有云"看詩欲懲穿鑿之弊,只以平易觀之。然有意要平易,便非"。真治經之藥石也。朱子詩集傳已有意要平易,廢毛序而師心自造。以迄清人方東潤詩經原始,則專以平易解經,其與朱子之書可謂變本加厲,其之大非於經旨者,亦明矣。後儒好以今人之心度古人之腹,其與鐭舟以求劍者何有異哉。

吾友長興錢具滙嘗評拙著云,平章諸家,出以己心。學尚兼賅,于宋爲呂東萊,于清爲陳蘭甫。愚何嘗敢自擬古人,然瓣香東萊之意,則可謂深獲我心。梨洲言志士仁人,其過化之地,必有所存之神,猶能以仁風篤烈,拔下民之塌茸。愚東萊之鄉塌茸後學,亦當有被其化者。

講義有云"秦漢以來,外風俗而論政事"。風俗政事,本爲一物,而後世道術分裂,論政事者,不由風俗,是以化物者鮮,多成空言。章實齋云浙東之學言性命者必究之于史,與此頗有異曲同工之妙。性命者,羣經之奧,焉可離乎史之實體。故曰六經皆史。

東萊遺集有云"近時議論,非頹惰即孟浪。名實先後具舉,不偏者殆難乎其人。此有識者所深憂"。宋明議論之孟浪者亦多矣,不偏者殆難乎覓其人。宋人心氣較唐人爲躁,觀書法最可辨知。推之其他亦然。東萊之深憂,猶南軒之憂學者舍學理而駕虛說,忽下學而驟言上達,皆後世之大病,而識者先鑒之。

凡家學深昌能傳數代者,其後代之傑者血氣軀身多不美好,不能永年,亦天之數耶。宋之有呂東萊,輓世之有劉申叔,皆然。初潭集卷一載虞翻與弟書曰"長子容當爲求婦。遠求小姓,足使生子。天其福人,不在貴族。芝草無根,醴泉無源"。理亦略同。然取婦猶可擇,天命則惟正受而已矣。東萊申叔之死生文字間,亦大有爲者,豈他人之所謂弊精神于閑文字中耶。

晦翁祭呂伯恭文義極醇厚,語類則多有貶損者。雖文體不同,其公言私言,終未若一。後世讀者,微有憾焉。

東萊遺集有云"賢士大夫,蓋有學甚正,識甚明,而其道終不能孚格遠近者,只爲實地欠工夫"。愚講學之際常述實地受用之義。然實地爲何物,不易擬議。吾儕今日鮮有得體國經野之機,未能傚古人治平事業,則不若以靜坐修身講學社會爲實地手段。四者之中,尤以靜坐修身爲要。蓋講學社會者,多易騖高譚,而靜坐者純爲實地工夫,修身者純爲實體功夫。然講學社會,明誠而踐履之,亦可至實地實體之位,有大受用。愚講學五載,深知其實地工夫,于我有大裨益。是以愈體夫明儒特好講學之內蘊,知其爲自我鍛造之法也。

東萊又云"天地間何物不有,要皆丕冒太和之內。胸次須常樂易寬平,乃與本體不相違背"。此道三教所同,惟有道者自得之,非可强有。

艮齋學案　四條

薛士龍艮齋浪語集有云"夫道不可邇,未遽以體用論,見之時措,體用宛若可識。卒之何者爲體,何者爲用。即以徒善法爲體用之別,體用固如是邪"。朱子倡理一分殊之說,以天理爲體,分殊爲用,實本諸釋氏華嚴家宗旨。程朱之論體用,實參化易傳釋氏而成之。是所謂有先入之見者。艮齋蓋不以爲然。道不可邇,何來直詮道體。遽論以體用,則如何契合可信。道本不可名狀,如何以體用之名相剖之爲二。執著體用之說,如何即是道學。此皆艮齋之所疑而確然非浪語者。禪家實亦不以體用之說爲第一義諦,體用之說,反多視爲執相,破之方有以語乎無位真人。艮齋之疑體用之遽論,實亦與禪門宗旨闇合。以艮齋之意,遽論則不必,惟見之時措實行,則自有明覺睿照,可以辨識之。禪門任運緣隨平常心自有道在,亦時措實行中,體用宛然可知。焉非闇契哉。近世大儒熊子真撰體用論一書,原本釋氏龍樹之學空有二宗,而以大易爲歸宿,樹異論於二氏。自言佛氏談性相,猶余云體用。其說與釋氏若即而若離,不免奇特。其實程朱之與釋氏亦然,若即而若離,其體用之遽論,異於性相者幾希哉。故釋氏有禪宗之疑法相諸教義,吾儒有艮齋之疑程朱之體用論,甚相類也。然體用誠若艮齋所言未可遽斷,則程朱之言皆不足以據乎。亦非也。艮齋之義,本乎道不可

邇近,然道者,不可須臾離也,雖未可邇視名狀,身躬萬物,此際此
所,亦莫非道也,如何不可以體用喻之。程朱以體用立言,其言未
必皆爲中道,其效則玄策高遠,化導甚大,遠出永嘉一派之上。其
事之體用又如何言之哉。永嘉之說有志乎中道者,則又未必可行,
猶全謝山之論陳龍川,當其壯時原不過爲大言以動衆,苟用之,亦
未必有成。其事之體用又如何言之哉。故知大道天命,不可以私
意測。以臨濟四照用擬之。艮齋所主,先用後照也。程朱所主,
先照後用也。其皆爲致道之法,非有殊塗。體用誠未可遽斷,然舍
之亦未必有成,非體用玄策之說,不足以道天道之莫測,振世道之
人心。與其未可遽斷而託諸天命莫測之實行,不如遽論之以主乎
世道之人心。此程朱之所以大有爲于後世者也。

　　浪語集有云"孟氏于孔氏之門爲有功,其氣豪而辭辯,無聲無
臭,豈其然乎。比而同之,其害有不可勝言者。讀其書而知其旨,
能內參諸心,仰觀聖人之形容,察其像似,而自識其真僞,從而取舍
焉,不隨波于末流,真好學者也"。此實對宋儒之崇習孟子者而發。
宋儒極推孟子而爲害後世者,莫如王荊公。其人亦氣豪而辭辯,無
人能及。溫公亦謂其文章節義過人處甚多。而新法嚴烈,橫之以
申韓霸悍之術,縱之以聖王六經之名,而令王綱淆亂,政教多忌,爲
禍深長。此孟子之學不可不惕若以視之者。宋儒尊崇孟子而事事
必爲之辯護者,莫若朱陸。其人亦氣豪而辭辯,一時之雄。朱子治
詩經以意逆志,服習孟子之教者,而或失之果決。陸子言先立乎其
大,服習孟子之教者,而或失之粗大。二人論性理精研本體,服習
孟子之義者,而或失之恢闊。二人論人物剛峻好靜,服習孟子之言
者,而或失之躁厲。其學不爲無病,而門人徧天下。陳北溪一流,
則好靜愈乎其師矣。此孟子之學又不可不惕若以視之者。而彼時
類乎荊公晦翁者極多。艮齋之發斯論,實爲涑水疑孟說之續脈,以
矯時弊而已。孟子之書爲聖教之利器,吾儕雒誦服習之,自可得
力,然艮齋之說,亦不可不思之察。庚桑楚篇南榮趎自言飲藥適
以加病,不可不慎之也。

　　艮齋論河圖洛書讖緯之言有云“傳註求其事而弗得，于是託渙漫以駕其游誣，雖知惑世害人，不暇恤也。象數者，易之根株也。春秋命歷序河圖帝王之階，圖載江河山川州界之分野，讖緯之說，雖無足深信，其有近正，不可棄也。信斯言也，則河圖洛書乃山海經之類，在夏爲禹貢，周爲職方氏所掌，今諸路閏年圖經，漢司空輿地圖地理志之比也”。宋儒之能具此卓識者蓋亦鮮矣。論鄭康成者多以讖緯而憾之，不知非讖緯亦無以爲鄭康成。漢儒之學，多有若是者。艮齋以象數爲易之根株，以讖緯有近正爲不可棄，皆可與清儒之致力此學者相呼應。劉申叔讖緯論言緯書有補史、考地、測天、考文、徵禮、格物之傚。艮齋特識，能先見之數百年前，稽古之深，蓋可與王深寧相軒輊矣。

　　艮齋學案中張淳、敖繼公治儀禮，開風氣之先。而朱子從之，以儀禮爲經，禮記爲傳。至清世儀禮最爲顯學，至今未絕。清代學術，實與艮齋永嘉之學關涉甚深。或謂清代學術實爲浙東永嘉之學之流變亦可。究皖、吳、浙三大派之學，皆有與浙東、永嘉相通類者，良非誣也。戴東原言經義必本乎訓詁，猶艮齋之言體用不可遽論。惠定宇之稽古考辨，猶敖繼公之治禮。浙中本宋儒血嗣所在，神魂潛化，其之施諸清代學術，詎能以耳目測之。

止齋學案　二條

　　陳傳良止齋文集言漢魏而下，號爲興王，頗採周禮，亦無過興服官名緣飾淺事，而王道缺焉盡廢。宋朝純用周政，千載一時，爰自藝祖，不忍一夫之力而養禁旅，不欲使天下一吏得以專政，而罷方鎮。制度之爲，雖非周舊，而深仁厚澤，意已獨然。熙寧用事之臣，經術舛駁，顧以周禮一書，理財居半之說，售富强之術，凡開基立國之道，斵喪殆盡，而天下益多故。老生宿儒，發憤推咎，以爲用周禮之禍。至論王道不行，古不可復，輒以熙寧嘗試之效藉口，則論著誠不得已。又言謂周禮爲非聖人之書者，則以說之者之過，嘗試之者不得其傳。劉歆以其術售之新室。王安石又本之爲新法。以是二者，至廢周禮，以與因噎廢食者何異。周禮一經，尚多三代經理遺迹。去其泥不通者，則周制可得而考矣。周制可得而考，則天下亦幾于理矣。止齋之說，迥拔俗流。清季大儒孫仲容周禮正義序與此極有相類者，幾疑爲其祖述。(本書卷十三嘗論之。)仲容序文未嘗道及止齋。然仲容亦永嘉瑞安人，嘗撰溫州經籍志，其學實可溯之於鄭伯謙、陳傳良。止齋學友陳謙、黃度皆嘗作周禮說。可知非惟儀禮，清儒周禮之學亦有祖述永嘉先儒者。

北宋儒學之正宗，非徒洛關言性理諸儒，涑水元城了齋一脉亦正統也。觀彼時議論實可知此。南宋儒學之正宗，非徒朱陸，東萊南軒永嘉諸儒尤得北宋諸儒之傳，經史理學文辭，兼綜爲全，粹然正嗣。且永嘉以經制言事功，皆推原以爲得統于程氏，亦可與朱陸爭程氏一脉之席。昔者惟以濂洛關閩主之，非篤論也。此皆朱陸後嗣主之所致。欲知宋學之大體者，不可不知此。

水心學案 十條

宋儒天資高朗者前有明道康節，後有象山水心。程邵陸之天才主乎體道，葉水心之天才主乎識見，此其所以爲貴。謝山言"水心天資高，放言砭古人多過情，其自曾子子思而下皆不免，不僅如象山之詆伊川也。要亦有卓然不經人道者，未可以方隅之見棄之"。愚謂宋無葉適，猶漢之無王充，唐之無柳宗元，明之無楊慎，清之無章學誠，不免遜色。曩聞今世永嘉葉氏宗祠典刑煮蒿猶在，大人之澤，蓋亦遠矣。劉鑑泉舊書別錄評水心甚刻，識見未爲高朗，愚所不取。然亦謂其下王充一等，其氣象與章實齋相類，而實相反。相反云云，愚不苟同。相類云云，則心有戚戚焉。習學記言序目卷三十有云"余觀陳壽論諸葛亮，已實錄不誣其美矣，而當時乃謂壽毀亮報其私怨。蓋亮名重于實，不待史而有傳，雖千載之後猶然也。人心所歸不可以幸致，此固學者之常語，然亦有不盡然者。如亮雖不至于名浮其實，而世之有實而名不副者多矣。可勝嘆哉。"噫。水心先生後世之名，不幸為己語言中矣。如朱子雖不至于名浮于實，其後學如真西山等，則名浮于實矣，而水心有實學而名不副焉。使後世程朱之儒者，一意而孤行，幾不得金華永嘉之學調和之功，所以日趨偏枯。可勝嘆哉。

水心總述講學大旨有云"案中庸言，鳶飛戾天，魚躍于淵。言其上下察也。德輶如毛，毛猶有倫。上天之載，無聲無臭。至矣。夫鳥至于高，魚趨于深，言文王作人之功也。德輶如毛，舉輕以明重也。上天之載，無聲無臭，言天不可即，而文王可象也。古人患夫道德之難知而難求也，故自允恭克讓，以至主善協一，皆盡己而無所察于物也，皆有倫而非無聲臭也。今顛倒文義，指其至妙以示人。後世冥惑于性命之理，蓋自是始，不可謂文王之道固然也"。水心以樸實之義解中庸，不以性命之理爲然，亦開清儒以漢學樸實之風解經風氣。理學每謂文王之道固已若是，乃以今奪古，託古改制，其非中恕無漏之道也明。然其自有妙用。宋人有善爲不龜手之藥者，世世以洴澼絖爲事。客買其方百金，以說吳王，終裂地而封之。性命之理，原本釋老，其爲不龜手之藥也，釋氏用之以修證。程朱諸儒轉致之于體國經野治平之術，施之于六經孔門聖賢道統之傳，其用亦百倍于買不龜手藥之客。以此論之，程朱理學諸儒乃經權達變之士，水心陳義樸實，歸然于時流者，則為守本重原之士，涑水之遺風也。理學諸儒喜言道體，而實重教化功用。永嘉諸儒喜言功用，而實守古人之大體。古今之能識此秘者蓋亦鮮矣。

水心言周張二程出入佛老，援釋而入儒，修明吾說以勝之，欲抑浮屠之鋒銳，而示吾所有之道若此。又言，中國之學自不當變于夷，既變而從之，而又以其道貶之，顛倒流轉，不復自知。其洞鑑歷然，發明特深。於時流好鶩趨奔之時，發此靜觀之說，而能深中其機者，惟水心而已。其說允爲實錄，頗與今日學者之說相合。程朱陸王於此端皆諱莫如深焉，朱陸之疾永嘉釜底抽薪之說，固有由也。前人常憾水心工文，弟子多流于辭章，而不知習水心之儒其于性理之學蓋蔑如也。與其趨傚時流,作理學之儒,為新奇之說以動人,毋寧致力於經術辭章,未必不能守成古人大體。道術辭章本非二致,豈專研性理者獨親乎道哉。明僧空印鎮澄物不遷正量論有云"如來垂範萬世,天魔外道不得而沮者,賴名言有在故耳。若孔子之作春秋,殺活與奪,只在片言隻字之間,千載之下無有能易者"。鎮澄疑僧肇物不遷論不合大乘,乃過拘于因明,非聖證之大體。艮齋水心諸儒疑理學之說不合經義,實不欲以孔儒之著實不易,染佛禪之玄義,專務高妙,而恐有天魔外道之累。王門後學李贄輩,即其之謂也。永嘉之學,自具先見。然使永嘉之學亦以經義因明責理學,而欲不入于過拘之病,蓋亦難矣。理學之說詎可盡非哉。惟自斟酌之,而施諸實行,不徇于名言耳。

水心習學記言有云"皇極雖多立善意以待其臣,然黨偏已扇,虛僞已張,廉恥已喪,欲救于末流甚難。非大刑弗治,非峻防必踰,君德日衰,臣節日壞,是時,帝王之道非降爲形名法術不止。悲夫"。今人恒斥明清皇帝之專制任刑,流毒天下,實不知此非徒君德日衰之故,乃有頹勢所趨,亦皇極無可奈何者。水心已先鑑乎此,知夫帝王之道之必將降爲形名法術,智也。

水心之疑曾子子思孟子,疑中庸高者極高,深者極深之說,最爲駭異。其說固廉隅峻發,未必中道,然亦如獅子嚬呻,馬祖一吼,聾聵三日。習學記言有云"書又稱若有恒性,即率性之謂道也,然可以言若有恒性,而不可以言率性。蓋已受其衷矣,故能得其當然者。若人而有恒,則可以爲性。若止受于命,不可知其當然也。而以意之所謂當然者率之,則道離于性,而非率也"。後世率性之詞義,即水心之所謂以意之所謂當然者率之,乃偏于放任之義。抑子思作中庸時立言未穩所致耶。愚不知也。若謂恒物之謂道,自無病。朱子中庸章句釋率性之謂道有云"人物各循其性之自然,則其日用事物之間,莫不各有當行之路,是則所謂道也"。陳義高妙,下手甚難。水心則謂若人而有恒,則可以性。所謂性之自然,必待乎日常實行方可識明,朱子徑謂人物各循其性之自然,其性之自然尚未識明，又何來循率耶。此與薛艮齋言道不可邇，未遽以體用論，見之時措，體用宛若可識之理甚相契。則朱子所自信之性之自然，天所賦命者，又爲何物耶。其與釋氏之言自性，清淨如來藏，蓋相差無多。水心見地，類乎漢儒溫篤之風也。

　　水心有云"明于道者，有是非而無今古"。荀子解蔽篇有曰"聖人知心術之患，見蔽塞之禍，故無欲無惡，無始無終，無近無遠，無博無淺，無古無今，並陳萬物而中縣衡焉"。義理極精。其言無今古則有之，未嘗言無是非。此儒道之妙諦。蓋自古已然。僧肇物不遷論言法無去來，無動轉者。旋嵐偃岳而常靜，江競注而不流。乃專爲破俗學古今之說而發。又云"人則求古于今，謂其不住。吾則求今于古，知其不去。今若至古，古應有今。古若至今，今應有古。今而無古，以知不來。古而無今，以知不去。若古不至今，今亦不至古，事各性住于一世，有何物而可去來"。湛然明廓，益人神智。水心言明道者有是非而無今古，真有道之言也。物不遷論亦云，苟能契神于即物，斯不遠而可知矣。然其是非自不可不有，不然，何以著肇論以辨俗學哉。僧肇九折十演論有辯差、責異、會異、詰漸、明漸、譏動諸目，豈非皆為是非之心。故有道者，是非其爲利器，不可不有。今古其爲虛執，不可不無。至於是非，本不以是非爲鵠的，今古，本不以今古爲本體，則亦可會也。此亦儒佛無間處。

　　習學記言爲有宋第一等著作，廣博邃密，獨斷卓邁，括囊天地，網羅古今，誠嗟嘆之不足，信睥睨于百代。所論未必合乎中道，然多有卓然不經人道者，正色芒寒，巍然獨立。以識而論，正蒙、程氏易傳、困學紀聞諸書皆相形而見絀。王深寧困學紀聞之書名恐亦摩擬之而定。惜其書被理學家所抑，翳闇不顯，元明以後人物，神明益衰，亦非無故。

　　水心有云，微言妙義與夫鬼神之貫通，誠無間于夷夏。自古具此識力者，鮮矣。輓世錢默存先生精通此義，其談藝錄管錐編窮搜微旨妙義，稽參夷夏，若無間焉。去水心近千年而後有此人，不易得也。

水心外集有云"莊周知聖人最深,而玩聖人最甚。不得志於當世,而放意狂言,其怨憤最切"。竊謂莊子之書其與孟荀,皆為深造聖人學術之作,其與聖道相契者極夥。雖多寓言謏辭,明覺有德之士,自可取舍之,使不誤己。古今之能識莊周知聖人最深者,蓋亦鮮矣。世之能識此義者,其讀南華,自當厭飫其義,而漸忘古來異端是非之說。

謝山跋水心門人周南仲開禧敕後有曰"予最愛敕中序鄂王冤狀,淋漓悲壯,事雖不果行,要足以吐重泉之氣。所當勒之鄂王墓道,使百世共讀之者也"。謝山鮚埼亭集中明季諸儒神道文字,恐亦有式於此。愚嘗謂鮚埼亭集為清別集第一,其之有此成就,自當與補定宋元學案,遍覽宋賢文字有關。清代文士多與古為徒者,漢魏是崇,卑視宋元,何能知宋學之大體。桐城一脈,氣格少卓者,而大半為兩宋文辭之模擬。真能學宋賢之髓者,鳳麟而已矣。

龍川學案 三條

陳同甫論學自孟子後惟推王通。固狂士之說,然眼界不可不謂廓大。視循規蹈矩自安於舊學者,亦不可同日而語。愚嘗謂宋人可入漢書者,前有范文正、邵康節、王荊公,後有岳武穆、陳龍川、文信國。以龍川之壯智豪氣,王霸韜略,類乎漢人之體格。葉水心祭陳同甫文有云,嗚呼同甫。絕代之寶,眾豈同美。抵擲棄捐,亦其常理。子重受禍,嘻又已甚。萬世之長,一朝之短。頗令人想馬遷之傳屈子賈生。後世淺陋之徒,不識同甫之高絕處,每以腐語詆詰,實多不知周漢以來古人大體有類乎同甫者,焉可率議其短長哉。吾嘗見有氣格孱弱之人,亦以辱龍川為快意,此真夏蟲之不足以語冰也。(魏叔子日錄三編辨宋儒胡致堂以魏文侯不能師子思為貶,言宋儒論人過刻,甚足以阻世主慕賢之心,至於厭薄儒術,而才智瑰偉之士,翕然去之,故往往迂疎而不足以成功。所論蓋亦以時事而發。龍川之學,自有元晦所無及者。後人怪異目之,此中國之哀也。)

周漢之士,多不得已方作學者。如孔孟董揚,皆無用於經國濟世,始退藏於密,致力學問,以期後世爲帝王師。其得遇者,則多不以學術自顯。儒林博士,經書文學,專門之業,多非大儒之所為。此風至隋唐猶在,王通、陸贄、李泌諸儒或遇或不遇,或有著述或無著述,其為正儒則同也。韓退之重答張籍書曰,"觀古人得其時行其道,則無所爲書,書者,皆所爲不行乎今而行乎後世者也"。即是此意。宋元之士,則多欲先作學者,方謀經濟,以為不明誠意正心性理之學,不足以猷謀實行。其先機蓋已為學術之心所得,所以風格愈下,不敢奮然實行。北宋之有王荊公,奮然有為者,然心術有悖,乖於大道,其所以為法者,申韓而已。南宋之有陳龍川,奮然有為者,然勢單力薄,德業未醇,無足以振其頹勢。後世之儒,先有作學者之心,鮮有不為之奪者。明之有王陽明,清之有曾文正,庶幾豪傑之士。陽明于軍所講聖學,文正崇理學而能平逆拔亂,不失為漢唐人本色。周漢之與宋明,一者任天真而無揀擇,渾然而下,一者嚴心術而辨是非,剖然而上。華夏氣數之分別,蓋當兩宋之際為界限也。

龍川學侶倪石陵著有輿地會元四十卷,備列天下山川險夷,戶口虛實以證其兵戰之所出,又繪之為圖,張之屋壁,時時豫籌其策,手指而心計,冀萬一得當以用之。後世大儒顧亭林著天下郡國利病書、肇域志諸書,希於大用,幾同出一轍。此亦清代學術之有本於宋浙東之學之證。

梭山復齋學案 三條

觀陸九韶梭山日記,堅苦立學,極端正平實之致,後世張楊園撰訓子語、初學錄、備忘錄諸書,亦宋儒中若梭山者之流風所致。明儒中吳康齋、薛敬軒諸人先承其風,端嚴平實,以篤切爲體用。自陳白沙、王陽明之學興,明儒尚辯矣,平實之風猶存于關中呂涇

野、馮少墟一脈。清初則尊朱之風起，而張楊園、陸隴其諸人返於
明初篤切之塗。然其於宋儒之學，已無力爲深寧、東發鴻儒之學，
惟事梭山樸實一路而已。觀楊園先生全書，其篤切樸實處，亦使人
蕭然想念。其書不華，不若亭林日知錄之博厚光大，然底蘊深蓄，
以日用平常心爲用，亦所謂後發制人者。躁者不待其後發即棄之，
以爲襲舊說無創筆，非智也。

　　陸九齡廣覽默養，兄弟自爲師友，和而不同。兄弟自爲師友
者，在宋誠多矣。清初江右又有寧都三魏。祥、禧、禮兄弟避翠微
峯，魏叔子文集屢陳兄弟自相師友之意，感切亦深。觀魏叔子日
錄，亦宋儒篤切之風，有梭山復齋之色。三魏之于三陸，亦有近之
者也。

　　復齋文集有云“近來學者多自私欲速之說，又惑于釋氏一超直
入之談，往往棄日用而論心，遺倫理而語道”。觀宋儒之文集，其最
忌者莫若此一超直入之談，痛斥其說者甚夥。永嘉禪師言，一超直
入如來地。一超直入之說，本禪門截斷衆流，香象渡河手段，爲曹
溪頓悟之意。禪門最主日常任道，又重清規，故其義理有一超直入
之言，而其立教根基還在日常倫理處，與儒教并無不同。儒者之惑
于此說者，惑者欲速之罪，非釋氏一超直入之說之罪也。黃東發言
復齋之明性學，視孔孟似頗直截。東萊誌其墓，謂勇于求道，有不
由階序者，殆確論云。不由階序云者，抑復齋本人亦嘗惑于一超直
入之說耶。復齋此語，恐亦自省之言也。

象山學案　五條

　　謝山言程門自謝上蔡以後，王信伯、林竹軒、張無垢至于林艾
軒，皆其前茅，及象山而大成。真爲史家眼目。世人多以天才許象
山之開闢，實不知其淵源有自，潛傳如縷，非一人之力所能致。臨
濟義玄，開闢才也，而前有百丈、黃檗。雲門文偃，開闢才也，而前
有石頭、天皇。象山又何能外之。

黃梨洲論朱陸之諍有云"聖道之難明，濂洛之後，正賴兩先生繼起，共扶持其廢墮，胡乃自相齟齬，以致蔓延今日，猶然借此辨同辨異，以為口實，寧非吾道之不幸哉"。宋明儒者格局之不及漢唐者，即在此。唐人之歸通三教，納宏用精，不偏主獨門，其境廓通，如華嚴十玄門境，回互相攝。宋明人亦歸通三教，而多獨尊儒術，非徒諍佛，其門戶之內，亦各自師尊，彼此排詆，一如戰國諸子，睥睨自主。釋氏視北宋為像法之終，南宋為末法之始，法苑珠林五濁部言末法五亂有正典不明，但共諍論之說，宋儒之鬥諍言訟，豈亦氣數使然。好諍之風，宋元以降，愈演愈熾，至清代近世，蓋已至極。其間雖有廓大會通之大儒大師出世，終不可挽也。

象山語錄有云"激厲奮迅，決破羅網，焚燒荊棘，蕩夷污澤"。輓世譚嗣同著仁學，完全此副口脗。其人氣魄節義，亦類象山一派人物。象山血脈，萬世不敗。此愚所信者。究其緣故，義理則泯融儒禪為一體，而以孔孟為大用，此為華夏學者萬世之主流，不必疑也。氣節則雄直廉隅，養天地浩然之氣，其事尤在學問之先，此為華夏學者萬世之主流，亦不必疑也。故曰象山血脈，萬年不敗。然愚嘗笑謂，象山之語，終不若禪師痛徹豪大。臨濟有云"向裏向外，逢著便殺。逢佛殺佛，逢祖殺祖，逢羅漢殺羅漢，逢父母殺父母，逢親眷殺親眷"。禪師膽識氣魄，亦可為儒者師，非徒義理之瑩徹通神，教法之靈機莫測也。

宋儒之最善師禪者莫若象山。象山之前，崇佛諸儒會通一致而已，至象山則化骨入髓，已不可辨其町畦。正惟化骨入髓，泯然無痕，不似會通之家，明有分殊，所以象山之不自認為禪，而必曰為儒。蓋於陸子儒即是禪，不必再道援禪入儒分殊之說。此愚一孔之私見，未必能得乎陸子之心也。

程朱、陸王之諍最久。錢氏談藝錄三四有云"祖師垂教，往往僅立大本，徵其自運，初勿拘泥。兒孫輩鈍者參死句，慧者為彌縫耳"。雖論詩之語，亦中後世道學之病。吾儕習宋學者，可不為誡。今世之人，復有參死句者，固不足論。又有自號參活句者，吾又恐其穿鑿過甚，唐突古人。今世之人，復有爲彌縫者，固不足論。又有自號創闢者，吾又恐其恣肆過甚，古法陵夷。嗚呼。中道之失其久矣。中庸之德，民鮮能久矣。

徵聖録卷九　理　學　類

二程遺書劄記

性　道

　　宋五子書愚最喜二程，以爲玩味不盡。略摭感聞，惟以怡神爾。二程遺書卷一程伯淳先生有云"道即性也。若道外尋性，性外尋道，便不是。聖賢論天德，蓋謂自家元是天然完全自足之物，若無所污壞，即當直而行之。若小有污壞，即敬以治之，使復如舊。所以能使如舊者，蓋爲自家本質元是完足之物。禪學者總是强生事，至如山河大地之說，是他山河大地，又干你何事。至如孔子，道如日星之明，猶患門人未能盡曉，故曰予欲無言。如顏子，則便默識，其他未免疑問，故曰小子何述。又曰，天何言哉。四時行焉，萬物生焉。可謂明白矣。若能於此言看得破，便信是會禪，也非是未尋得，蓋實是無去處說，此理本無二故也"。道之爲訓，老子曰沖而用之或不盈，淵兮似萬物之宗。無名天地之始，有名萬物之母。常無欲以觀其妙，有欲以觀其徼。實爲先民古義。以無欲處之，惟篤行蹈履耳，天何言哉，予欲無言，仲尼得之，與老聃不異。伯淳彊訓曰，道即性也。性即天德。則知其非能無欲也。古人無欲而行之以實，宋人有欲而行之以虛。此古今之異也。杭辛齋學易筆談初集卷四有云"率性之謂道，非性之謂道也。道本於天，性亦受於天，人能不失天賦之性，即能合於天之道也"。其義甚爲堅實。而自家本質元是完足之說，先儒所未道，其出釋典禪經無疑。魏晉以降，釋教即爲吾夏廣大教化主。義理之學，森廣明約。宗門興起，言簡而行篤，有類於孔老古義，於道有闇合者。天縱二程夫子，轉以善用其說，返諸儒術，誠所謂反者道之動也。（宋人雖虛而實實，而明人雖實而實虛。宋人立言虛靈，而經術踏行，主于實用，士風篤健。明人以約禮風節爲本色，而多易入虛昧之辯，經術實用，轉以不篤，士風激邁。此又古今之異也。）其詆禪學者強生事，實詆其膚末淺偷之徒，不識本體，而執著名相。是以伯淳言若能于孔顏言語上看破，便信是會禪，也非是未尋得。蓋此理本無二故也。可知伯淳以理爲一，無分爲二，儒釋二教，亦能契會。道學以一理字籠罩天地，開無數法門，亦種下無窮流弊。古之能者，取其精粹英華，學以致用，行于萬世。而薄者亦爲其虛靈之理所誤，專事乎玄辯虛昧之譚，未得脫落習氣，其之與釋教執著名相之末流，又無以異。儒釋盛則同盛，衰則同衰，轉相依恃，血脈一貫，於此或亦可覘也。愚謂天下之事當求其同，不執其異。惟求其同，可以悟道術之爲一，執其異，則不免一葉障目，不識大體。達者以異而爲同，以同而爲異，則又非爲初地者道也。圭峰宗密禪源諸詮集都序上有曰"至道歸一，精義無二，不應兩存。至道非邊，了義不偏，不應單取。故必須會之爲一，令皆圓妙"。其所謂會之爲一者，即愚之言當求其同，不執其異者也。圭峰之言，愚無間然。若理學者，當求其與孔孟之同，不必執其化用佛理之異。當求其與佛理之同，亦不必以其異於孔孟正統而爲訾議。天下之理爲一而無二故。正蒙有曰，性者，萬物之一源，非有我之得私也。即其義也。（金李純甫作程伊川異端害教論辨，駁其排佛之說，甚有可觀。見全遼金文。吾引爲同調焉。其有云"吾讀周易知異端之不足怪，讀莊子知異端之皆可喜，讀維摩經知其非異端也，讀華嚴經始知無異端也。"殊爲妙達，非吾所及也。）

立　誠

遺書卷一有曰"道之浩浩，何處下手。惟立誠才有可居之處，

有可居之處則可以修業也"。道體本在妙悟,下手即錯。莫見乎
隱,莫顯乎微,道實不必以浩浩爲辭。是以此道非道,愚以道路釋
之。孔子以博文約禮爲下手,而理學以立誠為宗風,博文約禮,行
之也明,立誠深奧,惟天資捷者易會。自誠明,謂之性。自明誠,謂
之教。宋明儒多志在高蹈,直探驪珠,以誠爲性體,以天德爲元善。
其直捷惟利根者得之。類乎頓門。孔子以自明誠爲教化,類乎漸
教。然豈其然哉。五燈會元六祖答荷澤有曰"聽法頓中漸,悟法漸
中頓。修行頓中漸,證果漸中頓。頓漸是常因,悟中不迷悶"。孔
學實以頓漸為常因,了無執滯,隨機教化,莫非中諦,以實為法,文
質渾然。宋明儒或不免有所偏執,轉爲頓漸所迷。陽明言知之真
切篤實處即是行,行之明覺精察處即是知,即欲破其迷者也。故愚
謂宋儒中教有古法者,有胡安定司馬溫公,篤健從明處著力,猶近
正統。而道學倡立誠,爲禪理所激,反爲別異。五子中橫渠正蒙最
得頓漸之法,其尤重禮教,篤切之風,有以爲船山大儒推為正脈。
而有宋之世,不以理學爲純正者亦夥,非盡誣妄也。後世之有顏
李,亦數百年前道學立教所必致,是非曲直,意氣之諍,則不必矣。
(馬湛翁先生爾雅臺答問於習齋猶持諍論甚嚴。)近覽陳援菴先生清初僧
諍記,乃知方外宗門之意氣攻鬭,又與明季士人無異,慨然久之。
學術當從平正通達處著力,嚴守密藏,方能養大,各派源流自見,若
止水之鑒然,善用其善,善惡其惡,慎用其諍,則庶幾中道也。愚習
道學十餘年,諍說充目,而今有省,自謂不爲無獲。天下之道爲一,
自適其適,則呵佛罵祖,棄論道學,亦何礙乎我哉。真如喆有頌云,
大冶洪爐,烹佛烹祖,規模熔盡,識者罔措。(見指月錄卷八。)真善譬
也。非我能及。

天 生

遺書卷一有曰"天地生一世人,自足了一世事。但恨人不能盡
用天下之才,此其不能大治"。又曰"天地生物,各無不足之理。常

思天下君臣父子兄弟夫婦有多少不盡分處"。真有道之言也。天生蒸民,有物有則。程子之說,實爲古義。雅頌禮記,皆作此等氣象。詩文王有曰,周雖舊邦,其命維新。維新之命,緣有天地生物,各無不足。濟濟多士,亦足以寧。又曰上天之載,無聲無臭。儀刑文王,萬邦作孚。惟此無聲臭象形之天,化渥如一,時運雖有變易,其爲天德,則當不移。是以世代嬗替,精魄自完。惟教化既衰,人愈卑瑣澆漓,非可責於天也。旱麓有曰,鳶飛戾天,魚躍于淵。豈弟君子,遐不作人。天地有鳶魚之趣,罔有窮極,人之神氣,豈能有異。有此正體,何患不治。韓詩外傳卷一有曰"入則撞蕤賓,而左五鐘皆應之,以治容貌。容貌得則顏色齊,顏色齊則肌膚安。蕤賓有聲,鵠震馬鳴,及保介之蟲,無不延頸以聽。在内者皆玉色,在外者皆金聲"。正體本天稟,聽鐘呂而安定,萬類皆應,為天地之法相,萬世不竭之所由。曩游西溪,嘗語諸生曰,萬物正體,扶舒滋茂,汝等須堂正氣貌,不愧爲人,方能不愧於萬物正體之前。亦此意也。既醉有曰,威儀孔時,君子有孝子。孝子不匱,永錫爾類。其類維何,室家之壼。君子萬年,永錫祚胤。此所謂君臣父子兄弟夫婦盡分處也。道教釋宗之人,以一身解脫爲先,作辟世遁藏之計。儒家則以君臣父子兄弟夫婦爲先,尤能中正。非大丈夫何以擔當哉。國史治世少而亂世多,儒家之責尤重。然治世任之,順帝之則,亂世則必有道釋二教濟之,以補儒家之緩,舊邦新命,三家是賴也。三家天地所生,錫予我類,自足了一世事也。程子之言,豈非古義哉。陳援菴南宋初河北新道教考有言,全真、大道、太一三教教祖皆生于北宋,而創教于宋南渡後,義不仕金,系之以宋,從其志也。遭亂世儒門收拾不住,遂爲道家扳去。能以寬柔之教,用夏變夷。淪左衽者,遠而必復,皆先民心力艱苦培植而成。真卓識也。道教之用,不亦神乎。杭辛齋言天地之數,至三而備,是有三教之數,備乎吾人。不亦奇乎。

草木心靈

遺書卷一有曰"天地之間，非獨人爲至靈，自家心便是草木鳥獸之心也，但人受天地之中以生爾"。程子以草木鳥獸之心爲至靈，真有道之言。古之聖人，通徹物類之情，鼓腹遨游，于物不越樽俎，其所知者，即萬物之有靈，非人獨專。和光同塵，所以爲善也。春秋季世，此義寖晦。甚者以獨斷爲解，排詆古義，如王充論衡，膽力太過，辨析專刻，有失樸淳。後世襲之，代有其人。程子獨標古義，出語清新，自求多福，微斯人而誰與歸也。明初龍泉葉子奇先生著草木子，其書以草木爲名號，窮究天體地氣，物化玄幽，雜制談藪，原道克謹之學，惇惇爲正道，言簡而精，體大而細，爲同時宋劉諸儒及後世人所不能作。觀其書以草木爲號，豈非草木萬物，亦有心靈之謂耶。自序所謂與草木同腐，或非本意。觀葉子之學，宋元遺風猶在。康節溫公九峰之數學，皆苞括物數。至明儒獨惟約禮蹈踐是尚，此風泯然。惟明季學術大變，古風潛動。黃石齋深研易數。方密之著通雅，或有此意。藥地天才絕俗，行事亦循古義，逃禪後學識愈精，通徹幽明，甚者施于繪事，亦古奧深密，真天人也。

自 得

遺書卷一有曰"後漢人之名節成於風俗，未必自得也。然一變可以至道"。此語甚可翫。東漢黨錮諸君子，嶽峙淵渟，自有風氣磨礪者，然非自得之，豈自他得之哉。吉藏三論玄義卷上駁外道無因有果說有云"夫論自者，謂非他爲義。必是因他，則非自矣"。觀程子之言，似類乎無因有果之式。既未自得，又如何至道。此語之未中理也明。吉藏又曰"復有外道，窮推萬物，無所有籍，故謂無因。而現覩諸法，當知有果。例如莊周魍魎問影，影由形有，形因造化，造化則無所由。本既自有，即末不因他，是故無因而有果"。

万松行秀評唱天童覺和尚頌古從容庵錄釋綿綿化母理機梭有曰
"化母化工造物之別號。儒道二教,宗於一氣。佛家者流,本乎一
心。圭峰道,元氣亦由心之所造,皆阿賴耶識相分所攝。萬松道,
此曹洞正宗,祖佛命脈。機紐銜於樞口,轉處幽微。棉絲吐於梭
腸,用時綿密。何得與邪因、無因同日而語哉"。然程子亦何以至
此。其學實為有因有果之學。觀其根柢固在六經,其妙理則源出
於釋教,而繹之以周孔之經術學問禮樂制度,遂轉賓爲主,化虛爲
實,是爲有果。而自得二字,繫于天德,類乎有因,尤爲程子所重,
於道學關切甚巨,是以屢爲言之。程子之言自得,猶禪家之讚化母
一路,非等閒之義也。夫持敬慎獨之誠,德性問學之教,皆須己發
憤著力。古之學者爲己,今之學者爲人。東漢人爲己之學,風俗成
則人格成。宋明人爲人之學,賢者非倡自得則無以成。風俗無可
恃,惟自得耳。程子之深心,觀此或可知也。(有因有果之說,故屬實
諦,然徐偉長中論有云"言費則身賤,身賤則道輕,道輕則教廢"。說有因有
果,若強演說,不如無因,爲大菩提。維摩詰經觀衆生品有曰,行自然慈,無因
得故。羅什註曰,無因即自然,自然即無師義也。理學諸儒,有此無因、自然、
無師之妙,亦不必強究其根源也。)

無所著力

　　遺書卷一有曰"興於詩,立於禮。自然見有著力處。至成於
樂,自然見無所用力"。使孔聖覩此,或復有啓予之嘆。儒門舞雩
無言之精義,廣博易良之樂教,程子隻語出而立見。宗門大珠慧海
禪師講無心可用,無道可修。自然無所用力。夫子聞韶三月忘肉
味,豈有著力者哉。自著力至無所用力,由卑而高,道學甚穩,自無
懸空之患。此中正之道也。無善無惡心之體,有善有惡意之動,知
善知惡是良知,爲善去惡是格物。自高而卑,所以陽明四句教爲險
峭。學者格物著力處尚未得,如何玩心體無所用力處。利根之外,
鮮能逮也。愚是以知宋儒猶可學,古法略具,明儒若陽明者,無法

之法，惟明捷者能之，不可爲常法也。王門後學，有以敗之。於法而論，程朱近中道，陸王爲特別，特別者未必不如近中道者，惟待乎其人而已。程朱近中道，然亦非中道也。

董　楊

遺書卷一有曰"漢儒如毛萇、董仲舒，最得聖賢之意，然見道不甚分明。下此，即至楊雄，規模窄狹。道即性也。言性已錯，更何所得"。愚謂二程常如臨濟禪，踞地獅子，金剛寶劍，威雄蹲踞，截斷葛藤，又如香象渡河，無有當者。其言大機大用，然不可據爲典要。如責毛董見道不分明，楊雄窄狹謬誤之說即是。毛公如何，愚無敢論。董子爲兩漢醇儒之弁冕，春秋繁露，精嚴湛明，爲孔門血嗣，如何不分明。天人對策、五行之說，多有古義，開史傳五行志之脈，于政教關涉甚鉅，非爲累也。漢儒高古篤厚，又豈宋人所能想見。楊子雲爲廣大教化主。古人詆其仕於王莽，節氣有虧。清儒錢辛楣嘗辨之。觀其春秋論，可以得恕道矣。章太炎訄書亦有相似之論（可參本書卷十三學變一篇。）。子雲學術功德之巨，漢儒中第一等人也。太玄開大易數學一路，宋人司馬君實蔡九峰大之。法言精微雅訓，魏晉後儒家子部書中，何人能及。（柳子厚答韋珩書謂揚雄文遣言措意，頗短局滯澀。後山詩話謂其思苦詞艱，惟好奇故不能奇。陳駿文則譏法言擬論語猶畫虎類狗。錢默存談藝錄四八謂法言口吻矯揉，全失孔子渾渾若川之度。此等皆文家刻薄偏主之誚，非論道之正法眼藏。平心而論，柳州之滯澀，後山之詞艱，其病猶在子雲之上，君子躬自厚而薄責於人可也。錢氏至謂法言橅放論語，非子雲心裁意匠之所自出，自悖乎心畫心聲之旨，實厚誣先賢，大繆不然。劉鑑泉學略有云"揚雄法言，語多粹美，特仿論語過誇耳。若艱深文淺陋之譏，則過毀也。其純尚過賈、陸，與荀子並稱，差一間耳"。方是確論。要以中正通達論之，錢默存不及劉鑑泉遠甚也。）小學方言又為清儒開無數法門。章太炎作新方言，焉非子雲遺澤。辭賦以文衍道，光曜百代。其規模閎廓，投閣之難，豈能盡揜其德業之深閎。性善性惡之說，尤非定讞。（智者大師觀音玄義立性惡之說，不失爲大宗師。其論深徹獨到，殊有令俗士驚怖處，誠所謂不笑不足以爲道也。儒家荀子倡性惡，揚子言性混善惡，豈非有湛思深察者。智者言性德善惡不斷，自有釋教玄理在。揚子言性混善惡，亦不欲孟荀分剖爲二。修其善則為善人，修其惡則為惡人。揚子所言甚是。智者言佛行於非道，通達佛道，不斷性惡，化度眾生，義諦高嚴。明人倡人欲即天理，亦有由是出者。淮南子繆稱訓云"物莫所不用。天雄烏喙，藥之凶毒也，良醫以活人"。竊謂性惡說亦可爲聖人所用，其性之凶毒，聖人以治人也。後覽唐皇甫持正文集卷二孟荀言性論，與愚意甚合。其有云"孟子荀卿之言，其於聖人皆一偏之說也。窮理盡性，唯聖人能之。宜乎微言絕而異端作，大義乖而一偏之說行"。孟荀性善性惡之判，皆非聖人之中道，本不必相薄。又云"即二子之說，原其始而要其終，其於輔教化尊仁義，亦殊趨而一致，異派而同源也。"所言甚是。智者言性德善惡不斷，其於化度眾生則一也。然皇甫湜亦云，"軻之言合經為多，益故為尤乎。"說性善固較說性惡為平正，自古以來，賢哲多喜說性善，其理甚明。雖然，性惡說不可薄也。錢辛楣潛研堂文集卷二十七跋荀子辨荀子云"人之性惡，其善者偽也"偽字之義，乃與為通。有云，"後之言性者，分義理之性與氣質之性而二之，而戒學者以變化氣質為先，蓋已兼取孟、荀二義，而所云變化氣質者，實暗用荀子化性之說，是又不可不知也"。乃發前人所未發者，殊有理致。世之輕荀子者，不可不思之也。）程子持一家之說，自難服眾。然此非程子之檮昧也。蓋程子學臨濟作大噸呻，以迅電驚雷，直搗習氣，懲忿窒欲，開闢山堂。所患於今人者，曰拘腐，曰駁雜，曰卑俗，曰文藻，故斥董楊之失，可謂不惜眉毛。程子之輕視古人，或當有此深心在。禪家所謂空視一切，或有近之。然此風既開，尊古之習愈薄矣。天水一朝，學術文辭書法，古法墮降尤巨，肇由所自，此亦其一端也。今又有新說。吉藏三論玄義卷下辨般若道方便道有云"又眾生起見，凡有二種，一者有見，二者無見。般若破其有見，方便斥其無見。故前明般若，後辨方便。若明次第者，三藏多說有教，以破外道，而封執三藏之有，故般若次說空，或者著般若之空，故次說方便令其離空"。竊謂六經如三藏，多說有教。漢儒如般若道，崇正去異，獨尊儒術，有若釋教龍樹空宗之昭，萬端清廓。宋理學諸儒如方便道，破漢儒之封執正道，而顯日常之真有。又承隋唐釋教盛極之變，而斥其未見義學蹈空之弊，是以獨親于禪。以此而論，則二程之譏董楊，亦理之所趨也歟。

人 物

遺書卷一有曰"堯夫嘗言，能物物，則我爲物之人也。不能物物，則我爲物之物也。亦不消如此。人自人，物自物，道理甚分明"。程子之英邁果決，大類如是。（明道嘗言仁者，渾然與物同體。此語或爲伊川言。）然邵堯夫之言，猶存古義，物之不物于物，物人之間尚渾涵一體。故漢唐人立節行事，多以渾成，爲後人所不能及。學術亦以經史諸子，籠罩一切，不鶩虛譚。而程子所謂人物道理分明，實爲新義，開闢風氣，遂令後學於道學自尊太過，未免峭刻。宋元學案六十九朱子門人劉靜春不滿其師中庸章句之說有曰，人受天地之中以生，故謂之性，而貴於物焉。人之性，豈物之所得而儗哉。古先聖賢，人物之分，亦自昭昭。其說甚可玩味。蓋亦伊川人物道理分明說之遺緒也。亦可知朱子渾成處，有濂關明道之脉，非可徒以伊川法嗣目之，以此而微異於伊川。（吾鄉何炳松先生浙東學術溯源言伊川元晦爲二，亦自有據。）北宋五子中，周濂溪、邵康節猶多古義，如太極圖說通書，渾成有漢儒遺轍，康節數學，本有道教淵源，爲人風神，亦魏晉人物。次則張橫渠程明道，再則伊川。橫渠重禮制，尚實行，正蒙之書，醇深高嚴，西銘之篇，尤茲藐混然，體受歸全，純然漢儒氣象。惟過崇玄解，已不類周邵矜慎老成。二程中伯子高古寬厚，又在叔子之上。惟時人尚新，伊川一路，遂成大宗。故程朱陸王諸派，多雄傑英邁剛大充養之氣，有所建樹，然不免廉悍峻急，微乖公道。是以北宋之學，濂洛關外，不得不致意于安定涑水蜀學，不如此則有失褊促。南渡以降，朱陸之外，不得不致意東萊水心金華永嘉諸大師，不如此則古義愈漓。伯子屢與荊公言天下公理無彼我，非一家之私言。然踐之實地，亦何其難也。

五 宗

僧問天隱修禪師，如何是臨濟宗。師曰，雷怒掩耳。如何是潙仰宗。師曰，光含秋月。如何是曹洞宗。師曰，萬派朝宗。如何是雲門宗。師曰，乾坤坐斷。如何是法眼宗。師曰，千山獨露。（見楊仁山佛教宗派萬氏詳注。）愚意二程橫渠若臨濟，剛奮明徹，威猛力大。朱晦翁若曹洞，博大尊貴，功夫綿密。陸象山若雲門，挺峭泯絕，格外玄機。周濂溪邵堯夫若潙仰，凡聖情盡，體露真常。潙仰家風之善用畫畫圓相，猶濂溪之圖堯夫之數。王陽明若法眼，靈光獨曜，真猷合爾。法眼為五宗最晚者，文益作宗門十規論，誠箴時弊。王學為諸派最晚者，亦因針砭習氣而起。是以雷怒掩耳，可以譬程張之崛興。（二程為天授，不師濂溪，言茂叔窮禪客，亦有由也。）萬派朝宗，可以譬朱子之大成。（其綱維攸攝，為百世法，宜其焄蒿無絕。）乾坤坐斷，可以譬象山之斬截。光含秋月，可以譬周邵之高格。千山獨露，可以譬陽明之別才。天隱之言，豈辭達而已哉。

音義氣數

二程遺書卷一有曰"凡物之名字，自與音義氣理相通。蓋出自然之理，音聲發于其氣，遂有此名此字，故今之聽聲之精者便知人性，善卜者知人姓名，理由此也"。義理精妙，迺與清儒治經依聲求義之法闇契。陳蘭甫東塾讀書記卷十一小學亦嘗引程子此語論其理之微妙。天地之間，氣理音義名字，一貫而已，使此理能明，則知醫卜堪輿氣道經咒，莫非妙理，可與中正之道相為羽翼。清儒拘囿，惟以之求音韵訓詁，而自居為發明，傲視古人，過矣。樂記有曰"凡音者，生於人心者也。樂者，通倫理者也。是故知聲而不知音者，禽獸是也。知音而不知樂者，眾庶是也。唯君子為能知樂。是故審聲以知音，審音以知樂，審樂以知政，而治道備矣。是故不知聲者，不可與言音，不知音者，不可與言樂，知樂則幾於禮矣。禮樂皆得謂之有德。德者，得也"。考程子之精意，蓋祖乎此。杭辛齋學易筆談二集卷三五音六律一則有曰"陰陽之氣，沖激動蕩，發爲聲音，氣不可見，而以音表之，則觸耳而能辨其清濁，以耳代目，氣之不可見者，亦不啻予人以可見矣"。又曰"音出于律，律出于數，數出于陰陽之自然，聲之不具陰陽者，不能成音"。辛齋精於易數，所見愈精密。其易數偶得言聲律生應出于圓方，琴徽距離之度，則專門之學矣。氣理音義名字，程氏專研理義，何如揚子雲能兼之哉。

天心物理歲運

遺書卷二上有曰"一人之心即天地之心，一物之理即萬物之理，一日之運即一歲之運"。此理學家妙悟之語，如有天授。然心理運又如何，程子則未言，實非其所長。邵康節蔡元定九峯父子善之。其風明初葉子奇著草木子猶存焉。明季黃石齋復有新解。近世有成者爲杭辛齋、尚滋溪、潘雨廷諸先生。其以西學之助，物理之識見愈精於前人也。有志者自當延脉此學，萬世不墜。程子言邵堯夫於物理上盡說得，亦大段漏泄佗天機。辛齋雨廷諸先生之漏泄，豈不爲庶衆子孫福耶。卜者以利欲而漏泄，宜其損也。

窮理至命

遺書卷二明道先生有曰"窮理盡性以至於命。三事一時并了，元無次序，不可將窮理作知之事。若實窮得理，即性命亦可了"。精粹之至。與禪語所謂一了則百了者闇合。明道見學者易分格物致知與誠意正心爲二事，判尊德性與道問學爲兩端，執著不化，發此訓誡，以爲木鐸。近儒張舜徽愛晚廬隨筆卷四有云"戰國以後儒學分爲二途，夫子言博文約禮，後之學孔子者，僅各得其一偏，蓋自孟軻荀況始也。戰國以來，衍孟子學說而前進者，以維護道統自任，流為義理之學。治荀子學說而前進者，以傳授經學自任，流為考證之學。大有能分不能復合之勢。其大較然也"。其說雖略，亦非無得。明道蓋志欲合之而力未足者也。後世大儒顧亭林言經學即理學，亦志欲合之而力未足者也。明道之後，朱陸陳葉諸儒，愈顯分離。亭林之後，戴段乾嘉諸儒，愈事偏門。朱子之時，呂東萊欲合經史理學為一，而後世不彰。東原之時，錢辛楣亦不分德性問學為二，亦無影響。此後學不可不知者也。遺書卷二程子有曰"所務於窮理者，非道須盡窮了天下萬物之理，又不道是窮得一理便到，只是要積累多後，自然見去"。亦有道之言。惜後學難悟，强事辯諍。朱子晚年，能悟前非，自勉甚厚，亹亹不倦，此遽伯玉日新之德也。而陽明作晚年定論，李穆堂作全論，以為定讞。然不知象山陽明晚年有此日新否。

善惡中道

遺書卷二上有曰"事有善有惡，皆天理也。天理中物，須有美惡，蓋物之不齊，物之情也。但當察之，不可自入於惡，流於一物"。粹言也。然不可自入於惡，未必皆入於善。以孟子之性善養氣，猶不失英邁有過之失。（遺書卷九程子言，孟子常自尊其道而人不尊，孔子益自卑而人益尊之，聖賢固有間矣。程子知則知矣，行則終不脫孟子英氣。）黨錮、東林諸儒之峻峭，有以遭納忌禍。程子自謂新政之改，亦是吾黨爭之有太過，成就今日之事。塗炭天下，亦須兩分其罪可也。蓋執著於善者未必能得中道，是以道德經言天下皆知善之為善，斯不善已。聖人處無為之事，行不言之教。亦自託中道也。愚意道經未必為中道，然亦近道。宋儒剛峻，反多不如。宋儒中求中道者明道、東萊，是為可貴。吾儕不如平心靜氣，思夫今世平正通達之道何在也。

詩書豈爲藥方

遺書卷二上有曰"詩書爲藥方，春秋如用藥治疾，聖人之用全在此書，所謂不如載之行事深切著明者也"。其以詩書爲體，春秋爲用，固佳。然以詩書爲藥方，竊終未以爲然。尚書爲上古之書，典謨誥命，元氣純樸。詩雅頌之什，光明煊赫，正大渾噩。其皆聖世之精魄凝聚以成。是以謂詩書爲藥方，似未無漏。若謂春秋爲藥方則無礙。蓋夫子之世誠病矣。程子視詩書爲藥方，則視施用如何爲經權，其讀詩書自不必以尊古法為定式。是以朱子作詩集傳，夷去毛序，膽力過人，略失深刻，不得不謂善承程氏衣鉢者也。東萊呂氏家塾讀詩記平正通達，蓋非以之爲藥方者也。後世朱子詩傳大盛而呂氏書晦沒，是以數百年中用藥過甚，反傷元脉。孰謂醫理非聖道耶。大慧宗杲亦有曰"衆生狂亂是病，佛以寂靜波羅蜜之藥治之。然病去藥存，其病愈甚。拈一放一，何時是了"。（見大正藏大慧普覺禪師書卷第二十七答劉通判彥沖。）春秋以下，至於宋學，謂之藥石可也。詩書大正之經，豈爲藥方哉。而所謂藥方者，亦不可濫施也。病去藥存，其病愈甚。信乎大慧之言也。學術之機，莫如去多餘之藥，回復平正也。

學 孟

遺書卷二上明道有曰"孟子才高，學之無可依據。學者當學顏子入聖人爲近，有用力處"。惜宋儒學孟多，師顏寡。伊川晦翁象山皆學子輿氏，王荆公蘇穎遺陳龍川亦皆學子輿氏。而真學顏者則鮮矣。明道蓋嘗致力於此而未大成，其法又爲其弟教學所混淆。而其之先覺，或已卜後學之將有斯病。悲乎。

清虛濁實

遺書卷二上有曰"立清虛一大爲萬物之源,恐未安,須兼清濁虛實乃可言神,道體物不遺,不應有方所"。蓋對張子正蒙太虛之說而發。張子曰,太虛無形,氣之本體。鬼神者,二氣之良能也。道德經惟恍惟惚,窈冥莫識,而强爲之容者,張子明徹而言之若無疑竇,豈不爲疑。中庸言莫見乎隱,莫顯乎微。鬼神隱微而若見顯者,亦非無可見顯之氣者能詮也。道德經曰,孰能濁以靜之徐清,孰能安以久動之徐生。清虛實至濁實而來,太和亦本運動一體,神明之德,萬物之情,默而成之,不言而信,無方無體,繫辭且謂不可爲典要,是以愚以程子言爲得之。禪家言語之多濁實傖俗之類,自有由也。其手段之毒辣高明處,又非儒門正論所能想見。然吉藏三論玄義卷上辨内外學之優劣有云"外未即萬有而為太虛,内說不壞假名而演實相"。言外學不知萬有即空。張子言太虛無形,氣之本體,正不甘守于外學,將容内外而爲一。使吾言不誣,則張子闢佛雖峻,實亦潛用其妙理,以補舊說之漏也。如此則精思密構,其深心又非二程先生所能測度也。太虛云云,亦其假名耶。蓋言道體本源者極難,往往下手即錯。二程亦少敢措意。而張子湛思密繹,自成一家。程子謂西銘醇然,自孟子後,蓋未見此書。愚則謂正蒙之書,後不復有,其天才雄傑,亦偉矣。神而明之,存乎其人。雖其說猶有未安者,其神明亦大矣。愚治儒學自船山張子正蒙注入門,先賢恩渥,時雨溥及,有感斯德,附以志之。

尺度權衡

遺書卷二上有曰"斟酌去取古今,恐未易言,須尺度權衡在胸中無疑,乃可處之無差"。清儒睹此,恐必譏之曰,尺度權衡尚未考據,騁意任氣,如何斟酌裁量。欲明尺度,必爲小學訓詁也無疑。

樸學之說，愚未敢以爲是，而程子斟酌古今之言，愚謂亦未必然。蓋其尺度權衡自信太過，或失公道。王船山天縱之才，著讀通鑑論宋論，專評古今成敗，其間尺度權衡，中而能奇，經而能權，筆誅心讚，精絕博衍，尤爲不易。復堂日記卷三言"王氏持論以仁心爲宗旨，而重有見于天位天祿之分，不以古治爲悉可法，不以後王爲皆不聞道，封建郡縣之天下各有主治，寓兵於農之迂論不可復用。又言武功不可廢，文人多失行，皆與經訓表裏"。極是。復堂謂船山之論治理，如山有喬岳，水有靈海，奉以爲歸而推求之，畢世不能盡也。愚亦禮拜之。然開其先導者，爲司馬溫公通鑑評議語，荊公言涑水文類西漢者，即此也。觀其言語，正大明辨，絕有條理，程子所謂尺度權衡胸中無疑者，庶幾近之。理學家多持理太苛，其之素寡史才，非偶然也。朱子通鑑綱目亦非其特長。司馬光、歐陽修、范祖禹、鄭樵、袁樞、李燾、馬端臨以至萬斯同、馬驌等，皆非理學家。程子遺書卷二上有曰"今日卓然不爲禪學者，惟范景仁與君實爾，然其所執理，有出于禪學之下者"。不知所謂執理在禪學之上者，無能爲司馬氏之史學也。理學家之自信，蓋以其理高於禪學也。其理實自禪出耳。

以書傳道不盡

遺書卷二上有曰"以書傳道與口傳煞不相干。相見而言，因事發明，則幷意思一時傳了。書雖言多，其實不盡"。禪宗不立文字，只務對話，大用機鋒，其燈錄所載，大抵如是。至宋頌古、史傳諸體興，文字極富，宗門亦極盛而漸衰。古之儒者多主立言，文以載道，以著述爲不朽，未說到此。可知程子禪學淫浸之深，其迹不免偶露。二程著述少，語錄多，或以此。理學家以朱子著述最盛，語錄亦最多，不知其意思已盡否。然觀其答蔡季通書有言"欲以告人，而無可告者，又不免輒起著述之念，亦是閘中一大魔障，欲力去之而未能"。其之未以多著述爲宜，亦可知矣。

宋元學案六十九言晦翁門人方士繇嘗勸朱子少著書,以朱子教人讀集注爲未然。其憂深思遠類此。乃知朱門亦有此人物,所謂智過其師乃堪傳授者,亦有之矣。然口傳說話亦非無病。遺書卷十五伊川有曰"說書必非古意,轉使人薄。學者須是潛心積慮,優游涵養,使之自得。今一日說盡,只是教得薄。至如漢時說下帷講誦,猶未必說盡"。極是也。宗門之壞,恐亦燈錄說話之風轉使人薄使然。程子當禪門爛熟之際,于其流弊,必有所省。漢儒渾厚溫柔,少有廉悍之習,其說書如何,氣息當大體與周秦時相類,自非宋以後語錄所可摹擬也。

雜　博

遺書卷二上有曰"子厚則高才,其學更先從雜博中過來"。不惟橫渠,程邵朱陸呂葉陳王諸賢皆自雜博中來。一時理學龍象,類皆善自陶鑄,歸於簡約精微。其以醇粹自許者如吳康齋胡敬齋曹月川薛敬軒之儔,謹持守成,未足致遠。後世號爲正學不雜者,如張履祥陸隴其,其格局則愈隘也。近世儒宗馬湛翁亦兼綜諸教,崇尚文辭,博而能純。熊十力亦從唯識學漸登儒門堂奧。蓋天水一朝,承五季道術分裂之勢,綱紐既肇,三教漸有合流之趨,滋養人物無盡。加之吾夏固有諸子九流之學,靈用莫限。儒之有關、洛、蜀、閩、江右、婺州、永嘉,釋之有契嵩、智圓、宗杲、師範,道之有伯端、重陽、磻溪、德仁,皆時雨聖化,爲其所沾濡鍛造者也。是以周漢晉唐,學術歷歷分明,門庭迥別,宋明以降,則雜博綜合,若出一體。惟乾嘉學者,疾宋儒之雜亂,欲樹一純粹之矩矱,摧廓舊軌,而不知漢儒家法,實難篤守不易。宋儒之有乾嘉,不得謂非己學乖棄古法愈趨雜博所致。而清儒之學,自常州今文學振起,其學術又歸于雜博淆亂矣。國禍日炙,康梁章劉諸儒起,雜博之至,窮變日趨。宋人之雜博,若出一體。而清季之雜博,則分崩離析矣。

德　得

　　遺書卷二上有曰"德者得也，須是實到這里須得"。（卷十五伊川有曰"實理者，實見得見，實見得非。凡實理，得之於心自別。得之於心，是謂有德，不待勉強。然學者則須勉強"。意同。橫渠正蒙至當篇言"德者，得也。凡有性質而可有者也"。言愈約而義愈精。迺知張子文字功夫，勝於程子也。）德者得也，為禮記樂記語。說文解字段注釋德字曰"德訓登者。公羊傳，公曷為遠而觀魚，登來之也。何曰，登讀言得。得來之者，齊人語，齊人名求得為得來，作登來者，其言大而急，由口授也。今俗謂用力徙前曰德，古語也"。以此觀之，程子此語，非惟體認之精微，其訓詁之式，實亦古法。後人常非宋儒訓詁之多附會膚解，實未盡然。

養　生

　　遺書多有與養生之理契合者。卷二上有曰"今之學者，惟義理以養其心。若威儀辭讓以養其體，文章物采以養其目，聲音以養其耳，舞蹈以養其血脉，皆所未備"。養生者須兼以體骸運動之剛，樂舞聲色之柔，攝之以心，凝神而不亂。古之蹴鞠禽戲之義，略能得之。又曰"飲酒不可使醉，不及亂者，不獨不可亂志，只血氣亦不可使亂，但使浹洽而已可也"。血氣浹洽，則精爽不損，神明不耗，養生三昧，於茲存焉。卷二下有曰"人有壽考者，其氣血脉息自深，便有一般深根固蒂底道理"。程子推此理於學問，真妙諦也。卷三有曰"切脉最可體仁"。脉學精深，須平正篤實明審切察者方能，與學術為一理。卷五有曰"人心要常活，則周流無窮，而不滯於一隅"。心滯於物，必病。當少執著方可。神凝定而心常活，神不凝則心亦狗物流轉，非程子之謂心也。卷十一明道有曰"敬勝百邪"。持敬者湊理嚴密，風邪不入，心府湛明，陰邪莫主。敬之衛生，善莫大焉。卷十五伊川有曰"修養之所以引年，國祚之所以祈天永命，常人之至於聖賢，皆工夫到這裏，則有此應"。養生修身治國，其理一也。言極精粹。卷十八伊川有曰"人之有寤寐，猶天之有晝夜。陰陽動靜，開闔之理也。如寤寐，須順陰陽始得"。善寐者善生，即此意。卷二十五伊川有曰"心之躁者，不熱而煩，不寒而栗，無所惡而怒，無所悅而喜，無所取而起。君子莫大於正其氣，欲正其氣，莫若正其志"。醫家正本清源之理，亦莫過於此。卷十八伊川有曰"今人視父母疾，乃一任醫者之手，豈不害事。必須識醫藥之道理，別病是如何，藥當如何，故可任醫者也"。宋元儒者之湛明醫術，蓋亦仁德孝道使然也。

獨超物外

二程遺書中類禪話者甚夥。卷三有曰"以記誦博識爲玩物喪志"。此猶禪宗不尚經論藏教，直指頓悟也。周漢以來，儒者類以記誦博識爲法，最爲樸實。二程乘其流弊而非之，不免矯枉過正。隋唐以來，天台、華嚴、三論、慈恩諸宗皆學理森密，禪宗簡捷，後世流於虛誕，亦同。馬祖有言"經入藏，禪歸海，惟有普願獨超物外"。程子以記誦博識爲玩物，自當求其獨超物外者，豈非闇契。永嘉玄覺證道歌有曰"吾早年來積學問，亦曾討疏尋經論。分別名相不知休，入海算沙徒自困"。亦然。程子有此獨超物外之志，則於實學樸質者不免嚴苛。遺書卷四有曰"安定之門人往往知稽古愛民矣，則於政也何有"。其必以內聖爲政事之真性，視稽古愛民爲末枝，方有是說。過矣。政事為四科之一，實事以求是，經術制度分明，自不以德性言語文學如何為裁斷。程子必謂有是心而有是政，不免心計過密。不知天下事理，自有濁實真猷，非清虛之談所能了斷。洛學有道學義理如是，政事發明，却無多為，反成黨爭之勢，禍害無盡。亦可知爲政不易，未可遽斷其是非也。遺書之言，非確論也。卷六有曰"今之學者，歧而爲三，能文者謂之文士，談經者泥爲講師,惟知道者乃爲儒學"。此又與<u>馬祖</u>獨超物外之語相類。談經能文,儒之本色,<u>程子</u>鄙之,以聞道爲權衡,果然超拔萬世,樹德如滋。然後學習之,未必得力,數傳之後,轉執定法,非復眞意。<u>六祖</u>謂<u>南岳懷讓</u>,足下出一馬駒,踏殺天下人。<u>程子</u>蓋如<u>馬祖</u>,亦踏殺天下人也。

徵聖錄卷十　釋教類

此卷論釋教者，丙戌遊長安、華嶽歸來作。宋許道寧少業儒，後游太華，見其峰巒嶙峋，始有意於山水。愚自長安興善青龍諸伽藍、太華諸峰歸來，始有意於佛學。獨寐寤言，永矢弗諼，不忘此樂。

三教一致

愚素謂古之儒者多為政治綱維彝倫計而闢佛，而原其心樞，實多能知其亦為修身克己之正道。然天下正道有二乎。正道惟一也。荀子解蔽有曰，天下無二道，聖人無兩心。綱維彝倫之異固為別相之殊，無足以損益其道體。且儒家所闢者，小乘也，於大乘，則無違矣。故曰三教一致。魏晉以降，儒玄合流之風浸生，東晉南北朝，儒釋亦融，士流往往混合三教，風氣甚盛。晉孫綽云"周孔即佛，佛即周孔，蓋外內名之耳"。北周王褒云"吾始乎幼學，及于知命，即崇周孔之教，兼循老釋之談"。顏氏家訓儒書也，其歸心篇曰，內外兩教，本為一體。歸周孔而背釋宗，何其迷也。謝康樂答法勗問亦嘗言孔釋二教權實雖同，其用各異。唐賢如圭峯宗密、李通玄，會合內外，其論愈精。唐人李舟至謂"釋迦生中國，設教如周孔，周孔生西方，設教如釋迦"。（參管錐篇一六九、一八六則。）此義至宋而極盛。永明延壽有曰"三教雖殊,若法界收之,則無別原。若孔老二教百氏九流,總而言之,不離法界,其猶百川歸于大海"。(見宗鏡錄卷第三十三。)佛日契嵩有曰"古之有聖人焉,曰佛,曰老,曰儒。心則一,其跡則異"。又曰"方天下不可無儒,無百家者,不可無佛。虧一教則損天下之一善道,損一善道則天下之惡加多矣。夫教也者聖人之跡也,為之者聖人之心也。見其心則天下無有不是,循其跡則天下無有不非。是故賢者貴知夫聖人之心。文中子曰,觀皇極讜議,知佛教可以一矣。王氏殆見聖人之心也"。(見鐔津文集卷第二輔教編中。)中庸子孤山智圓有曰"夫三教者本同而末異,其於訓民治世豈不共為表裏哉"。(見卍新纂續藏經閑居編第二十二謝吳寺丞撰閑居編序書。)又曰"吾道其鼎乎,三教其足"。(見閑居編第三十四病夫傳。)無準師範有曰"三教聖人,同一舌頭,各開門戶,鞠其旨歸,則了無二致"。(見卍新纂續藏經無準和尚奏對語錄。)張平叔悟真篇自序有曰"釋氏以空寂為宗,若頓悟圓通,則直超彼岸。老氏以煉養為真,若得其要樞,則立躋聖位。其次周易有窮理盡性至命之辭,魯語有毋意必固我之說,此又仲尼極臻乎性命之奧也。至于莊子推窮累物逍遙之性,孟子善養浩然之气,皆切幾之。豈非教雖分三,道乃歸一。奈何後世黃緇之流,各自專門,互相非是,致使三家宗要,迷沒邪歧,不能混一而同歸矣"。王重陽有曰"儒門釋戶道相通,三教從來一祖風"。(見重陽全真集孫公問三教。)又曰"心中端正莫生邪,三教搜來作一家。義理顯時何有異,妙玄通後更無加"。(見重陽全真集示學道人。)丘處機磻溪集有曰"儒釋道源三教祖,由來千聖古今同"。宋元學案言杜純孝錫好易中庸,能釋其義,至浮屠老莊,皆深索奧妙,曰"與吾學同出也"。黃東發述涑水門人大儒劉元城獨因篤信之深,而佛氏之說,先入為主,至謂儒釋道神,其心皆一。并以其師溫公詆佛為非。晁景迂粹然儒者,晚年亦頗信佛說,日誦法華,自稱國安堂老法華,又稱天台教僧。呂希哲正儒也,晚年更從高僧游,盡究其道,斟酌淺深而融通之,曰"佛氏之道,與吾聖人脗合"。指月錄載劉經臣居士作明道諭儒篇,言儒佛語道之相同。右者皆宋元三教之語也，實可知三教一致之說備乎其時。愚弱冠時猶異撰乎私淑馬湛翁之入禪，而後能信服之。丙戌夏游長安興善、青龍、慈恩諸招提，華嶽玉泉、鎮嶽諸道觀，愈感其教之正潔邃密，生大歡悅。究其深根，蓋以其克己致聖之道之為同也。宗鏡錄有曰"三教所歸，皆云反己為上"。(見卷第六十二。)是也。近世杭辛齋學易筆談亦嘗言"儒與佛老之立教雖異，而道無不同。蓋天地之數，至三而備。天地萬物，舉莫能外。始終生死之道，不外乎此之者"。大德袁煥仙維摩精舍文集尤能演繹三教一致之理，其門人言其時孔則孔，宜禪曰禪，有時以佛入孔，以老入禪，有時以禪入老，以孔入佛，有時以孔入佛老，有時以佛老入孔，有時孔老佛俱入而俱不入，有時孔老佛俱不入而俱入。此真達者也。近世會通三教之聖者，愚以維摩精舍、蠲戲老人為勝。以馬先生之湛明圓融，固無論矣。今觀夫劉謐靜齋所作儒釋道平心論，尤為平允詳明，堪稱三教論之龜鑒。圭峰宗密禪源諸詮集上有曰"至道歸一，精義無二，不應兩存。至道非邊，了義不偏，不應單取。故必須會之為一，令皆圓妙"。三教亦當如是觀。而圭峰倡教禪一致之說，實為宋人三教說之導源。(今儒日本荒木見悟氏著書于此義發明極深。)前人理徹如是，小子惟默宗爾。然謝上蔡有曰"釋與吾儒，有非同非不同處。蓋理之精微處，纔有私意，便支離了"。上蔡之意如何且不論，愚謂學者袪此私意，自通大道合如是也。執於門戶者，恐多此私意未盡。王龍溪集三教堂記有云"人受天地之中以生，均有恆性，初未嘗以某為儒，某為老，某為佛，而分授之也。學老佛者，苟能以復性為宗，不淪於幻妄，是即道釋之儒也。為吾儒者，自私用智，不能普物而明宗，則亦儒之異端而已"。實為通恕之論。又有世之雄偉者專樹獨意以達大公，於佛老雖於跡則闢之，而其道體則為正大，其真力反遠勝乎世之講圓通者，德澤亦陵越乎其上，是所謂正言若反者。張橫渠、王船山諸儒即此類君子也。固不可以形跡而黜之。然古尊宿有言，萬法歸一，一歸何處。小子驀地有省，乃知三教一致說，一無是處。晦堂祖心有曰"將心用心，轉見病深。苟能明達，心外無法，法外無心。心法既無，更欲令誰頓盡邪"。(見卍新纂續藏經石門洪覺範林間錄上。)明季儒者倡三教一致之說，恐多涉此轉病見深者。蓮池大師竹窗隨筆即嘗諷其翻成戲論。明達者當不為是說面也。苟能明達，適而已矣，何多言哉。一而可矣，何必三也。三而可矣，何必一也。故曰一無是處。偉哉大珠慧海之言。問，儒、釋、道三教同異如何。師曰"大量者用之即同，小機者執之即異。總從一性上起用，機見差別成三。迷悟由人，不在教之同異也"。(反而觀之，宋世三教一致之說興，實亦道術分裂之徵兆。錢牧齋絳雲樓題跋沈石天洞書有云"孔自孔，老莊自老莊，禪自禪，乘流示現，面目迴別。宋儒林鬳齋，影掠禪宗，註莊子河伯海若，謂與傳燈錄忠國師無情說法，無心成佛同看。卻又不敢不依傍程朱，移頭換面，三家門庭，從此無風起浪，葛藤不斷。莊生云，鑿混沌之竅，七日而混沌死。其鬳齋之謂與"。殊有見地。雖然，三教一致之說自當為後世法，不可非也。吾儕去其澆薄，受其渾成，自適順然，精進痡徼，固亦不必拘以定式。夫導引初學，步趨大道，不以門戶自面，則非一致之說孰能當之哉。)

禪關策進

末世懦怠拘昏，六度不行，自修興教之切者莫不以精進為急務。明季雲棲蓮池大師作禪關策進，其自序所謂居則置案，行則攜囊，一覽之，則心志激勵，神采煥發，勢自鞭逼前進者，即此也。今世元音上師問答集中亦每以禪定精進為鞭策，以為末法材具愈劣，非以密淨持咒，以用禪法，無足以濟度成就。此今世之禪關策進也。雲棲之書，愚得之長安臥龍寺。歸而閱之，朝夕即盡。其書諸祖法語節要簡明直捷，學者取而傚之，何患乎思惑之不斷除。然是書師子峯天如禪師亦有云"今不獲靈驗者有三種病。第一不遇真善知識指示。第二不能痛將生死大事為念，悠悠漾漾，不覺打在無事甲裏。第三於世間虛名浮利，照不破，放不下，妄緣惡習上，坐不斷，擺不脫。境風扇動處，不覺和身輥入業海中東飄西泊去"。患

莫甚於此三者。又非徒精進所能盡克之。蓋以藏教觀之，無布施
法施之弘心，則無足以超境風。無持戒忍辱之信行，則無足以去躁
競。無禪定之深密，則無足以證道階。無智慧之學解，則無足以遇
真善知識。蕅益寒笳集有云，若輕律者，定屬邪見，非宗匠也。非
惟如是，六度之行，渾然一體，豈可分別計量。雲棲之所謂精進者，
實兼六度而言之。非徒言之，雲棲憨山蕅益諸大師皆力行者也。
寒笳集有云「惟超羣拔俗，謙己虛心，忍苦捍勞，親近知識，觸處體
會，以教印心，廣大悠久，事理雙備，棲神淨域，履蹈典型，博通古
今，特達勇銳，深心無極，誓窮法海源底，乃真實男子出世丈夫」。
其願信之明，覩此即辨。明季釋門之博學尚教，有以澤及儒者，一
時傑士多歸飯之。桐城方以智，其典型也。明季釋門之堅確實行，
亦有以感乎時賢，儒士之逃禪者或以氣類相近而入之，非惟辟世
也。愚是以愈知諸大師德澤之大。雲棲策進之書，簡而實精，疏而
實密，於今世學者，當必有鍼俗去疾之功也。

名士之障

　　禪林僧寶傳卷第二十七有云，王荆公丁家艱，閱內典於蔣山，
與贊元覺海禪師游從如昆弟。贊元言荆公曰「公般若有障三，有近
道之質一，更一兩生來恐純熟。公受氣剛大，世緣深，以剛大氣，遭
深世緣，必以身任天下之重，懷經濟之志。用舍不能必，則心未平。
以未平之心，持經世之志，何時能一念萬年哉。又多怒。而學問尚
理，於道為所知愚。此其三也。特視名利如脫髮，甘澹泊如頭陀，
此為近道。且當以教乘滋茂之可也」。公再拜受教。指月錄亦載
之。以荆公之清苦簡淡，尚有此三障之譏，則尚綺言喜聲色之蘇子
瞻，當何如哉。竊僭擬之曰「子瞻般若有障三，有近道之質二。公
多嗜欲，尚綺語聲色，不免成習氣。世緣深，剛厲使氣，若子路行行
如者，心多不平。學問以文章自重，於道術不免博衍而未純。此其
三。特稟性忠正，惠洪石門文字禪謂蘇黃忠義之效，與天地相始

終。而其靈根圓明，悟心睿迅，如萬物鑑納，毫髮不亂，濂洛諸儒，亦非能過，其與西湖諸僧，沉瀣若無賓主，此近道之質二也"。王船山闢佛老者也，然愚觀其痛斥白、蘇之辭，實又與持佛說者相類。讀通鑑論卷二十五論制科取士有曰"此數子者，類皆酒肉以溺其志，嬉遊以蕩其情，服飾玩好書畫以喪其守。凡此，非得美官厚利，則不足以厭其所欲。而精魄既搖，廉恥遂泯，方且號於人以為清流之津逮，而輕薄淫泆之士樂依之，以標榜為名士。如此，而能自樹立以為君之心膂，國之楨幹，民之蔭藉者，萬不得一"。東坡固儒家深於釋緣者，然其蕩脫，固不必為賢者諱。（魏叔子日錄三編有云"劉向曰，民苦則不仁。蘇軾曰，士大夫宣力之暇，亦欲取樂。漢宣帝詔曰，郡國擅為苛禁，禁民嫁娶不得具酒食相賀召，廢鄉黨之禮，令民亡所樂。蓋佚樂者，凡人之情也，縱之則蕩，絕之則槁，皆不可久長之道。故為政者，民間風俗，非大害於義，大傷於財，且姑從其所欲，毋概以禮法相繩"。所言為政簡易之道，自是善法。然此為民生計，非言士大夫當自取樂也。君子非無所樂，惟得乎鐘鼓禮樂之道爾。子瞻真率，然其習氣，固已有近乎蕩者。此實非洛學所能同。而荊公之槁，老泉至作辨奸論以責之。一蕩一槁，故皆非久長之道。蜀學新學，終不及洛學遠大。濂洛大賢，皆不蕩不槁，得其中矣。）船山之論嚴峻廉棱，略失偏頗，乃為明代名士習氣而發，亦足以儆誡後人。宋元以降，士人受蘇氏薰染甚深，稗者多以文人而妄證聖教，託附以自解而已。身根著觸，耽染無窮，晝夜荒迷，不知止足，而善矯飾，附會正道，不易分辨。甚者沙門亦染此風，作光影塵俗樂事，是諸大師之所殷憂者。漁益寒笳集每言肝腸寸裂者即此也。世俗奉子瞻為廣大教化主，實蠱矣。（唐張為撰詩人主客圖尊白樂天為廣大教化主。故後儒必奉程朱為正統，而斥子瞻，雖非盡為公道，自有遠識。愚喜子瞻者也。然奚能以私意奪大道。）愚意船山儒說之正，於此又與佛道無異。夫得乎周孔之正者，必無悖乎釋教之正。夫未得乎周孔之正者，必有悖乎釋教之正。此愚所信者也。

釋教文字勝劣

法性本空，攝涵妙有，即用即体，莫非菩提。若法最勝者，有亦最妙。愚觀夫釋教文字，有在於是。文字言者，豈名相哉。大品般若經稱梵文四十二字母門為文字陀羅尼。以四十二字門配當菩薩修行之四十二階位。此梵文之菩提也。宗鏡錄三七言智者有六即之說，其名字即者，言或從知識，或從經卷，聞上所說一實菩提，于名字中通達解了。知一切法皆是佛法，是為名字即菩提，亦是名字止觀。漢文之菩提，此可推之。壇經有曰"一切經者，及諸文字，小大二乘，十二部經，皆因人置，因智惠性故，故然能建立。若無世人，一切萬法，本元不有，故知萬法，本因人興，一切經書，因人說有"。文字菩提，皆繫於人也。是論語所謂人能弘道，非道弘人者也。魏晉以降，一時龍象，俱為妙才。羅什門下，老則融、叡，少則生、肇，詞潤珠玉，神解騰懸，尤以僧肇為能。肇論之著，文辭法相，無讓嵇向。愚觀嚴氏三國六朝文所收釋氏文辭，精嚴典重，義理翰藻，渾若金玉，文質聖意，於茲為全。逮夫天台三論華嚴唯識創教諸師繼起，超悟體相，綜括萬法，傳教文字，皆精昭內耀，筆致縝密，其實則不以空言自诬，其虛則以演文字為般若。智者摩訶止觀卷一有云"須知文非文，達一切文，非文非不文，能於一文得一切解"。超悟如是，何患乎文不達意，執著筌罤哉。法華三大部為灌頂所錄，以岱嶽之質實，而有魯縞之柔密，豈非妙文。禪門既興，以不立文字為宗，然遺教語錄，靈運絕諦，每託興象，殊合詩道，嘆為觀止。其中奧賾，文士難究，非大無漏者，無逮其秘。乃知山林道場之中，有無盡寶藏。（九靈山人戴良重刊禪林僧寶傳序有云"然為佛氏之學者，固非即言語文字以為道，而亦非離言語文字以入道。觀夫從上西竺東震諸師，固有兼通三藏，力弘心宗者矣。若馬鳴、龍樹、永嘉、圭峯是也。學者苟不致力於斯，而徒以撥去言語文字為禪，冥心默照為妙，則先佛之微言、宗師之規範，或幾乎熄矣"。禪門尊宿自會斯理，不然，則何必流布燈錄語業若茲之盛哉。）是所謂法之最勝有亦最妙者也。釋氏文字之精光絕邁，實與儒文渾若一脈。五季以降，諸教寖衰，高華難具，俗士文章，亦轉以古文振奮切劌，而以質幹達意相尚。時鐔津大師亦以文集顯世，惠洪作石門文字禪，與文人無異。僧文瑩作湘山野錄，專述史事，且多權門故迹，漸生枝節。元世僧人尤好文章，似乖正體。然元文終有妙處，而以宋景濂三教文字為玄藪。嘗覽元刻禪源諸詮集都序鄧文原、賈汝舟諸序，皆妙嚴，甚異之。靈光大曜，幾為返照。入明正法愈衰，志士語要，多以老婆心切，作勸俗文字，意固殷切，而文句不免拖滯，古人簡約英華之風，蓋將盡矣。尊宿詩鈔，亦少簡健精雅者，卑靡愈甚。法之不振，其文字亦式微。文字之用亦大矣。今之修法者實不可忽乎此。習淨密禪教者，何可廢乎文辭之功。文固末事，豈無本貫，山川雨露，自葉流根，根既豐沛，還舒枝葉。文字菩提，於參證為本分事也。圭峯有曰，未明理事，不說有空。愚固不敢謂文為有，曷亦能說性為空。惟文妙事，適契神理，事理昭然，為我所體，運之所至，何惜辭費焉。

易佛回互

世界事理，華嚴經以六相四法界十玄門釋之，猶大易以兩儀四象六十四卦演之，是故歷代學人，多有回互易佛，以為發明者。唐李通玄作華嚴經論，援用易經，開此派權輿。宋李綱通易及華嚴義，其雷陽與吳元中書論二經之異同書義理極精，貫通無礙，嘆為觀止。明季蕅益作周易禪解，以義學釋易理，尤稱典型。今賢潘雨廷作易貫華嚴頌諸說，以象數會通釋典，開牖神智殊多。（馬湛翁與葉左文書亦嘗云“易之為書，信六藝之原，大哉至矣。竊嘗誦習，如仰蟬喙而飲溟渤。擬而後言，私以華嚴為稍近之，非圓宗極證，末由可測”。）而疑者謂此派多善附會，彊自苟合，未為公證。不食馬肝，不謂其不知馬味。專精一家，不作會通者，亦不謂其非師範也。然天下廣博深眇，幽邃圓明，習易者終能知天地之德，圓神方智，象數惟達道之筌蹄，易學之外，豈無高華。天地之道，非聖人所得而私也。釋教之所得亦莫測也。且象數深徹精微，為萬化之奧賾，推之異域學教，亦能通用合度。釋教神明，焉外之哉。習釋者亦終能知理事無礙，事事無礙，一該一切，各從其類，理則徹透如此，事當廣蘊無際，猶十玄門之同時具足相應門，如海一滴，味具百川，大易一滴，豈非佛性彰昭。又如秘密隱顯俱成門，片月澄空，晦明相並，秘密不定之教，焉無其類。又如托事顯法生解門，立像豎臂，觸目皆通，大易立象設卦，精義入神，弘運天數，窮理盡性，尤得斯旨也。章實齋文史通義亦言易佛皆興象立教，名目有殊，佛之義指，初不異於聖人之言。即此托事顯法之妙合也。愚易佛回互說之初機，即肇自此端。李通玄之書，愚未徧頌，曷敢讚一辭。粗觀其以卦象方位與華嚴經所述方位相比附發明，渾如一體，嘆為精妙，前所未有，實已開後世潘氏之說。(新華嚴經論卷第四有曰"又與普賢俱在東方者。東方卯位卯為震卦。震為長男。又像日出東方春陽發明無物不生無物不照。表理智雙徹體一無二，以根本智差別智無別體用生萬行故"。易佛之能回互，豈非亦體一無二耶。)蕅益之書端正神應，辯才如海，釋儒二教，并受其澤。易佛回互超悟之著，莫甚于此。此義理之徹者。大唐清涼澄觀華嚴經略策有云"智慧雖尊，非定不深其照。萬行雖廣，此二獨尊，其猶易之乾坤"。蓋釋子已開此路，智旭其為集大成者耶。俞曲園九九銷夏錄卷一有云，有明一代，喜言心學，此派盛行，如方時化有書六種，皆以禪理說易。則智旭之書，亦風氣所致也。(其時以佛說易之傑者，又有金聖歎。其唱經堂通宗易論、唱經堂語錄纂，皆多妙解，有前人所未發者。其人甚奇異，不盡軌於正。然吾觀其書，確有心得焉，不可輕之也。)潘氏之書，獨運神解，以河圖洛書，合通華嚴，誠超軼絕塵，非俗士所可想見。此象數之通者。是以至潘氏，易佛之學，義理象數二派俱備，為後來者開一大法門。(愚閱諸書，終覺李長者之書不可及，非後人得比。)周易禪解旭道人自序有曰，以禪入儒，務誘儒以知禪耳。愚謂潘氏之作，以大易入華嚴，務誘禪以知儒耳。聖人之教，循循善誘，即此之謂耶。潘氏讀易提要評周易禪解，言其誘儒知禪之說，尚為未通乎法相之言，夫易簡至理一也，既在解易，何必入而何必誘，有人誘之心，于道能無間然乎。不知蕅益此序，本類文家答問之體，虛實兼施，非可據為典要。人誘之說，若為戲論。或執實相質，良非其轍。潘氏之說，自中理，惟非解人也。德山宣鑒有曰

"窮諸玄辯,若一毫置于太虛,竭世樞機,似一滴投於巨壑"。學者惟仁德覺海是歸,豈可執著名相不化于道哉。

有清儒士崇佛者

有清儒士之沈酣釋典者,以愚之陋聞,其傑者有汪縉大紳、羅有高臺山、彭紹升尺木、龔定庵、魏默深、譚壯飛、沈乙菴諸君子。諸人多精長經史,格局廓壯,有經世致用之志,迥異乎皖吳師儒之專究經訓也。俗意習佛者多為恬退幽僻之類,孰料諸君子其皆豪傑壯士哉!此又知人論世者所不可不明者。汪羅彭三人為摯交,生平學問,近人張舜徽清人文集別錄所述略備。汪大紳壯歲慕陳龍川,思見用於世。為學出入儒佛,大指欲撤兩家之藩而通其闑。於儒家喜河汾王氏、金谿陸氏、永康陳氏、余姚王氏,為文亦汪洋恣肆,頗似縱橫家言,王鳴盛、王昶皆重之。羅臺山注疏六書之學,精博為時人重。於釋也,皈心宗乘,兼通天台、慈恩諸家,而以淨土為歸宿。外服儒風,內宗梵行。章實齋稱以純儒。彭尺木慕高忠憲公之志節,劉遺民之高蹈,其地同名東林,故自號二林居。於茲可窺其懷抱。彭氏留心掌故史傳,舜徽先生謂其作與全祖望鮚埼亭集中碑之作,可相頡頏。三人氣類感應,皆重理學釋典,不為乾嘉時流拘囿,有志於濟世,實為道咸致用之風之先導。龔定庵傳今文春秋之學,精熟西北輿地,文集中有關西域蒙古諸文,深有史識時策,殆非俗士所夢見。其之倜儻不群,超拔塵垢,奧博縱橫,震轢百年。而發願持誦陀羅尼四十九卷,日誦普賢、普門、普眼之文,其之脩持經咒,以固精神,以徹意志,固不可以失意逃禪病之者。魏默深湛於經史,尤擅著述,有聖武紀、海國圖志諸書,才大識高,負經世之略。少慕王陽明,默觚之作,亦類理學氣脉。後耽釋教,專究淨土,禮拜蓮池,持念甚虔。其淨土四經總敘有曰"夫王道經世,佛道出世,滯迹者見為異,圓機者見為同"。足以覘其志趣。觀其釋氏文字,實多有心得者。其之有養於心體精氣而能濟乎物類者,豈與經世之術異軌哉。復堂日記辛巳年有言，默深晚游杭州，病歿僧舍。今觀其遺書，知其暮年學術頗似北宋諸賢，虛鋒略盡矣。宋賢多習釋典，言心性而濟物事，復堂之言，真的論也。譚壯飛為維新烈士，其之視死生為脫屣，或受啓於佛乘。所撰仁學一書，以衝決網羅為宗風，常援釋理以為訓導，自叙所謂以吾之遭置之婆娑世界中，猶海之一涓滴耳。其苦何勝道。竊揣歷劫之下，度盡諸苦厄。網羅重重，與虛空而無極，終將衝決之。此極苦拔惡之誓願，乃從釋典化出。真金剛力也。康南海之未及譚氏者，或以此。沈乙菴學究天人，深懷濟心，所擅西北史地、刑律之學，皆關涉時務。而其之深造釋學理學，尤多精詣，觀其海日樓札叢，其境亦遝眇矣。愚謂其三藏之學無所施，遂化入詩歌，聱牙鉤棘，豈無法性覺光哉。其氣之高簡瘦勁，蓋非修者無以致之。右之諸賢，皆儒士有達濟之志者也，而湛深釋典理學，迴脫根塵，耀攝後人，固可知釋氏之為用，豈非與儒教志同而道合。素言非大丈夫不能修佛者，或如斯者。道不虛行，待乎其人。夫俗世以釋氏消極之說，觀此或可以息諓。而之執門戶自封畦者，亦可以有思矣。

悲智雙流

澄觀華嚴經略策第二十一悲智雙流有曰"佛法大海，要唯此二。智造真境，悲以兼濟。有悲無智，愛見是生，有智無悲，墮二乘地。今以忘機之智，導無緣之悲，不滯空有二邊，不住涅槃生死"。意甚純粹。蓋世人每以凡情，度測悲心，迷謬正解，轉成重障，是以澄觀破之，言悲智雙流，如輿之輪，如鳥之翼，誘人佛性。非大悲心，無以弘普濟之信願，非大悲情，無以立六度之行脩，釋氏之用悲運智，真利器也。智者大師撰法華三昧懺法、請觀音經懺法、金光明懺法、方等懺法諸種，事懺理懺，儀法周徧。竊揣其度，實以懺啓悲，徹運止觀，悲之為力，豈可量哉。夫聞梵音而淚隕者，或以此也。愚曩於峨嵋金頂有此感焉。有情之悲，固有心識種子流轉，而唯識所謂轉識成智者，豈非智者摩訶止觀之言煩惱即菩提。以阿賴耶識故，悲情流轉，亦以阿賴耶識故，悲智雙流，豈非人人皆具佛性，有情種子莫非聖胎。悲之為用，可謂專為上智下愚施設也。（無著菩薩顯揚聖教論卷四有四無量之說，為慈無量、悲無量、喜無量、捨無量。悲心之為大用，亦然。）儒家之大悲者，莫若孟子之書。悲憫天下之心，貫徹七篇。悲心之為用，一若浩氣之善養，至大至剛，以直養而無害，配義與道，集義所生，孟子之所以大者，莫非以此。道家之大悲者，莫若莊周。三十三篇，皆具悲情，大宗師霖雨十日，子桑之歌哭，轉悲成智，孰能無動。庚桑楚徹志之勃，解心之謬，去德之累，達道之塞，多在太息涕泗後懸解。莊周之用悲，聲節愈壯，情蘊愈茂，有金石之聲，較之孟軻之剛直疾指，釋氏之深密邃長，自非同調，究其智明，則無以異也。近世律僧弘一，遺偈有悲欣交集云云，俗士多以為口實，以為滯留有情之證。愚意其皆非知弘一悲智之心者也。蓋弘一特遺此偈句，啓導後人入門方便。於此聖教衰弛質體濁重之世，其功德亦深大矣。（楞嚴經卷六言阿難整衣服，於大眾中合掌頂禮。心迹圓明，悲欣交集。稽首白佛，我今已悟成佛法門，是中修行得無疑惑。我雖未度，願度末劫一切眾生。弘一之偈，蓋本乎此也。）

報　恩

　　劉蕺山醇儒也，亦闢佛老，而其論語學案，多以禪理互詮。馬湛翁文集四書遇題記有言，明人說經，大似禪家舉公案。甚然。入其門戶，操其戈矛，勇於有為，或非正行。學佛而闢佛，非報恩也。愚之猶未全慊乎理學者，此或一端。論語學案先進篇子曰，回也非助我者也，於吾言無所不說。劉子有曰“聖道不落言詮。二三子以言求道，徒以聰明知解窺見跡象之精，就其所見，亦足發明夫子之蘊，不可謂無助也，抑末也。善學者得意而忘言，全體瞢瞢，無不悅也。悅之機，我不得而喻諸人，不違如愚，何助之有。孔顏授受，直是心心相印，絕無分合，的脉相傳，諸子罕儷，故相喻之深如此，誠知回之無助也，即聖人亦豈以言教哉”。恍然若入曹溪臨濟之堂。
此非禪玄而何。又與壇經燈錄之說何異。此類文字，於劉子著述
中甚夥。觀王陽明全集者，尤能見陽明生平得力處多涉禪道。雖
每以儒說經言立異，其軌轍何可揜也。非禪佛無以有道學。是以
愚標報恩之言，理學家焉可獨斷以闢之。既曰闢之，可黜其聲聞緣
覺諸乘，豈可以圓頓一乘之教為讎敵。抑宗門有呵佛罵祖之說，理
學大機大用，反施諸宗門耶。然分明有意氣也。愚又思夫先賢闢
佛之舉，固有苦衷實境，緣其抱負弘闊，欲合孔佛為一，兼得其長，
而袪其短，以為天下法度，若此則又非可輕議也。然吾儕今日問學
者，不可反為其權說所蔽遮。是故天水一朝愚以劉元城、晁景迂、
呂希哲諸賢無多偏倚，迺為萬代公論之權輿。馬湛翁文集儒林典
要序有曰“夫不明乎道，何明乎儒。苟曰知性，何惡乎禪。儒與禪
皆從人名之，性道其實證也”。學者性道有得，自不必斤斤于排闢
異端之舊說。為學貴乎淬礪，非經此關，翻覆波折，亦不足以為聖
學也。

出曜經法滅七穢說

　　沈乙菴海日樓札叢卷五有曰“法沒時七穢行。一，百歲持戒，
為惡所破。(乙菴注曰，為惡知識所破。)二，久行慈心，為瞋所壞。三，
薄賤，不隨師教。(乙菴注曰，不修威儀，玩習下流。)四，互諍勝負。(乙
菴注曰，人我妄興。)五，鬥亂彼此。(乙菴注曰，惟知構造其非，不解宏持其
教。)六，貪著利養。七，凡聖皆遭毀辱。(乙菴注曰，既辱其徒，何有其
教，是為法將滅之徵。)右見出曜經”。觀之浩嘆。蓋儒教沒時亦七穢
俱行也。所謂百歲持戒為惡所破者，滌腦之類也。諸儒持行甚久，
奈何惡知識權勢蠱動，其志皆移，其學皆變易。惟馬湛翁、陳寅恪
諸先生貞守本色而已。若馮芝生以儒宗自命，其晚節則有媿。所
謂久行慈心，為瞋所壞者，清季恚怒之氣有在於是。觀彼時詩坫號
為同光體者，骨力遒上，振奮可敬，然自滄趣樓二三君子以外，多有

激厲詭譎，猛悍深僻之風，于氣體為拘促，溫敦慈寬之詩教近乎澌滅矣。學問家亦然。舊儒守古風者固敦重嚴愨，而新進則多躁競恚怒，若劉申叔者，可謂兼而有之。儀徵劉氏百年傳經之澤，亦至此而斬。薄賤不隨師教者，則所謂新青年者是也。其之以肆情為性命，自以不修威儀道貌為是。惟民權是務，自以躭習下流為正位。國朝肇興，其風愈盛，師教既墮，何來隨逍。是以有嘆。所謂互諍勝負者，康章之類是也。康南海德養學問未醇，偏以學術為縱橫策，專務權譎，種有惡果。章太炎學問博厚，然英挺激邁，氣力霸悍，以民族革命自相標舉，綱常禮教，亦隨之而壞。其之互諍勝負，人我妄興，皆有妄業，非善知識也。（然康章亦皆有先覺遠圖，今人汪榮祖康章合論持見精闢，觀之擊節，冥符愚衷。）所謂鬥亂彼此者，民國以降，其事未息，其間紛呶囂擾，構造是非，愚何忍而言之。而貪著利養者，則今世小人儒之謂是也。利欲膠漆盆中尚未脫落，氣象卑弱，何足以言儒學哉。而所謂凡聖皆遭毀辱者，則小子亦無庸置辭矣。七穢如此，儒之正法其已亡沒耶。然乙盦又曰“其大都小乘舊說，小乘有法滅，大乘無法滅也”。極是。著相執妄，非根本智。吾儒天地乾元，精義入神，謂之無法可滅亦可也。夫儒行之後繼者，豈可不識斯旨。吾儕振奮自彊，焉無正道德業。妙哉。大乘之言于時義亦大矣。

變易生死

海日樓札叢卷五有曰“變易生死有四。（乙盦自注，義林章七魔羅章。）一、方便生死，二、因緣生死，三、有有生死，四、無無生死。通世間出世間法言之，文山死而宋不亡，正學死而程朱學定。推之紀信解成皋之難，巡、遠遮蔽江淮，功在人間。暨諸以身殉道者，皆菩薩之方便生死也耶。國君死社稷，大夫死眾，士死制，守土者與城存亡，謀人之軍師，敗則死之，因緣生死也。死有重於泰山，有有生死也。白刃制頸如割風，無無生死也”。義諦妙甚。（指月錄七載肇法師在姚秦，臨刑時說偈曰，四大元無主，五陰本來空。將頭臨白刃，猶似斬春風。乙菴之語或本此。）誠哉文文山死而宋不亡，方正學死而程朱學定，方便生死，史策彪炳，於世間道義關涉最密。以愚卜居之聖湖言之，岳鄂王死而是非大昭，于忠肅死而華夷明辨，張蒼水死而大明不亡，於理亦同。是以余英時氏方以智晚節考必辨藥地之為自沈而非病歿，其義亦大矣。釋氏行此方便者亦多，飼虎墜雁，往往皆是。高僧之神通應化，其住世解脫，多以方便也。社稷國土制度輿論之責，儒家重之，其之為生死樞鑰也無疑。釋氏增一阿含四意斷品載大目犍連尊者為執杖梵志打殺，目連涅槃自言，我本所造，極為深重，要索受報，終不可避，非是空中而受此報。（參見海日樓札叢卷五。）此釋氏之因緣生死也。儒之以因緣生死為正位，猶大目犍連之視受報為不可避也。有有生死者，天命也。太山壞乎，梁柱摧乎，哲人萎乎。孔孟之門，皆知其為天命易理，無違而已。釋氏坐脫立亡，自期涅槃，亦如此者。蘇子由欒城集廬山棲賢寺新修僧堂記有曰"孔子曰朝問道夕死可也。今夫騁騖乎俗學，而不聞大道，雖勤勞沒齒，余知其無以死也。苟一日聞道，雖即死無餘事矣"。子由所言，亦明爽無餘蘊矣。無無生死者，經權也。適來，夫子時也。適去，夫子順也。安時而處順，哀樂不能入也，古者謂是帝之懸解。彼方且與造物者為人，而遊乎天地一氣，彼以生為附贅，以死為潰癰，夫若然者，又惡知死生先後之所在。老莊之門，皆知其為隨順大道，謂之經權亦可也。僧肇物不遷論曰"旋嵐偃岳而常靜，江河競注而不流，野馬漂鼓而不動，日月歷天而不周，復何怪哉。事各性住於一世，何物而可去來"。諸法不動，無去來處，則何有生死，何無生死哉。此釋氏無無生死之義，大乘玄諦，豈非妙哉。夫已生未死者，或可思之。

學儒乃能知佛

余嘗謂蜀人康成曰"釋家之能得人，多有賴儒門濟其才具，固其根基者。今世聖學萃散，儒門遊魂，釋教亦失其淵藪倚仗，式微之下，高才其將無所出焉。固知儒釋之同脈共命也"。觀高僧傳，釋曇徽，年十二，投道安出家，安令讀書，二三年中，學兼經史，十六方許剃髮。釋道融，十二出家，厥師愛其神彩，亦先令外學，誦論語不遺一字，遂通內外經書。最為式範。少善外典，或博綜六經，或通善文史者，又有慧遠、慧持、法雅、曇邕、道恒、僧肇、慧嚴、慧琳、僧詮、僧含、曇諦、僧瑾、道盛、法安、僧盛、曇斐、僧璩、僧富、曇遷、曇智、道照、慧璩、曇光等。隋唐以下無論矣。世固知濂洛關閩，象山陽明，其先皆出入佛老甚久，而有道學之蹈厲發揚。或誚其竊攘，而不知吾國釋教之養成器具，本以綱紀儒門為道藪長城，非可剖而為二者也。近覽黃梨洲先生全集，其張仁菴先生墓誌銘有曰"儒釋之學，如冰炭之不同。然釋之初興，由儒以附益之，浸淫而至於毫釐之際，亦唯儒者能究其底蘊。故自來佛法之盛，必有儒者開其溝澮"。又曰"明初以來，宗風寥落，萬曆間，儒者講席遍天下，釋代亦遂有紫柏、憨山，因緣而起。至於密雲、湛然，則周海門、陶石簣為之推波助瀾。而儒釋幾如肉受弗，處處同其義味矣。昔人言學佛知儒，余以為不然。學儒乃能知佛耳。然知佛之後，分為兩界，有知之而允蹈之者，則無垢、慈湖、龍溪、南皋是也。有知之而返求之六經者，則濂洛、考亭、陽明、念庵、塘南是也"。其論之精闢更勝於愚之舊說也。愚以儒門為釋教之人才淵藪，黃先生斷以學儒乃能知佛，持論亦愈果決矣。（宋張商英曰，吾學佛然後知儒。見焦氏筆乘續集卷二。梨洲之語，本乎此而反之耳。）偶覽沈寐叟海日樓札叢，乃知其先得我心然，發明斯理已備。其曰"近世禪學不振，蓋由不讀儒書之過。昔嘗與月霞師屢言之，霞師謂然。而其開華嚴大學，亦未能有所建立。明世寺學徒用制義，憨山大士實基以興，而諸大師亦多出身秀才者。日本佛法，在亞東為最後衰者，由其兼習儒教而然。近三十年，緇徒隨世轉移，重科學，輕儒學。儒學疏，而佛學亦浸淫矣。有俗諦，而後有真諦。有世間法，而後有出世間法。所謂轉依者，轉世間心理為出世間心理。曹不識世間心理，將何從轉之"。(章太炎曾謂"世無孔子,即佛教亦不得盛行"。抑南雷語之變本加厲者。憨山老人夢游集卷三十報恩西林和尚傳述其太師祖西林永寧有云"翁居常謂僧徒,以禪教爲本業。然欲通文義,識忠孝大節,須先從儒入。乃延儒師,教某等十餘人,讀五經四書子史,某所以麤知讀書文義,及披剃,即知聽講習禪。即雪浪中興一代教法,皆翁慈心攝持教養之力也"。寐叟之說,亦有本乎此者。)然此論獨斷深沉,迥非俗輩所能想見,恐叢林教宗亦未必能受也。詰者謂,禪佛立究竟義,一切本自圓成,何來外說支離耶。此說之出,誠教衰之徵也。亦非無理。近世禪宗大匠鹽亭袁煥仙生平喜讀中庸,述中庸勝唱,見維摩精舍叢書。自道其演中庸之志曰"必曰然諸聖之心燈,續眾生之慧命,揭宇宙之至理,軌萬有之行,責固肩夫貌躬,義詎讓於當仁。此心此志,山岳可移,之死靡他矣。若曰斯言也,似離經,斯義也,實叛道,乃至佞佛逃禪,騖外肓內,一切游詞、誹語、謗義、邪言,都非所計"。其不以習儒逃禪為失計,蓋由此弘志徹念也。(鹽亭高弟樂清南懷瑾公大有為於當世,貫通禪儒,亦莫非此志也。維摩精舍叢書酬語示南懷瑾曰"攝其眾向道,導其徒回車,風其儒化行方國者,實為懷瑾"。此語之發,尚在民國三十三年之前。其師之神識,真如冰鑑也。)此固可超拔乎俗學異調而獨立於天壤矣。(作此文後數年,愚受邀授儒學於上天竺、靈隱二寺。蓋已兆乎此文矣。數月間坐於佛祖之堂,清泠靜穆,前未曾有。愚或可再作一篇,曰學佛乃能知儒也。)

佛不聽歌音

中土教乘之衰,卜音即知。今日之伽藍,多有歌音流濫,非愚所喜。所謂歌音者,以世俗之樂梵唄也。華靡柔輭,絕非正聲,而今世流濫如此,良可太息。毗尼母經有曰"六群比丘作歌音誦經嘆佛,佛不聽也。作者有五種過,一者于此音中自生染著,二者生人染著,三者諸天不樂,四者言者不正,五者語意不了,是名音樂"。(引自楊聯陞老君音誦誡經校釋。)歌音之過,昭然于茲。愚意僧寶之有志者，自當摒絕之。音者，天機之所在。聽音可以辨物變，識志氣，明古今，通鬼神。擘經室集論爾雅書有云"言有音聯，音在字前，聯音以爲言，造字以赴音，音簡而字繁，得其簡者以通之，此聲韻文字訓詁之要也"。乾嘉儒者訓詁之大昌，莫非本乎聲音之學，以通字義，獨絕千古。音之玄秘，有在於是者。尫書有曰"中世阮籍有言，江淮以南，其民好殺，漳汝之間，其民好奔，故吳有雙劍之節，趙有挾琴之客。氣發于中，聲手足飛揚，不覺有駭也。今其血氣互變，而各未有裁制。後王作者，因其繇俗嗜好，以爲度齊。褒矣，吾不得而見誅"。因音以辨氣，後王之裁制，亦必由乎知音也。樂記有曰"凡音之起，由人心生也。人心之動，物使之然也。感於物而動，故形於聲。樂者，音之所由生也，其本在人心之感於物也。是故其哀心感者，其聲噍以殺。其樂心感者，其聲嘽以緩。其喜心感者，其聲發以散。其怒心感者，其聲粗以厲。其敬心感者，其聲直以廉。其愛心感者，其聲和以柔。六者，非性也，感於物而後動。是故先王慎所以感之者"。今伽藍之歌音，嘽緩發散，華靡柔輭，其心為何心，其感於物者爲何物，不可不辨也。今藏密之梵音，猶存莊正之體，可以為矜式矣。

徵聖錄卷十一　釋　教　類

巖藪閒譚六十七則

　　華嚴義海智儼華嚴一乘十玄門釋第一同時具足相應門有云"如似初步若到,一切步皆到。若有一步非到者,一切步皆非到。故經云,雖成等正覺,不捨初發心。又如大品經云,非初不離初,非後不離後,而名菩提也"。又言因果同時義有云"經云,深入緣起,斷諸邪見,斯之謂也"。極精。吾儒言格物致知,實即此深入緣起初發心也。所謂格物致知,即論語子曰弟子入則孝,出則弟,謹而信,汎愛眾,而親仁,行有餘力,則以學文之義。於實物實行實境中起初心,是為致知也。雖成等正覺,不捨此實物初心。故儒門聖人必歸諸踐履實地,正所謂不捨初發心,非初不離初也。僧肇注維摩詰經卷四有曰,夫為得佛之因,既在於始,又在其終。亦此之謂。大學者,聖人之言,何可疑哉。明儒王陽明專講致良知,劉蕺山專講誠意,而微少于格物之義,其學之未至一切皆到之境者,或以此故。朱子直面格物,邃造經術,緣起著實,多格致之地,較之王劉,則愈近乎古義。然謂初步若到,一切步皆到,此釋氏之玄義,儒家之所不樂道破者。此儒家篤厚若愚明道若昧處。【初發心】

　　蕅益大師全集靈峰宗論致知格物解有云"物者,迷此知體,而幻現之身心家國天下,如水所結之冰也。格者,推究此身心家國天下,皆如幻影,並非實我實法。如以煖氣銷堅冰也。欲致知,莫若格物"。其以轉第六識爲妙觀察智爲知致,實不若解致知爲初發心爲穩。其以覺幻非實爲格物,則尤感其義之沉滯未化,亦不若解格物爲深入實境緣起爲妙。大師于儒釋二家文義比類過切,微憾生澀,略少和煦自然之妙。其周易禪解,亦有類之者。然大師亦云"只一物格工夫到底,致知之學,始無虧欠,是謂究竟不離于初步也"。則又與愚意無間矣。憨山老人夢游錄卷四四大學綱目決疑謂格有二義,一曰鬭格之格,一曰感格之格。向之與我扞格者,今則化爲我心之妙境矣。物化爲知,與我爲一。其爲感格之格,復何疑。洵爲妙解,鬭格之義,亦在顏習齋之先。愚謂格物爲深入實境緣起,其事則循天之則,應物之彝,自包涵由扞格達感格之精進,然固不必以鬭格、感格二義拘之也。古人訓格爲至爲止,亦自通達。儒家聖人境界,還歸物格,落於實地,非等他教之玄邃,此中華所以長久而希臘天竺未能者也。(智者大師自言法華圓教爲純一實相,非等他教之黠空說法。然其教之所謂實者,終屬玄理多,爲物格之實地少。習者恐易滯于玄言名相之域,而有失智者大師本懷。台宗教理言他教黠空說法,偏于說空,有類五十步譏百步。禪門識此之失,專以印證實地爲下手,破除法執,轉能大濟于世。或謂禪爲釋氏之儒者,不虛也。然禪宗語錄,入宋亦轉成文字葛藤,困縛不淺,宗杲大力抨擊,而無能挽其衰。則格物致知,重實行而不尚虛言,此理千古所同。)【致知格物解】

　　雲棲法彙梵網經心地品菩薩戒義疏發隱有云"大師者,四衆攸宗,萬代咸仰,如佛出世,稱大師也"。大師之名,本極尊貴,後世轉若稗販之號,名實乖違已亟。然僧肇不真空論有曰"真名故,雖真而非有,僞號故,雖僞而非無。是以言真未嘗有,言僞未嘗無"。故大師之真名者,本亦非有。大師之僞號者,自亦非無。疾其僞者,每爲排詆之激言,求其真者,好樹高玄之戲論,而皆未逮乎中道。執著真相者,泥道難脫。舍絕僞名者,迷途未得。莫執其真,莫鄙其僞,修者惟中道是依,或可免夫剛愎之失。他道亦合如是觀。
【大師之真名】

天地生化，莫非仁慈之為用。中道實相，莫非仁力之為用。
【仁力】

文字之道，莫執其真，莫鄙其偽，方為無累，尤契妙理。歷代巖壑林藪間禪宗尊宿，不以文字立道，而累有著說語錄遺世。其天道如是，非人意安排。不以文字立道，言真未嘗有也。累有著說語錄遺世，言偽未嘗無也。好文字不足為禪，不好文字亦不足為禪也。
【文字之道】

天下聖賢之教，其于實地勘驗，皆有一致。釋與儒道三而如一以肉貫弗者，以言真未嘗有言偽未嘗無之大乘中道也。故其真不必執，異不必鄙，所以能一致。其之以華夏輿地為寄託，以身體實地為勘驗，故歷劫不破，轉相滋著。耶回二教，實亦同受，其之于實地勘驗，亦為一致。中道實相，言語道斷，諸教之一致，本不以言語名相之異而為歧途。夫小而執其異者，或非後世之幸。近世袁煥仙維摩精舍叢書中庸勝唱有云"此本經所謂達天德者，亦即孟子所謂大丈夫，大學所謂有斐君子，釋氏之文殊普賢大人境界，老莊謂之至人，又曰玄宰，回教謂安立九天四聖之阿爾實庫西兩天聖人，又曰真宰，耶穌謂之上帝，又曰主，皆一體而異名也。儻不于此一覷覷破，日向善知識前或古人故紙堆中尋章摘句，稱鄭稱揚，謂為多聞，銜稱開士，此無智人，睦州斥為擔板漢，永嘉覺謂之癡狂外邊走也"。曩日初覽，甚駭其論，近忽有覺，乃知不虛。【實地勘驗】

吾儒衡之諸教，以中正著實勝。體國經野，尤稱器具。混然若元氣之無不在。然真不可執，異不可疾，不然則有剛厲之失。宋明諸儒，多難免此累。真未嘗有而非不有，異未嘗無而非不無，儒之指歸，止乎德性，實地勘驗，又與諸教無以異也。【儒之指歸】

今所謂哲學者，其於實地勘驗，亦為一致。非實地勘驗之哲學，雖玄論密義，怪麗圓轉，非哲學也。惜今之治哲學者多不識此。傅青主聽回教梁檀夜中懺悔，終夜不睡，時時呵斥喚嘆，如先生責讓幼學，而深敬其教之嚴淨非異端。此等實地勘驗，不知何日得遇于哲學家。【哲學實地勘驗】

曩游長安大清真寺，醇然中華氣象，森嚴清雅。乃知唐宋以來儒教苞藏之大，無髓不入。【長安大清真寺】

古尊宿語錄卷四十五寶峰雲庵真淨禪師語錄序，出蘇子由筆，甚妙。有云"水流於地，發為草木，鹹酸甘苦皆水也。火傳為薪，化為飲食，飯餅羹蔬皆火也。心藏於人，見於百骸，視聽言動皆心也。古之達人推而通之，大而天地山河，細而秋毫微塵，此心無所不在，無所不見"。譬喻極善。（雍正御制重刊宗鏡錄序嘗襲用之。）禮記檀弓下延陵季子葬其長子，號曰"骨肉歸復於土，命也。若魂氣則無不之也，無不之也"。以無不之之魂氣，貫之於天地陰陽社稷太廟宮室窔奧軀體髮膚，此吾儒之水火此心也。【蘇子妙譬】

貫休大師禪月集卷六懷二三朝友有云"有惠黃金一萬斤，不如一見於仁人。我昔讀詩書，如今盡拋也。只記得田叔孟溫舒，帝王滿口呼長者"。極可味。其實昔讀之詩書，大師何曾拋卻，戲為此言，以彰仁義之重也。唐僧中多有能識仁義之重者，尤以草堂寺圭峰宗密為典範。其非是借儒典以附會釋教，實真能體切聖學之光明實地，而有斯論。故其原人論先斥儒道二教之迷執，終言本末會通，反照心源，乃至儒道亦是。真所謂先抑而後揚，委曲以求全者。而自古儒之學釋者，亦非是借釋教以附會儒典，實真能感應釋教之嚴通境界。昔遊關中，未至草堂寺，今猶憾之。【唐僧識仁義之重者】

北魏寇謙之撰中岳嵩高靈廟碑，有巖藪集神云云。吾樂其字義，取而用之。古來巖藪棲集聖賢，吾雖未能，而身常親之。久承古尊宿馨咳剩語，而有小錄之集。本無意而發，細心呵護而已。丁亥夏日遊中岳廟，地氣古裕玄暢，林麓有雲龍之美，非岱華之廟所能及。獲瞻斯碑，曝沐陰陽，全無庇護，體形任其蕭索，神氣將永其神秘也。【巖藪集神】

趙子昂致其師中峯明本諸尺牘，皆端明有道氣。羲獻書體，肇生之際，玄學道經，淪肌浹髓，乃自巖壑中來。子昂為其法嗣，其致巖壑道人書，自如流歸海，如鳥入林，無所不親，無所不受。【子昂致中峯書】

觀宗頤禪苑清規,宗門上堂如上朝,威儀堂堂。日常禪修,威儀無所不在,如鹽在水。五十年來,威儀弛墜極巨,尤可畏怖。今人鄭頌英能海上師傳刊行感言有云"蓋時丁末法,僧綱久隳,漢地寺宇,能實踐上殿過堂者已不多觀。標誌正法傳承之半月誦戒,結夏安居,六和相親,浸至不聞不知矣"。觀之太息。威儀者,實為平日求放心覺照功夫,此節既失,則無復尊重。格體不重,則難有高邁之力。夫子曰,君子不重則不威,學則不固。此之謂也。【不重則不威】

扶桑國威儀猶在,淺者每薄其矯作刻意。實不知其為古法,深有微妙,非弛墜者能會。今日彼國文教之所以獨盛者,自亦因有此威儀在。【威儀】

近世倡淨宗者,或言禪宗成就之難,淨宗成就之易,禪宗證果位者為少,淨宗為多。此與俗世以利相誘者何以異。矧何以知宗門成就者少哉。其言頗若世機,有類乎韓昌黎符讀書城南詩。陸唐老譏其以富貴利達餌其子,黃東發言亦人情誘小兒之常。淨宗人物每以往生西方成就為易相勸,甚類此。然真即俗,俗即真,淨宗轉俗成真,為末世權用之法,亦有大機緣在。且淨宗為大乘圓法,不可思議。竊所擬議者,乃言其倡法者護教之未圓,而非言其法之是非也。【淨宗言頗若昌黎符讀書城南詩】

蓮池大師陀經疏鈔有曰"明信位初心,有四種機。以禮懺滅罪被初機,以修習止觀被中機,以求生淨土被上機。初謂業障眾生,中謂凡夫二乘,是知淨土是大乘菩薩所修矣"。以業障眾生之初機者、凡夫二乘之中機者,專修上機之大乘菩薩道,難矣。大乘之機,乃以禮懺滅罪之心行之,乖矣。近世大德王驤陸乙亥講演錄修淨土法門有云"千百年來,念佛者多,成就者少,其原因有五。一不明念屬何念,佛是何物。二貪得便宜,不耐吃苦。三不明心要,力量不足。四分宗立派,穢淨之見橫行。五不得持名法門之訣竅。故修淨土必要雙修,明白本心,信持名號"。所言甚善。本心不明,機滯初中,何能修大乘菩薩道。淨宗而論,信持名號,乃與心要覺照

功夫，如鳥之雙翼，車之雙輪，不可相失也。【信持名號心要覺照】

　　禪不立文字，而與文字關涉最深，正老子所謂反者道之動也。古尊宿文學藏蓄深厚，言辭多雄異靈雋，非等閒文人能辦。禪宗既衰，則釋氏文學亦弛墜。民國時維摩精舍文集猶稱醇雅，清芬鬯達，不愧前人。圓瑛法師一吼堂文集文辭駢美，英華曜曄，為出三藏記一路正轍。今世求其文字若茲者亦無有矣。而教者猶視文學為駢枝，專尚所謂哲學者，愚愈知夫宗門之不濟也。今樂清南懷瑾先生每諄諄勸人習文史，有心哉，有心哉。【文史】

　　圜悟克勤禪師心要屢有言曰"古人得旨之後，向深山茆茨石室，折腳鐺子煮飯吃。十年二十年，大忘人世，永謝塵寰。今時不敢望如此，但只韜名晦跡，守本分作個骨立錐老衲"。可知其心，略以未得深山大隱為欠。入宋僧集卷帙漸繁，圜悟全集至有四十萬言，實與此未得永謝塵寰相關。竊謂伯夷叔齊居首陽山時，正可謂大忘人世，永謝塵寰者。其人世塵寰者，周也。夷齊不從周而為後人激賞，乃知吾儒修身治國之學，亦須有大忘人世永謝塵寰之志者，兩者並行而不悖。大學之道，尚無以盡乎吾儒之奧。明清草昧之際，此志尤昭。船山大儒深山大隱，亦著法相絡索。儒家之喜讀禪錄者，非無故也。【未得深山大隱為欠】

　　唐張愛賓歷代名畫記論鑒識收藏購求閱玩有云，若復不為無益之事，則安能悅有涯之生。清項蓮生則云，不為無益之事，何以遣有涯之生。寅恪先生亦嘗援以自解。愚謂此語實大有禪機。蓋事本無益，亦無無益，中道實相，事理無二。亦政惟無益之事，方能無雜用心。莊生曰，吾生也有涯，而知亦無涯，以有涯隨無涯，殆矣。已而為知者，殆而已矣。愛賓之所謂有涯之生者，自蘊其旨。蓋不以知解悅之，而以神意悅之也。不為無益之事者，執滯於有。能悅有涯之生者，達化於天。世人恒視斯語為忿疾之詞，焉知其蘊此妙道。項蓮生易悅為遣，微有過矣。【無益之事解】

　　讀釋氏書久，偶念六經，如念父母。【念父母】

　　葛嶺抱朴道院前有摩崖云，父母者有形之天地，天地者無形之父母。近人<u>仁和周肯堂</u>撰。愚之念<u>六經</u>如父母，甚有闇契。既以<u>六經</u>為父母天地，佛禪者，擬之日月可也。<u>馬祖</u>曰，日面佛，月面佛。此之謂也。【父母天地】

<u>王驤陸</u>先生<u>乙亥講演錄釋我</u>有云"破法執者非金剛般若之大智慧不可"。教下諸家，如<u>天台華嚴</u>理義精邃圓通，然法執之病不易袪除。<u>智者賢首</u>諸大師以龍象之具而講斯法而無礙，世之未有大圓鏡智而能無礙于此者，未之有也。宗門不立文字，乃知義學易生法執，不如避其鋒銳，以反為用，別立蹊徑，豁然開朗。藏教者，袪執幻為真之病之法也。禪宗者，亦袪執法為實之病之法也。【破法執者】

<u>乙亥講演錄釋我</u>又有云"我之為物，其大無量無邊。人如真能知我，即見真我。或貪或瞋或痴，或戒或定或慧，或聖或賢或人，或鬼或畜或地獄，皆我自由之所擇。擇之者心也，明此心方是真我大我。使我心由迷轉覺，由亂轉定，由愚轉慧，亦是我之權衡"。曩者道友嘗諫予談我多甚，似著我執，而予猶未之悔者，或以此也。人而無我，力必不大。聖而有我，境必不圓。【釋我】

吾生平聞異香不可思議者有二。遊<u>天台</u>自<u>國清</u>古刹山門入，異香隱秀，沁殿屋間，覓之無跡，亦非梵味。自<u>杭州樓霞嶺</u>下至山麓，異氣流于林壑中，嘆為未聞。巖藪之處，殊有勝緣。往者佛乘，多言有異香者，想其神味，與此無二。【異香】

宋僧異才<u>惠洪覺範</u>晚歲題詩於<u>湘西鹿苑寺虎芩堂</u>云，平生文彩照諸方，暗谷行藏草木光。要使叢林想高韻，故將名字挂虛堂。蓋其自知聲名不可磨滅，高邁之韻，噴吐自得，亦如泉瀑之下，本合天機，非可徒以狂肆目之。宗門至<u>宋</u>，法境漸弛，然<u>延壽心賦</u>之注，<u>契嵩護教</u>之篇，<u>石門</u>文字之禪，亦天壤閒不可少之物什也。【覺範詩】

<u>維摩詰經</u>佛道品有曰，覺意淨妙華。<u>羅什</u>註曰"華之體合則不妙，開過則毀，開合得適，乃盡其妙也。調順覺意，亦復如是。高則放散，下則沉沒，高下得中，乘平直往，開合之相，其猶淨華也"。覺

範自號甘露滅，陳了翁早已罪其自是過高。（見冷齋夜話卷六。）維摩
詰述在欲而行禪義，覺範亦奉為圭臬，而有恣行。此政覺意過高所
以放散之病。大乘不二法門，非大根器菩薩行不能受，末世根器證
位多不逮，而愈好以自解，禪病是以愈重，佛道是以愈輕。故調順
覺意功夫，為末世修者一大法度，不可不慎。宋明禪者，吾人或傷
其過高，近世以降，吾人或患其過下。今日之際，不可不奉高下得
中，乘平直往為實訓也。【調順覺意】

　　維摩詰經佛道品有曰，在欲而行禪，希有亦如是。荀子解蔽有
曰，聖人縱其欲，兼其情，而制焉者理矣。王先謙云，縱當為從，聖
人無縱欲之事，從其欲，猶言從心所欲。以此亦可知維摩經之所謂
在欲，非沉湎物欲之謂，猶言順承欲念也。或以物欲解之，宜其迷
矣。佛道品有曰，示受於五欲，亦復現行禪，令魔心憒亂，不能得其
便。則在欲而行禪者，為制魔之奇計，非日常之軌持，不可不慎用
之。景德傳燈錄言二祖惠可韜光混跡，變易儀相，或入諸酒肆，或
過於屠門，或習街談，或隨廝役。人問之曰，師是道人，何故如是。
師曰，我自調心，何關汝事。此調心之說，實可為在欲行禪之正解
也。【在欲而行禪】

　　天水一朝，道術愈裂，三教一致，亦不得已。今日滅裂破壞之
局，非諸教一致，共為盤結，護維精進，無以濟之。【三教一致】

　　今世須唱漢和梵耶回一致之義，為宋世三教一致之續業，方可
濟度四海塵寰末法衆生，不失其所。然其義終易失之粗，非大儒大
德莫能辦。小者持之，適成其失，悖矣。【漢和梵耶回一致】

　　竺道生言一闡提人皆得成佛。涅槃經言正因了因緣因三因佛
性。正因即性空實相，了因即般若了照，緣因即助緣修德。晉梁北
魏，極崇緣因。教下諸宗，徹明了因。禪門直指，顯廓正因。極崇
緣因者，厚釋教之根基，使之磐礴山巖，深融儒玄。徹明了因者，邃
義學之神明，使之攝服萬學，法喜浹髓。顯廓正因者，棄法執之沉
滯，使之水落而出，唯我獨尊。而禪若無了因智德，易淪枯幻。使
教若無正因直體，多未長久。圭峯宗密、永明延壽諸大師融化教宗

之為貴,以此也。然其學後世不為尊崇,傳者甚鮮,而善用其說大濟天下者,實為宋世理學之儒。謂宋儒為隋唐釋氏之嗣,亦無不可。【正因了因緣因】

真淨克文早精賢首慈恩之學,後居龍門山,見比丘塑像,忽然自失,曰,我所負者,如道子畫人物,雖曰妙盡,終非活者。後師黃龍慧南,為嗣法者。棄義學而歸直指,宗門之得人,多如是者。今日治藝者多尊崇古人造像壁畫,而不知其終非活者,不免莊生斫輪之哂。欲圓成者,焉可以死物為鵠的。治藝者先養佛性,為智覺德體之人,以成活物,則治之庶幾無大弊矣。【活者】

參禪者須先成活人,方可修習。學儒玄古文辭者,皆無以異。【活人】

教下易法執,宗門易象執。心宗詩偈棒喝,極善用物象,金針度人,然轉易為象執。真淨克文有云,不屬諸方語言,豈關森羅萬象。妙甚。然甚不易。碧巖錄中圜悟大師苦口婆心,今日又幾人能會。蓮池之倡淨宗,義學語言,禪喝萬象,一概泯絕,只持名號,非無故也。然義學語言,禪喝萬象,焉可真泯之哉。存乎其人可也。【象執】

五濁者,劫濁、見濁、煩惱濁、眾生濁、命濁也。今世之名五濁惡世者,特有由也。劫濁者,核器也。見濁者,影像也。煩惱濁者,存在論也。眾生濁者,清流絕也。命濁者,污染也。生此世運,若不發初心猛精進,如何爲人。【五濁】

西嶽道場精嚴,法境复曠,愚登躋而上,棲宿西峰,作一夜道人。歸而甚悔,以此山登躋之難,神明之靈,一宿而返,愚豈為永嘉哉。【西嶽】

東嶽經石峪,磐磚豁度,梵經蹲踞,澗泉噴激,聲達林壑。想梵經所言之聖境,不過如是。【東嶽】

中嶽渾涵包容,直方圓大,其號為天地之中者,非踐其地不能知也。竊謂宗門者,釋教之中道也。達摩安隱,而于斯地,開大法脈,蓋于地氣,亦有應者。【中嶽】

曩登峨嵋,猶少年身,孤徑雪域,凄神寒骨,猿哀霧封,若有疑竇,爲生平之祕境,後不復有。【峨嵋】

五臺高峻入雲,直接河漢,澂光玄奧,巖林深密,非淺人弱人所宜住。其山藏遇萬有,莫可測也。【五臺】

天地弘廓,吾家亦是道場。宋高僧傳甄叔傳有云,形同水月,流浪人天。巖壑中具此意度易,家門裏有此物化難。彝倫之地,不可無著實之禮義。既為道場,亦不可無水流之虛明。唐宋賢人,當日多於此得力。【吾家】

玄奘譯無著顯揚聖教論卷二有曰“雜染者謂於上靜慮起深愛味見慢及疑。愛味者。謂有十種。一俱生作意愛味。二分別所起作意愛味。三自地作意愛味。四異地作意愛味。五過去愛味。六未來愛味。七現在愛味。八下愛味。九中愛味。十上愛味”。今世凡情緣熾,過於往昔,故特譜愛味。習者觀十種愛味之義,自鑑生平歷境塵合,或可一洗癡滯餘熱。過去現在愛味或可清淨,未來愛味其能免其雜染乎。【十種愛味】

顯揚聖教論卷十二有曰,文者。略有六種。一名身。二句身。三字身。四語。五相。六機請。名身者,有十二種。句身者,復六種。語者,略有八分。相者,有六種。機請者,有二十七種。縝密愷切,誠不可思議。劉彦和作文心雕龍,空前絕後,其之受梵學啓引者,當無疑義。無著言機請者,謂因機請問起於言說。二十七種因根差別、行差別、品類差別、願差別、可救不可救差別、方便差別、種類差別分。禪宗機鋒棒喝、頌古評唱,實不脫其範圍。當日或亦嘗受此唯識家二十七種機請之影響。汾陽善昭之十八問,實亦十八種機請,其理無二。宗門之受啓于教下者,蓋亦多矣。【唯識家二十七種機】

劉蕺山答秦履思書有云“人和天地萬物以爲人。今人以七尺言人,而遺其大地萬物皆備之人者,不知人者也”。釋氏之空,和空空以爲空,常人以空寂言空,而遺其空空之原本者,不知空者也。儒家所求,在天人之全體,執著一端者非聖道也。釋氏所求,在空

寂之全體,耽悅一說者非真如也。天人之全體,空寂之全體,亦一而已矣。【截山語】

聖哲,必淑和之氣所致。山岳,靈氣之所鍾。然陽明有云,泰山不如平地大,平地有何可見。平地之淑和之氣,滋養綿密,實又勝於山岳。吾鄉居歸來,每有斯感。(自忖愚今日之學,信非背謬聖教,實家族鄉野淑和之氣有以致之,非此無足以為陶鑄。十餘年來,京杭地氣,五嶽神光,固多化育受用者,亦無與之比。是所謂泰山不如平地大也。)【淑和之氣】

荀子彊國有曰,王者敬日,能積微者速成。學道人亦何異乎是。先儒多訓微為微細小事,愚謂另有勝義。細事而外,猶含微妙之諦。王者之積微,非徒謹乎細事之謂,蓋有微妙大義在焉。道人之積微,非徒嚴乎修持之謂,亦有微妙正覺存焉。然捨細事修持,不足以成大義正覺,故曰能積微者速成。近世樸學家楊遇夫自號積微齋,取荀子義,然觀其所積,終多清人餘習,似無能以語大道。其學固稱精密,然不可不慎其路徑之偏單。道此以爲今世治小學者誡。【積微】

陶元亮與子儼等疏云,五六月中,北窗下臥,遇涼風暫至,自謂是羲皇上人。宗喀巴大師菩提道次第略論卷三有云“謂諸異生及聖者,下至生於有情地獄,僅依涼風生起以上之一切適悅樂受者,悉從往昔所集善業出生。若從不善而生樂者,無有是處”。陶先生涼風暫至,自謂是羲皇上人,猶菩提道次第略論所謂依涼風生起以上之一切適悅樂受者,則其所樂悉從往昔所集善業出生,非無因也。【涼風】

韓文公原道云,足乎己無待於外之謂德。莊子馬蹄有云,彼民有常性,織而衣,耕而食,是謂同德。成玄英疏云,言蒼生皆有真常之性而不假於物也。德者得也。觀韓文理脈,多從此端著力,其文辭,亦從莊子胠篋諸篇化出。彼蓋善用莊子者。所謂入其室,操其戈而伐其人,即斯人也。其于佛教亦然。清潘耒法海一滴序有云“昌黎佛骨一表與達磨實無功德一言不相謀而適相合。其天資英

邁,自是禪門種草。遇<u>大顛</u>而降心咨訪,殊有入道機緣"。豈盡妄論。【善用】

儒家應世,彝倫攸敍,心身家國天下一體,妙有渾然,而難於徹空性。(難者曰,既未徹空性,如何妙有。對曰,<u>楞嚴經</u>言,空性虛通,周遍法界。有之為妙,豈必待徹空性而後達哉。空有不二。儒家以有而達者,最具此大行之能,篤健光明,獨契妙道,非依言說者所能分別計度。)佛門出世,寂滅圓成,靈光獨曜,真空了悟,而難於達妙有。(所謂有體而無用,此尤爲歷代闢佛者所詬病。夫闢佛者之言說,多失中道,非為實相,然其有不可廢者,亦即在此。<u>三武</u>之劫,亦為因果。禪宗之興,乃矯其弊病,賢能輩出,遂令佛法,愈合於家國妙有。其農禪,能自食,其義解,合大用,其行止,助政治,不于事外言理,使儒<u>易</u>渾合於<u>釋</u>教,為無分別智德,成大道力,振動寰區,維繫千年。其大事因緣,有在此者。)惟空性妙有,兼舉俱進,一無掛礙,最爲近道。(典籍中空性妙有兼舉者,在儒莫善於<u>易</u>,在釋莫善於<u>維摩詰經</u>。)使真儒者能徹空性,亦為佛陀。使真佛子能達妙有,亦為聖人。玄教存形修真,徹空性,較儒為易,較佛為難。達妙有,較佛為易,較儒為難,適成其折衷。密宗以大乘顯教了空性,以灌頂密咒修有身,庶幾近之。愚韶亂好玄,十有五讀<u>老莊</u>而悟入,長而志儒,欲續先聖之絕學,而立兼佛,行三教一致之說,非好變也,自適其適爾。【空性妙有】

<u>儒</u>,天也。<u>釋</u>,太虛也。天與太虛,恒爲一物,而時顯別異。蓋天有日月雲雨,施諸坤地,晴霽陰晦,各爲韜養,萬物遂生,人靈獨耀。太虛光明洞徹,淨裸無極,無纖毫塵障,而爲萬靈之根源,宇宙之歸墟。當天體明霽時,其與太虛了無隔礙,自同澄清一體。此儒<u>釋</u>不二之理也。當天地陰雨時,其與太虛,似有高卑清濁之分,然其本固爲一物。使人靈無有此陰雨滋養,則絕其嗣種。是故儒教世間,雖時呈清濁交錯之相,其蒙養功德,固與佛無異也。此種功德,亦非佛教所能辦。蓋<u>釋</u>氏以出世間法,棲留世間,常有違乖,如戒淫絕嗣等,使非儒教圓通世法,如何能得其弘達。使儒教無<u>釋</u>氏之虛明真精,助其振作,洗其陰滯,拓其規模,則亦早已窮矣。是以

知儒釋恆爲一物,而又以別異相養也。(使天無陰晦,亦不使人得此種覺識,是所謂煩惱即菩提。)【入蜀空航時所悟者】

儒者,坦然履儒事可也。蓋儒事莫非如來種。甚者闢佛,亦如來種也。(近覽唐君毅原性篇第十一章有云"然若佛徒可呵佛罵祖,仍是佛法,則世間人呵佛罵祖,只言其他一切法,更不言佛法,或浸至只言其他一切法而反對佛法,亦未必即非佛法也"。與愚意不無闇契。)【闢佛者亦如來種】

近世儒者文字,最具莊嚴法相者,爲馬湛翁先生。釋者文字,最具莊嚴法相者,爲能海上師。皆非他人所能及。儒者文字,語體文最具莊嚴法相者,則爲唐君毅先生。【文字最具莊嚴相】

智者大師觀音玄義尚有性具惡之義說,發明佛性殊深,儒門如何不能言經制事功、王霸之術。朱陸立言之爲隘,自不及隋唐大師之能達。朱陸猶華嚴、禪宗之言法界、自性,永嘉、永康,猶智者性惡之教也。【儒門何嘗不能容事功】

唯識家之有五種性之說,言一闡提無能成佛,與涅槃法華諸經有相違者。今姑以一言折之。宋晁以道晁氏客語有云"凡人之弗能爲者,聖人弗爲"。使一闡提弗能作佛,佛亦弗爲也。【五種姓說】

朱子大學章句撰格物致知傳,言必使學者即凡天下之物,莫不因其已知之理而益窮之,以求至乎其極,不免類乎法相唯識宗之學者,必一往求觀一切法之有,故爲近禪之象山一派所斥。象山與曾宅之有云"古人自得之,故有其實。言理則是實理,言事則是實事,德則實德,行則實行。吾與晦翁書所謂古人質實不尚智巧,言論未詳,事實先著,知之爲知之,不知爲不知。所謂先知覺後知,先覺覺後覺者,以其事實覺其事實,故言即其事,事即其言"。竊謂此不失爲格物致知之正解也。【格物致知傳】

魏叔子日錄一編有云"昔有以不能文章病韓魏公者,公曰,琦爲相,歐陽永叔爲學士,天下文章孰大於是。余嘗笑謂永叔一生苦心勞心,做成如許文章,卻只是如替魏公作了也"。吾昔以闢佛老病洛闢大儒,實則反者道之動,三教互爲賓主,世間佛法孰大於是。余嘗笑謂昌黎伊川苦心排異端,卻只是做了佛法功臣。【佛法功臣】

魏叔子日錄一編有云"能知足者，天不能貧。能無求者，天不能賤。能外形骸者，天不能病。能不貪生者，天不能死。能隨遇而安者，天不能困。能造就人才者，天不能孤。能以身任天下後世者，天不能絕"。此叔子生平學問血髓所在。叔子不喜佛老，而此語極得佛老神髓。能外形骸者，天不能病。老莊之髓也。能不貪生者，天不能死。釋氏之髓也。能以身任天下後世者，天不能絕。儒家之髓也。【叔子三髓】

劉京叔歸潛志，士氣昂藏，金人筆記之傑出者。其有曰"賢人君子得志可以養天下，如不得志，天下當共養之"。至言也。愚思夫釋教高僧，亦賢人君子之儔，得志固可以養天下，如不得志，天下亦當共養之。然今世天下所養之賢人高僧，多非其實，則其所將養天下者，蓋亦寡矣。【天下共養】

金元之際，會通三教最傑出者，共推李屏山。劉京叔歸潛志載之甚備。閑覽彼時通儒李治敬齋古今黈，則知其亦有深造焉。萬松行秀從容錄謂達摩無胎息法，人謂達摩行胎息法者，出於曲學小智。敬齋古今黈卷二辨之云"胎息雖不足以盡至理，亦至理之所依也。今一切去之，則正所謂性外求命，命外求性耳。命外求性，便是不識性命"。佛家之不以玄教為是，固亦自然。然持平而論，三教一致。胎息之法，自亦至理之所依，敬齋之言，非謬也。然敬齋以不識性命斥之，則又非是。佛豈不識性命者。惟萬松之語未圓耳。玄教重性命，說理自有圓潤過人處，雖不及佛經神邃，亦無其易入虛誕之病。蓋性命者，最可實證于我身，莫可欺也。敬齋嘗自述其有得乎此，故有斯論之斷斷。【胎息】

呂本中紫微雜說有云"莊子稱南郭子綦隱几，齧缺睡寐。又稱天地固有常，日月固有明矣之類，此正與今說休歇者一致。若于其中能有自得，方可謂之物格知至"。善於休歇，亦是道術。隱几睡寐，亦莫非物格知至。奚必訓格為閡格而始有高義哉。禪之懶融、懶瓚，道之陳搏，皆善於休歇者。暑日晝臥，清風徐來，悟而筆此。愚亦閑懶，人于此事，何可讓于古人。然吾性剛直，于道終有累，于

世或非無補益。【善於休歇】

空有不二,佛喜言空,儒喜言有,常人喜言性情,如鳥之於天,魚之於水,並無二致。【喜言有】

知止而后有定。知止近乎釋教之言信,信解行證之信。信為何種境地,即知止為何種境地。正信者摒絕邪見妄想而清定自生,知止者自然能求放心而歸于淑和。艮止之義,不虛也。然有信而未正信者,有知止而未止至善者。止至善者,發心之至善也。人初發心之至善,其境界自非等閒。【知止】

安而后能慮。成唯識論云,生死相續由諸習氣,諸習氣有三種,名言習氣、我執習氣、有支習氣。無明則有五種。清除微細惑習,有如過濾,即是慮。方須大定大靜大安之後,始能有此過濾之能力。此慮乃大智德也。【安而后能慮】

宗密普賢行願品疏鈔有云"若以情情於性,性則妄動於情。若以性性於情,情則真靜於性"。使情盡性於性,則非情矣。歷來多尚無情、滅情者,情終不可無,不可滅。情由性生,往而不返,則禍于性。使其往而能返,則必為性助。儒玄之使情,使其往而能返也。禪密之使情,亦使其往而能返也。(禪林寶訓載黃龍慧南曰"先佛言,人情者,為世之福田。蓋理道所由生也。故時之否泰,事之損益,必因人情。情有通塞,則否泰生。事有厚薄,則損益至。惟聖人能通天下之情"。此亦禪門使情之一例。然吾觀黃龍禪師之言,全襲用陸宣公疏奏。資治通鑑卷二百二十九載其言云"故仲尼以謂人情者聖王之田,理道所生也"。則先佛、仲尼,幾一人矣。彼時禪師之熟於儒書也如此。)愚嘗謂,情力增一分,佛力增一分。蓋有悟于此也。吾人有大情力,當有裨于儒佛事。前者以情為害道,非篤論也。然此自質性篤厚、根器甚利者事,其往而不返者,詎可依此修行,徒增業力耳。【情】

近世得恕之道者,有余嘉錫、唐君毅二先生。余氏四庫提要辨證,為近世第一流著述,而其序錄乃謂易地以處,紀氏必優於作辨證,而余之不能為提要決矣。唐氏撰生命存在與心靈境界,光焰煌煌,亦前所未有之書,而其自序乃謂此書亦只是一可讀可不讀之書,亦天地間可有可無之書,唯以讀者之有無此書之問題以爲定,此非自作謙辭,而乃克就哲學論辯之著之分位,作如實說。此皆他人所難能者。以愚之見,余、唐之說不誤。而二先生能坦然自道之,此尤非他儒所可想見。蓋自乾嘉間戴震汪中諸儒以來,精於學者類多振振自張之詞,漸乖恕道而不返,至清季民國愈熾然可畏。釋氏人物亦然。如太虛、印順、歐陽竟無諸賢,亦皆有此種激悍習氣。愚素未以爲然,而嘆古道之罕覯。今觀余嘉錫、唐君毅二先生言,甚可慰吾心。先聖曰,其智可及也,其愚不可及也。誠然。(乾嘉以降,儒釋人物,盡多好智者,愚者難得。儒門衰微,宋明先儒躬行近愚之風幾不復覯矣。熊氏開唐、牟、徐三家,此派最盛,好智者也。唐氏能自識其分位,而牟氏不能。馬、梁二先生則近乎愚。一愚於學,一愚於行,皆不能與時俱新,而皆不可及。錢賓四先生智愚兼求。釋教歐陽竟無、呂澂、太虛、印順諸派,好智者也。虛雲、印光、大愚、弘一,欲求乎愚者也。能海上師智愚兼求。愚求愚誠尚未能,然自知非好智者。是吾志也。)【得恕之道】

　　熊十力與金陵內學院之諍為近世一大公案。熊氏儒者中豪傑之士,為闢風氣者,而致聖盡性,非其所能,轉移氣質,未見其功,學問甚多武斷粗率處。(此彼亦嘗自道之,見論學書札。吾推熊氏為豪傑。然觀其書札中盡多愁苦語,至有不可解者,恐即其常自云之神經衰落諸症之微驗。其狷急激憤之過,蓋已成心疾矣。其生平極崇體用不二之義,而其學行,則體用不免為二。彼專以獨斷為學術,不恤衆議,惟勇於自信,而不能改過。晚境尤不堪。致劉述周至乞滋養品、房屋。悲哉。熊氏固不失爲豪傑之畸者,然較之船山大儒豪傑之雄,弗若遠甚。今以平常心觀之,可謂儒學中之藝術家,但賞其天真爛漫足矣,不必盡計其是非對錯也。)然歐陽氏亦佛學中豪傑之士,性地非能無病。內學院獨斷自是,以一家之見,訾議天台、禪宗以來諸賢之傳,執以己意,斥盡古德,豈能得夫中道者。蓋亦不自量力。熊氏諍之,亦其應得之報。(熊氏與劉靜窗書札謂呂秋逸於考據方面,自有長處,於教理方面,似不悟本源。且欲以俗諦說真理,用意固不全非,但須見真,方可即俗詮真,否則順俗而失真,佛命絕矣。此說不誣。誠為今日佛學研究之大誡。熊氏之獨斷,或挾雜意氣之粗。歐陽氏之獨斷,實有宗派之習氣。以平常心觀之,內學院師生之言論,亦屬自然,不脫宗派家固有之習性,可與禪門之呵佛罵祖等量齊觀,亦不必盡以正理相繩。其人之守護宗風,亦無可厚非。)雖然,二者皆能闢一時之風氣,各有功德焉。愚於儒家佛學,既不取熊氏,亦不喜歐陽氏,今觀其公案,可以超然矣。智者大師摩訶止觀有云,"深嘱一家學道說法之者,自非得證分明,慎勿偏執諸經論、諸佛菩薩方便赴緣之言,空靜不思議、不可測量之行位也。普願法界眾生,歸僧息諍論,入大和合海也。"不啻為歐陽氏、熊氏二家發也。【熊十力與金陵內學院之諍】

嘗閉關,忽悟千言不如一默。如今涵味愈久,愈覺其真切。惜愚不能如德山,一火焚盡青龍疏。【一默】

茶禪心解五十七則

維摩詰謂須菩提曰,若能於食等者,諸法亦等。諸法等者,於食亦等。竺道生維摩詰經註曰,食事雖麤,其理自妙。竊謂茶禪之道,亦無二致。若能於茶等者,諸法亦等。諸法等者,於茶亦等。永明延壽唯心訣云,若一滴之水,與渤澥之潤性無差。茶道即此一滴水也。釋教行火道於護摩(火祭)焚香,行木道於宮室營造,行土、金道於佛像石窟,自茶道興,則五行備矣。

飲茶盡時,如觀僧璨信心銘,虛明自照,無欠無餘。正所謂一種平懷,泯然自盡是也。茶儲罐時,如觀洞山玄中銘,碧潭水月,青山白雲。正所謂混然體用,宛轉偏圓是也。

一日煮茶,偶忘之,猛覺茶沸釜中久矣,悚身而去。于彼剎那,忽悟學道人須有此猛醒提撕功夫方是好學。

正襟危坐,本巖巖之法相也。寒泉奔逸,自胸中之丘壑中物。

閒居多嬾,以茶充腹,常有山中道人歸來煮白石之妙。

誦舜典覺天恩浩蕩,參趙州覺人才獨尊。

法華經藥草喻品言"諸樹大小,隨大中下,各有所受,一雲所雨,稱其種性而得生長,華果敷實,隨一地所生,一雨所潤,而諸草木各有差別。當知如來亦復如是"。茶道所施亦然,各稱其種性,自潤所生而已。茶禪實如來法。雲雨藥草為譬喻，茶水潤身為體受，故茶法之妙，尤爲得體深切。淮南子繆稱訓曰，"聖人之道，猶中衢而致尊邪。過者斟酌，多少不同，各得其所宜。是故得一人，所以得百人也。"亦即法華之旨也。

慧雲含潤，茶亦受雲雨而生，轉潤眾生。眾生亦受如來而生，而能轉潤眾生者，方不虛爲人也。

藥草喻品偈言，種種言辭，演說一法，於佛智慧，如海一滴。德山云，竭世樞機，似一滴投入巨壑。故宗門不尚言辭演說，傳至趙州，便說喫茶去。然碧巖錄中圜悟大師已誼誼不休，類乎俗學，不比雪竇之簡。乃知圜悟倡茶禪一味，調其弊故。

智者摩訶止觀四種三昧之非行非坐三昧，亦稱隨自意三昧，慧思所謂意起即修三昧也。湛甘泉言，隨處體認天理。實為方便法門。茶道亦不拘束。近人伊藤古鑒著有茶與禪，載珠光弟子栗田口善法，棲遲林巖，身擕銅壺，隨地茶事，或有此意。夫以天地為草庵者，幕天席地，日下莫非草庵茶所也。（千宗旦茶禪同一昧一書有曰"只靜默而坐乃暗證生禪，亦為智者大師所嫌。故去來坐立，均行坐禪要法，茶事亦如行住坐臥，修行不懈怠。日常之間，實踐茶意，不假思慮，能調一切"。亦見古人之書，有與愚意合者。）

摩訶止觀十乘觀法有言陰界入境、煩惱境諸十境始自凡夫正報，終至聖人方便。茶為凡夫之事，而終至聖人方便，天生嘉木，非專為凡夫飲饌設也。

巖茶如殘窟古佛，真腴獨尊。鐵觀音如龍泓之潭，幽致浹髓。白水茶如馬祖登堂，平常是道。（此茶吾友林泉閣主人為我述之。）生普洱如山野畸人，覿面呈機。熟普洱如溫醇君子，古愚若拙。獅峯龍井如千峰秀色，直指心體。法淨龍井，如法乳灌頂，止照並行。

玉蘭花樹，初春之際，無葉而發，枯枝高華，映熠四野。一如禪茶枯澹華滋，靈光獨曜。

柳子厚言小石潭水淒神寒骨，不知瀹茶如何。觀永柳諸伽藍記，子厚出之泉湧，若宿世所居者。想其潭水，亦堪道人之用。夫和敬清寂,實為厚腴,凄神寒骨,豈真偏枯也哉。

　　讀六經虛靜事,與修行何異。飲茶亦虛靜事,又與修行何異。

　　佛廣開甘露之門,禪遍啓喫茶之智。故此甘露,自出我手,自入我心,緣即佛性,本無不在。茶經有曰,宋錄新安王子鸞豫章王子尚詣曇濟道人於八公山。道人設茶茗,子尚味之曰,此甘露也,何言茶茗。

　　茶經有曰"其火用炭,其次用勁薪。其炭曾經燔炙膻膩所及,及膏木敗器不用之。古有勞薪之味,信哉"。茶道之潔淨微妙,有在於是,非徒求味之正也。禪苑清規載宗門禮儀如此縝密,蓋其徒奮志,欲遠於所謂膻膩敗器者也。世說新語苟勗言車腳勞薪之炊,今天下滔滔所謂學術者,多是其味。吾儕之能免其哂者蓋亦鮮矣。

　　陸羽言茶有九難。智者大師次第禪門言須具二十五外方便,亦難。今之具二十五外方便者,愚未之見。今之克治九難者,亦不得睹。茶禪皆龍象橫行時事,今日之茶禪,非茶禪也。(別為九難之一,茶經曰嚼味嗅香,非別也。今世飲茶者惟耽事此耳。)

　　余友張頌仁兄嘗貽我臺灣茶,飲之,忽欲泣然。歎曰,臺灣之土不可失也。夫茶皆具土性,有斯茶之美,而必有斯土之美,愚雖未蹈其地,以此茶而知之。茶之關乎家國社稷者,或有在於此。

　　洛陽伽藍記卷四有言"臨淮王彧性愛林泉,又重賓客。僚寀成羣,俊民滿席,絲桐發響,羽觴流行,詩賦並陳,清言乍起。莫不飲其玄奧,忘其褊郄焉。是以入彧室者謂登僊也"。飲其玄奧忘其褊郄八字,實可為茶事之圭臬。茶禪一味,其玄奧也無涯。心寬體達,其褊隘也坐忘。而以詩賦清言為輔器,轉成勝因,啓人神智。雖非本體妙覺,其之裨于茶道者蓋亦不淺。

　　漢裔茶道,多本游宴之會,與詩賦清言林泉翰墨為一體,依仁遊藝,其類乎元彧之室者,漢晉以至明清,不絕若縷。禪門茶湯,亦威儀禮數之一種,不特獨出。和族禪茶,入清寂和敬之專塗,獨燿性體之靈光,而以草庵槀枯高華為美。漢茶通裕而雅,和茶寂澹而卓,各有優劣,並無高下。然登僊之美,則無以異也。漢和一家,相濟最宜。

天童如淨有云，佛祖大機難測度，猶是家常茶飯。茶者，吾國以家常視之，然家常亦道也。扶桑以道視之，然道亦是家常也。

大隨神照禪師歸蜀後寄錫天彭珊口山龍懷寺，路旁煎茶，普施三年。後入大隨山，居木禪庵。影不出山，跡不出俗。見行狀。大隨煎茶普施三年，而後開山講法。茶禪三昧，莫過於是。

昔李駙馬見石門，石門謂曰，此大丈夫事，非將相所能為。茶道實亦大丈夫事，豈凡夫小兒所宜哉。

唐蘇廙十六湯品言湯者，茶之司命。其于湯水之品，辨析極嚴，如辨姦邪。湯之姦邪者，宵人湯、賊湯、大魔湯是也。湯之猥末者，嬰湯、百壽湯、斷脈湯、纏口湯是也。修禪之自辨邪魔猥雜，時加覺照，莫非如是。

溫飛卿採茶錄有云"王濛好茶，人至輒飲之。士大夫甚以為苦，每欲候濛，必曰，今日有水厄"。考水厄之說，本洛陽伽藍記。其書卷四言王肅背齊歸魏，好茗。劉縞好肅之風，專習茗飲，彭城王謂縞曰，卿不好王侯八珍，好蒼頭水厄。時彭城王家有吳奴，以此言戲之。今世茗飲風俗甚盛，然類多而濫，品性雜蕪，謂之水厄之世亦可也。

未飲茶時亦如飲茶時。未禪定時亦如禪定時。

五代毛文錫茶譜錄各地巖壑之茶近百種，有以觀輿地風物之勝。乃知茶為地產之靈，有其茶處亦必有其人靈。惟人靈堪飲地靈之茶，惟先聖墳典堪與茶禪之化。

宋陶穀茗荈錄有云"吳僧梵川，誓願燃頂供養雙林傅大士。自往蒙頂結庵種茶。凡三年，味方全美。得絕佳者聖賜花、吉祥蕊，共逾五斤，持歸供獻"。此種高風，清拔塵寰，絕非後世人所能為。以供養而結庵種茶，真茶禪之苦修孤詣者，堪與大隨媲美。不知傅大士受此聖賜花茗，作何滋味。（清陸廷燦續茶經錄錢牧齋茶供說有云，朱汝圭辦茶供佛，後之精於茶道者，以採茶供佛為佛事，則自汝圭始。蓋未考茗荈錄梵川之事也。）

宋葉清臣述煮茶泉品言茶瀹氣滌慮，蠲病析酲，袪鄙吝之心，招神明而還觀。妙甚。禪道之要，莫若攝心，攝心之法，莫若止觀。還觀者日常之覺照也。神明者，清淨平等性本自具足也。天之生此茶者何，天意勸人學道故也。故曰，天生烝民，有物有則。

宋孤山智圓閑居編祭祖師文、祭孤山神諸文言其皆以茶之奠致祭，茶之為宜，有在於是。

茶書宋時猶存神味，入明則多類博物志技書，機趣寡然。明人之玩物志移，多有若是者。彼時宗門玩禪而志移者，亦多矣。

智圓有詩云，鑿得新泉古砌頭，黌茶滋味異常流。夜來閑看澄明性，天上無雲月正秋。最爲茶禪平易之境。此種平易於明人已罕覿矣。

無準師範重陽上堂，有云，九日重陽節，東籬賞菊花。歌懂公子事，淡薄野僧家。雖然淡薄，不妨別有滋味。且道是什麼滋味，膠膠粘粘黃栗粽，苦苦澀澀茱萸茶。可謂逸致無限。

明人文辭多繁蕪不潔，甚損茶道之清簡。

扶桑茶道諸祖珠光、利休等，皆吾明時人。值吾國茶禪機趣漸寡之時，海東之國道諦靈發，開山授法，唐宋法脈，賴以不絕。此真所謂此消彼長也。失之東隅，收之桑榆。天道如是，豈為不幸。

宗喀巴亦明初人，顯密性相，圓通無礙，法緣隆盛，開黃教六百年大法，德浹四隅，至今未絕。能海上師教理初基讚其為法王第二，真近世第一流人物。明人之卓者自推王陽明，知行俱高邁，而格局略隘。上未能得君治國，惟治軍有術而已。下未能精邃義理，攝服萬學，故根基不厚，未得長久。其施諸吾夏爲不足，而備用於扶桑。上以治國，下以治身，陽明之子孫，豈吾裔而已。

宗喀巴如說能行，如行能說，說修一致，學行合一，是以卓大隆盛。陽明倡知行合一之說，甚爲同契，亦輝耀百年。蓋同處法執沉滯士行卑靡之世，須新其途徑。欲合大道，莫若一知行而無偏頗。彼時日僧茶道，實亦合知行合一理事不二之義。非禪無以爲茶，離茶亦不言禪也。漢藏和同時同事，亦氣數使然耶。

　　明人陸樹聲與武野紹鷗同時,其茶寮記言其設寮趺坐,以具人
清淨味中之三昧悟入趙州為意,粗存祖風,唯甚淺顯,無多玄諦。

　　明孫大綬茶譜外集錄劉禹錫西山蘭若試茶歌有曰,欲知茶乳
清泠味,須是眠雲跂石人。甚見茶人本色。禪語曰,路逢劍客須呈
劍,不是詩人莫獻詩。非是眠雲跂石人,莫論茶也。

　　屠隆茶說有云,茶之為飲,最宜精行修德之人。神融心醉,覺
與醍醐甘露抗衡。此語深合道諦,于明人言中,殆不可多得。彼時
日僧專注于此,衍澤當代。今龍井寺猶存屠氏遺石,想當日泉林尚
有此輩解人。

　　張德謙茶經有云"善別茶者,正如相工之視人氣色,隱然察之
于內焉。若嚼味嗅香,非別也"。人之辨茶之相,茶實亦辨人之相,
非其人則其味不出。

　　吾家塾略施茶道威儀,諸童咸有異解。

　　吾講學嘗標紹鷗一期一會之義,極合。

　　千宗旦茶禪同一味一書所援引者老子孔子家語,漢籍也,法華
金剛諸經,漢譯也。與吾儕之所受,渾然無間。

　　觀日僧茶人文翰,亦類乎明人小品。惟止定束修,禮儀嚴明,
更有道人本色,有以大化。今天下韶齔之童知有茶道者,日僧之力
也。吾夏數典忘祖久矣。今日力參茶禪者,猶寥然無儔。不揣多
事,作此篇章。聞者足戒,愚懷惟此而已。

　　飲茶多者,溲溺亦有其氣。古人道在屎溺、佛是乾屎橛之語,
或可會矣。此非戲論。前引蘇子由云"水流於地,發為草木,鹹酸
甘苦皆水也。火傳為薪,化為飲食,飯餅羹蔵皆火也。心藏於人,
見於百骸,視聽言動皆心也。古之達人推而通之,大而天地山河,
細而秋毫微塵,此心無所不在,無所不見"。豈非其理哉。大戴禮
小辨篇云"通道必簡",又云"夫道不簡則不行,不行則不樂"。子由
之言,深得簡之道。茶禪者,亦深得簡之道也。簡之道云何。曰真
心而已。

　　明徐次紓茶疏有云"茶不移本,植必子生。古人結婚,必以茶

為禮,取其不移植子之意。今人猶名其禮曰下茶。南中夷人定親,必不可無,但有多寡。禮失而求諸野,今求之夷矣"。人之不可逐末而移本,實為萬世不刊之矩矱。日僧最澄渡海攜茶子而歸植之,遂開支嗣。不移植子,茶性之近道如是,其之為禪家用者,蓋亦天意。

觀明人周高起陽羨茗壺系,知宜興土砂之制,亦創于金沙寺僧之手。後供春竊仿老僧心匠而光大之。蓋茶道始末風氣,類皆寺僧開闢之,即紫砂一壺,亦然也。佛茶法緣之玄密,猶勝乎君子之與琴書,亦異哉。

覺範林間錄言雲峰悅禪師妙年奇逸,氣壓諸方。至雪竇。時壯歲與之辨論,雪竇常下之。每會茶,必令特榻於其中,以尊異之。此釋氏之徐孺子也。當日茶會雅度,庶幾神遇。

宋元學案卷三十一言尹和靖初為科舉之學,蘇季明謂之曰,子以狀元及第,即學乎。抑科舉之外,更有所謂學乎。和靖未達。他日會茶,先生舉盞以示曰,此豈不是學。和靖有省。此儒士之茶道也。

炎暑飲茶,頗難適味。孟子曰,饑者甘食,渴者甘飲,是未得飲食之正也,饑渴害之也。誠然。孟子又曰,豈惟口腹有饑渴之害。人心亦皆有害。如雷擊棒喝。則子輿氏亦老禪也。

子輿氏言理義之悅我心,猶芻豢之悅我口。禪家恒言如人飲水,冷暖自知,理為一致。然芻豢未免味重,且非日常之饌,理義之悅我心,不如曰猶巖茗之悅我口,則圓矣。蓋子輿氏不知湯茶滋味也。使其知之,當如愚言。

偶以溫水浸建州茶,味收蓄不全出,葉亦卷而懷之,則有老氏沌沌悶悶之意。

嵩山僧以武證道,其與日僧以茶通禪,可以異曲而同工,殊途而一致。然武之弊,流於暴。茶之弊,流於浮。浮暴者,亦一而已矣。皮日休鹿門隱書有云"勇多於仁謂之暴,才多於德謂之妖"。今世之人,不可不深戒之。

非天地之靈蘊,無以有茶。非真心之覺照,無以為道。既不可偏主,則曰茶道之所由者,天地之心可也。天地之心,大易之言也,非三藏經論中語,然於此端,或為中道之詮。唐賢三論家吉藏、華嚴家宗密判教,於儒道猶多訾議,視若外道小乘,此教下著相之性使之,實不若禪門之直蹈不二,無分別心,反得自然渾成。夫辯才不如淵默,明察不如混沌,禪門運勢之為長久,三論華嚴之為短祚,亦以此故。法華賢首諸教判教,必以圓頓一乘了義為歸宿,義理弘深湛密,然其判教之有為法,已墮先機。維摩詰所說經有曰,若求法者,於一切法應無所求。法華賢首諸教之說,固極玄妙,而後之習者,其于此端,不免粘滯,法有所求。亦惟禪門能知儒道無須判教也。(可參本書卷九自得一篇。)一日飲生普,同甘苞浹,忽悟此義。

　　淮南子繆稱訓曰,"慈父之愛子,非為報也,不可內解於心。聖人之養民,非求用也,性不能已。若火之自熱,冰之自寒,夫有何修焉"。其與禪宗何異。吾儕之飲茶,非解渴也,非造作也,性之而已。儻悟此義,可以知止矣。

徵聖錄卷十二　議　論　類

近代經史之繆

　　牧齋有學集賴古堂文選序云"近代之文章,河決魚爛,敗壞而不可救者,凡以百年以來,學問之繆種,浸淫于世運,薰結于人心,襲習綸輪,醞釀發作,以至于此極也。蓋經學之繆三。一曰解經之繆,二曰亂經之繆,三曰侮經之繆。史學之繆三,一曰讀史之繆,二曰集史之繆,三曰作史之繆。凡此諸繆,其病在膏肓媵理,而癥結傳變,咸著見於文章"。愚謂此論移之今世極當。今世古文廢,斯文墜,其根由莫甚於百年之中經史之戕摧崩壞。解經之繆,樸學末流,專考據而遺經義,學問汗漫,不關心術。非惟宋學不振,漢儒大義,亦眇然無覩也。亂經之繆,有自託公羊學如康長素輩,狂說無據,逐造時勢,以罷陵之說淆亂學術在先,新文學古史辨派,胡顧之流,矯誣亂真,褻瀆經權在後。侮經之繆,則自託革命者,以階級學說,成焚坑之實者也。綱紀蕩然,乾坤幾滅,此尤扼腕錐肝所不待言者也。讀史之繆,清季史家承漢學習氣,專史料考據而忽大義,章炳麟之流,雄文異調,雜揉刑名外國言論,已兆史學之禍。又有欲傚章實齋之學而無行其實者,亦無可奈何之事。集史之繆,古史辨派,囂叫武斷,以黃太沖所謂赤手搏龍蛇之力,非誣正經,顛倒權衡。柳翼謀國史要義史德有云,挾考據懷疑之術以治史,將史實因之而愈淆，而其為害於國族也亟矣。（馬湛翁與熊十力有云"獨有自號歷史派者，以誣詞爲創見，以侮聖爲奇功，向壁虛造，而自矜考據。此曹直是不可救藥，但當屏諸四夷，不與同中國"。惜無王者實之，令此曹得志，中國之不得乎中，此輩難逃其責。）作史之繆，如郭氏者，創為通史，登廟堂，拾青紫，遂流佈天下，不可收拾，古人之大體，滌蕩至盡，其遺禍可謂無窮矣。近觀肆閒新修之清史，其體例文辭，已迥別於吾華之傳統，不免有墨子悲絲之恨。近世經史鉅繆洶湧如此，文章之衰，其勢必然矣。故今之泱泱億兆，而無一古文家。當彼之時，顧黃諸大儒卓犖而出，開清代學術之煌業，而今日衰死之際，孰以拯溺哉。非復經史之正學無以瘳其疾也。古人云，天道六十年一變，吾儕其可勉之矣。

文體日壞

夫道體分離而氣體衰，氣體衰而文體日壞，文體壞而道體愈離，今世之求聖道者，不可不知其艱也。莊子天下有曰"天下大亂，賢聖不明，道德不一，天下多得一察焉以自好。譬如耳目鼻口，皆有所明，不能相通。猶百家衆技也，皆有所長，時有所用。雖然，不該不徧，一曲之士也。判天地之美，析萬物之理，察古人之全，寡能備於天地之美，稱神明之容。是故內聖外王之道，闇而不明，鬱而不發，天下之人各為其所欲焉以自為方。悲夫，百家往而不反，必不合矣。後世之學者，不幸不見天地之純，古人之大體，道術將為天下裂"。此所謂道體分離也。雖然，聖王之教尚明，經籍之學甚專，根柢盤深，氣體猶極盛，秦漢而隋唐，大體渾然，宋元略損，而氣脈猶存。氣體之大衰，學術之愈裂，蓋自明中葉始。究其徵兆之最明者，莫若文體之日壞。明人于慎行穀山筆麈有云"先年士風淳雅，學務本根，文義源流皆出經典，是以粹然統一，可示章程也。近年以來，厭常喜新，慕奇好異，六經之訓目爲陳言，刊落芟夷，惟恐不力。陳言既不可用，勢必歸極於清空，清空既不可常，勢必求助於子史，子史又厭，則宕而之佛經，佛經又同，則旁而及小說，拾殘掇剩，轉相効尤，以至踵謬承訛，茫無考據，而文體日壞矣。原其敝始，則不務經學所致爾"。所言極是。清初諸儒，痛此墮沒，力矯其衰，後遂有漢學經訓之大昌，晉唐駢體之大行，然究其法式，實所謂藥不瞑眩，厥疾弗瘳者。矧清室内摧其精魄，令其寡能備於天地之美而趨於一曲哉。自咸同之後，劫難頻至，天下多事，漢學漸衰，理學遺緒，亦如弩末，已難維持，是故明人早蓄之儇薄放肆，今藉泰西新異之學說，如堤之潰，一瀉千里。文體之日壞，愈熾於清季民國。（章太炎書信集與錢玄同有云"所論嘉興學生專喜金聖歎、蒲松齡一流文字，益嘆梁、夏諸君爲作俑也。繆語本易動人，而尸高名者復爲誘導，倭人又從旁扇之，微蟲腐菌遍區中，奚獨嘉興爾乎。今知古學者既難多得，但令處處有桐城派人主持風氣，亦可相觀而善，勝梁夏之宛言多矣"。亦可觀彼時風氣之一端。桐城之派，固清世文體之守中者。太炎文主魏晋，亦能識其體要。與錢玄同又嘗言"若慕孤行己意之虛言，豫求奇肆，即終無成就矣。梁啓超輩若不自矜才調，循其少小所爲，當不濫惡至此"。奇肆之與儇薄，毫釐而已。）于氏之所謂厭常喜新，慕奇好異，六經之訓目爲陳言，刊落芟夷，惟恐不力，求助於子史，宕而之佛經小說，拾殘掇剩，轉相効尤，以至踵謬承訛，茫無考據者，皆加屬而出之。（與錢玄同又有云"然變本加屬者，文辭之壞，以林紓、梁啓超爲罪魁。嚴復、康有爲尚無罪"。所言甚是。太炎能知嚴康無罪，則知斯論非意氣也。）是以天下大亂，賢聖不明，道德不一，天下多得一察焉以自好，譬如耳目鼻口，皆有所明，不能相通，以至於今日。于氏亦嘗云"學術不可以不純也，關乎心術。文體不可以不正也，關乎政體"。吾儕之事業，自當効法清初大儒，力矯其墮沒，而其根本之法度，亦莫若聖教經學之蹈行。所謂聖教者，非徒儒學之謂，三教本爲一致，泰西教學之有益神智者，亦可擇焉而取之。蓋氣體衰而文體日壞之局，亦非徒吾國而已，今塵寰之内，皆然也。函夏胄子之責，其亦大哉。

文道合一

南雷先生明文海評王陽明諫迎佛疏有云"予謂有明之文統始於宋、方,東里嗣之,東里之後,北歸西涯,南歸震澤。匏庵震澤昭穆雖存,漸淪杞宋,至陽明而中興,為之一振。第自宋以來,文與道分為二,故陽明之門人不欲奉其師為文人,遂使此論不明,可為太息者也"。明儒學案卷十二王龍溪語錄有云"弘、正間,京師倡為詞章之學,李何擅其宗,先師更相倡和。既而棄去,社中人相與惜之。先師笑曰,使學如韓柳,不過文人,辭如李杜,不過為詩人,果有志於心性之學,以顏閔為期,非第一等德業乎。就論立言,亦須一一從圓明竅中流出,蓋天蓋地,始是大丈夫所為。傍人門戶,比量揣擬,皆小技也"。龍溪所錄陽明之說,豪則豪矣,猶見文道為二之礙,或非實錄,然亦可見其弟子尚無此見識,遂令南雷太息云云。明儒學案卷二十五言陽明以黃省曾筆雄見朗,欲以王氏論語屬之。蓋黃五岳于王門中最以古文辭見重於時,又天資明睿,陽明文道不二之學,捨此誰為。是以欲託以巨業,惜未成也。此甚可見陽明本懷之所在,非錢王諸子所能度也。(王門後學中唐荆川尤明此義。唐荆川集答俞教諭有云"儒者務高之論,以爲絕去藝事而別求之道德性命,此則藝無精義則道無實用矣。古人終日從事於六藝之間,非特以實用之不可缺而姑從事云耳,蓋即此而鼓舞凝聚其精神,堅忍操練其筋骨,沉潛縝密其心思,藝之精處即是心精,藝之粗處即是心粗,非二致也"。近儒劉鑑泉舊書別錄論荆川集言文道為一之理甚備,愚說與之不無暗合也。)夫文道合一之說,固先聖王官政教所寓,經籍燦曜,清儒章實齋著文史通義,所論甚為通徹也。百年以來,稱傳不絕。然章氏雖自負史學天授,鏡考淵流,迺知其本之黃太沖全謝山浙東之學也。後人謂其六經皆史之論旨,亦濫觴於陽明傳習錄,誠不誣也。而黃全之學,固近禰陽明戴山,遠祧深寧東發,其文道合一之論,則本之於宋元間吾鄉金華學派。呂東萊傳中原文獻之學,經史文章,合於一流,确拔而出。

自何文定王魯齋金仁山許白雲北山四先生而後，所傳柳貫黃溍吳
萊諸儒林立，皆以古文辭為尚，倡行文道不分之旨，再傳者則宋濂
王褘胡翰戴良張孟兼之儔，多明初定鼎儒臣，而皆彼時之文坫巨擘
也。（清初申涵光論元劉靜修言其紹濂洛之統，高風亮節，為元醇儒。今讀
其集，古健真削，無愧唐音。合程朱李杜為一身云云。實可知元世承宋之變，
多有文道合一之趨，亦非徒吾婺諸先生而已。合程朱李杜為一身一語，尤爲
神簡，吾儕奉以爲式可也。）蓋浙東一脈，自宋元而下，積厚而駿發，道
傳以文興，是以代有聞人，其以學術彪炳者，亦多以古文鳴之。全
謝山鮚埼亭集，即其矯然出類而拔萃者。而論文道之旨鏗鏘戛玉，
擲地動山河者，當推宋景濂芝園後集卷一徐教授文集序，其勢則宏
廓飄宕，其旨則中正敦厚，而其言則斬金截鐵。其曰"傳有之，言以
足志，文以足言，言之無文，行之不遠。此則文之至者也。文之至
者，文外無道，道外無文。粲然載於道德仁義之言者即道也，秩然
見諸禮樂刑政之具者即文也。道積於厥躬，文不期工而自工。不
務明道，縱若蠹魚出入於方冊間，雖至老死，無片言可以近道也"。
宋學士全集中，此類正論篇什甚盛，此特標舉之以見其大概耳。景
濂復傳其學於方正學孝孺。南雷先生明文授讀評方氏正俗論有云
"正學不欲以文人自命，然其經術之文，固文之至者也。尤妙者在
書，得子瞻之神髓，敘事亦登史遷之堂"。潘南山亦嘗曰"古者以文
載道，宋景濂得其華，方正學得其大"。（見明儒學案卷四十六。近覽
王褘送胡先生序、方孝孺張彥輝文集序，皆論文道合一之旨，如出我心。此金
華風氣所在，不勝枚舉。）是以有明一代，正聲不絕，誠全謝山宋文憲公
畫像記所謂公以開國巨公，首唱有明三百年鐘呂之音，故尤有蒼渾
蕭穆之神，旁魄於行墨之間，其一代之元化，鼓吹休明者也。陽明
南雷諸大儒出而愈大矣。愚論學亦欲合道術性理文辭為一，本無
師授，渾渾然自索得之也，以此觀之，蓋亦宋元鄉賢之遺化所在。
噫，地脈先賢之澤，抑與天壤同其壽歟。（壇經有曰"燈是光之體，光是
燈之用，名雖有二，體唯是一"。愚忽悟文道亦然。道是文之體，文是道之用，
名雖有二，體唯是一。無文之道，寡於用，無道之文，闕乎體，皆非中道。其義

不易。）

儒士逃禪

明清鼎移之際多儒士逃禪者，亦天人之變之一端。覘世之士或究其肯綮，原其奧賾，以為氣數所至，非徒歌哭之際邅辟之良方也。黃南雷，大儒也，不可不有言。其吳前僧先生傳有云"蓋嘗論之，禮樂明備之時，士無不得志之人，文武才華，各有定業，故當生死之際，曳杖徹瑟，倚傍銷除。其後世教微闕，魁奇特達之士，決樊籠而出，一擊不中，未有不寄心於禪佛者"。斯論非以禪佛之理言之，而以儒教衰闕釋其理勢，亦可謂儒者之自剖心跡也。蓋經術禮樂之學，本無不備，而或棄而業佛，詎可謂儒之無責。是所謂乘虛而入，理勢之昭然者。南雷先生雖不慊于時之逃禪者，為文多有撻難，然亦知牢籠人心，亦非衰闕之儒教所能盡者。況鼎革之際，儒教綱紀多受戕創，禮樂教化最處厄困崩廢之際，遂令人心凝滯，爰生變化，禪老之風遂興矣。傅青主霜紅龕文集告學者曰"老夫學莊列者也，于此間諸仁義事實羞道之"。雖為狷憤之語，亦知彼時之顛倒，非復仁義乾坤澹蕩太平矣。而釋教儀規廟堂俱在，法度森然，高義挺出，胸懷閎廓，猶足以寄故國之幽思，易數之大道也。今世儒釋俱衰，儒教之國學、縣學、書院、家塾俱亡，庠序蕩然灰燼，而佛教之伽藍紺宇，高參雲際，金碧山河之中，吾心猶可慕想大節。今之論禮者，多屬空譚，無檢束之實，所以禮樂之教，不興于吾身。而釋氏持戒精進正念正覺之教，猶可時照乎吾心。故藉乎釋氏持戒精進正念正覺之教，可濟我身心之中禮，其之有裨於儒學者，亦有在此者。故余鬱而歎之曰，今世之儒士，亦不可不逃禪也。今世大學，或興儒孔之科，然是學而非道，是業而非教，且院圍之中，科目混雜，亦無以立國故之彝尊鼎重，其雖興而猶廢，不必諱言也。馬湛翁立復性書院于樂山烏尤寺，定制高校學生不得入聽，其必深思於此。馬先生之遠慮長計若不近人情者，今日觀之，抑非其大者歟。如此大端,時人皆目為迂腐不達,而以經史儒學煊赫於世如錢賓四先生者,恐亦未必能會通其志也。(錢氏師友雜憶曾述其事,甚平淡,若無動於衷者。其後顛沛之中,亦於香港創新亞書院,其以書院名之,抑其儒者宿心使然耶。馬湛翁立復性書院時,嘗致函熊十力有云"至關於講習之道,兄以弟偏重內向,將致遺棄事物,同於寺僧,謂雖聖人復生,亦不能不采現行學校制,因有資格出路之議,不如此將不足以得人。弟愚,所以未能盡同於兄者,良以本末始終,自有先後,不可陵節而絕"。則熊氏亦非解人。學校制度優劣,太炎先生早有洞鑒。宣統二年國粹學報載其與王鶴鳴書有云"足下又云,學校雖劣,猶愈於科舉。科舉廢,學校興,學術當日進,此時俗所數稱道者,遠觀商周,外觀歐美則是,直不喻今世中國之情耳。中國學術,自下倡之則益善,自上建之則日衰。凡朝廷所閣置,足以干祿,學之則皮傅而止。今學校爲朝廷所設,利祿之途,使人苟偷,何學術之可望"。亦可謂深中今世之病。賓四先生亦撰有改革大學制度議、改革中學教育議二文,有極發人深省者。惜世不能用也。)

方密之青原山文

　　方密之晚年詩文輯佚續篇,輯自青原山志略,皆方密之披緇後所作。(參余英時先生方以智晚節考附錄。)文甚少,而精義如沛泉觱沸,捷迅如電。抄錄數句,略附贅語於後。致青原笑和上有曰"一用於二,萬古寂歷之順理也。若但軌一,何容兼互。曾知不二不一,天地未分,早兼互乎"。乾坤、理氣、道器、體用、皆二也,非此無以致知,故曰萬古之順理。然千秋聚訟之學案,亦多藏結於此,後之學者多欲兼互而言之,心術繁密,反失淳樸,每況而愈下。故濂溪振臂棒喝曰,無極而太極,此執一之道也。欲人理會天地未分意思,濂洛之學,多在此下腳根。密之本意,在乎佛法,余之附會,似亦無掛礙。又曰"大道豈憂壞耶。肥遯冥權,非世所測。藏身弄眼,須是其人。畸才癡福,各有夙因。帝綱隨維,不定中定。惟主教者才急望正人開眼,方能紗於張弛,不為兩末一往所紗縠耳"。大道恒一,有大人龍德肥遯冥權者在,非歌哭失計者所能會也。藏

身弄眼,須是其人,即繫辭所謂苟非其人,道不虛行也。自度畸才
癡福,亦無非妙因。帝綱本不須憂壞,蓋雖生於不定之中,自有定
數。惟正人為世所急,關涉最大,故帝綱不必為憂而正人為憂也。
所憂者不在政事,而在德教也。堯舜功業如太虛浮雲,不廢者,堯
舜之德,萬世之人心也。故今世之憂,亦在此也。又曰"青原傳心
堂與白鹿同,東廓、念庵,本從此入。青螺、南皋,皆知回互。近日
理家推貴絜瓶,先以天界紀聞投之,使知正大,然後可熏鼓也"。密
之謂青原之禪與白鹿洞之儒無異,江右王學如鄒東廓、羅念庵、郭
子章、鄒南皋諸子皆同其聲氣,其道為正大。此固明季兼互儒佛之
士所共執之志也。天地正大,本不必區區於何家何派計。其中微
妙,不可輕斥以門戶之見也。時之大儒黃梨洲,自不敢苟合於斯
言,然知其為大事,亦未敢遽下定論也。愚覽其文集,甚多此意。
密之與藏一有曰"世教以身世而立經紀,宗門為性命而以生死發
藥,一且立恒,一且盡變。彼專執者不達,故齟齬耳"。身世性命,
本是一事,立恒盡變,皆為易義,此從同處說,儒禪焉能有二義。二
教之異,廼在出處,別有天地。論以玄義,焉能自蔽以門戶之小智
耶。本來同中求異,異中求同,萬古寂歷之順理也。何來同而無
異,異而無同耶。莊生曰,咸其自取,怒者其誰邪。與易堂林確齋
有曰"孔孟當時,幾曾如意。而萬世人心自轉。熏之時義大矣哉。
然非通神明,類萬物,亦不能信無用之用,與有用之用,本妙葉也"。
噫,密之之雋語也。人心緣何自轉,孔孟無言,莫若信莊生無用之
用。萬古人心,本不可測,孔孟釋迦諸聖已導其神機,可令中材不
惑。通神明,類萬物,後之聖哲亦當有至之者。又曰"天之至私,用
之至公,尚有疑乎。呂東萊初褊急,一日誦躬自厚而薄責於人,忿
懷渙盎,視世間無非生意,乃能導迎淑氣,扶養善朋"。至私至公,
一念之間。翛然中開,沛然莫禦。象山曰,建安亦無朱晦翁,青田
亦無陸子靜。某添一則,婺州亦無呂東萊。天下莫不可為呂東萊
也。又曰"所信者血覺本靈,躍然一氣。故盤匜杖履,不受其累"。
血覺本靈,取譬尤較淪肌浹髓為深,如此靈覺,實關血性,非大丈

夫,何能道此語。方密之終不成佛,惶恐灘頭,烈士盡節,然何損乎密之精義入神耶。仁樹樓別錄尤為精義淵藪,兵庫森曜。有曰"世間所目不過道德、經濟、文章,而切言之,為生死性命。易以象數端幾徵性中天命之秩序,非文詞理語情識機鋒之所能增減造作也。率其秩序,因物還物,生死還生死,我不動心,總一大物理而已"。天命秩序,本在易數物理之中,何必動心。所謂文詞機鋒,亦太虛浮雲,電石爍火,古人云得魚而忘筌,亦可矣。其理極徹。因物還物,生死還生死,非大儒者禪之妙悟,無能以道此。又曰"聖人極深而體寂感之蘊,因物而悟生成之符,觀器而悟裁成之法,極數而盡天下之變,視曜緯山川以為官肢經絡,就呼吸瘄寐而定元會生死,一切皆卦爻之才,一切皆于穆之命。故曆律醫占,微幾最秘。黃帝神農造化在手。舜知曆數而授允中,孔子舉扐閏而明大衍,興禮樂,制數度,成變化,行鬼神,橐籥在此"。其義諦之深徹閎放,吾儕唯屏息而觀止矣。黃道周榕壇問業有曰"氣數猶五行之吏,分布九野,與晝夜循環,猶身之脈絡消息。天命猶不動之極,向離出治,不與斗柄俱旋,即人身之心性也。心性不與四肢分咎,天命不與氣數分功"。愚觀密之青原立義,必多有承接于石齋先生之遺教者。實可知石齋先生影響之深大。石齋不習佛,而其精義實可與佛禪相感通。亦類康節。又曰"各安其業,即各樂其天,蓋謂道不離器,律襲裁成,體撰尚象,處處引觸。荊川曰,古人遊藝以養性,便可上達天道,而但作玩物好勝之具乎"。可知唐荊川實非等閒人物。愚游常州曾謁其墓穴,風物蕭然,故知其遺澤猶未窮泄。荊川治兵研曆,其之多才藝,亦必本乎天道性命也與。又曰"夢魂得力,正在其醒時得力"。至言也。聖賢之養成,常多有夢魂得力處。吾儕夢魂常失力,即醒時失力也。徹上徹下之語。又曰"有常師者,徵信於專門也。無常師者,聖人師萬物也。衣冠文物與鰥獨窮民各有教養。崇高不礙富貴,而煉藥極感貧賤。匹夫不可奪志,法界隨地創成,通其變,容乃公,本相忘也"。莊生曰,是其塵垢粃糠,將猶陶鑄堯舜者也,孰肯以物為事。既莫肯以物為事,惟事神化自然爾。

妙理甚合。以萬物為師，日曜節氣，魚蟲草木，莫非物理相念，愚以
為此即大學格物之要義也。又曰"燒四柱香，一求有餘者養賢，一
求學者虛受，一求方正人究知其故，一求畸穎人藏悟於學"。有餘
者養賢，則物得其宜，扶養朋類，中正乾升，迺世事之根本。學者虛
受，則可去鬱塞不靈之病，虛受而實應，可退門戶朋黨之禍患，而進
乎自然先進。方正人窮知其故，則理能致氣，氣能中節，不以過求
方正而忤物理，過求心性而忤天道也。畸穎人藏悟於學，則去機鋒
浮華龍性難馴之痛，是有容乃大，學之為道亦大矣哉。此四柱香，
皆治世之大良藥也。密之以藥地自號，非其濟世之苦心哉。吾人
唯拜服稱誦而已矣。如此文字，而塵封數百年，少有津逮者，天意
莫測也如是。摘謄於此，願示天下同好。

陽曲傅先生霜紅龕集

　　全謝山作陽曲傅先生事略，如雷車輷輘，愚擊節之，以為文氣
當在漢晉之間，疑非清文也。此固鮚埼先生文筆高邁所致，然若非
傳主宕逸古節，神骨挺峻，何來此等文字。亭林船山梨洲諸大儒皆
懷經世之志，顛沛廢坐之中猶不忘弦歌謀劃，作千秋萬年計，終以
道術學問服人也。而傅青主義節磊犖，勇於知恥，不甘於淈泥餔
糟，遂有辟世蹈厲之苦行，而以逸民獨行振怖凡俗也。愚頗嗜其文
之奇警，常置枕席之側，霜紅龕之馨臭，猶在夢魂之境。咀嚼奇句，
以示同道。霜紅龕集（今人陳監先批本）卷二十五訓子侄有曰"或勸
我著述，著述須一副堅貞雄邁心力，始克縱橫。我庾開府蕭瑟極
矣。雖曰虞卿以窮愁著書，然虞卿之愁可以著書解者。我之愁，郭
璃之愁也。著述無時亦無地。或有遺編殘句，後之人誣以劉因輩
賢我，我目幾時瞑也"。傅青主不及顧、黃者，短於心力也，先生未
嘗不自歎之，然氣格則未嘗遜之。然黃梨洲晚年學問，號為聖祖仁
皇帝所知，曾言蒙古據有中國，許、趙之功高於弓矢萬倍，自許、趙
出，蒙古亦中國矣。（見清人李聿求黃宗羲傳。）則後人不免以劉因輩

賢梨洲，此非傅青主所能苟合者。梨洲之經世通變，愚有取之，而其節確然，不可誣也。青主之不屈，誠古義士田橫之儔。固知史遷著述，列傳夷齊，稱述遊俠之心，千載之下，傅山能旦暮遇之。其佛經訓有曰"凡此家蒙籠不好問答處，彼皆粉碎說出。所以教人翻好去尋討，當下透徹，不騎兩頭馬也"。青主以大易老子為歸根復命處，習佛法，亦能知其老辣手段，祛昏明性。又曰"賴天地祖宗之澤，破書可讀，一切齷齪人事不到眼前，心上純資磨去，日知所亡，三間小屋之下，好不富貴也"。方今讀書人殊少此襟識，讀書亦是算計。何來富貴。卷三十六雜記有曰"漢唐以後，仙佛代不乏人，儒者絕無聖人。此何以故，不可不究其源"。此語能導人亦能誤人。馬湛翁言儒者之病在宦仕家室，即有誤人者。（參見本卷禮聞來學一篇。）竊謂惟其儒者無聖人，乃可見吾儒事業之艱，承擔之重。此事業承擔，非仙佛所能致也。又曰"老簡於莊，孔簡於孟。簡者其至乎。然而佛則愈繁也"。梵教之不合於華夏神味者，即在此名相繁複，故僧肇之後，高僧多有化用以儒道之簡者，後遂有禪宗之至簡至能，又與儒家如肉弗貫。繁密如唯識、泰西哲學者，吾誠謝之而未能也。又曰"李念齋有言，東林好以理勝人。性理中宋儒諸議論，無非此病"。此說極犀利，能中洛蜀朱陸好諍之患。以理勝人，未必大道，況所勝人之理未必為理耶。卷三十七雜記二有曰"雪林近讀左傳了，告余曰，禮之一字，足蓋左傳一部。貧道聞而驚服之。此子進矣。凡妄人略見內典一二，則便放肆有高出三界意，又焉知先王之所謂禮者哉。禮之一字，可以為城郭，可以為甲胄，退守進戰，莫非此物"。習佛末流大放厥辭者即屬此類，是所謂未知生焉知死，未知禮教，焉知方外。禮之為用，切膚以驗之，方可得也。卷十六奉賀涵虛上人報恩圖經小序有曰"古德開口問人，便道父母未生以前，作麼生會。貧道如今問人，只單問父母既生以後，作恁地解。只此一些沒人承當，無可奈何，再露消息。未生既生，總是渠事，都不置論。只要問以前以後，放父母在那邊。真正出家兒，始能了此"。踢翻禪案，習見擊碎，大義豁出，真可謂入室操戈，以毒制毒也。顧涇陽小心齋劄記云"異教好言父母未生前,又好言天地未生前,不如中庸只說個喜怒哀樂未發,更爲親切。於此體貼,未生前都在其中矣"。傅先生直切父母彝倫,誠所謂愚夫愚婦之不可及者,較之涇陽之平易,庶幾更勝一籌。霜紅龕集勝義極夥,愚瓢飲斗量,何足道哉,惟三致意了此夙心耳。其書札與居實有曰"六月倉皇一登北嶽,時實憊死在旦暮,唯恐今世之不得一岳之緣。非汗漫,非消遣,實尋一死。所冀即橫尸於大林邱山間,如翟生心事"。其蓬戶高歌,聲滿天地,何讓古賢。龍怒之聲,猶貫乎吾儕之視聽,悚而觀之,皆正氣之所在也。

亂世立言

船山先生讀通鑑論卷九論荀悅仲長統著書有云"故當紛亂之世,未易立言也。憤前事之失,矯之易偏。避當時之忌,徇之不覺。非超然自拔于危亂之廷,其言未有不失者也"。攬卷浩嘆,迺知船山立言之偏激處,實亦紛亂之世未易立言致之也。吾觀夫鑑論之作,牢籠鬼神,涵攝宇宙,紀要歷代成敗之鈴鍵,決比千古賢佞之心術,睿照所下,魑魅形見,神鋒頓出,莫與相抗,其識見之超犖,辭氣之峻挺,蓋乙部前所未有之制。其有裨於百年來治史者誠多矣。然先生立於鼎革草昧之際,天荒地坼,藏遯深山,蹋蹐孤苦,憂憤已亟,立言豈能無過。如論賈誼之才,痛斥蘇軾之情奪其性,利勝其命。論嚴光不事光武,則深責子陵不仕為非義。論班超,則誣固超兄弟誣上徼幸以取功名,以為弄文墨趨危險者之無定情。論晉立七世之廟,則言王肅之學醇正於鄭玄遠矣,復痛斥康成淫於樂而亂禮,誣神媟天,黷祀惑民,其罪不容貸。如此皆持論激越,未見其正者。蓋以今奪古,古今論者之通病,先生亦不免乎此也。(此即呂思勉氏白話本國史常言之時代錯誤。)船山自題墓石云"抱劉越石之孤憤而命無從致。希張橫渠之正學,而力不能企"。其以劉張為矜式砥礪也明矣。而其讀通鑑論卷十二論劉琨則云"蓋琨亦功名士耳,志在功名而不聞君子之道，則功不遂，名不貞，而為後世僇，自貽之矣"。何厚彼而薄此耶。船山著書，專主道統攘夷之說，凜動千古，而其為赤心所誤者，亦有之也。船山蓋以豪傑自期者也。其俟解有云，"有豪傑而不聖賢者矣，未能聖賢而不豪傑者也。能興即謂之豪傑。"又云，"聖人以詩教以蕩滌其濁心，震其暮氣，納之於豪傑而後期之以聖賢，此救人道於亂世之大權也。"觀其讀通鑑論、宋論、尚書引義、俟解、黃書諸書，皆負此豪傑氣，其識或不能中聖人之度。其思問錄至謂得五行之和氣，則能備美而力差弱。得五行之專氣，則不能備美而力較健。氣質之偏，實足以爲性病哉。此真豪傑之語也。其不合於中道殊顯。愚治儒術自讀張子正蒙注始，誠於先生有執鞭之祈。今日思之，亦己之氣質傷於粗豪使然，所謂物以類聚者。愚雖淺陋無足道，氣質固與先生為同類也。

天下之大防有二

讀通鑑論卷十四論苻堅世風有曰"天下之大防二，中國夷狄也，君子小人也。非本末有別，而先王強為之防也"。又曰"小人之亂君子，無殊於夷狄之亂華夏，或且玩焉，而孰知其害之烈"。又曰"以要言之，天下之大防二，而其歸一也。一者，何也，義利之分也。生於利之鄉，長於利之塗，父兄之所熏，肌膚筋骸之所便，心旌所指，志動氣隨，魂交神往，沈沒於利之中，終不可移而之於華夏君子之津涘。故均是人也，而夷夏分以其疆，君子小人殊以其類，防之不可不嚴也。夫夷之亂華久矣。狃而召之，利而安之者，嗜利之小人也，而商賈為其最。夷狄資商賈而利，商賈恃夷狄而驕，而人道幾於永滅"。觀船山著書之世，與今殊矣，然天地芻狗萬物，勢誠有異，而其同於義理情性者則恒矣。守華夷之防者，吾國精神自立必由之而備。守君子小人之防者，函夏正氣義成必由之而成。此萬世不移之憲則，豈今世有殊哉。自滿族定鼎，函夏正氣為之重挫矣。士人皓首經籍，務存往聖之學，實權變也。是故清季排滿論起民心亦移矣。滿族實非夷，而近乎夷也。（觀孟心史明元清系通紀，則知滿清先祖本為明臣，則清之替明，亦非外夷之猾夏也。）國朝肇興以降，嚴守華夷之防，誠有踔厲奮揚之志。此夷乃外夷也。然君子小人之防大亂，國事亦靡廢。自撥亂以來，日漸承平氣象，然文教之風未正，前之亂君子小人之防者未及拯濟矯枉，而華夷之防亦棄若脫屣。夷者欲以夷而變夏，而吾夏其能以夏而變夷耶。論者謂不遵夷法則貨殖不興，貨殖不興則國富無成，國富無成則國無足以立於諸夷，驗之則可知其為真諦。噫，斯等皆為船山論斷所中矣。船山言天下大防二而歸於一者，義利之辨也。而今世之趨向，似皆以利益為嚆矢。是故，夷狄資商賈而利，商賈恃夷狄而驕，船山知之三百年前，不可不謂奇也。方今商賈驕橫，自據主流，而士農靡頹，纍纍若喪家之犬。而夷風恣肆，國俗大變，函夏舊有之風範儀度，皆陸沈遯跡，民生雖裕，然人心難測，不可不慎也。愚思夫今世之權術，莫過於以商賈貨殖為王霸之道，以之化吾國舊有之夷族，銷民族之爭端，頗得長計，然亦有將為西方夷狄所化之殆，一如螳雀之譬。蓋王道自是王道，非貨殖所能陵替也。方今之務，必以正風教為先，樹正氣，祛邪僻，弘揚函夏舊有之倫理，以續往聖之絕學，斯者鼎定人心之術也。通夷貨殖之策可不變，而文教頹靡之習不可不變也。中國之患，不在夷國，而在夷學，使文教不正，則皆為夷學籠罩，所謂魂交神往，肌膚筋骸之所便者，即如是者也。或以愚說盛世之危言，徒聳視聽，無非弢園之喧詼，亦足矣。

文教之敗在三百六十餘年之前

大明既隳，天下儒林正類，內殄於小人，外摧于夷狄，中逃於禪佛，庶幾一盡，自是吾國士夫元氣銷矣，六百年道學所蘊之精魄亦泄矣。康熙倡揚朱學，有湯陸魏張諸儒出，然其為輔導政教之具，已非天地元氣所在。自古正學必興於野，而非朝廷，明矣。乾嘉樸學茂懿，則益視性理為瓦礫康瓠，而視宋明為夢夢，漢學昌識，殊為大觀,是以數典而忘祖者,徧立寰區,經緯天地之心愈隳,立聖續學之志愈下。士人心術不一,勢異時趨,遂瓦解之。民國既肇,士風已散,精元已竭,章太炎一派無足以拯其衰,而有足以濟其亂,俞孫皮王諸儒既謝,數十年後,漢宋之學並亡於天下矣。此內之衰也。甲申京師陷後,薙髮令行,遂使漢族衣冠制度廢,一廢則絕,清社既屋,亦無能以續其儀度,而夷風滌蕩,漢人遂無有其祖先之體髮衣冠,迺一變為夷狄胡服之相。此外之衰也。阮芸臺序國朝漢學師承記有云"北朝淵博高明之學士,宋齊聰穎特達之文人,以己之說傅會其意,以致後之學者繹之彌悅,改而必從,非釋之亂儒,乃儒之亂釋"。非為無見也。明清儒者之逃禪,恐亦不免乎此。此禪佛之衰也。有清樸學一脈之殿軍,餘杭而外,世推劉申叔黃季剛。而觀夫申叔心術之譎變不貞,季剛性情之乖張不正,或反覆無主,或耽溺酒色,何足以立神州大夫之氣象哉。抑樸學之不關性命以至於是者也乎。(近觀呂思勉白話本國史於宋元明清之本國文化全無自信,大半篇幅,皆以考證夷狄出處為旨趣。此亦彼時士夫心術之寫照也。) 故知今日文教之敗,不在百年之間,而在三百六十餘年之前。其欲興復吾國文教者,其必求之於三百六十餘年前之學術也明矣。

儒者之統

讀通鑑論卷十五有曰"儒者之統,與帝王之統並行於天下,而互為興替。其合也,天下以道而治,道以天子而明,及其衰,而帝王之統絕,儒者猶保其道以孤行而無所待,以人存道,而道可不亡。道存於人,而人不可以多得,有心者所重悲也。雖然,斯道亙天垂地而不可亡者也,勿憂也"。今世帝王之統絕之也久矣,而儒者之統,亦沈晦閉隱,或疑其亦絕之也久矣。信夫船山之言人不可以多得,有心者之所重悲者也。近世熊唐徐牟諸儒,皆雄雋之器也,然儒者之統,天地未必得其人也。蓋所謂新儒學者,順應時流,自有慧業,然甚乖古賢文道合一之大體,多疏古儒踐履躬行之實學,縱橫辟闔，大逞私慧，赤手搏龍，自是豪傑，其非儒學之正統亦明矣。熊唐徐牟諸儒，其思皆入邃密警奇之格，微少平直渾樸氣象。其邃密處，有近乎支離。其警奇處，有近乎生澀。警奇如熊子新唯識論，何能悅服深研學術者之心。邃密如牟氏之著述，亦不免附會西學之病。其見地非盡能中正也。唐氏氣象最好，而學問理致亦過細過察，未得渾樸之道。徐氏氣概吾素喜之，經史之學，用力甚厚。其人有古儒之風，然亦子路之流，不能上達于孔顏。時之正學，其在馬湛翁錢賓四二先生也歟。馬氏純粹精微，道術文辭，渾化一體，是以不讓古人為第一義也。錢氏深博篤厚，立論精闢，洞見費隱，是以續絕開新為第一義也。馬氏精光內斂，遯影林泉，德通三教，而龍爪隱約，不以著述為意。錢氏體勢開張，顛沛山河，學聞於雍辟，聲達于奧區，迺以文字為性命。故致命遂德，錢不及馬，影響風化，馬不及錢，二者之優劣庶幾在此也。馬錢而外，錢子泉中正溫厚，梁漱溟高爽有節，亦皆一時儒林之選。（世人皆謂賓四為史學家，繆矣。賓四乃以史學為儒學者，所以為高明。其近乎古儒之大體者也。）今之習儒者，其以馬錢為大體，以熊唐為輔佐，則庶幾中正之達道也。讀通鑑論卷九論管寧有曰"天下不可一日廢者，道也，天下廢之，而存之者在我。故君子一日不可廢者，學也。舜禹不以三苗為憂，而急於傳精一，周公不以商奄為憂，而慎於踐籩豆。見之功業者，雖廣而短，存之人心風俗者，雖狹而長。一日行之習之，而天地之心，昭垂於一日。一人聞之信之，而人禽之辨，立達於一人。繇此言之，則漢末三國之天下，非劉孫曹氏之所能持，亦非苟悅諸葛孔明之所能持，而寧持之也。寧之自命大矣，豈僅以此為禍福所不及而利用乎"。繇是天地育焉，彝倫攸敘，非政治縱橫之家所能害也。馬錢之於今世，猶管氏之於三國也。或曰，船山以儒術為天下之道統，何以明其必是耶。莊周視經籍為糟粕，老聃以義禮為喪失，大雄氏以萬有為虛空。其說異撰，自成義理，不亦善乎。儒之為道統，亦自彊之耳。愚對曰，道統之謂，本不見不聞，何來實體，此聖賢屬詞比事，修辭立誠之所用也，設譬提要，神道設教，以為萬世之木鐸可也。其形名為虛設，其實功則有之也。奉老佛者每詰其虛而忽其實，其非智也明矣。智者行儒者之實，養老佛之虛，則天下之達道，亦庶幾在於此矣。

吾 從 周

陳寅恪王觀堂先生輓詞序云"蓋今日之赤縣神州值數千年未有之鉅劫奇變，劫盡變窮，則此文化精神所凝聚之人，安得不與之共命而同盡。此觀堂先生所以不得不死，遂為天下後世所極哀而深惜者也"。其言近識，其義則正。蓋先生湘纍，非殉一氏，殉文化之覆也。陳散原雪樵詩話續集序云"雪樵如寄其哀窈窕思賢才，以默契聖尼鬱鬱乎文哉吾從周之志，沒吾身而已矣。後之論者，考其世而察其所尚，其諸存有哀於此歟"。散原以吾從周許楊氏，實可推彼時遺民心態，非衣冠污屈戀於舊時恩惠，迺踞天蹐地眷慕追想其文明道統也。故清世賢彥皆咨歎聖祖朝之文德，以爲幾近漢宋睨元明而遠過之也。曾國藩國朝先正事略序言"我朝六祖一宗，集大成於康熙，而雍乾以後，英賢輩出，皆若沐聖祖之教，比在愚氓亦似知之，其所以然，雖大智莫能名也。然則雍乾嘉道累葉之才，雖謂皆聖祖教育而成，誰曰不然"。越縵堂讀書記史部閱明儒學案有云"國家之所以不亡，而中夏之所以不胥化爲夷者，正以高宗純皇帝昌明正學，大闡群經，士子服教畏神，弦誦仡仡，老死相守，故一切新奇曼衍荒忽杳冥之說，不能徧浹于人心"。（此則作於同治己巳，於時粵亂甫定，與曾文正之文相先後。粵軍之敗，以儒家觀之，亦異教旁門之敗也。是以必溯聖德于先朝也。）觀二文，最能知崩亂興廢之際，康乾之教鬱鬱乎在人心也。故海濱遺老，實多爲吾華國學之精萃，遺老歿，從周之志亦滅，遂不復能繼之。而散原俞觚庵詩集序云"余嘗以爲辛亥之亂興，絕義紐，沸禹甸，天維人紀寖以壞滅，兼兵戰連歲不定，劫殺焚蕩烈於率獸。農廢於野，賈輟於市，骸骨崇邱山流血成江河，寡妻孤子酸呻號泣之聲，達萬里，其稍稍獲償而荷其賜者，獨有海濱流人遺老,成就賦詩數卷耳"。

禮聞來學

　　近世大儒馬湛翁,邃於佛學,通明禪悅,淪肌浹髓,其復性書院講錄妙繹群經,附語中多以佛禪義理宣敷比會,最為明證。其語錄類編儒佛篇勝義連珠,尤多二教會通之說,於義學禪教,不作門檻外語,其儒佛之一體大化,庶幾渾無罅隙也。然甚者責程朱諸公,未嘗不婚,未嘗不宦,大賢以下,鮮不為所困。其意政治家室,並須摒減。然政事家室,彝倫綱紀之所在,摒之其為儒教乎。毫釐之間,繆已千里,一念之下,已落小乘。儒者之正幾為釋家陵奪,不可不慎也。愚疑此非先生之雅言,蓋生平偶有此閑議,為門生所記爾。(漢末路粹奏孔融與白衣禰衡跌蕩放言,云"父之於子,當有何親。論其本意,實為情欲發耳"。唐元次山嘗云"父子為悟欲所化,化為禽獸"。使儒者不以禮義自約,仁氣自養,其不至於斯者蓋亦鮮矣。故婚宦之險,有類乎此。湛翁之言,為薄者發耳。)沈乙庵海日樓札叢卷四有曰"止為儒者不能擺脫世緣,故風俗愈惡薄,儒者亦愈刻急"。然儒者之擺脫世緣,固非摒絕婚仕之謂,乃言不著於世緣男女習氣也。傅青主霜紅龕文集仕訓曰"仕不惟非其時不得輕出,即其時亦不得輕出,君臣僚友,那得皆其人也"。所謂不輕出仕不著世緣者,愚以此說為正途。傅蔡鶴卿掌北庠,禮聘先生入教席,先生謝之曰"禮聞來學,不聞往教"。蓋學校非復聖教書院之矩矱則度,心術大異,先生未之許也。(亦可參馬一浮集與蔡元培書。)禮聞云云,出小戴禮記曲禮上。鄭氏曰,禮不往教,尊道藝也。固宜矣。余謂此處實本高僧傳,蓋已有故軌前轍,非蠋叟之肇造也。高僧傳卷七義解四,宋大將軍彭城王義康請師釋慧叡,再三迺許。王請入第受戒,叡曰,禮聞來學,不聞往教。康大以為愧,迺入寺虔禮。先生深躭佛籍,其為式範者,抑在慧叡也與。後漢書儒林列傳言太守黃讜欲召包咸入授其子,咸曰,禮有來學,而無往教。讜遂遣子師之。則包咸者,又為慧叡之所本也。湛翁之語，謂其本乎包咸、慧叡可也。

大淤季氏宗譜

愚少時讀左傳史記，即疑乎吾宗之所出，其魯賢人季友耶，抑吳之延陵季子耶。兩千餘載，荒眇難稽，村之長老無以告也。壬申仲冬，先大父遽歸道山，椎心泣血，得訃倉皇而歸。殯後，有鄉之長輩忽示民國癸亥年重刻大淤季氏宗譜數大冊，劫灰之餘，復能豁然發蒙，始明吾宗之所自也。據宗譜所載紹興十九年龍泉季氏宗譜序、萬曆乙巳年義烏龜山季氏重刻族譜序、康熙癸巳雙溪大淤季氏譜序，乃知吾氏自魯公子友受姓之後，及唐代之廣琛公籍於汴梁，其後五世孫章甫公避地南徙家於括蒼之龍泉，宋政和時仲良兄弟又避地之南，由東陽徙義烏之龜山，至弘治年間有諱顯武者復自龜山徙金華縣西白沙溪東大淤，以至見在。故今之墓表猶以渤海郡銘之，固非延陵之後也。偶觀錢牧齋集補載季氏修譜序，乃知海虞文村之季氏亦有此疑焉。牧齋云"余見其子孫之在東魯者自稱渤海季，斷自魯桓公子季友始。在東吳者則曰延陵季，斷自吳壽夢子季札始，似乎有兩宗者，然同為宣父後人，派別甚近甚明，非若崔之博陵清河，王之太原瑯琊，李之隴西趙郡，同姓而不同宗者比，則天下固無兩季也"。觀此文，知海虞季氏宋建炎間太常公扈蹕南渡，由龍泉遷常熟之許浦，又遷於文村。南宋時與吾宗遠祖同出龍泉，其同宗也歟。季氏入海虞者亦自託於延陵季子耶。此不可知者。宗祧友札之惑，必數百年來吾姓之所共疑者也。況漢書睢弘傳注顏師古有云"私譜之文，出於閭巷，家自為說，事非經典，苟引先賢，妄相假託，無所取信，寧足據乎"。姚姬傳族譜序有云"自五代至宋，故家殘滅，及元明屢遭兵火，今日天下無復有千年相傳之家譜矣"。所言甚是。牧齋解之曰"夫友之賢，札之讓，九河分派，星宿同源，又何吳魯之聚訟哉"。又曰"稽古者輒慕季友之孫子，後千年而復振，不可謂非待旦公之德澤，久而熾昌，周雅勿替之歌，魯頌有

穀之訓,愈足徵矣"。所論弘廓通透,吾人可以斂手矣。吾氏所棲
之龜山白沙者,不意皆與古之理學賢人名號偶合,理學傳家,其吾
氏之天命也夫。

徵聖錄卷十三　議　論　類

訄書劄記

原　學

　　餘杭章氏訄書原學篇第一云"視天之鬱蒼蒼，立學術者無所因，各因地齊政俗材性發舒，而名一家"。又云"夫地齊阻於不通之世，一術足以扢量其國民。九隅既達，民得以遊觀會同，斯地齊微矣。材性者，率特異不過一二人，其神智苟上闚青天，違其時則與人不宜。故古者有三因，而今之爲術者，多觀省社會，因其政俗，而明一指"。（徐復訄書詳注云，齊通劑。地齊者，謂地域之物候情俗也。）愚謂多觀省社會，因其政俗，未必足以扢量其國民。章氏之言，彼世之藥石，今世之癰疽也。蓋地齊既奪於夷學，政教淪易於西化，奢言觀省社會，反令根諦不明，審今之世亦明矣。蓋古人地齊之學，禹貢之後，皆以協和禹國，四海會通爲朝宗，雖地齊有趙楚稷下隆禮並耕怪迂學術之異者，不損其會通之質者。特學術之異多在王官道術之崩齟，非獨地齊使然也。是故趙之清東潛文稿水經注釋序亦云"盈天地之間，數物有萬，而物莫不始於一"。章氏言其異而未言其通也。章氏言材性神智若麟鳳不可依，猶著意於先知後知之論，而不知材性本溥天所徧備，群生之質幹，聖教植藝，莫不在茲，故采詩職官徧收各國風詩，由風而入雅，宣化禮教。可知材性厚薄不一，猶可歸諸道德也。矧先聖立道已備，材性造次有秩，焉能以違時之說而斥之哉。故多觀省社會之說，過矣。政俗所本，實在學術，學術所本，實在道心，徒觀其政俗，無足以拯溺濟世也。而今世九隅極通，禁圍蕩然，寰宇混合，復以諸淫技巧開七竅，其勢已極矣。群觀諸國政俗者，叩之母邦歷史風教已不明，矧吾華冑地齊所固有之道術天運哉。（此病民國時已顯。據章太炎學術年譜，民國十二年章氏作華國月刊發刊辭有曰"學者退處於野，能確然不拔，自葆其真者，蓋又絕鮮。大抵稗販泰西，忘其所自，得礦璞以爲至寶，而顧自賤其家珍，或有心知其非，不惜曲學以阿世好，似蓋縈情利祿，守道不堅也"。又曰"國粹淪亡，國于何有。故曰，哀莫大於心死，可為長懼深戚者此也"。此距著訄書之日二十餘年矣。章氏業已悔其早歲之譾論。實則辛亥之前，其已察其變。與吳君遂書有云"湯盤孔鼎，既不足爲今世用。西文新學，亦徒資竊鈎發冢，知識愈開，則志行愈薄，怵惕愈甚。觀夫留東學子，當其始往，豈無穎銳陵厲者，而學成以後，則念念近於仕塗"。王靜安代羅叔言作國學叢刊序亦云"自頃孟陬失紀，海水橫流，大道多岐，小雅盡廢。或乃捨我熊掌，食彼馬肝，土苴百王，秕糠三古。閔父知其將落，宣聖謂之不祥。非無道盡之悲，彌切天崩之懼"。而其後賊風愈烈，深入湊理，顚倒臟腑，加以寰宇一體，夷學若有正名，甚者以漢學為幟號，行泰西分析之術技，鑿我渾沌，奪我精魄，而勢利當道，鶩趨蟻附，遂令中華地齊之學，幾亡於今日矣。夷人之治漢學，實漢化猶存之徵，國人效之，則反有夷化之患。本末不可倒置。可不慎乎。夷人之服悅漢化者，吾儕欣然同之可也。夷人之欲夷化夏學者，吾儕鳴鼓而攻之必矣。）

訂　孔

　　訄書訂孔篇第二所援遠藤隆結白河次郎詆孔聖諸說，皆末時瓌譎之說，何足辯哉。而章氏少年，大尚獨行，廢不中權，有以結類也。其晚年亦悔之。民國十一年致柳翼謀書嘗自言十數年前狂妄逆詐之論，妄疑聖哲，駟不及舌。所論甚中懇。訂孔篇有云"夫孟荀道術皆踊絕孔氏，惟才美弗能與等比，故終身無魯相之政，三千之化。才與道術，本各異出，而流俗多視是崇墮之。近世王守仁之名其學，亦席功伐己。曾國藩至微末，以橫行爲戎首，故士大夫信任其言，貴于符節章璽"。孟荀踊絕云云固狂語也。然所言王曾二賢席功成名，士人執信，亦深中今世俗學之病。觀世人所崇之曾學，皆權術策略仕進鑑人之門可知矣。黃秋岳花隨人聖盦摭憶云曾氏深刻爲道家。而白河氏亦言儒術所以能爲奸雄利器，皆以此俗學以成敗論英雄也。然俗學所以爲尚者，非新建、文正二公之本志。以王學之爽利明睿，曾文之雄駿古直，吾罕睹夫誦其文諷其言而化者。誦二賢之文集，最可知其血脈正道，至誠不欺。其本志昭曜星漢，豈可誣哉。此又非以穢行終若黃濬輩所能知也。章氏尊荀有道，而深嫉於二賢之高名，特畸人獨行之快事耳。自浙東史學微，則王學斬，自吳汝綸馬其昶歿，則曾文盡。其文已失，其質焉在。俗學皆欲直摭其質，以爲經濟術略，而不知機要所在，能無踣蹶乎。（章氏又云"孔氏本老氏之術，儒者效之，猶不若范蠡、張良爲甚"。范蠡張良之為，謀國立功也。而前以王、曾席功伐己。同爲謀國立功，所遇懸殊如此。）彼世章氏遽發奇論以破時弊，愚作斯文亦以破俗學，雖攻守有異，其志蓋非有二也。

儒 墨

儒墨篇第三言墨子苦身勞形以憂天下，以若自毃，終以自墮者，以非樂爲大。洵屬具眼。惜今本墨子非樂三篇亡佚二篇，未足盡窺其旨。觀非樂上篇，知彼意曰樂事無益有害，天下君子，將求與天下之利，除天下之害，樂之爲物，將不可不禁而止之。章枚叔辯之曰"儒者之頌舞，熊經蝯攫，以廉制其筋骨，使行不怠步，戰不怠伐，惟以樂倡之，故人樂習也。無樂則無舞，無舞則茶弱多疾疫，不能處憔悴。將使苦身勞形以憂天下，是何以異於騰駕蹇驢，而責其登大行之阪矣"。然此論襲呂氏春秋古樂陶唐氏之雅訓，實亦非自古王官樂教之本體。章氏答夢庵曰"以勇猛無畏治怯懦心，以頭陀淨行治浮華心，以惟我獨尊治猥賤心，以力戒誑語治詐僞心"。章氏之頌舞，與此何異。樂教之博徹廣大，此徒一端耳。且頌舞之

爲培勇也，一旦質勝於文，則害暴矣。儒墨篇申言儒義，道不同而
不相爲謀，亦無所短于墨翟。董子曰，仁人者，正其誼不謀其利，明
其道不計其功。樂舞之教，正明其心志原本，不謀計其功利可也。
凡事物皆有始終因果，焉得旦暮懸解而了無利害耶。此道誼心志，
吾儒所以反復致意者也。嗚呼，樂舞之道滅矣，非惟不復蹈踴於
世，絕學考據，亦不易也。吾觀夫熊經蝯攫之說，悲歌擊節，如斯而
已矣。百年之前，章氏已太息曰今夏人疲癃矣。（見訄書辨樂篇第五
十二。）曩日觀雅樂於麗江，廟堂之上，縵操弦起，予慟即生，漣如不
已。魏默深氏默觚之作有云“墨子非樂，異乎先王，然後儒亦未聞
以樂化天下，是儒即不非樂，而樂同歸於廢矣”。使其言爲是，章氏
及愚恐皆不免畫餅之誚矣。

辨　樂

　　朱子蔡元定律呂新書序有云“國家行且平定中原，以開中天之
運，必將審音協律，以諧神人。當是之時，受詔典領之臣，能得此書
而奏之，則東京郊廟之樂，將不待公孫述之瞽師而後備，而參摹四
分之書，亦無待于後世之子雲而後知好之矣”。此主戰一派之大志
也。訄書爲後王作者立道術，儒墨辨樂諸篇，自有此志。惟其考
訂，主在宣導滯箸，倡習道引，治其疲癃而已。故章氏亦嘗闡述幽
微，神往于古人，思以氣律調和繩今世。其曰“中世阮籍有言，江淮
以南，其民好殺，漳汝之間，其民好奔，故吳有雙劍之節，趙有挾琴
之客。氣發于中，聲手足飛揚，不覺有駮也。今其血氣互變，而各
未有裁制。後王作者，因其繇俗嗜好，以爲度齊。褒矣，吾不得而
見誒”。律呂通變陰陽之古論，章氏亦甚傾心。韓退之重答張籍書
曰，“觀古人得其時行其道，則無所爲書，書者，皆所爲不行乎今而
行乎後世者也”。訄書辨樂，有志於後世者。而觀今日之冥晦矙
鄙，其煌煌巨冊，亦多成空言矣。

儒　道

　　訄書欲爲後王作者立言，然博辯騁辭，多縱橫家風。班固言從橫家長于當權事制宜，受命而不受辭。章氏既懷覆清之志，復無望于儒術，是以騰踔俯仰，刻急其辭氣，奇譎其篇式，以奪人魂魄也。訄書儒道篇第四褒道刺儒，多有雋語。其有曰"儒家之術，盜之不過爲新莽，而資道家之術者，則不失爲田常。漢高祖得木不求贏，財帛婦女不私取。其始與之而終取之，比于誘人以詩禮者，其廟算已多。夫不幸汙下以至于盜，而道猶勝于儒"。此雅謔耳，視之立言則不經。儒學乃聖王致平之術，道家多撥亂蓄積之能，所應時勢各異，本剛柔幷濟，以成乾坤之德也，豈可以廟算勝負高下盰衡之哉。古人言，定天下易，治天下難。不然，天何以必生孝武尊儒卑道，以立百世之政號耶。此非武帝一人之力所能爲，時勢風氣使然也。矧田常篡齊，其度量力行自難與王莽共語。班氏言"昔秦燔詩書以立私議，莽誦六藝以文姦言，同歸殊塗"。二者本千古聚訟之事，吾謂皆有時勢之必然，不可遽斥以姦雄，而沒其實也。戰國諸子極興則弊生焉，秦皇以毁之，西京儒術圖讖附會極熾而肇禍焉，王莽以篡之，豈獨秦皇新莽二人之過耶。矧秦皇之毁，楊墨諸派俱盡，實爲漢室尊儒掃蕩障礙，爲天下道統之先機耶。呂思勉秦漢史總論有云"秦漢之世，先秦諸子之言，流風未沫，士蓋無不欲以其所學，移易天下者。新室之所爲，非王巨君等一二人之私見，而其時有志於治平者之公言也。一擊不中，大亂隨之，根本之計，自此乃無人敢言"。其識特閎達。王莽欲行周禮，以樹根本，規模極大，雖覆滅無成，自亦時勢所趨，其行不失爲豪傑。秦漢史論新室始末，亦言新莽之所行，蓋先秦以來志士仁人之公意，其成其敗，其責皆當由抱此等見解者共負之，非莽一人所能尸其功罪也。愚觀其說高舉王莽改革之心，迥異于舊論，實亦時代風氣使然，非盡合中道。然亦可備知人論世之龜鑒。漢書徒以一佞邪奸詐抹殺之，所謂以理殺人,此之謂也。若以人而論,王莽勝於田常多矣。況章氏尊為大師之劉子駿,亦莽之國師也。無莽,則不得其志。故章氏之說,視之譴語,則為警句,衡以立言,有失實矣。古之襃道刺儒深徹警策者,愚意當推葛稚川為第一。抱朴子內篇明本辨問諸篇言之極備,義理淵懿,文辭金玉,古人之奧學雄才,寬裕通簡,又非章氏所能逮也。

儒　俠

　　鴼書儒俠篇第六附上武論徵張良事云"世讀太史公書,言留侯如婦人好女,皆念以為運謀深婉,不兆于聲色間。觀其簪墮被髮,一何屬也。秦漢間游俠之風未墮,良又素習于椎擊者。下邳受書而後,優游道術以自持,忍也。而輕俠蹈厲之氣,遇亟則亦顯暴,固與諸葛亮謝安之徒異矣"。章氏稟性剛烈,以儒俠擊刺為可用,固衰微易代時際之權奇也。(徐錫麟輩是以有為。)故盛推張良之持忍蹈厲,能樹大業。蘇文忠公留侯論贊子房以蓋世之才,不為伊尹、太公之謀,而特出于荊軻、聶政之計。又云"太史公疑子房以為魁梧奇偉,而其狀貌乃如婦人女子,不稱其志氣。嗚呼,此其所以為子房歟"。太公之謀而與荊軻同功,一言已盡其蘊。明清草昧之際,魏叔子古文抗節,亦作留侯論,其自記有云"忠臣以興復為急,雖急身殃民而無悔。仁人以救民為重,故通權達節以擇主。子房始終之節,皎然明白,忠臣仁人,兼而有之,奈何後世獨以智謀見推也"。興復為急,通權達節,以儒俠為用,後世蔡鶴卿以博學忠厚之質,而倡暗殺險騺之技,亦以此故。而考鏡淵流,皆可歸之于史遷。太史公崇揚氣節,發憤著書,故傳伯夷而問天道之是非,傳伍胥則崇烈士之隱忍,其曰"向令伍子胥從奢俱死,何異螻蟻。棄小義,雪大恥,名垂於後世,悲夫。方子胥窘於江上,道乞食,志豈嘗須臾忘郢邪,故隱忍就功夫,非烈丈夫孰能致此哉"。向無史遷,章氏儒俠之說亦無由發。傅青主霜紅龕文集嘗言,貧道岑寂中,每耽讀刺客遊俠傳，便喜動顏色，略有生氣矣。吾觀傅山剛健老辣之處，章炳麟猶讓一頭也。（章氏世傳醫學，於明遺老素推青主。其早歲與宋恕書有云"巫醫祝史，古本一官，金匱石室，既未卒就，儻貸俞跗，庶可自策。頃又從事方術，欲以寧人兼爲青主"。與吳君遂有云"生民之厄，每在末造，傅青主以故國遺民，常借斯道擭持品庶，如僕無似。亭林夏峯之業，近已絕望，亦欲從青主後矣"。固知章之契傅，非徒儒俠之風而已。）

儒 兵

諸夏自古擾於夷狄，漢世公羊家三科九旨，已立內外之義。千祀以來，剝復刲殺，常如轉轂。近者吾華幾覆於倭寇，蓋道術既分，國人淫逸餒偈，風骨頹靡，而幾爲外人奪國，有以陳散原夜呼殺賊，絕食而終也。章炳麟既痛武德之衰，天下疲癃，逑鞠迫言，思以振之，故訄書崇舞蹈，褒墨俠，而以議兵經世爲務，其慷慨古節，如見陳子龍激武經之論，發兵垣奏議，一介書生，蹈壯士之鴻烈。訄書儒兵篇第七即以陰符經"天發殺機，龍蛇起陸，人發殺機，天地反覆"肇論，其猛志亦可見矣。其有云"蹴鞠列於技巧，碁勢皇博列於術藝，不知者以爲娭戲也。其知者，以爲民性有兵，不能旦旦而用於寇，故小作其殺機，以鼓其氣。與儒者之鄉射，其練民氣則同。雖孟荀與穰苴，猶是術也。此兵之本也"。悲夫，今世之蹴鞠碁勢以體育蓄之，而不知練氣以待，是以吾國之蹴鞠碁勢屢挫於外國也。惟氣之薄積，兵之無勇，民氣銷墮，婬樂是圖。而舉國以商賈加之，以貨殖強國，而沒於義利之辨，人心之不明，固爲後世憂也。章氏復云"王守仁知氣，此所以成勝"。欲彊國民之體勢，必自養氣明心始也。是用兵之爲義，博戲之爲法。朱子嘗嘆，南渡之後，說復讎者，惟胡氏父子說得無病，其餘多以區區成敗進退之。（見朱子語類卷一百三十三。）蓋儒兵之道，必以養氣明心爲始。此章氏所未言而愚不得不發之者也。（偶覽淮海集進策兵法一篇有言，"古之論兵者多矣，大率不過有四。一曰權謀，二曰形勢，三曰陰陽，四曰技巧。然此四術者，以道爲用之,則爲四勝。不以道用之,則爲四敗。所謂道者何也。治心養氣而已矣"。秦太虛持論多精闢如是。論兵養氣之說,前人蓋言之已備矣。)

學 變

愚素喜謂人曰,道本簡易。大戴禮曰"通道必簡"。故黃老必歸之陰陽,治世道術必歸之文質。古之大家,多以簡易開萬世法。錢竹汀十駕齋養新錄卷一亦論易簡云,易簡之道失,其弊必至於叢脞。近世錢賓四先生湛思通明,最得此諦。嵇書學變篇第八亦以簡易之理,推論學術,縱橫開闔,極有創說。學變篇有云"董仲舒以陰陽定法令,垂則博士,教皇也。使學者人人碎義逃難,苟得利祿,而不識遠略。故楊雄變之以法言"。漢書儒林傳有云"自武帝立五經博士,開弟子員,設科射策,勸以官祿,訖於元始,百有餘年,傳業者寖盛,支葉蕃滋,一經說至百餘萬言,大師衆至千餘人,蓋祿利之路然也"。凡祿利既成軌則,則經學亦成俗學,此千古所同。楊雄卓然開立言之路,脫然於章句習障,恬於勢利,踔而不群矣。此猶後世尊韓昌黎文起八代之衰,章氏特以史識識之也。考楊雄著書之本懷,班固氏有云"雄見諸子各以其知舛馳,大氐詆訾聖人即爲怪迂,析辯詭辭,以撓世事,雖小辯,終破大道而或衆,使溺於所聞而不自知其非也。及太史公記六國,歷楚漢,訖麟止,不與聖人同,是非頗謬於經"。是以著法言也。蓋非爲章句經義之學而發,乃爲諸子學太史公而發也。此不可不知也。法言吾子篇曰"古者楊墨塞路,孟子辭而闢之,廓如也,後之塞路者有矣,竊自比於孟子"。此子雲之志也。章氏以史識明其功,又非子雲所自預。班固言自雄之沒至今四十餘年,其法言大行。法言之啓人心志實可見矣。楊雄啓之,桓譚王符仲長統應之,其功故不朽矣。然朱子多褒王通而輕楊雄,言其多出於黃老,言其爲無用腐儒,成見之深,閱之心冷。傅青主霜紅龕文集曾言"楊子雲太玄經,邵康節以爲是,吾不得而知之也,朱文公以爲非,吾不得而知之也"。然而康節以數言數,文公以理衡數。此實似是而非者。蓋雄以屈新莽見詆後世,非聖人而僭作經書,激者心誅之而後快,投閣符命之譏,太玄覆瓿之嘲,而奪其名稱矣。而章炳麟能會其實也。實齋屢斥子雲僭作,章氏國故論衡原經亦嘗力駁其說之妄,如出我心。訄書別錄甲第六十一傳述楊雄,憫其志微憔悴,言其秩不逮大縣丞尉,漢穀至賤,故去就新故,不爲携貳。嘗爲劇秦美新以獻,外示符命,內實以亡秦相風切。誠明恕之論,可以已矣。漢之桓譚、宋之溫公、康節,皆楊子知音,今有章氏,亦後來者也。(國故論衡原經有云"學誠駁汪瑗說,云布衣得爲人作傳,既自倍其官守之文。又甚裁抑王通。准其條法,仲尼則國老耳,已去司寇,出奔被征,非有一命之位,儋石之祿,其作春秋亦僭也"。此古文家釜底抽薪之論也。)

孔 釋

　　章實齋文史通義易教下言佛氏之學本原出於易教,其云"蓋其所謂心性理道,名目有殊,推其義指,初不異於聖人之言。其異於聖人者,惟舍事物而別見有所謂道爾。至於丈六金身,莊嚴色相,以至天堂清明,地獄陰慘,天女散花,夜叉披髮,種種詭幻,非人所見,儒者斥之爲妄,不知彼以象教,不啻易之龍血玄黃,張弧載鬼。以閻摩變相,皆即人心營搆之象而言,非彼造作誑誣以惑世也"。章太炎答鐵錚有云"漢族心理,不好依他,有此特長,故佛教得迎機而入,而推表元功,不得不歸之孔子。世無孔子,即佛教亦不得盛行"。二說如出一轍。釋教原本易教之說,人皆能知其乖謬於理,然以史觀之,所論誠非盡為虛妄。訄書不言佛學,然章氏四十歲後作齊物論釋融渾玄佛,未嘗不從是出也。

修古佚蕩

　　學變篇論漢季以至吳魏學術有警言曰"闊疏者苟務修古,亦欲以是快其佚蕩"。略覽歷代藝文學術,愚得數人焉。明世前後七子,崇復上古,以爲文必秦漢,詩必盛唐,一時蔚興,震蕩百年,而所作多修飾杌隉,矯然不真,甚者以剽竊爲文則,因畫虎而類犬,屠龍之技,猶失笑于今人。王弇州宗子相集序云"子相于文筆尤奇,第其力足以破冗腐,成一家言,奪今之耳觀者,而大趣乃在北地李先生"。一時佚蕩風氣可知。王弇州李于鱗先生傳,亦言時人謂于鱗師心而務求高,以陰操其勝於人耳目之外而駴之,其駴與尊賞者相半。其以修古爲高,實以駴震爲權奇耳。訄書別錄甲第六十一亦云,明中世,自李夢陽王世貞,務爲詰詘瑰異之辭以相高,其失模效秦漢而無情實。此其一。近世康南海廖井研一派學術,每以託古爲正名,好言聖人制作,而實多怪異之論,快其佚蕩也。考鏡淵流,實龔魏啓扇其風於前,而古史辨一流暗承其法於後。康氏之怪譎恣肆不正,不待言矣,其弟子梁啓超,亦漸能知其非而遠之。錢子泉現代中國文學史論之最備,真龜鑑也。其言桐城義法至有爲乃殘壞無餘,恣縱不儻,厥爲後來梁氏新民體之所由昉。而康氏自負爲先知先覺,及爲文章,則譽己如不容口,其學之變態佚蕩,而俱以古聖爲手段,誠非中國之幸也。而顧頡剛輩,以習古爲事業,亦逞思無忌,貌類嚴恪科學而實多肆虐。其人亦能稍知其過也,晚歲著史林雜識初編小引有云"其時年少氣盛,工爲詆訶,古今人俱無所避,迄今每一展視,恒不覺汗之沾衣"。然混沌既死,何悔之有邪。此其二也。

學蠱

訄書多嫉世深險之論,自不必爲賢者諱。學蠱篇第九痛詆歐陽永叔蘇子瞻,誠不恕之論。然持論愷切,亦堪後人省鑑。其云"修之烈,令媢己者不學而自高賢,自謂以文辭承統,正體於上,玄聖素王。軾也使人跌邊而無主,設兩可之辯,仗無窮之辭,遁情以笑,謂道可見端而不覩其尾,謂求學皆若解閉者,以不解解之也"。

據宋史，蘇軾作答進士策，王介甫曾言軾才亦高，但所學不正，又以不得逞之故，其言遂跌蕩至此。此或爲後世斥蘇者所本。然史書亦言軾決斷精敏，聲聞益遠，惟王氏之剛愎彊愎，迂古急進，所論移諸己身亦不爲過也。且呂惠卿亦曾譏介甫隆尚縱橫之末數。張伯行唐宋八大家文鈔序嘗言"歐陽子長於論事，而言理則淺。蘇氏好言權術，而子瞻子由出入於儀秦老佛之餘"。以文辭承統者，以理淺而不實，典誥之灝灝噩噩，豈是想見。設兩可之辯者，足以跌邊而不正，彝訓之雍雍穆穆，非能及也。近世呂思勉評蘇子瞻潮州韓文公廟碑云"此等文字，世俗以爲妙文，實則甚劣。問其何爲劣。曰浮而不實而已。且言貴有物，須從精實中立足。作文須理實氣定也"。此猶以文辭論之。章氏實誅心之論也。蓋自高賢托聖立言者，常不免乎誕妄欺人，暢辯才詞旨無窮者，常不免乎滑稽自喜，察其理脉，要非聖教中正之道也，故章氏學蠱篇以貶絕之，復嘆之曰"幸有顧炎武戴震以形名求是之道約之，然猶幾不能勝。何者，淫文破典，靷靡者衆"。然愚謂章氏心誅之歐蘇，非歐蘇也，當世之歐蘇也。歐蘇二公光燭千秋，雖有偏頗，固不失爲賢者。而當世之歐蘇，所禍已烈。今世道術破壞已盡，反觀章氏陳義之高，良可欷歔。愚攷章氏論斷，實本大儒王薑齋。讀通鑑論卷二論賈誼，以陸贄、蘇軾、王安石諸賢相軒輊，痛斥子瞻情奪其性，工於揣摩之術，深負擅權紛亂之責。其說愚固不敢信，而枚叔嘗有信之也與。

王　學

王學篇第十曰"夫浮屠不以單說成義，其末流禪宗者爲之。儒者習於禪宗，雖經論亦不欲覩，其卒與禪宗偕爲人鄙"。此論襲亭林船山諸賢斥心學禪學之舊說，非公論也。訄書成於光緒廿六年，時章氏尚未習佛學，持說不免多偏頗。此論貌古而泥今，而章氏之氣象亦可見。嚴愨奇節，壁立千仞，殊少羲皇人之渾渾灝灝。古之禪宗大德，乃有此襟抱氣度，是以標領俗流，化育百代，其義旨之簡約老辣,其功德之淵長曠邈,豈可以義學末流黜之邪。禪林寶訓開卷觀佛日契嵩禪師以來諸語錄,尤能明禪宗之與聖教相輔而混一也。歷代禪學義甚正大,而後人以末廢本,快其跌蕩,而未深思其然也。黃梨洲明儒學案序云“學術之不同,正以見道體之無盡也。奈何今之君子,必欲出於一途,勦其成說,以衡量古今,稍有異同,即詆之爲離經畔道”。章氏必以周禮諸子古學爲尊,而深貶王學之不通經論,陷乎禪道,此亦非能知古人之大概、道體之綿綿者。觀亭林船山諸大儒書,論學縝密,甚能服人,而以章氏之獨斷,恆恐其無以致遠。此又章氏不及古人處。使章氏中年後不治佛學性理,終無以自救其弊而有大成也。

擬　周　禮

　　王學篇章氏盛推古學,有曰“古之爲道術者,以法爲分,以名爲表,以參爲驗,以稽爲決,其數一二三四是也。周官周書既然,管夷吾韓非猶因其度而章明之。其後廢絕,言無分域,則中夏之科學衰”。持論堅決。自古有志者多欲倣周禮而制作焉。揚雄王通擬經托志,其意旨之深閎精微雖有不同,其志之高邁貞誼固無論矣。後人雖嘗以擬經貶絕之,非定讞也。元明之際,宋景濂作竹齋集序,言王冕磊落有大志,嘗仿周禮著書一卷,坐臥自隨,秘不使人觀。自曰,吾未即死,持此以遇明主,伊呂事業不難致也。當風日佳時,操觚賦詩,千百言不休,皆鵬騫海怒,讀者毛髮爲聳”。王冕志未行而歿,而猶有劉基宋濂王褘諸公。後人徒以狂士狂奴目之,焉知其倣著周禮,欲行黎元之真面目哉。清季孫詒讓著周禮正義,自序之義亦極閎廓嚴正,覽之聳怵。有曰“劉歆、蘇綽託之以左王氏宇文氏之篡,而卒以踣其祚。李林甫託之以修六典而唐亂,王安石託之以行新法而宋亦亂。彼以其詭譎之心,刻覈之政,倫效於旦夕,校利於黍杪,而謬託於古經以自文,上以誣其君,下以敓天下之口,不探其本而飾其末,其僥倖一試,不旋踵而潰敗不可振,不其宜哉。而懲之者遂以爲此經詬病，即一二閎攬之士，亦疑古之政教不可施於今，是皆膠柱鍥舟之見也”。此辨周禮非不可施於今也。（錢辛楣潛研堂文集王安石論云，安石曷嘗用周禮哉。可謂一針見血。）又曰“私念今之大患，在於政教未修，而上下之情睽闊不能相通。故民窳而失職，則治生之計陿隘，而譎觚干紀者衆。士不知學，則無以應事萬變，效忠厲節，而世常有乏才之憾。夫舍政教而議富强，是猶泛絶潢斷港而蘄至於海也。然則處今日而論治，宜莫若求其道於此經”。是知瑞安大儒亦廓弘有治世之心，非樸學所能囿也。故其序末又曰“世之君子，有能通天人之故，明治亂之原者，儻取此經而宣究其說，由古義古制以通政教之閎意眇恉，理董而講貫之，別爲專書，發揮旁通，以俟後聖，而或以不佞此書爲之擁篲先導，則私心所企望而且暮遇之者與”。愚臆章氏有感師言，訄書之著，以周禮法度，審析萬流，故斥王學之立義至單，非先聖制作之矩矱也。淵源有自，不可不知。以此論之，章氏之於孫仲容，猶韓非李斯之於荀卿也。

訂實知

訂實知篇第十四究聖人之前知，格神智之奧賾，愚初以奇譎遇之，而後惕若有湛思焉。章氏曰“夫三統之復，文質之變，聖人以上知千世，下知千世，則不藉於物矣。堯知稷契後皆王，周公知齊魯强弱，孰與高祖之測吳濞犁五十年。故挈萬祀之風教，而射之崇朝者，非聖哲莫能也”。聖哲之前知，觀春秋左傳，則知其盛矣。鄭裨竈言伯有氏之亡期，魯穆叔言趙孟孟孫之將死，齊晏子之知國歸於陳氏，秦醫和之知晉侯蠱疾，皆其類也。賢哲之知，皆通天地之理而歸諸人事。故左傳臧武仲多知而人以聖稱之，鄭玄曰，聖，通而先識也。（見洪北江春秋左傳詁襄公二十二年。）左傳好言占驗，范甯以爲其失也巫。然賢哲之神知，固貫通天人以成之也，豈可以巫言揜其德哉。後世宋太祖欲留都洛陽，終居長安，而群臣咸諫而罷，因嘆不出百年，天下民力殫矣。大人之前識，史冊屢見之也。<u>范蔚宗</u><u>後漢書方術列傳</u>云"占也者，先王所以定禍福，決嫌疑，幽贊於神明，遂知來物者也。而斯道隱遠，玄奧難原，故聖人不語怪神，罕言性命。或開末而抑其端，或曲辭以章其義，所謂民可使由之，不可使知之"。贊曰"幽賾罕徵，明數難校，不探精遠，曷感靈效"。又論曰"極數知變而不詭俗，斯深於數術者也"。論旨甚得中行也。隱遠難原之所在，誠亦<u>中庸</u>君子戒慎乎其所不睹，恐懼乎其所不聞，莫見乎隱，莫顯乎微之深意也。古之賢哲多此措意，苟非其人，道不虛行，故代有其人，史不乏書也。

通　識

通識篇第十五曰"積愛為仁，積仁為靈。夫靈，何眩譎奇觚之有。以其隱衷，人偶萬物，而視以己之髮膚。髮膚有觸，夫誰不感覺。是故其痾癢則知之，其怖怒哀喜則知之，其微聲如蚍如蟋蟀則知之，其積籌至不可布籌則知之"。<u>陽明</u><u>傳習錄</u>答顧東橋書有曰"蓋其心學純明，而有以全其萬物一體之仁，故其精神流貫，志氣通達，而無有乎人己之分，物我之間。譬之一人之身，目視耳聽手持足行，以濟一身之用。蓋其元氣充周，血脈條暢，是以癢痾呼吸，感觸神應，有不言而喻之妙"。二論可謂無閒。（竊謂<u>陽明</u>此語本於<u>東坡</u>，可參<u>周草窗</u><u>浩然齋雅談</u>卷上所引語。忽悟<u>董玄宰</u>言<u>程</u><u>蘇</u>為<u>洛</u><u>蜀</u>之爭，後百餘年，<u>考亭</u>出而<u>程</u>學勝，又三百年，<u>姚江</u><u>王伯安</u>出而<u>蘇</u>學復勝，殊有別致，非妄論也。<u>宋</u>人論物我心手之妙者莫甚於<u>東坡</u>，其意旨深微處，亦非<u>二程</u>所能道。<u>陽明</u>非主<u>蘇</u>學者，而有闇契。<u>東坡</u>之潛化，於此可覘。）靈於萬物而萬物同於己，心學通神而神物應乎身，若髮膚感觸然。惟前者以言識之，後者以言心體，所趨異也，而實理同也。然靈通純明何以致邪，此非智材所能知也。而必曰積仁為靈，致良知為心學，猶非智材所能知也。史者為藏往，識者為知來，<u>章</u>氏志在開闢，故尪書探致識學，以務前知。然<u>顧</u>氏<u>日知錄</u><u>巫咸</u>一條有云"古之聖人，或上而為君，或下而爲相，其知周乎萬物而道濟天下，固非後人之所能測也，而傳者猥以一節概之"。是亦非章氏所能知也。是以章氏嘆曰"京房張衡譙周郭璞之倫，僵尸千祀，不再起矣。黃道周哉，于以求之。于林之下"。而王學理圓義徧，逢源玄暢，亦無開闢材，二傳即衰，怪變層出。乃知輕言識文、心體者，皆非學人所宜也。故明季二大儒劉蕺山敦嚴之學能得大人，數傳不絕，而黃道周尚數之學，雖得錢田間之傳，終不及浙學之大成。雖然，漳浦先生亦卓矣。四庫總目提要謂其三易洞璣之作"意欲網羅古今，囊括三才，盡入其中。雖其失者時時流於機祥，入於駁雜，然易道廣大，不泥於數而亦不離於數，不滯於一端而亦不遺於一端，縱橫推之，各有其理"。所論可謂公允。又言"史稱其歿後家人得其小冊，自推終於丙戌年六十二，則其於藏往知來之道，蓋非徒託空言者"。全謝山鮚埼亭詩集過石齋先生正命處亦云，洞璣絕學誰窺見，天挺應推百世豪。噫，郭景純之後得見斯人也。章氏長於經史議論，中年後精研佛學玄理，而於易數道體，終非擅長。是以著通識諸篇，臨淵羨魚，明其隱衷。小子觀其學之方智極備矣，而蓍德之圓神，終有未逮。以章氏之博深廉隅，其所不及古人者，亦以此也。

序　種　姓

序種姓篇下第十八有云"萬物莫不知懷土，而樂歸其本。不知地望，不能推陵谷，不自知其氣類，不能觀廟怪。故思古之情弛，合群恩國之念亦傺傺益衰。古者貞繫世，辨鄉望，皆樹之官府，銘之宗彝，誓之皇門。然則其民重棄種類，當其流散，而魂魄猶斟酌飽滿，永懷其故老"。今世鄉學崩散，家法蕩然，人不知其族譜，物皆失其根本。籍談之數典而忘祖，不意舉國皆然。而空航陸軌，馳騁發狂，人多棄鄉土爲脫屣，笑疆界爲封囿，琳琅城市，樂不思蜀，殊少神靈惕若之祀，鄉關眷顧之情。吾夏史學民族，數千載蘊抱，均歸之於鄉土，記之於典籍，而數十年來，鄉土先破其體制於政教易代，復奪其精魄於貨殖交通，萃散至極，吾國史學根本，抑皆成游魂矣。當務之計，以明學術，正庠校，復祠祭，存古物爲最亟。蓋學術不明，經籍祖訓無由明達也，庠校不正，教化風俗無由淳和也，祠祭不復，慎德追遠無由施行也，古物不存，先人風範無由感應也。今之有志者，雖邦國尚未可行，行諸家教亦可矣。愚覽元史許衡列傳言其嘗語人曰"綱常不可一日而亡於天下，苟在上者無以任之，則在下之任也"。許子身體力行之。噫，閱斯言者，不可不振起也。（宋王逢原集卷十三志述有云"夫志雖不可必得之於天下，豈不可得之於一身哉。故曰士未嘗有失志也"。其與許衡之言，一也。宋元儒者，多秉是念，永矢弗諼也。）

原　變

　　原變篇第十九云"知群之道，細若貞蟲，其動翽翽，有部曲進退，而物不能害。山林之士，避世離俗以爲亢者，其侏張不群，與夫貪墨傭駑之役夫，誠相去遠矣。然而其獘，將挈生民以爲虖蟱。故曰，鳥獸不可與同群"。論語微子篇孔子論長沮桀溺云，鳥獸不可與同群。章氏述原物變之理，巧詮其旨，此又非聖人所能逆料者也。然山林隱遯之弊，真能挈生民以爲虖蟱獲類耶。非也。莊子繕性篇有云"雖聖人不在山林之中，其德隱矣。隱，故不自隱。古之所謂隱士者，非伏其身而弗見也，非閉其言而不出也，非藏其知而不發也，時命大謬也。當時命而大行乎天下，則反一無跡。不當時命而大窮乎天下，則深根寧極而有待。此存身之道也"。可謂爲古之隱士正名也。世人徒知山林之士之隱，孰知朝市之隱愈有勝於亦隱乎。隱不自隱，蓋亦時命人事使然，非鳥獸虖蟱使然也。文子道德篇亦云"故生遭命而後能行，命得時而後能明，必有其世而後有其人"。蓋隱士亦待時命際世而出，非刻意有爲也。後漢書逸民列傳有云"觀其甘心畎畝之中，憔悴江海之上，豈必親魚鳥，樂林草哉，亦云性分所至而已"。性分所至，雖與儒士殊塗，而行其所行,自天地之無盡藏也。列傳又盛言光武舉逸民而天下歸心,隱士之用足以與聖教同歸矣。晉書隱逸列傳亦云"徵聘之禮,賣於巖穴,玉帛之贄,委於窒衡,故月令曰,季春之月聘名士,禮賢者,斯之謂歟"。蓋隱遯山林者,反爲治世之利器,素爲古之聖王所重。是老子所謂反者道之動也。豈可以鳥獸不同群之說揜之哉。以此而觀之,章氏之論,亦危言也。禮失求諸野,今世欲承續古學者,求之山林可矣。

述　圖

　　述圖篇第二十六云"亂世之徵,文辯反覆而無徵驗,樂府通韵而違今古,篆刻譎繆而棄形聲,草書縈繞而難識知,比類萬端,苟爲噲事,以不徵於民用者衆矣,不畫而止也。雖然,云能之長短,雖小足明其所緣矣。古之畫者,佹於工師,今之畫者,佹於名士"。孔子曰,託之空言,不如見之行事之深切著明。文辯之大患,莫若蹈空無證驗,侈辭惟放淫自是而已,而必爲之辭曰,予非好辯者也,不得不辯耳。今之治哲學者多有此患,蓋以無徵驗,無以身體力行也。樂府通韵之弊,今世尤明。蓋韵部之淆混,非區區音韵學識之乏也,必古學昏昧、根基支離、體制乖違諸端致之。區區用韵,亦足以占世也。自甲骨文興,篆書遂繁矣。刻寫者多集古字,幾難辨識,皆託古以求高,而不知篆刻之貴幷非恃此。鄭玄曰,正名者,正文字也,蓋篆之道術乃在於此,精工之境亦在於此,非必求高古而後爲美。草書自張芝二王以來,素有定範。惟散僧入聖,可以許顚張倒素之爲大能。末世繳繞糾纏,殊少定慧,自縱狂禪,以逞其健,別有面目,而終損於道體,大遜於古人。末流可不論矣。是所謂苟爲快事,以不徵於民用也。故亂世之文樂篆草諸科,可以占制作法度之不切實也。觀今日最不切實者,莫若教育。諸生流騁乎世界之學術,躋競乎勢利之途徑,國術倫常不明,氣格涵養尤隘,其所大乖失者非惟文樂篆草諸科者也昭然矣。古之畫者,佹於工師,今之畫者，侂於名士，甚與<u>章學誠</u>論王官之義相通，不待繁述。使世之名士無工師之志，詩人無德者之音，必無拯矣。（<u>荀子</u>樂論有曰"亂世之徵，其服組，其容婦，其俗淫，其志利，其行襍，其聲樂險，其文章匿而采，其養生無度，其送死瘠墨，賤禮義而貴勇力，貧則為盜，富則為賊。治世反是也"。<u>章氏</u>當有取之。觀以今世，服組容婦俗淫志利行襍聲險之風皆盛行之，文體邪匿斑爛，而無正采，自養甚奢而少節度，喪禮簡制如<u>墨家</u>，崇體育之勇，而不尚儀文，爲富不仁者，多賊人而不恥。蓋其風俗導自泰西，本非吾國所有，而今亦蒙汙染，實亦本國根基搖蕩所致，悲絲之感，孰其咎耶。）

明　獨

　　明獨篇第二十九力主獨行，言大獨，大群之母也，非獨，何以黨哉。<u>章氏</u>一生踐蹈不輟。篇末自陳，極金石之聲，慷慨之色，真古烈士之法嗣，<u>史遷</u>之血脉也。其曰"余，<u>越</u>之賤氓也。生又羸弱，無驥騺之氣，焦明之志，猶惽悽切怛，悲世之不淑，恥不逮重華，而哀非吾徒者。竊閔夫志士之合而莫之爲綴游也，其任俠者又籲群而失其人也，知不獨行，不足以樹大萃。雖然，吾又求獨而不可得也。於斯時也，是天地閉、賢人隱之世也。吾不能爲狂<u>接輿</u>之行唫，吾不能爲<u>逢子慶</u>之戴盆。吾流汙於後世，必矣"。<u>孟子</u>曰，聞<u>伯夷</u>之風者，頑夫廉，懦夫有立志。又曰奮乎百世之上，百世之下，聞者莫不興起也。吾觀明獨，猶聞<u>伯夷</u>之風，敢不興乎。然古之體國家立基業者，征伐而外，莫不以弘廓寬容爲法，是以修禮樂，制法度，開太平，如<u>唐</u>之有<u>房杜</u>，<u>宋</u>之有<u>趙呂</u>，<u>明</u>之有<u>宋劉</u>。民國初肇，紛擾愈烈，本欲治世，實成亂世，<u>章氏</u>以開國之鉅子，滄海橫流，能無責乎。力主獨行，廉棱衝決，而殊少大度，無忠厚寬宥氣象，終非百代民生之望也。<u>章氏</u>中年之後，識地弘廓，有大智德，誠能自知早歲立言之過。雖然，獨行之風，則未易。要其本色所在，性比金石，實無可磨滅者也。觀其答鐵錚書，尤能明之。所謂排除生死，旁若無人，布衣麻鞋，徑行獨往，上無政黨猥賤之操，下作懦夫奮矜之氣，以此楬櫫，庶于中國前途有益，真大丈夫之所宜爲也。獨哉。獨哉。愚亦有志焉。

論 錢

　　章炳麟能識錢牧齋之大者，訄書屢及之。雜志篇第六十所論沈厚明湛，世人之褒絕牧齋者不可不知也。其曰"儒阬於驪山，而伏生叔孫生獨脫。及秦之廢，通履漢朝焉。其違於守節與。當其前，則有夏大史終古，與受之臣摯矣。踵是，則有陸元朗、孔沖遠矣。夫以身衛禮樂儒術，不卹其汙，此誠非溝瀆之小諒所能跂也。及身弗能衛，幸猶有膚敏逸民，以守善道。而世又蹙之，則弗卹其汙，以衛是人。如馮道、錢謙益者，亦盡瘁矣哉。不然，革命之際，收良以填溝壑，而天地之紀絕矣"。是說以夏終古、商摯、秦博士伏生、叔孫通、隋經師陸德明、孔穎達及歷事四姓之馮道方之，以爲天留錢氏於鼎革之際，以存舊朝之綱紀文獻也。誠以史學法眼判之，不繩以名節。牧齋鼎革後文字境界高邁精切，一時無二，且多戀眷故主陰謀拯濟之意，近人陳氏寅恪考據詳密矣。人非大聖，孰能全身，牧齋之汙身新朝，誠爲人鄙，然世之淺末，專執此柄以詆之，而無復能道其始末大體，以名節之利器損益乎文教之大者，所失者多矣。寅恪先生最能知之，別傳之作，蓋深有寄托也。自古大人先生，自敘窮愁苦厄，莫不嘆命其使然。汪容甫自序比於劉孝標四同五異，慷慨凄愴，是其事類。觀牧齋有學集與族第君鴻論求免慶壽詩文書諸作，自以天地間之不祥人，常毛竪骨驚，并託彭祖而喻己長壽而多辱，隱痛銷骨，觀其自叙，論者亦可以息矣。章氏誠蒙叟之異代知遇也。（牧齋求免慶壽詩文書中云，杏壇之杖久懸其脛。典出論語憲問篇，子責原壤老而不死是為賊。則知蒙叟以賊自黜也。歸玄埭舊有此說。）近世金鶴沖作錢牧齋先生年譜，以先生之入清廷，猶范蠡之入宦於吳，李陵之欲得報漢。（此說過矣。）張鴻作年譜序亦云"逮至乾隆朝，深宮樞廷，必有窺先生之心事者，乃相與污辱之，使其耿耿孤忠，不傳於後，以消滅復國之機。故乾隆文字之獄最密，皆此志也。後人不察，從而吠影，亦徒見其蚍蜉撼樹而已"。皆為牧齋翻案。金、張皆章氏同時人，蓋清社將屋，社會必有此一種言論。數十年後，寅恪作柳如是別傳，亦承此緒之流衍。蓋亦一時風氣之所積，遂有大成之事業也。（後覽嚴氏迪昌清詩史引錢蕚孫夢苕盦詩話有云"近有妄人著文論牧齋投筆集，以與杜甫秋興比較，誣錢為文造情，出於偽飾，彼殆未讀太炎馘書也"。蕚孫先已見此矣。）

明儒獄學

　　昔夏侯勝黃霸久繫牢獄，霸欲從勝受經，勝辭以罪死。霸曰，朝聞道，夕可死矣。勝賢其言，遂授之。繫再更冬，講論不怠。此吾儒獄學之濫觴也。史遷所謂昔西伯拘羑里，演周易，孔子厄陳蔡，作春秋，其淵流固遠矣。夫明儒獄學風氣之盛，星曜四裔，陵轢百代，誠所謂前無古人後無來者。愚閱明儒學案，嘆其淵懿精進，多有聞道而死了然自得之意，是以略錄其行跡，以為後學之矜式。余訒齋祐在獄中著性書三卷。其學墨守胡居仁，拳拳以誠敬為入門。獄中之書，光明篤實。薛敬軒忤王振，繫獄論死，讀易不輟。楊斛山伯修上封事言今日致危亂者五，峻切直率，忤上意，速繫鎮撫司，幾箠死。錢緒山、劉晴川、周訥谿先後以事下獄，先生相與講學不輟。緒山脫後，三人讀書賦詩，如是者五年。斛山漫錄多記其獄中省察，心聲痛徹，豈俗士所能想見。周訥谿著囚對，理趣極妙。尤時熙西川時書所疑，從劉晴川獄中質之。聶雙江為輔臣夏貴溪所惡，罷歸，尋復逮之，先生方與學人講中庸，校突至，械繫之。先生繫畢，復與學人終前說而去。馮慕岡應京在獄四年，與同事司李何棟如、華玨講學不輟，其拘幽書草皆從憂患之際，言其得力處。冀闇齋元亨陷獄中，與諸囚講說，使囚能忘其苦。出獄五日而卒。

黃道周石齋下刑部獄，同獄者多來問學，偵事者上聞，詞連黃文煥、陳天定、文震亨、孫嘉績、楊廷麟、劉履丁、董養河、田詔。明史言石齋婺源兵敗，被執至江寧，幽別室中，猶囚服著書。自知惟餘一死，猶不廢學事也。石齋學問精深，冠冕一時，其立朝大節，獄學精神，亦有明一代之範式也。楊斛山漫錄有曰"予久處獄中，粗鄙忿戾，略無貶損。粗鄙忿戾，乃剛惡也，負以終身而不能變，真可哀也。因思橫渠貧賤憂戚，玉汝於成，乃惕然警省，赧然愧恥。今日患難，安知非皇天玉我進修之地乎。不知省愆思咎，而有怨尤之心，是背天也。背天之罪，可不畏哉"。明儒獄學，多稟此念，上通天地幽明，而歸於蹈踐之篤實，雖攖難處逆，而心志彌堅也。清儒殊少此風，惟一李穆堂兀傲挺立，其在囚中日讀書，晝飽啖，夜熟眠，同囚嘆為鐵漢。蓋其亦陸王嗣傳，其所養成者，乃與明儒無異也。清季章枚叔繫囚治學，其後盛推王學之能成人，蓋抑得力乎囹圄者耶。

文衰而返於野

竊以爲今世文教之勢，賢哲已前知於三百年之前。顏習齋存學編卷四評吳草廬敘古教法有曰"文盛之極則必衰。文衰之返則有二。一是文衰而返於實。則天下厭文之心，必轉而為喜實之心，乾坤蒙其福矣。達而在上，則為三代，即窮而在下，如周末文衰，孔子轉之以實，雖救之未獲全勝，猶稍延二百年吾儒之脈。一是文衰而返於野。則天下厭文之心，必激而為滅文之念，吾儒與斯民淪胥以亡矣。如有宋程朱黨偽之禁，天啓時東林之逮獄，崇禎末張獻忠之焚殺，恐猶未已其禍也。而今不知此幾之何向也。易曰，知幾其神乎。余曰，知幾其懼乎"。（梁氏近三百年學術史嘗略及之。）文衰而返於實，清代樸學應驗之。文衰而返於野，五四以来亦應驗之。顧亭林，清學禰祖也，其開風氣之功誠弘廓曠世，而其論學必極詆王學而後快，不免空視前人。錢澄之甚不以為然，田間文集與徐公肅司成書言寧人詳於事而疏於理，精於史而忽於經。實能鑒判顧學之得失。樸學之返於實,其業誠光輝,然亦不免得失並至,詳於考證訓詁,則疏於義理氣概。士人之大節神氣皆虧矣。故樸學之為實者,非習齋之所謂孔子之實行者也。章實齋亦以實號者,值狂瀾之既倒,頗有挽濟之志,後光曜於清季民國,以為賢哲之冰鑑。是實齋之能知習齋也。固非方東樹輩所能逮。桐城方密之、錢澄之二三卓者,誠有明學術之嗣系,時運既變,多湮滅無聞,然數百年後想其智識神采,豈在亭林之下哉。此文衰而返於實者也。而習齋所謂程朱黨偽東林之禁者,滅文之重者也,知幾則懼,習齋誠知其後繼雷霆之將至。孰知辛亥以降,綱紀墮壞,滅文毀道之事,罄竹難書,其烈於程朱黨偽者何啻百千。古之君子,今皆化為野人矣。章實齋丙辰劄記亦云“徐巨源言,今天下文章聲氣可謂盛矣。雖然,日午月望,有道者所不居,異日必有以課文得罪功令,數十里不能通尺書者。已而婁東復社果有違言,人謂巨源卓識。今之文章一道,無復有言者矣。然才智紛紛,爭言考訂,率皆騖名而暗於大道,詆誚宋儒,厭薄文辭,如水趨壑而不可止。將來必有極變之禍,轉使天下以學問為諱,而為空疏不學者所藉口。有識之士宜知所擇也”。則實齋之說,亦已徵驗于近世矣。嗚呼,是所謂文衰而返於野者。夫斯民淪胥如何吾未敢置論,吾儒則幾亡矣。觀夫習齋之前知,焉能自適若平日者耶。嗚呼。抑天意乎。顏習齋,洵異人也。近觀爾雅臺答問,馬湛翁先生甚鄙其學,言其似是而非,竊謂實亦矯枉過正,一如顧寧人之於陽明也。

藏通別圓四教

蠲戲老人講學每援釋家判教之說以明事理。復性書院講錄學規言教有頓漸,大學為漸教,中庸顯天人一理,為頓教,儒者不言頓漸,而實有是理。爾雅臺答問亦每言六藝中庸為圓宗頓教之說。所據者皆天台宗化儀四教化法四教之義也。愚雖不盡信其然,亦感其為誘導初機之利器,不可廢也。湛翁多以圓頓講六藝中庸,鮮逮其他，愚不揣檮昧，姑附會之，以為名教之樂事可也。化法四教者，藏通別圓是也。藏教，即經律論三藏之教。專以生滅四諦十二因緣事六度行為修持。釋家視之為小乘。（據靜權大師述天台宗綱要。）儒門子部近之。蓋諸子為王官所遺，如老、墨、法、陰陽諸家，皆重典冊傳承，主實用，如治國兼愛兵法養生農殖之屬，行之者皆能有所為也。而老聃、莊周、墨翟、韓非之徒，雖偏歧非儒門中正之道，而皆為命世真人，為吾國精神之典型，猶藏教之有辟支佛與菩薩也。通教者，鈍利接引八法貫通之謂也。八法者教理智斷行位因果也。其教以無生四諦、思議不生滅十二因緣諸義行之。儒門史部近之。蓋史部講究天人消息，古今之變，非貫通則無以為學。教者，則聖王六藝之教也。理者，則天文興地曆律興亡之理也。智者，則洞鑑陰陽消長，識三才之奧機是也。斷者，則鏟除姦邪獨樹正統是也。行者，則史筆敘紀，嚴於體例是也。位者，則尊卑倫彝紀傳主奴之位也。因者，天地消息人心氣數是也。果者，治道隆替萬代儀典是也。史學八法皆通，方能正軌，然猶不逮六藝之醇正，乃與通教近之。別教者，別異於藏通圓教之謂也，為獨被菩薩之教法。儒門集部近之。蓋集部為人靈淵藪，宇宙精魄所施於人者。其不涉經史而能以文辭獨立於天地間，真可謂別才也。自屈、宋、陶、謝、李、杜、韓、白、歐、曾、蘇、黃以降，皆上昇奎辰，下峙山嶽，如坡公之贊昌黎，為國家精元之凝聚，是皆以雄才自別於聖賢。而衡其才性，實多能與聖教相發明，猶別教之在通圓二教之間。是以集部之學，位在四部之末，而獨能深獲人心，庶幾陵駕乎子、史之上。抑自有大事因緣者乎。圓教者，儒門六藝中庸近之也，馬先生發明甚備矣。蓋圓教為圓成究竟義，此義袁煥仙中庸勝唱陳繹最妙，其闡發之詳備，則又在湛翁之上。愚附會如此，本屬虛妄，然釋子常言，妄中證真，此意若得，雖觀者哂笑如何，亦可得魚忘筌矣。

馬湛翁自簡五過

復性書院講錄卷二題識馬湛翁自簡其過,陳列五端,皆意味深長語。愚試解其意蘊。其一曰"判教之言,實同義學,不明統類,則於專己"。愚意湛翁所謂統類者,即孟子所謂始條理者智之事,終條理者聖之事者。諸學皆歸於德性,諸智皆返證於一心,如此則智者、賢首諸大師判教之義施諸儒門,何障礙之有。世之專家守法者,不明德智統類,未免封守矩矱,難臻大化,其以馬子為專己,固宜矣。觀維摩精舍叢書,乃知袁煥仙氏亦深明此統類者也。(湛翁摯友葉氏左文至謂泰和宜山會語辭氣抑揚太過,謂入於鄙詐慢易而有邪心。見馬一浮集與葉氏書信。湛翁有云"兄不喜佛氏,乃幷其所用中土名言而亦惡之,此似稍過矣。浮今以六藝判羣籍,實受義學影響,同於彼之判教,先儒之所未言。然尋究經傳遺文,實有如是條理,非敢強為差排,私意造作。判教實是義學家長處。世儒治經實不及其縝密。今雖用其判教之法,所言義理未敢悖於六藝。先儒復起,未必遂加惡絕"。湛翁又嘆云"吾與兄相識二十餘年,至今垂老,猶未見信"。聖人言人不知而不慍,其義深矣。)其二曰"攝事歸心,務存要約,無取依文,迥殊前軌"。湛翁通融朱陸教宗之旨,皆歸之心性,又胎息禪錄,憚厭繁言,是以迥異於前儒之著述也。然復性書院講錄徧論群經,義理文辭皆森嚴可畏,觀其體制,實亦為儒教之正宗。而其附語多援佛義,乃馬子特性所在,雋義若貫珠焉。惟其迥殊,方見本色。此豈為過哉。其三曰"玄義流失,直指斯興。禪病既除,儒宗乃顯。原流未晰,將以雜糅見訶"。善哉。禪宗理學興起之奧機,為十六字道中。惟法華、賢首、三論、法相諸教玄義流失,禪宗是以獨盛,宗門衰而流弊生,道學遂順應而起,斂其精華,祛其病痛,其與禪流本一脈而下,非有二也。然世儒多不見原流如此,專守俗諦故步,是以湛翁之用佛,自難免乎雜糅異教之訶。其四曰"世方盛談哲學,務求創造,先儒雅言,棄同土梗,食芹雖美,按劍方瞋"。今世學者多談哲學,不明心性,湛翁所斥之時流,近日乃為主流矣。今之言哲學者,多無經義史學之根柢,詩文雅訓之才性,一循西人,思愈密而智愈偏,名相愈繁而德性愈寡,不識道體,惟務分析,數十年間,支離學問。抑天不佑吾夏,使學者盛談哲學而忘大道乎。顏習齋能知文衰而返野,馬湛翁誠亦能知道術裂而哲學興也。今之治哲學者,每以根本是究,而反趨枝末而不止,可不為誡乎。必使治哲學者,返于六經,始可以為教化。必使有聖智者,津筏哲學而逮于大道,始可以為正名。(近世唐君毅、牟宗三二氏欲成其業,規模自有可觀。然湛翁與曹赤霞書有云“若不將根本抉出,只在習氣上轉換,終是出一窠窟,入一窠窟,頭出頭沒,無有了期。近時談哲學、談社會經濟,各派議論皆墮此弊。以其所依者習,習即是妄,所謂不誠無物也”。與熊十力書又有云“時人所標真理,只是心外有物,自生計較,是以求真反妄。科學家可以語小,難與入微。哲學家可與析名,難與見性”。今日觀之,亦確有見地。觀唐、牟之書,猶不能盡免此弊也。惟今日之哲學、科學,已有改轍,入微見性,吾其待之。)其五曰“胸襟流出,不資獺祭,針石直下,不避瞑眩,舊師惡其家法蕩然,異論詆為閉門自大”。湛翁講學授徒,德性學問熔鑄一體,全任時機,頗得禪宗直指之趣,乃宋明儒一脈而下,固非守清儒漢學者所能受,亦非時流標舉科學者所能受,是以有舊師異論之說。天地境界之大,道術之深,本不囿於一隅,拘於一法。舊師異論之惡之詆,本無足損益乎道於絲毫,惟學者當寬其襟抱,真其意志,方能大也。

遊居柿錄

　　愚覽袁小修遊居柿錄,喟然而嘆曰,明人之平澹天真,亦不可及者。夫明儒之精邃性理,乾德忠義,固彪炳青史,吾儕三薰三沐拜服受用久矣。然明人妙諦,豈盡乎此。小修文人而已,本無足道,然愚觀袁氏之書,豁然知疇昔見地之偏,蓋重其道術元陽一路,而忽其風雅寬柔之脈也。自錢牧齋斥竟陵譚友夏為破碎斷落以來,詩文多以正轍為尚,然所謂正轍者,實一如清廷之倡朱學,摒絕

陸王，非復明人風骨本色而已。明季公安竟陵之文，雖非唐宋矩
矱，自有其風神妙諦，可於文苑開新面目者。後人多論以跡而忽其
神，是以於錢牧齋、四庫館臣棒喝之下，未免意怯矣。民國時性靈
之說盛行，實為新文化假借利用，實已迥異於明人風神。小修之柿
錄為萬曆三十六年至四十六年間日記，涵納萬千，皆身歷境遇，物
象羅列，若肺腑流出，觀者如山陰道中，應覽不暇。其風神之灑脫
清泠，其情物之哀樂自在，其事致之明淨如鑑，如此文字，清人中蓋
已絕跡矣。此體固肇自水經注，至陸放翁入蜀記、呂東萊入越入閩
諸日錄、范石湖驂鸞錄吳船錄諸筆記差備，而柿錄一書堪稱集大成
者。摭其精者，如三十七年登河洑山，金陵游牛首等，最見其敘事
狀物之功力。清人多有考據之癖，學問經濟習氣甚深，少有忘情放
達者，故日記之作，多有資於經術地理世故，而鮮有天真平澹任達
之趣。詩文之士，於經術亦不甘心屈師儒後，故王闓運、李慈銘、譚
獻之儔，所作日記皆不讓學究。文人如周季貺之窳櫎日記、周昀叔
之鷗堂日記，愚觀其文字襟抱，皆遠不逮小修之能明雅清淨。蓋明
人懷中尚有光明境地，文雅拔塵，清人則多質過於文，樸實雜糅。
明儒高景逸攀龍有曰"古人何故最重名節。只為自家本色原是冰
清玉潔，著不得些子汙穢，纏些子汙穢，自家便不安。此不安之心，
正是原來本色，所謂道也"。愚嘗謂，以氣度襟抱論之，乾嘉之敦厚
謹飾，尚不及明季之灑脫任性。蓋明季之士形柔而實剛，乾嘉學士
則表陽而內陰。清儒之學，開闢甚多，聲勢甚大，而實難揜其質之
野，其氣之怯也。孰謂明不如清哉。盱衡正論，愚意近人劉申叔清
儒得失論辨之極明，析之甚礭，幾可定讞矣。

金日磾心動

　　愚講學常謂學者須於心動處發正覺，體認天理，喜怒哀樂瞬息
感應，皆可自證性情發見之由，以見天道之所覆載者。如格物處事
出遊神遇時，多受用良機，惟心動焉，即為良機也。是故愚常攜明

道精舍諸生出遊,歸來必叩其心動處。明儒潘南山所謂教學者於自己體認性情發見處,便能知道是也。高景逸劄記有言"當下即是,此默識要法也。然安知其當下果何如。朱子曰,提醒處,即是天理,更別無天理。此方是真當下"。愚所謂動心者,即朱子之所謂提醒也。愚素謂天下事須有動心者去擔承,聖賢豪傑其皆動心者也。孟子有曰,天將降大任於是人也,必先苦其心志,勞其筋骨,餓其體膚,空乏其身,行拂亂其所為,所以動心忍性,曾益其所不能。其所謂動心者,即愚之意也。孔子十五志於學,非動心亦無足以為志也。此動心,乃踐履力行之先聲,又不可拘於理學體認天理之庸言也。偶覽漢紀,頗感金日磾傳中心動二字最妙。漢書日磾傳言莽何羅兄弟謀為逆。是時上行幸林光宮,日磾小疾臥廬。何羅與通及小弟安成矯制夜出,共殺使者,發兵。明旦,上未起,何羅亡何從外入。日磾奏廁心動,立入坐內戶下。須臾,何羅褭白刃從東箱上,見日磾,色變,走趨臥內欲入,行觸寶瑟,僵。日磾得抱何羅,因傳曰,莽何羅反。後捽胡投何羅殿下,得禽縛之。此金日磾之心動也。宋元儒言心性,精切天理奧義,然不免有懸隔者,蓋多理有餘而事未足。漢人心動,則多於蹈履力行上率性為之,坦蕩自在,且以經術為用,是其不可及者。中庸言自誠明,自明誠。自誠明,漢人近之也。自明誠,宋明近之也。孟子曰我四十不動心。其之動心,非吾所謂動心者。雖然,不可不以為鵠的也。

東原論欲

戴東原作孟子字義疏證,矯理學之流弊,辨周、宋之別異,洵震爍一時,有惠後學。其發明性理古義,又揭明宋儒多雜佛老之旨,皆獨具法眼之處。習宋儒者何可揜之焉。然其視宋儒之為害,一如孟子之斥楊墨,刻厲精悍,不免駭怪之甚。宋儒每以排佛老黜楊墨為志,不意後世亦蒙楊墨之厚誣,其翻覆奇譎之變,信屬快意,實皆非篤論也。(宋儒排佛老之言亦然。)吾鄉朱鼎甫一新無邪堂答問已辨其非。其曰"戴東原則曰程朱憑在己之意見而執之曰理,以禍斯民。且謂聖人以體民情遂民欲為得理。夫聖賢正恐人之誤于意見故有窮理之功,東原乃認意見為理,何其言理之粗。體民情,固也,遂民欲而亦謂之理,何言理之悖"。蓋古人事理為一,知行不二,東原邃乎疏証,雄於言理,然於事則實難踐履者,是其惟皓首窮經而已矣。是無邪堂之所謂認意見而無窮理之功者也。宋儒言理,皆從踐履篤行動心忍性而來,其論學似率而實精。東原發明古義,迥拔時流,然無實行以為體用,其說似精而實粗。(陳澧集東塾讀書論學札記有云,"惠、戴皆攻詆宋儒,戴顯言之,惠不顯言耳。惠氏甚深沈,戴氏鋒芒盛耳。戴氏頗疏通,亦勝惠氏。總之,二人皆非光明磊落之君子也。本朝學術,壞於此二人"。所說雖激烈,頗能中其病痛。又云"顧亭林、陸稼書、江慎修皆無客氣,惠、戴之學則有客氣矣。有客氣,則能奪人而成昏蔽矣"。極有見地。此非真儒不能發也。)東原之認人欲為天道,所謂血氣之屬,皆有精爽,其義之湛,洵能服人。然妙諦如此,克己功夫如何下手。聖賢功夫,如何求之氣稟而行。其於理誠妙者,於事則陋矣。先賢何嘗不知氣外無理,人之精爽神明,豈在氣體之外求之,惟不發耳。政恐誤導學子。而東原道破之,猶鑿渾沌之七竅,而清世之道術學問,雖湛明空前,實衰死之徵也。愚謂明儒之最具精爽神明者有數人焉,黃石齋與焉。石齋榕壇問業有言"吾人本來是本精微而來,不是本混沌而來。如本混沌而來,只是一塊血肉,豈有聰明官竅。如本精微而來,任是死去生還,也要窮理讀書"。其義之明爽,其覺之猛利,以之視東原之論,蔑如也。人為萬物之靈者,豈非本精微而來,是以必分天理人欲於毫釐,以為精微之所用者,焉能返歸混沌,謂人欲本亦天理哉。是戴東原之悖於聖學實行者也。聖教之昭昭,豈能為區區私欲之是非所誣。是戴東原之小,猶在顏習齋之下也。王陽明有曰"吾人為學當從心髓入微處用力,自然篤實光輝,雖私慾之萌,真是紅爐點雪,天下之大本立矣"。明人本色也如是。蓋東原能從入微處得理,而實未能得力也。其之別立門戶,開清世訓詁考據之風者,即此一念之異也。此非東原一人一念之失,乃天下讀書種子一念之失也。古人曰,失之毫釐,謬以千里,其是者之謂耶。陸桴亭有言"要實見得道為天地間不可無之道,學為天地間不可無之學,我為天地間不可無之人,然後能擔當自任"。是明儒正氣猶未墜也。東原一意孤往,得無愧乎。(後覽錢基博後東塾讀書雜志評梁啓超清代學術概論有云"戴震理欲之說,梁氏極意張大,以迎合青年之脆薄心理,得遂其縱欲長傲之私,不知朱一新之無邪堂答問,已力闢其非。章炳麟亦於戴說有微辭,語見檢論"。與愚意不無闇契。愚論學每有與子泉先生相類者,此即一端。金松岑天放樓詩文集文言遺集卷一有廣戴上下二篇,深得古人學術大體,論旨淵實,駁斥戴說,尤具特識,勝於錢氏。其有云"以訓詁小學求聖人之道,其去聖人也滋遠,往古聖賢所恆舉之名,其函義愈廣者,愈不可施以定詁,燭理未瑩,硜硜然執一節以求其心,必先有所鄐。明乎此義,而後可與語戴氏之書"。洵為警策之語。今世治哲學甚讚戴氏義理者,不可不讀松岑此文。又有呂思勉誠之理學綱要附訂戴一篇,偏駁戴氏之偏,持論甚是中正。蓋民國諸儒,值大亂相斫之世,思人心動蕩之因,其于清儒之說,多深有省檢。聖道陵夷,乾嘉之出戴說,亦氣數耳。民國青年,步趨遂欲,幾無疑義,又安能服松岑子泉之教。百年後之今日,寰區縱慾之風大行,史所未見,豈非所謂東原之先覺哉。愚之辨東原論欲,自無以挽其傾頹,然是非正邪,萬世不可冥沒,天地良知,詎能背覺合塵。不敢不勉爾。近觀傅斯年性命古訓辨證,以新資料、新觀念矯正阮氏之書。其亦云,"戴氏所標榜者孟子字義也,而不知彼之陳義絕與孟子遠也。所尊者許、鄭也,而不察許、鄭之性論,上與孔孟無涉,下反與宋儒有緣也。"所言甚大。其所用之方法,自又與子泉、松岑、誠之先生不同矣。)

寅恪槐聚不及其尊公處

陳寅恪錢默存二先生皆近世通人,愚素尊慕禮拜之。然觀其紀傳,多有推尊微過者,似未得古人忠恕大體,憾焉。以學問而論,二先生皆鯤鵬之器,一代宗匠,小子何敢妄議。然以氣體而論,竊謂二先生實皆不及其尊公之能中正。陳散原氣格甚大,器局英挺,有大丈夫風,實東南正氣所淑也。至寅恪則不復雄厚矣。觀其氣類，多頹傷之態，詩格亦情識哀感。惟文士家風猶在，其之以詩證史，實家傳詩學之流變也。觀其所喜之元白、錢柳，皆純粹之文人，不拘禮法之士，非為正教之所樂道者。視之寅恪自道之湘鄉南皮之間儒之正格者，其氣格又略偏矣。寅恪王觀堂先生輓詞有曰"當日英賢誰北斗，南皮太保方迂叟。忠順勤勞矢素衷，中西體用資循誘"。中體西用，實寅恪學術精神所在，惟其體雖近乎中而未醇正，迺性情使然。是可窺其奧蹟。蓋其天機獨有情業，非能澄然湛明若其父者。而散原先生志存家國，行若楚澤，文守桐城，詩比蘇黃，大響遏雲，其氣體自非衡恪寅恪諸兒所能及也。孟子曰，君子之澤五世而斬，其是者之謂乎。寅恪有詩曰，世上欲枯流淚眼，天涯寧有惜花人。一片衰颯之相，幾若詩讖。其憶先祖父崝廬松門別墅故居詩曰，一生負氣成今日，四海無人對夕陽。亦同。又有詩曰，故國華胥猶記夢，舊時王謝早無家。極淒涼之至。此非澤竭之徵兆乎。哀哉哀哉。錢基博子泉先生學兼文道漢宋，深得乎溫柔敦厚之詩教，恪守儒宗道學，睿明文藝時流，觀其氣質之忠厚，論學之端正，識見之通敏，文辭之雅潔，洵故國喬木蕭然長者。所著現代中國文學史，尤稱精絕。其品藻之深，論判之公，非徒學力。默存早年為文，多深刻之習，評騭前人，常如酷吏決獄，殊為猛利。觀其生平，實多魏晉狂簡之風，每懷獨善明哲之念，似少子泉先生道統師教之舊學。其學術靈妙精微，溝通幽微鬼神之祕，然猶不免空華玲瓏之哂。其之援經據典，辯才無礙，獨絕一世，睥睨百代，然闔棺之後，觀審其跡，則又非吾夏固有道統師教之所在。素傳其父子之間，亦少同旨，固又非徒學術之異也。談藝錄序自嘆顓愚，深慚家學云云，或非虛發。宋詩選注附錄亦嘗自言學識有偏狹，無可逃責，其弊蓋亦自識之也。寅恪、默存二先生皆幼稟庭訓，負笈域外多年而成學者也。然觀其學術志趣，實皆在吾函夏固有之學，其之能卓犖為宗匠者，亦由此也。然其負笈域外所受之教化，已迥異乎吾國舊有錘鍛人才之法。蓋近代之西學獨尊人性，薰習既久，學子便不喜道統綱常之說，少擔當之志，一念而下，往往有千里之異。

二先生或以此自別於父輩。(愚觀管錐編有年,豁然有省,默存先生直一英國經驗主義者耳。其書每奢談佛、禪、老、莊、宗教、神秘論之粹言,而實持懷疑,唯以己意為樞紐。蓋亦近世泰西所謂自由主義之苗裔耳。愚非經驗主義持懷疑論者,其素不以其說為然,亦宜矣。)愚自量迂腐,素奉散原子泉一流為吾國氣脈之法嗣正統,而以二先生為別異。若二先生者,百年中數人而已,然其中正風骨,皆遜乎先人,或非無病。發此謬見,非在立異,實不惜為後來人道破。拘墟囿隅,以備通方之家一諝足矣。(錢氏父子皆尚談藝。子泉恪守古法,矩矱莊正,所見皆合雅度,其眼力精明,裁斷爽利處,得力于史學。默存獨運天機,筆力勁健,欲籠罩寰區,睥睨古今。其天資特異,迥不猶人,學問浩博,亦多有靈光獨曜處,能去前人之蔀。然子泉之書,腴澤舒衍,久而知其有道。默存之譔,奇葩險峻,漸而覺其乖違。一則如山嶽岩岩,而有拙相,初者以麤略視之,漸入則樂其盤深。一則如七寶樓臺,瞬息湧出,見者咸愕其巧麗,日久則察其多隙,所謂拆碎下來,不成片段。愚性亦樂談藝。初嗜默存之書,而終服子泉之學。叙此驗證之語,以為後來者鑑。)

海日樓札叢小記

近世通儒,愚最喜寐叟湛翁二先生,北斗雲漢,每有私淑之意。湛翁本龍臥鶴鳴之人,隆替之世,乃顯命世真儒之本色,立言亦有復性書院講錄諸書,彪炳青史。而寐叟為方正大儒,懷經濟之志,身處季世,顛沛滬瀆,惟以遺老全節,其生平西北史地著述,幾為湮滅,惟海日樓詩集,照耀乾坤而已。幸有錢萼孫氏掇理遺書,成海日樓札叢八卷題跋三卷,寐叟生平精魄神光,差可管窺矣。札叢有曰"夬姤剝復之交,宋明儒言之迫隘。士大夫之憂患,非君人之憂患也。君人之道,在乾坤否泰而已。玩其象,玩其占,久之自有天地同流氣象"。立義極正。君人、士夫之位不同,不可不辨也。治史者往往過信士夫之言,而忽君人之位,實有偏頗。且儒家之言易教,非乾坤否泰無足以成其體用。蓋道本簡易,乾坤否泰實已實用無盡,何必以窮究爻卦為能學易哉。然寐叟言宋明儒言有迫隘之病，此夬姤剝復之交，天地消息使然。此非可以全責於宋明儒者。反觀清儒，其迫隘拘促之病則尤明矣。寐叟立意極高，於時流觀之，乃真有曲高和寡之嘆。又曰"詩之比興，辭近易，賦則近於書，於風偶一見，雅則全體相類矣。國史之言，本其所掌，本其所學，以為吟詠，而絜靜精微疏通知遠之美，不期而與溫柔敦厚之情交發而迭起焉"。此又習群經者所不可不知者。實齋言六經皆史也，六經實亦皆文也。六經文脈之貫，文思之通，又非經師所可想見。是以湛翁有六藝統攝四部之說，蓋六經為經，為史，為子，亦為集，其之為吟詠，實為一體也。又曰"公羊在西漢最先，誼最古，道最質。穀梁次之，少文而近人情。左氏最後出，文彩最優，最近人情，而曲學阿世之譏，難於免矣"。論語子罕有曰，麻冕禮也，今也純儉，吾從衆。公羊左氏之辨，可譬之麻冕與純焉。穀梁蓋介乎麻冕純絲之間者。然亦有不可不辨者。蓋曲學阿世語本言公羊學之公孫弘，今移之左傳，甚妙。古人言左氏近巫，亦有曲學阿世者，豈可忽之。後世喜左傳者，往往有失於此者。札叢又曰"柔道陰行。柔道，儒道也。周家尊儒，蓋文王以儒道取天下"。以儒為柔道，實為秘密之傳，而為寐叟道破。儒宗每以乾德剛健為第一義，而實所用者坤道也。是所謂內剛而外柔者，是以能有大用。儒之為柔，故能與黃老刑名和同，吾國政制，所謂儒法雜糅者，其理即在此。又曰"儒門澹薄，容不得豪傑。此宋時某師之言也。今日，儒門一味刻急，吾恐天下豪傑，將有望望然去之患也"。按此語乃宋張方平樂全語王荊公者。今世儒學衰敗之由，近而言之，乃清季儒門刻急所致。洋務派之經世致用，維新黨之托古改制，皆一味刻急，輕啓釁忿，有誤家國。其世緣之深重，本有以造之而反累之，是猶蔡上翔荊公年譜謂其因病發藥，轉至因藥發病者，是不可不深省也。寐叟見地絕俗，一語中的。又曰"巧慧之人，善揆人情，然難以申敍情愫，當勵我風操"。今世多巧慧之人，少風操之士，多情感而寡大義，是以其文行而不遠。豈不可為誡乎。又曰"抱朴子語，上士得道於三軍，中士得道於都市，下士得道於山林。此與朱子熱鬧中鏖戰一番意同”。真隽妙深沈之言。是亦愚所謂佛日契嵩以瞋怒作佛事者。蓋天地消長，陰陽不可不戰，龍戰於野，其血玄黃，即如是之謂。道術亦然，而人不能不戰也，是所謂得之於軍者也。朱晦翁實為宋儒善戰者之翹楚。夫陸子靜、陳龍川輩皆其勁敵也。歷代理學家之直言善詆，或有得于此耶。海日樓札叢涵渾萬象，精研經義、史學、地理、理學、釋經、道教、詩文、樂律、碑刻、書法諸門，兼有儒林藝文之事，發明道骨佛心之念。愚今試取一瓢，斬引天下同道共飲之也。

入網十誡

　　一曰誡問。東坡志林記六一語一則曰“頃歲孫莘老識歐陽文忠公，嘗乘閒以文字問之，云，無它術，唯勤讀書而多為之，自工。世人患作文字少，又嫌讀書，每一篇出，即求過人，如此少有至者。疵病不必待人指摘，多作自能見之。此公以其嘗試者告人，故尤有味”。今網人多善問，每一篇出，即有叩鐘之求。或非進學之正途。斯者實多虛榮競躁之心致之。實齋丙辰劄記亦嘗云，文章如劍術，善用，亦貴善藏。每一篇出，即求過人，非善藏之道也。

　　一曰誡率。蓮池大師竹窗隨筆道話一篇曰“古之學者，賓主相見，才入門，便以此一大事因緣遞相研究。今群居雜談，率多世諦，漫遊千里，靡涉參詢。邈哉古風，不可復矣，嗟夫”。愚觀夫今世之社集文會亦率多如此。而網絡之雜談，世諦重重，認幻為真，背覺合塵，其漫遊者則以億萬計，又可謂變本而加屬者也。可不為誡乎哉。

　　一曰誡戀。劉敬叔異苑曰“昔罽賓王獲一鸞鳥。王什愛之。欲其鳴而不能致。乃飾以金樊，饗以珍羞。對之逾戚。三年不鳴。其夫人曰，嘗聞鳥見其類而後鳴。何不懸鏡以映也。王從其意。鸞睹形悲鳴，哀響中宵”。愚嘗謂今之網人多類鸞鳥，顯視器即其懸鏡也。世常有平日呐呐若無能言，一入網則恣肆無拘憚者。復有形影相隨,機身爲一,視之爲性命糧食者。鸚之顧影,猶人之自憐,今之人多不知鳶飛魚躍境地,本人人具足,而甘爲闍賓王之鸚囚,不知自振雲霄,惟終日顧影銷磨而已。

一曰誠褻。禮記表記有云"子曰,無辭不相接也,無禮不相見也,欲民之勿相褻也"。清儒孫希旦集解曰"相接必以辭,相見必以禮者,恐其輕於相見而至於褻也。蓋罕見則尊嚴,尊嚴則相敬,交之所以全也。數見則狎習,狎習則相褻,交之所以離也"。因特網特利於相見,實亦便乎狎習相褻,殊少尊嚴。此又今不及古者。

一曰誠妄。梵網經妄語戒曰"若佛子,自妄語教人妄語,方便妄語,妄語因,妄語緣,妄語法,妄語業,乃至不見言見,見言不見,身心妄語。而菩薩常生正語,正見,亦生一切衆生正語,正見。而反更起一切衆生邪語,邪見,邪業者是菩薩波羅夷罪"。梵網亦網,網絡亦網,莫非心念所在。在網絡如在梵網者方是正位。方今網人妄語之重,實爲諸苦業之首。吾人須有轉識成智,體妄證真之志,方不枉前賢殷殷開啓之菩薩行也。

一曰誠瞽。竹窗隨筆有曰"爲僧于正法之世,惟恐其分別人。爲僧人末法之世,惟恐其不分別人。何也。末世澆漓,薰蕕雜處,苟藻鑒不審,決擇失真,以是爲非,認邪作正,宜親而反疏之,宜遠而反近之。陶染匪人,久而與之俱化,劫劫生生,常爲魔侶,參方可弗具眼乎哉"。網絡之雜處亦如是,世間之所謂藻鑒不審,認邪作正,宜遠而反近之者,吾人亦見之多矣。如女子認婬賊爲知音,書生與外道作密友,皆如是也。目瞽即蠹,可不爲誡。蓮池訓喻切直,豈僅爲出家人發之耶。

一曰誠瞋。東坡志林言契嵩禪師常瞋,人未嘗見其笑,海月慧辨師常喜,人未嘗見其怒。二人以瞋喜作佛事也。儒門每言天地有風霆,聖賢亦有喜怒,猶釋教有寂忿念怒之相。凡怒起,須問天地良心。是則是也。亦猶東坡之說參寥子,雖好面折人過,實如虛舟之觸物,蓋未嘗有怒也。否則瞋也。瞋則無明。是以明儒顧允成有言"血氣之怒不可有,義理之怒不可無"。網人多善瞋喜,然多不知其所瞋喜爲何事。聖佛事耶。抑無明耶。義理耶。抑血氣耶。

一曰誡謗。愚謂謗有三等，下人謗人，中人謗我，上人謗天。謗人者，血氣之昏意氣之爭者也。謗我者，不識萬物備我自性清淨者也。謗天者不知天道彝倫萬物之元者也。愚觀網人中謗人謗我謗天者皆有之。蓋謗人罪小，謗我罪中，謗天罪大。網絡之險，愚意不在謗人，而在謗我謗天。其中邪魔，無形而恣肆，善食人心，吾人可不慎乎。

一曰誡名。竹窗隨筆有曰“人知好利之害，而不知好名之害為甚。所以不知者，利之害粗而易見，名之害細而難知也。故稍知自好者，便能輕利。至於名，非大賢大智不能免也。思立名，則故為詭異之行。思保名，則曲為遮掩之計，終身役役於名之不暇，而暇治身心乎。昔一老宿言，舉世無有不好名者。因發長嘆。坐中一人作而曰，誠如尊諭，不好名者惟公一人而已。老宿欣然大悅解頤。不知已為所賣矣。名關之難破如是哉”。名關為網人之大誡也。世之智者慧者，競奔嬉娛之時，莫非此物作祟。是以人皆有網名云云。嗚呼。誠所謂非大賢大智不能免也。

一曰誡黨。歐陽文忠公言“朋黨之說，自古有之。大凡君子與君子，以同道為朋，小人與小人，以同利為朋，此自然之理也。然小人無朋，惟君子有之”。歐公此說實亦大可不必。大人小人，何嘗無朋黨。蓋類別群分，天理如此。網人之易成朋黨，本由因緣，切磋琢磨，洵非壞事。然既成朋黨，則必有其弊，或不免姑息鄉願之痛，失卻輔仁本旨。王弇州讀朋黨論嘗言“凡為君子而純者，必不為朋黨者也。凡為小人而純者，亦必不為朋黨者也。其為朋黨者有之，不純乎君子與不純乎小人者也。不純乎君子者，有君子之節而不能盡去其累。所謂累者三，曰近名，曰好勝，曰快心”。弇州此論，精悍痛徹，吾人可不為誡乎。茅鹿門評與高司諫書云“歐公惡惡太過處，使在今日，恐不免國武子之禍也”。莊子在宥曰，焉知曾史之不為桀跖嚆矢也。慎乎。慎乎。

徵聖錄卷十五　文　辭　類

西天目幻住庵

　　自玉林禪源寺昭明太子庵而上，淩阻峭出，丘泉邐迴，蒼階枯崖，修竹巨石，林氛清穆，山氣廖廓，夾道之柳杉古木，臨參日星，秀蔚山河，其遒骨威儀，若為神物，予自語曰，此莫非古尊宿之化身，猶守其結穴乎。過鐘樓石，歷倒掛蓮花之奇境，躋攀而上，遂至西天目幻住庵，元高僧中峰明本之故廬也。予之素為心繫神移者，亦在獅子禪院及此處也。然老殿荒忽，唯有寒泉，聖庵易主，亦成沽酒之肆。尸位素餐，何其寥落也。愚嘗讀明本之東語西話，駭其筆勢雄逸，俊邁絕塵，洵莊列之嫡脈，又非時之虞、揭、黃、柳所能想見，奇文奧辭，不可方物，實可令儒林變色，文苑自失也。（見忽滑谷快夫中國禪學思想史之引文。）其詩亦清剛健峭，風標遒上，乃唐賢浪仙一路法脈，兼富理趣，神機四溢，饒有生意。唐後高僧中詩功，鮮有其匹。時有楊載、范椁號為大家者，較之明本，亦不啻俗格，辭麗而浮，文纖而弱。愚是以愈嘆夫釋氏之得人。（卍新纂續藏經天目明本禪師雜錄錄明本詩作甚多。中峯和尚和馮海粟梅花詩百詠甚見才氣，然亦過矣，非愚所喜者。）宋景濂謂明本深造閫奧，以大辨才通博無礙，慈澤普滋，徧一切處。（見潛溪後集佛慧圓明禪師塔銘。）其為龍象之材，發于文辭，亦龍鱗半爪，無可端倪，虯嘯雷音，顛人肝肺。古尊宿之多才藝,非僅瞬目揚眉之能事也。檢<u>宋學士全集</u>,時之方外善文者,尚有<u>慈光圓照法師</u>、<u>天淵清濬</u>、<u>用明禪師</u>等。<u>宋景濂天竺靈山教寺慈光圓照法師若公塔銘</u>言其善詩若文,雄健有法,<u>黃文獻公</u>潛為序其首,謂其遊戲如幻,變化不測,理事混融,不相留礙。使此十六字移之<u>明本</u>,愚以為亦合也。然世論禪宗至<u>明本</u>而衰,蓋禪教崖岸極高,文字本非其立教根本,其文事之盛,抑非其福耶?此不可說者也。(<u>明本</u>墨蹟素受扶桑禪林敬重,此亦其龍鱗半爪之所在也。愚觀其墨蹟,一任真放,惟莞爾而已。)

鮚埼亭集國朝第一

<u>張維屏南山聽松廬文鈔論鮚埼亭集</u>云"國朝儒家別集林立,當以先生為第一"。(見<u>蔣天樞全祖望集匯校集注序</u>。)<u>平步青樵隱昔寱卷十四鮚埼亭集跋尾</u>云"嘗言今之古文,以<u>全謝山</u>為第一,餘子不足道,<u>隨園</u>譏其不知剪裁,未為知言。<u>南山</u>此條,最為得先生深處"。(見<u>平氏霞外攟屑附錄謝國楨平景孫事輯</u>。)蓋<u>謝山</u>先生經學邃潤,史筆高邁,文章則雅潔暢達,性情則剛直磊落,兼之用功既勤,卷帙盛厚,是以所成卓犖,确拔於時人也。然以經傳樸學論之,<u>謝山</u>或不及<u>戴東原</u>、<u>惠定宇</u>,以史學考證論之,或不及<u>錢曉徵</u>、<u>王鳳喈</u>,以性理篤行論之,或不及<u>湯潛庵</u>、<u>李穆堂</u>,以史識神思論之,或不及<u>章實齋</u>,其集何得而稱之如是耶?蓋經師精於注疏小學,而多荒於氣節文辭。史家長於辨識彊記,而多寡於大義性情。道學專於莊恭實行,而多短乎博聞學問,而<u>謝山</u>先生能兼之也。(後覽<u>嚴可均鐵橋漫稿全紹衣傳</u>嘗云"余觀古今宿學有文章者,未必本經術,通經術者,未必具史裁,服、<u>鄭</u>之與<u>遷</u>、<u>固</u>,各自溝澮,步趨其一,足千古矣。<u>祖望</u>殆兼之,致難得也"。所評殊為精切,與愚說不無相契處。)其溫柔敦厚,披肝瀝膽,紀明季偉人烈士,一腔碧血,誠古之<u>詩</u>教也。其疏通知遠,湛明經術,肆力於史學,以備來鑑,誠古之<u>書</u>教也。其莊儉恭敬,瓣香先哲,如履春冰,保存賢達之神氣,誠古之<u>禮</u>教也。其潔靜精微,邃考學術之

淵流，剖識心術之成毀，上通天道，下備地理，神思焄蒿，誠古之易教也。其廣博易良，皇雅大賦之麗，藻飾篇構之則，聲氣腔調之響，誠古之樂教也。而其屬辭比事之工，峻邁而寬厚，沈綿而卓犖，褒顯正氣，弘道誅惡，尤為先聖春秋教之化也。是以戴惠錢湯諸儒之集皆不之及。以文辭論之，其古文孤詣，不及桐城湘鄉，駢体深致，不及汪洪凌孔。然韓柳歐曾之嗣，多存習氣，故步自封，或短乎識見博雅。魏晉六朝之徒，則多襲其神貌，耽於幽情，或寡乎正氣乾德。二派固清代靈毓鍾淑所在，而皆有失於短隘，少博大之氣象。是以不及鮚埼亭集之能備合德，完諸體也。吾觀夫清人別集，寶氣鬱峙者，累累若貫珠焉，而尤以朱竹垞曝書亭集、汪容甫述學、洪稚存卷施閣文甲乙集、龔定盦文集，為大觀鉅制，辭章孤詣，文理之美，自不在鮚埼下。然元氣本色一節，終大遜之。春秋正辭，尤非其所及。宇宙間大文字，畢竟以元氣本色為體性，此誠不廢之軌則。是亦顧亭林之推君子以器識為先，而忌以文人自命之意所在。亦陸象山之所謂學先立乎其大者也。國朝第一之稱，本名相虛類，當不必拘累爭辯。惟鮚埼亭集不朽之所由，吾儕實不可不論之歆之也。（譚獻復堂日記補錄卷一有云，定盦先生集為本朝別集第一，亦唐以來別集第一。不免推尊太過。唐以來云云，人皆知其謬然。然亦可知定盦清季影響之巨。龔集有經子之氣，絕有器度，然厚正寬大處，終不及鮚埼亭集。龔集多廉悍激越之風，已非承平大人氣象，此不可不辨者。觀復堂日記，知其不喜鮚埼，則本因人而別，何敢強以同異。愚許鮚埼亭集為清別集第一，表吾推尊之志，一家之言耳。其與復堂之於定盦，何嘗非五十步百步之例。矧天下事物，各有其致，而原無高下，莊生齊物之旨，焉無得服悅哉。）

辭賦為經史之嗣

夫辭賦乃為經史之嗣，猶尊于唐宋之古文，而非世之所謂悅目騁華之屬也。愚讀全謝山五六天地之中合賦，此理忽悟得之。曩讀劉申叔中古文學史、黃季剛文心雕龍筆記，已先承其旨。蓋清世選學昌盛，震爍百年，為之樹正名，立文統者多矣，而愚今日始豁然若有懸解者，是為妙悟，非關學也。唐李崇賢上文選注表有云"垂象之文斯著，含章之義聿宣。協人靈以取則，基化成而自遠"。立義最善，元亨渾涵，萬世之式也。賦體之化，迺羣經精魄流轉所在，故選學之體性，與經籍同脈理，一骨肉。韓柳古文，式法典謨，規模秦漢，實為脫胎換骨法，時勢既殊，多貌同而神異者。一如有宋道學，雖同孔聖之教，而實亦有異焉。唐宋之後文道之塗，實皆已別開生面，另立天地矣。清世作者蔚興，駢家如林，而多深湛經訓，通明樸學，是以為賦述明經義，頗合古法，辭藻之外，別有高義，卓然而興，要非宋明所能想見。而華夏文教，又為之再變。然再變亦衰矣。清世賦家之善者，可推凌次仲、汪容甫、洪稚存、孔㧑軒數家。凌氏校禮堂文集固其尤者。其擬璿璣玉衡賦、懸象賦之鎔鑄天文，鄉射賦之渾化禮經，合考據辭章為一體，文質具體，雍穆自若，已為典範。或譏其槁枯，有失辭賦之本色。然觀集中辨志賦、魏文帝賦詩臺賦、九慰諸作，驚才博豔，高華富材，議者可以息喙矣。凌氏精審禮經樂律最有聲，而其文辭之天才也若是，以今世儒文之碌碌，實無夢見其百一者。而洪稚存卷施閣乙集、更生齋乙集尤富盛譽，王葵園駢文類纂，選其文至百三十一篇，僅在庾子山百三十八篇之下，可見之矣。清季論者又多推汪容甫駢文為國朝第一，持斯論者如章、梁，皆一時文事之巨擘。他若張皋文之黃山賦、董方立之西嶽華山神廟賦，駢體若孔㧑軒之戴氏遺書總序，胡稚威之玉清宮碑、禹陵碑銘等，皆睥睨古人，推為名篇。衡以吾素推之李義山梓州道興觀碑銘，其多能頡頏不為之下。駢文類纂中所收清文甚富，吾人觀其篇什，其不為惘然自失亦鮮矣。鏡考其淵源，則知其與經學為表裏，相始終，如肉弗貫，不可析分支離，徒以藻翰麗詞視之。故習經學之人，亦不可不作辭賦。是亦文道合一之徵也。然古風式微，寡得其儔，近世之經學家亦衰矣。錢賓四經術粹正，學達近道，然文未入古，殊少此意。以此衡之，尚不及馬湛翁之有得於是。即若禪學，當今大德樂清南懷瑾先生著述等身，然求其雅訓若乃師袁煥仙氏維摩精舍叢書者,亦甚鮮,吾以此覘世之變。

李世熊為文

　　明季古文家李世熊,史論其為文沈深峭刻,奧博離奇,崇禎年
與艾南英輩掉鞅并驅,雄於一時,而後世闇晦不彰,幾同蟻垤。全
謝山傷其無聞,泫然為作李元仲別傳,見鮚埼亭集卷二十八。蓋仿
舊史之例,刪節李氏狗馬史記諸序而成之也。愚觀而亦悲之。諸
序手筆皆卓犖英偉,奇崛縱逸,有若兵庫洞開,戟叢曜日,而其澀譬
硬語,連綿排比,聲峭而意長,筆險而神明,尤能奪人耳目。非謝山
此傳,吾幾失此人矣。其第一序論史鑑表晷之義,奇異頓挫,前識
往行,顛倒錯落,幾疑前人未有此格。第二序有曰"史之有例,自釋
春秋者始。名士畸人有傳,哲謀、排難、報怨有傳,前乎史者未聞
也。是亦例乎,曰變也。世變而例變,以悲起也,以恥起也,以憤起
也"。蓋狗馬史記,多有創舉,其史例之生澀,一若其為文也。序直
報傳全以駢比行之,然其筆調之激宕壅鬱,文勢之開張利辣,亦必
令庾徐瞠目。其藝文志、妖祥傳、名士傳諸序,皆奇警莫可測,觀之
聳怵。序外教傳尤銳,剖剝至入,至謂"以登仙作佛之階,忽墮為犬
馬勿覺者,生死富貴貧賤之說撼之也。慆其淫憋,沒其靈神,餐涵
而以為鼎鍾,被毛而以為文繡,圈牢而以為瑤圃蓮臺,安知蠢然甘
嚇蹴者,不洒然自命為仙佛乎,此周孔所以涕洟不欲道也"。佞神
蹈虛之士,此論不啻當頭棒喝。吾誠未見闢佛之論犀利若此者。
以諸序觀之,世熊之古文,洵屬別開生面,卓然創格。雖猶有明季
剽摩譎怪之習,不掩其德神。謝山謂其文之章節雖非離騷,其立言
之旨則與爭光可也,誠不誣也。其文之激揚險峭,蓋出於莊韓諸
子,雖非大道,其別才天挺,彌足貴重。時王船山著讀通鑑論、宋
論,史筆斧鉞峻峭,芒寒百代,而相形之下,亦不免失色。而世熊亦
以修寧化縣志名於後世。南雷先生明文海評語言世熊之文劉軻、
沈亞之匹,劉子威遠不及也。劉希仁、沈亞之皆韓昌黎門下流亞,

世熊之為所推重也如是。明文授讀評語又謂其抗談齋制藝自序奇
韌之談，大足駭人，平情而思，實屬正論。愚謂狗馬史記諸序，亦可
作如是觀。傳劉子威為文聲牙詰屈，實為造作，自非其匹。清史稿
遺逸傳，李世熊亦列焉，傳稱其少負奇氣，以文章氣節著一時，其人
之光焰炳耀，故傳文之聲采亦備甚。石遺室詩話卷二四有云"寧化
李元仲文學孫樵、劉蛻，記序各體，多近纖仄。然如上石齋先生諸
書、擬閩督院與海上書、呈郭令君詳免衛官書、回詳丁方伯揭、答彭
躬庵書，以及碑志傳略諸作，比可追孫可之、杜牧之集中之雄俊者。
詩造語纖澀，似元人之學長吉，時復與黃石齋、倪鴻寶相仿佛。明
末風氣，大抵然也"。石遺亦言其文之雄俊可追擬唐之孫、杜，乃明
季文脈所在，纖澀之病，無足以累之。蓋無此纖澀險硬，亦無以爲
明季之峭蒨卓犖也。偶觀越縵堂讀書記，別集類評元仲寒支初集
有云"其詩文幽折奇奧，與竝時彭躬庵傅青主相似。蓋滄海橫流，
商聲孤唱，鬱伊善變，其勢然也。其文若閩社采風錄序、畸人傳序
等，皆思溢物表，俶詭萬狀，讀之令人心怖，雖非正宗，固天地間不
可朽之文也"。實齋乙卯劄記亦嘗言其讀全謝山文而異元仲之狗
馬史記，奇怪而不悖於教化。迺知實齋、越縵固已先獲我心矣。以
元仲之傑，世之治有明文學者，豈可泯沒之乎。非謝山之誠摯，吾
儕幾失此人矣。吾復嘆近世名儒錢子泉著現代中國文學史，盛推
孫德謙、孫雄、黃孝紓、王樹枏、賀濤諸家，而今諸家之闇晦冷落，一
若世熊之當日。惜哉，吾非謝山，莫能傳斯人於不朽也。

陳臥子

　　牧齋初學有學二集，鐘鼎彝尊，珠華寶氣，喧赫斐然，然較之陳
臥子安雅堂稿，則不免頹然自挫矣。蓋明季文苑中陳子龍、黃淳耀
並稱完人，其神明則英挺剛健，其氣類則弘肆清正，芒寒正色，其鋒
鋩蓋不可犯也。而以文辭論之，賦頌騷體之駢文，皆臥子之所長。
安雅堂稿之愍昧三首，吊吳郡張溥而作，屬辭沈麗，運情深摯，實可

邈視前人，而堪與有清洪湊諸家相頡頏。駢文類纂所收之橫雲山石壁銘，峻潔清芳，已開汪容甫黃鶴樓銘、漢上琴台之銘諸篇之先聲。其郭林宗先生贊，則髣髴蔚宗復生，典雅中節，一筆不苟，哲人馨烈，音辭懇切，林宗之為其所推重也如是。實可知臥子生平精神，蓋有得於斯者。他如崑山弔二陸文，神情孤注，古風宕越，若覩古作者之出世。吳問十首，大手筆也，尤浩博富才，窮盡地理，包納千萬，其義冥同于古學，殆非辭章雕龍之徒所能夢見也。歌賦秋興二賦，亦有明僅見。而序跋之體如皇明同姓諸侯王年表序、高帝功臣年表序諸文，史識閎深，敘事縪理，甚見史才。是故有明駢體第一，非臥子莫屬也。清世駢家，以高古渾化為第一義，博學足以輔之，然較之子龍，亦略遜風節。臥子駢文中獨有清氣不泯者，非後之作者所能摩擬也。而臥子之古文，亦嶙峋骨立，浩然卓立，其筆勢之揮灑，洋洋乎無以自歇，其情識之顯微，惕惕然其直如矢。安雅堂稿卷二陸宣公文集序、方正學先生遜志齋集序諸文，義正辭峻，嚴於斧鉞，凜冽之意，若飲寒泉，而氣脈所至，千言立下，沛然莫之禦也。桐城宿儒，或可譏其疏於裁正，有傷雅潔，然反觀桐城之文，已少有此沛然之真氣矣。而諸序所為作者如倪鴻寶、張天如、方密之者，皆天下正類，臥子與之聲氣砥礪，有以壯其氣概。而臥子論兵之作，稿中所蓄尤富，武經論、虜事勦寇諸策論，伉爽精密，雄健不息，論旨亦中時務，足致用，其論兵之高風卓材，五百年來，堪稱獨步，此尤後世所不易及者。反觀清人策論之尤者，體形文辭固逮古人，而所蓄元氣之富，似莫有可與陳臥子相比鄰者。是以牧齋之不及臥子者有之，而以清人之自負，其不及臥子者亦多矣。有學集黃陶菴先生全集序言淳耀卓然為命世真儒，其抗節致命乙酉之難，聞者皆斂色正容，以為今之顏清臣、文履善。夫命世真儒云云，有清一代，殊少此種風神也。惟臥子陶菴之於儒學，非其所長，然其神魂亦必與蕺山、漳浦、鴻寶諸先生一體矣，其為真儒，曷可疑哉。安雅堂稿十八卷雄文，幽沈二百餘載，聲名自在千秋萬歲間，吾人三薰三沐，終生雒誦可矣。

石　語

　　清季之耆儒名士,好詆成風,一代士風品操之壞,亦可由窺之。若李越縵、王湘綺、章枚叔諸儒已如此,其他勿論矣。蓋雍穆莊恭之教既衰,瘁疹噍殺之音盛行於世,士夫鮮有脫拔無薰其習氣者。故一時士夫之品目,德行方正,未見乎陳仲舉,雅量識鑒,未見乎嵇中散,容止棲逸,未見乎蘇門孫登之儔,惟任誕簡傲,排調輕詆,不讓于古賢,假譎忿狷,惑溺仇陳,則轉有勝於前人矣。陳石遺抑不免乎。觀錢氏默存所錄之石語一卷,其晚年胸懷,或可一覽而無餘。其之詆魏晉體及桐城文皆無出息人所為,詆嚴幾道、林琴南、冒鶴亭之空疏,詆王湘綺著作惟湘軍志可觀,此外經學詞章,可取者鮮,詆鍾嶸詩品為湖外偽體之聖經等,皆未見其公允。蓋此老生平弟子之最可稱者,為黃秋岳、梁鴻志,而皆以奸佞殞命,則其師之不重德教亦昭然也。是以石語之篇,亦不免謗書託大之嫌。雖然,亦不可廢。以石遺之尚經術,精品騭,飽閱歷,出之以率性之年,發之以倜儻之見,才人本色,豈無足觀者。當世人多輕石遺,愚亦未見其之為公允。石語有云“余早歲學為駢體文,不能工也,然已足傷詩古文之格矣,遂拋去不為。凡擅駢文者,其詩古文皆不工”。駢體古文之異軌誠有若是者。石遺切膚之說,足備後人龜鑒。又云“清華教詩學者,聞為黃晦聞,此君才薄如紙,七言近體較可諷詠,終不免乾枯竭蹶”。愚亦不推兼葭樓。其七律號稱突遇陳彭城,多可諷誦,而其氣象微有瑣碎之病,才性似亦寒儉,愚所不取。惟其語多淒婉,哀思繾綣,世之好其多情而不察其質實者亦多有之。石遺尖刻之論,非為無見。吳雨僧詩風輕靡,愚所不喜,其空軒詩話則極推重晦聞,以黃氏為合詩教、詩學、詩法於一人,並能創造。且動輒以白璧德之說相附比。然詩何來有教、學、法、創造之分,多見其之矜創不通。要之,骨格之清,情體之美,文從字順,兼葭樓非無所長。而沈博正大之格,溫潤雄厚之氣,晦聞則遠未之逮。以石遺之自負高才，焉得寶之若流輩哉。然晦聞治詩二書詩旨纂辭及變雅，用力甚勤，引證博廣，論亦條達，不可非也。石遺譏黃氏無學問，亦有過矣。石語又曰"鄭蘇戡詩專作高腔，然有頓挫故佳。而亦少變化，更喜作宗社黨語，極可厭。近來行為益復喪心病狂，余與絕交久矣"。愚讀海藏樓詩，集未半，已感其重複少變化，甚有倦意。而所謂高腔者，初覽者多服其英举頓挫，謂其襟度氣度，不讓唐賢，而深入之，或能識其負氣空豁，名實不稱。是亦汪辟疆之所謂惜哉此子巧言語者。石遺一語道破，入木三分，不可謂非詩門法眼。石遺之書，豈可廢哉。

誠門人私纂談語

愚嘗語吾友陳檀溪曰"朱子之幸，在門人極盛，護推得力，而其不幸，亦在茲焉。緣其平日訓徒之語俱為其徒纂入語類，泥沙俱下，其率議古今人物之語亦多存焉，遂令其書傷於雜蕪，一代大儒，亦憾微少溫厚。語類編於朱子身後。元晦若存，必當大加夷刈矣"。歷代理學語錄非親訂者，多有是累。愚治理學主兼綜，尚北宋之儒，南渡以降，朱陸之外，又尚東萊永嘉，而皆不極尊之若教主，故有斯言。(明姚廣孝博學多才，嘗作道餘錄，專駁二程朱子闢佛之說，甚有鋒芒，而尤劇于朱子。至謂"晦庵既要主張斯文，傳聖人千載不傳之學，如此用心，與市井小人爭販賣者之作為，何以異哉。可怪可怪"。此或非盡為道衍之病狂，恐亦朱子平日閑言蔑污佛經所致。弟子錄之，其非智也。張洪願燒盡道餘錄，以報道衍恩，欲效大慧之火其師圜悟碧巖錄，亦非智也。)此理於近世詩學亦然。陳叔伊著石遺室詩話，評說清季民國詩壇流派掌故，識精聞廣，獨步天下，汪辟疆氏所謂說詩居然廣大教化主者。其出語洵深穩祥和，有長者之度，能存人之善，不以意氣，是故斯編之重，冠冕一世。此石遺自撰之書也。而微有累者，前有黃曾樾陳石遺先生談藝錄，後有錢默存石語，皆其及門後輩所錄之日常閑語也。黃書在陳身前，錢書在陳身後。愚謂二書出，未必石遺之

幸。蓋詩話深厚寬大，談語廉悍深刻，二書出則長者風範幾墮，文
人攻詰能事備，後世賞悅為樂，而輕其為人，豈幸事哉。黃書有云，
陳散原文勝於詩，姚叔節詩勝於文。意固新警，然誇大之辭，何以
服人。散原古文固厚典順達，然於時輩中尚非魁傑，其詩筆則縱橫
未易抗手，想光曜百代者，亦以其詩而非文，石遺此說，不亦過乎。
叔節詩平實纘端，未必能過其文也。其書彈譏散原精舍詩甚多，雖
未盡為誣，而語多刻露。又譏陳滄趣作七律不免試帖詩餘毒，彼亦
自知。時二陳尚在，皆傷太刻。錢氏非石遺門人，其錄石語，乃追
憶曩時燕談之語。其書之好為彈譏，愚書前已及之。陳石遺先生
談藝錄有曰"畏廬有弟子某，刊其師論文，中有大謬誤處。是尊師
反以暴其師之短也。吾貽書，使急挖改之"。不知身後有錢氏尊
之，適足以卑之，惜石遺無以貽之書也。然二書立意甚高，有建瓴
之勢，言論亦多有前人未發者。儻當日能夷刈浮言，廓清意氣，則
盡美矣。曾樾、默存二氏謹錄而已，要非其罪。歸其肇由，則石遺
平日譚藝自視太甚，性情刻露使之。然使其自撰，亦必能韜斂之以
中雅度，日常逞氣之語，真不可入於紙墨也。以此而言之，則又門
人後輩之責也。石遺所謂尊師而反暴其短，良有以矣。然有甚可
異者。錢氏談藝錄五十賀黃公以下論宛陵詩一篇，剖析此義，極為
愷切。其言雲門說法，不許弟子稗販，皆所謂溺愛以速其亡，為弊
有甚於入室操戈者，言極警策，觀之惕悚。如此文字，誠善學者不
可交臂失之者。默存先生既明此義，又何必流佈石語于天下，未加
削薙，而暴其師長之短處。豈亦深于鑒人而忽于察己者耶。錢氏
晚年談藝錄補訂又云"弟子之青出者背其師，弟子之墨守者累其
師"。抑其素以青出者自恃而不恤暴其短乎。當不至於是。錢氏
不喜同光體，譏其為學人之詩，其之流佈石語，恐亦藉石遺之戈矛，
泄己懷之不滿而已。快意之際，或已忘其將置石遺于何地。竊謂
石語出，無以增石遺，適反爾。（坊間近有勵耘書屋問學記增訂本出。牟
潤孫先生憶其師陳援庵先生曾言章實齋為鄉曲之士，愚甚駭之。實齋學問博
該固遠不及錢辛楣一輩人物，而其天才絕邁處亦足睥睨百世，開闢風氣，其之

不必與辛楣輩爭衡者亦明矣。愚素敬援庵先生，其學精博，為有清辛楣甌北之法嗣，言皆溫厚，諄諄長者，不意而有斯言也。憾之。想斯言必先生當日懲時流而率發之，非為正論，而潤孫先生錄之，或非先生之本心也。）

明清古文八大家

錢蕚孫先生有明清古文八大家之選，八家者，劉伯溫、王弇州、歸震川、顧亭林、姚姬傳、張皋聞、曾文正、龔定盦也。小子意有未慊焉。蓋未見宋景濂、汪容甫之名也。或曰錢氏所選，皆古文散體，汪中魏晉體大家，非其類。近人王文濡編續古文觀止，亦未收汪容甫、洪北江之文。其例固可知。然古文魏晉文真有町畦若此哉。汪氏述學內外篇，著述文章，熔鑄一體，其駢偶之文，能躋魏晉六朝之堂，與古人比肩，數百年間，未見其匹儔，此眾人所公論者。近觀冒鶴亭先生年譜，見鶴亭跋汪中述學內外篇云"汪先生文才氣未淨，終是垢病，然根柢槃深，天葩秀發，同時孫洪迥乎不及。譚仲修推汪先生國朝第一，細思誠然"。愚謂汪氏其文則魏晉，其氣則真古文也。不辨其神理，而以文體黜之，愚是以未慊然。矧外集廣陵對黃鶴樓銘諸名篇，實皆散體，其境之鴻朗大度，惜抱軒集中何嘗能見之。容甫之古文，乃真有古氣者。蕚孫先生序饒選堂固庵文錄亦言"若論文質彬彬，融兩者於一冶，則在勝國二百數十年中，殆無愈于汪中述學之美且善者"。清世阮芸臺興文言說，謂奇偶相生，音韻相和，沈思翰藻而後為文，韓蘇大家矯其衰而起者，故古文之名本非其實，魏晉文六朝體實真文學也。此論影響極大，雖未全允，然清人法眼洞鑑，足以破千年之蔀蔽。蕚孫先生素擅駢文，才學閎通，然猶守古文壁壘而黜容甫，是以異之。或曰蕚孫自云所選者須學問高深，儒林文苑仰為山斗者，汪容甫酸窮書生，性情狷介，是其被擯也。愚謂斯論太苛，耿介偏激，韓柳蘇王所不免，落魄失志，古之偉人尤多，故以此黜之，似非衡文之正軌。八家中亭林以學問氣節進，張皋聞以經術文詞進，而宋景濂、汪容甫退，遂令大家鬱閉。亭林學問及韻語極高，文實不逮。皐聞亦然。王弇州尤不類，上不能入漢魏，下不合於唐宋，而以博學山斗選之，竊未以爲然。弇州四部稿愚服其淵雅，然於古文第一義，不許之也。竊謂章炳麟文極高古，實可取而代之，以稱八家之名。

宋景濂潛溪集

　　吾浙新刻宋景濂全集，獲之歊然，如見故人。齋燈車塗，初覽其潛溪前集後集，見其驅戲黿龍於海藪，渾涵萬象於性天，則葵傾已至矣。潛溪集文義精潔，神思駿邁，其義遠承北山四先生之聖傳，近宗鄉賢名儒柳道傳、黃晉卿之文教，粹然能得其體。復肇性通脫，兼綜玄佛之學，於釋教亦為善知識也。覽其釋氏護教編後記、送慧日師入下竺靈山教寺受經序，可知其義學之深湛。錢牧齋深慕其人，初學集宋文憲公護法錄序云"文憲以大儒應聘，君臣之際，史官頌之至今。抑豈知起夙受付囑，開華嚴法界於閻浮提，其為云龍風虎，又有大焉者乎"。其之瞻服也如此。又云"文憲三閱大藏，入海算沙，有如指掌，在儒門中，當為多聞總持。至其悟因證地，著見於文字中，必有能勘辨之者，固非學人所可得而評隲者也"。景濂統攝三教，故所作六經論，以六經皆心學，別開生面，異代賢哲如王陽明、馬湛翁者，皆承其神緒。以文辭論之，景濂式法東周漢魏，統傳唐宋大家，眼界弘恢，不一而足。燕書四十首，以寓言為文，義贍文潔，酷類左傳，攬卷驚駭。擬答魏錡絕秦書，亦此類也。又有太乙玄徵記，奇文也，脫胎漢賦，詭譎博麗。擬晉武帝平吳頌，魏晉文也，弘廓遒上，格調入古。儷體如讀宋徽宗本紀，皆六朝佳構也。所作古文之序記墓誌碑記等，皆舒衍有節，風骨明朗，然變風變雅，清逸之色，已微異乎歐曾蘇王篤厚之故武矣。潛溪前集後集皆作於元季，開國後之鑾坡前集後集、翰苑續集別集、芝園前集後集續集、朝京稿等，氣象弘潤，體大神清，包藏含納之富，覽焉有莫測之意。潛溪集足已不朽，矧茂懿浩瀚如斯者哉。潛溪錄載朱廉前題宋公像贊有云"該貫羣經，融釋百氏。董生淳正，昌黎雄偉。泰和之運，明兩之閒，進敷帝典，退演王言"。儒佛文辭之材，輔弼帝基之臣，古今能兼之者蓋亦鮮矣。（清季丁立中輯孫鏘增補之潛溪錄，專錄後人評議景濂之文，其篇幅之富，甚罕覯。潛溪先生之德澤，以此亦可窺其一端也。）衡以景濂之文，汪容甫神體俱全，格局微隘，曾文正氣雄軒摯，而才調略遜，明清一人而已。舊日觀牧齋初學有學二集，已振怖其博深，今日觀宋文憲全集，則知牧齋尚有河伯望洋之嘆也。孰謂古人可及哉。

散原之文

清之駢文家多宗漢學，而古文家則多宗宋學。散原文承桐城湘鄉遺緒，爲文不涉駢偶，大義方正，有清剛穩健莊恭平暢之妙。陳石遺亦嘗言，散原文勝於詩也。雖未必為允論，其文固為時流矚目。故其爲古文家甚確，其服膺性理推宗宋學者，亦確矣。散原清故護理陝甘總督甘肅布政使毛公墓誌銘謂"三立意嚮陽明王氏，微不滿朱子，公怫然變色，責其謬誤，徑去而強臥。夜半聞公輾轉太息聲，乃披衣就榻謝之曰，猶未熟寐耶。頃者語言誠不檢，然自揣當不至爲叛道之人，何慮至此耶。公不語，微昂首頷之，晨起一笑而解"。其中可窺一斑矣。蓋清世自方、姚、梅、曾、吳、馬以來一脈貫通，時之陳散原、范伯子皆其流裔也。桐城派以義理爲先，辭章、考據、經濟爲輔備，素能知爲政修身之大體也。觀散原精舍文集，赤心忠膽，以中正綱紀孝悌義行爲呼吸者，不可勝數，世多知爲詩生澀奧衍而宗師之散原，未知其恪守聖教服膺性理之散原也。

新文學之蔽

新文學之蔽，百年後頗能見之，而時人多惑焉未悟。遺老目光如炬，實能辨其大概。散原南昌東湖元忠祠記云"吾國新進學子，

馳觀域外，不深察其終始，猥獵一二不根膚說，盛倡於綱紀陵夷，士
氣萎靡之後，以忠爲戒，以死其君爲妄，潰名教之大防，絕彝常之系
統，勢不至人心盡死，導而成蜉蝣之群，奴虜之國不止，爲禍之烈，
尚忍言哉”。此耆舊之讜論也。羅振玉觀堂集林序言王靜安治哲
學，未嘗溺新說而廢舊聞，其治通俗文學，亦未嘗尊俚辭而薄雅故。
又云“其術皆由博以反約，由疑而得信，務在不悖不惑，當于理而
止。其于古人之學說亦然。君嘗謂今之學者于古人之制度文物學
說無不疑，獨不肯自疑其立說之根據。嗚呼。味君此言，可以知君
二十年中學問變化之故矣”。觀堂通新學而不惑，守正位而不悖，
實爲至當之矜式。新學人物中，惟學衡諸君子有此神識。惜皆衰
沒，其志未得實行。世軌既裂，鴻水浸天，未見其住也。愚謂以今
日吾國之文教，實類夷狄之國，非禮樂之邦。其所以然者，學術家
或儇佻偏宕，或隨波逐流，皆悖乎中正之道，實亦無可逃譴。當代
學子，可不爲誡乎。

滄乎文戰

　　牧齋葉九來鋤經堂詩序言“楊鐵翁老不解事，酒後耳熱，塗膏
醉墨，猶欲與諸子掉鞅決勝，余今爲啞羊僧，憑軾以觀文戰，風檣陣
馬鯨呿鼇擲，髣髴齋鍾佛火間”。是所謂滄乎文戰者。自王霸涸
降，自古多此習，以詩文爲戰壘。散原龍璧山房文集敘云“其一時
興廢盛衰之間，類曹好曹惡，異同攻尚之習，競以爲勝，非君子所汲
汲也”。所言極是。然散原亦曾自言其性卞急，喜繩人過也。荀子
榮辱篇有云，與人善言，煖於布帛，傷人之言，深於矛戟。禪林寶訓
佛日契嵩禪師有云“遊晏中有鳩毒，談笑中有戈予，堂奧中有虎豹，
鄰巷中有戎狄”。藥人者未必非殺人，辯人者未必非害人。吾人可
不爲誡哉。呂東萊初褊急，一日誦躬自厚而薄責於人，忿懥渙盎，
乃能導迎淑氣，扶養善朋。此其所以爲大儒而非文士者也。牧齋
散原終不免爲文士之傑者，是其未逮也。

魂魄說

有學集宋子建遙和集序云"三百篇騷雅以迄唐後之詩,皆古人之魄也。千秋已往,窮塵未來,片什染神,單詞刺骨,揚之而色飛,沉之而心死,非魄也,其魂也。鍾嶸之稱十九首,驚心動魄,一字千金,正此物也"。愚觀牧齋集中,瞿留守賵引諸駢體,最有此物。說文曰,魂,陽物也,魄,陰神也。段若膺注云"陽言氣,陰言神者,陰中有陽也。白虎通曰魂者沄也,猶沄沄行不休也。魄者迫也,猶迫迫然箸於人也"。祭義曰"氣也者,神之盛也,魄也者,鬼之盛也"。以此推之,三百篇以下,鬼之盛者也,揚之沉之者,神之盛者也,古人神道設教,亦存乎詩教耶。祀鬼祈神,要須在敬在誠。不讀書涵泳,無得乎鬼之盛,不發憤養氣,無得乎神之盛,是故詩人無鬼學則不靈,無神氣則不壯,二者當並行不悖,相得益彰者也。然鬼神之說易惑人,文人善言鬼神,如牧齋揚之色飛沉之心死之誇說者,亦類於巫卜矣。魏叔子嘗言牧齋文穢,亦責其文體之未潔乎。後人多效莊騷魏晉之鬼而未得其神者,且必自辯曰吾莊騷魏晉之法嗣,皆未達也。以王湘綺、鄧彌之之才能,其所作魏晉詩尚為人指為偽體,兼得鬼神者,其亦難矣。智哉揚子雲,其言文賦之事,雕蟲篆刻,壯夫不為,可以另闢蹊徑。夫子曰敬鬼神而遠之。慎哉。古人云,惟誠而已矣,何有鬼神哉。(劉過沁園春有句云,被香山居士,約林和靖,與坡仙老,駕勒吾回。岳珂桯史自言嘗譏之云,恨無刀圭藥,療君白日見鬼症耳。是則頗可以助吾魂魄之說。蓋龍洲道人用鬼學太顯,非文詞之陽道,悖矣。)

牧齋佞佛語業

愚素喜禪佛之學,然於牧齋之佞佛,猶有異辭焉。蓋牧齋文中時欲作妙粲吐蓮之狀,文則華矣,愚蔑之爾。有學集葉聖野詩序有

云"昔者漢永平中，明帝欲辨釋老二教真偽，聚二氏經像，分置東西
二壇，俄而道經火發，悉化灰燼，佛舍利光明五色，空中旋環如蓋，
映蔽日光。今用此法，誠驗當世之詩文，漆書銀管，金相玉軸，置洪
爐大火之中，其不銷為煙炷，蕩為飛塵者，則亦鮮矣。小雅詩人之
作，勞人志士之言，尺蹏寸管，紙敝墨渝，其中有舍利在焉"。寓言
妙譬，洵足嘔噦，而辨其心術幽微，其言有近誣者，不免戲謔失正。
恐竟陵之詩文，猶有不朽者。牧齋曷能奪其慧命。其失尚小。李
繩仲詩序有云"伶玄不云乎，淫於色，非慧男子不至也。慧則通，通
則流，流而後返，則所謂發乎情而止乎理義者也。佛言一切眾生皆
以淫欲而正性命，積劫因緣，現行習氣，愛慾鉤牽，誰能解脫。而慧
男子尤甚。向令阿難不入摩登之席，無垢光不食婬女之呪，則佛與
文殊，提獎破除，亦無從發啟"。此論出則天下淫人皆得以自衛矣。
錢謙益何人也，至理佛性，而由汝道破哉。多見其輕薄逞慧，實亦
以自解耳。錢氏之置娶柳是，不恤眾議，恐亦非慧男子不至於斯
也。清人袁簡齋讀胡忠簡公傳言或惜公在廣州戀黎倩，為朱子所
譏，袁氏為力辯之。其言即此可見公之真，從古忠臣孝子，但知有
情，不知有名，古之人蘇武娶胡婦等，彼其日星河岳之氣，視此小節
如浮雲輕颷之過太虛，而腐儒矜矜然安坐而捉搦之。其與牧齋之
說，同為聰明人狡譎之詞。古之豪傑，固有若袁氏所言者，然彼等
全任天真，豈袁氏輩所能測。以簡齋生平之瑣碎，性好婬樂，知其
無以當之也。錢氏袁氏，於人於才，有相類者。管錐編全漢文卷五
六論淫于色非慧男子不至之說，引惠洪覺範石門文字禪跋達道所
蓄伶子于文之語，可知惠洪實為牧齋簡齋之先導。惜槐聚先生所
論多文家雕龍之術，少是非貶絕之意。學劉彥和之直抉文心，而棄
其原道宗經之本。伶玄之說，豈正解哉。楞嚴經佛語阿難"汝以淫
身，求佛妙果，縱得妙悟，皆是淫根"。抑斯人之謂歟。牧齋雜著曹
母陳孺人八十壽序有云"吾觀內典，二十小劫中，有小三災，次第輪
轉，所謂疾疫、刀兵、飢饉是也。小災既起，劫末唯七日在，七日中
無量眾生，時有一人，合集閻浮提內，惟餘一萬，留為當來人種。以

此萬人,能持善行,諸善鬼神所擁護故也。太孺人現善女人身,修清淨十善,故於小災劫後,得康強壽考、吉祥如意之報。劫盡災滅之時,衆生皆出離苦惱"。其為諛辭且不論,動輒以佛說為比附,恐亦未見其誼也。而考其弦音,推其儔論,劫末之後,錢氏亦惟殘一萬人中之一人耶,抑將留為當來人種耶。吾觀夫明季鼎沸,正類為之一盡,大人為之一空,其留為人種者多為姦佞頓恌者耳。無怪乎今日華夏之無人,每況而愈下也。噫,多見其援附佛說之不當也。古人有云,佛教興於劫難。蓋凶者以解脫之說自拯其惡,微者以因果之說自濟其艱。牧齋雖非兇惡,且多暗裏南明之義舉,然度其晚年佞佛之隱約,抑自濟之耶。此吾人之妄臆也。(有學集題邵得魯迷塗集乃牧齋薙髮解嘲之文也,亦巧言以佛法為解釋,其文人伎倆之滑諢,實能汗人心目。非惟儒士不取,釋子亦當杜絕之。陳寅恪柳如是別傳第五章曾引證此文。然寅恪先生懷抱寬容,於此等處,往往無異詞,非小子所能領受也。)平恕論之,牧齋有學集中大報恩寺修補南藏法寶募緣疏、募刻大藏方冊圓滿疏諸佛教文字皆極善,椽筆闊閎,名理俱美,泂大家氣象。愚每贊頌之。而蒙叟之論釋教,亦每以正學闢邪自任,且常作當仁不讓,舍我其誰之壯想。其究竟得之如何,愚誠不知也。惟觀其文集,文人習氣,想來尚未大段脫落。其文之附會紛繁,亦全謝山所謂累於排比者耶。釋教文字,蒙叟奉宋景濂為先軌,每有稱述,追摹甚力,其精處確乎頡頏不下,高華之妙,時有勝之,然大體終有遜之。宋學士之涵攝真定,寬博自在,抑不可及也。

徵聖録卷十六　文辭類

柯山文

蘇門有二派，黄秦英華，張晁篤健，神骨磊落，各臻妙趣。壯節挺拔，孤騫介峙，尤推柯山張文潛。其文剛健正直，有古人風，愚觀而有省，乃嘆其文法之不傳。無論元明，南渡以降蓋未見其人也。宋人汪藻柯山張文潛集書後有言"公詩文兼長，雖當時鮮復公比。兩蘇公諸學士相繼以殁，公巋然獨存，故詩文傳於世者尤多。若其體制敷腴，音節疏亮，則後之學公者，皆莫能仿佛"。（見中華書局張耒集附録。）汪氏固彼時大手筆，誠的論不虚。文潛體節之敷亮，後人鮮有得之。後世大家宋文憲敷而未亮，曾文正亮而未敷，愚是以知宋文之不可及者。明馬駙張文潛文集序有曰"文潛文雄健秀傑類子由，視長公渾涵光鋩雖若不及，而謹嚴持正自其所長。梅溪嘗以謹嚴病長公，是其文正自不可少也"。（見張耒集附録。）所論極是。子瞻爲廣大教化主，學術詩文，皆以意馳騁，不拘法度，以神解勝之，非文之正法。文潛偶有傚之，而其氣體端直，法度謹嚴，立論中和，實多正解。長公渾涵，體大多靈變，張子廉隅，持小而得正，蘇門諸子，豈東蒙附庸者哉。邵祖壽張文潛先生年譜元豐二年譜主二十六歲條司馬溫公答書有曰"竊見屈平始爲騷，自賈誼以來，東方朔之徒皆蹈襲模仿，訖無挺特自立於其外者。獨柳子厚耻其然，乃變古體，造新意，依事以叙懷，假物以寓興，高颺橫騖，不可羈束，若咸韶濩武之不同音，而爲閎美條鬯，其實鈞也。自是寂寥無聞，今於足下復見之，苟非英才間出，能如此乎”。觀其辭，雖不無長者獎掖後進之意，而文潛才氣之受推於世人者亦可知矣。蓋文潛之文，謹嚴持正，兼有奇氣。子瞻書吳道子畫後所謂出新意於法度之中，寄妙理於豪放之外，自出眼鼻，然施之文潛，亦爲脗合。惟子瞻之文新意妙理爲多，要非法度之內，獨爲神運，不似文潛之正奇渾然。是以子瞻開山闢徑，籠罩百世，而古法寖壞，後人反易迷途。文潛獨存古法，其影響遠不逮長公，而觀其文法尤能見古人之範式，固不以聲譽高寡而率論之。俞曲園九九銷夏錄卷七有云“宋時呂東萊有古文關鍵二卷，取韓愈、柳宗元、歐陽修、曾鞏、蘇洵、蘇軾、張耒之文，凡六十餘篇。此亦八大家之濫觴。其舍蘇潁濱而取張文潛，似亦有見”。潁濱愚以爲不可少，然亦可知文潛之見重于宋人，自有由也。

文潛正論

文潛正論，有二蘇氏所未經意者。張耒集五十五答汪信民書有云“抑聞之古之文章，雖制作之體不一端，大抵不過記事辨理而已。記事而可以垂世，辨理而足以開物，皆詞達者也。雖然，有道詞生于理，理根于心，苟邪氣不入于心，僻學不接于耳目，中和正大之氣溢于中，發于文字言語，未有不明白條暢”。貌類陳爻，實爲文潛心法。孟子言我知言，我善養吾浩然之氣。以知言養氣開舉，實言其爲一事。養氣者必知言，知言者必養氣，非養氣則無足以知言，非知言則無以爲養氣。是以詖辭知其所蔽，淫辭知其所陷，邪辭知其所離，遁辭知其所窮。生於其心，害於其政，發於其政，害於其事。愚固知文潛之說爲儒門之正論，孰謂蘇門悖乎聖道哉。宋世洛蜀黨爭，兼及學術，貌同歧途，終歸一路。宋元學案七十一嶽麓諸儒學案有云“蓋元祐有洛蜀之爭，二百年中，其學終莫能合，及

劉後溪及李悦齋雁湖兄弟出，魏鶴山繼之，遂合其統焉"。後又有
吾婺宋元之學。金華道學承續程朱正脉，文學亦嗣法八家、蘇門，
於元明吳穎淵黃晉卿柳傳道宋潛溪諸家見之，其所賴者莫非洛蜀
之學也。其所以能合者，蓋緣其本一于道也。愚固兼有取之。是
以蘇門正論，尤推柯山。此類文字，集中其夥。送秦觀從蘇杭州爲
學序諷少游多悲愁悽婉鬱塞無聊之言，勸其重名實，正儒學，享其
全，無食其餘，據其源，無挹其流，真有道之言也。古人以嚴毅辯諍
爲友道，文潛有之。司馬溫公祠堂記體態雄直，絕有氣力，立言端
平，不愧前人。大寧寺僧堂記篤實不虛，非等玄辭，不似二蘇釋教
文字，多類偈句。進齋記備言古君子之學，精思確論，萬世不易。
使橫渠伊川觀之，亦當無違。藥戒言天下之理，有甚快于心者，其
未必有傷，求無傷于終者，則初無望于快吾心。有道之言也。其文
亦奇譎有諸子氣。答李推官書言能文者固不能以奇爲主，理勝者
文不期工而工，理詘者巧爲粉澤而隙間百出，聖人所貴者，固能文
而理明也。皆爲正論，爲不廢之律。文潛之不以奇爲主，異乎子瞻
之新意豪放者，亦可明矣。

淮海文

　　蘇門天才自數黃秦。涪翁之詩歌書法，萬世奮辣，龍驤龜伏，
歸於道化，其英風自不在長公之下。而少游才氣頡頏，詩文精妙，
後世惟以樂府稱之，遂使其人精光風節俱隱。巷閭稗官，徒事無稽
耳。此愚所惜者。宋林景度淮海居士文集後序有曰"抑由養之於
中，博洽閎深，故發越於外，宜乎粹然一出於正，足以關治道而補名
教者，具於淮海所載是也。至於感興咏懷，間於歌詞，世之淺薄往
往謂尤長於樂府，未見好德如好色者也"。(見上海古籍社淮海集箋注
附錄。)真雋語也。蓋後世之人，淳厚不若，愈事浮漓，遂沒秦太虛
之大體，而專務其枝末，迺致太虛正聲暗澹，有志之士，覽卷而悲
之。歷代品評淮海詩文能識大體者，莫若明人盛儀。盛氏重刻淮

海集序有曰"嘗聞蘇長公謂李鷹曰，少游之文如美玉無暇，琢磨之功，殆未有出其右者。張文潛則謂少游平生爲文甚多，而一一精好可傳。呂居仁則謂少游雖從東坡游，而其文乃自學西漢。邢和叔則謂少游文如鐘鼎然，其體質重而簡易。其刻劃篆文，則後之鑄師竭力莫能仿佛。是非公之文章之定品乎。長公初見公黃樓賦，以爲有屈宋才。乃居惠州，得公書詩，讀之，嘆曰，如在齊聞韶也。王介甫則謂公詩清新婉麗，鮑謝似之。呂氏則謂少游過嶺後詩，嚴重高古，自成一家。朱晦翁則謂少游詩甚巧，亦謂之對客揮毫，想渠合下，得句便巧。是非公詩賦之定品乎。史謂少游長於議論，文麗而思深。黃魯直亦謂議論文字，乃特付之少游。是非公議論之定品乎。陳後山云，今之詞手，惟秦七黃九。朝溪子則謂少游歌詞，當在東坡上。是非公歌詞之定品乎。後學熟味而精擇之，真如見諸公之所評品者，而更權度於吾心，斯爲善讀淮海集者也"。愚謂太虛詩文之妙，諸公之評，尚未道盡。長公以美玉琢磨喻其文，實言其精善縝密，神思圓明，而淺薄者則或以爲諷語，琢磨云云，反以之病，此非長公之意。善讀淮海集者，則可知蘇子之善爲譬也。蓋集中進策論記鴻文無論，即表啓廟堂文字，亦每見其精思光潔，宋人別集，不多覯也。張文潛蘇門中推晁無咎而於少游有微辭，精好云云，亦未能盡秦文之妙。其持正篤實固未若文潛，而才力精思則勝之。秦文騁才用氣而無粗疏之病，精光熠曜而少流蕩之患，華而能潔，繁而能定，此等妙處，惟秦氏所獨有。馬湛翁語錄類編詩學篇有云"蘇門六君子頗有青出於藍者，以視韓門諸子才學均出其下者，有過之矣"。豈非文潛山谷淮海諸人之謂耶。莫怪乎東坡聞卦，有世豈復有斯人之歎。（兩當軒集卷二十詩評亦嘗云"二晁宗蘇參黃，其沈峻刻鍊處，又公然有離立之勢。補之篇幅尤大，按其勝處，竟直入昌黎之奧矣。人多謂附蘇而傳，詎知有非蘇亦傳者耶"。則出藍者，非僅黃秦而已。）愚是以知少游後世晦昧之由。蓋杜韓蘇黃之儔雖偉，屬其氣類者世出無盡，祠之禱之，宜其焄蒿無窮。而少游獨出異見，後世寡其儔類，自無能識其神體，慕其人物者。雖未必純然如是，必有中者。呂居仁言秦文學西漢，蓋爲吊鎛鐘文遺癘鬼文諸文而發。其辭氣固未逮西漢，然追步唐賢則綽有餘裕。此秦文之有古法者。吊鎛鐘文貌古而實新，少游力作類有清勁純粹之妙，而此非深於情者不能爲也。以此而又有別於古法。邢和叔以鐘鼎譬其文甚好。同時李公麟號以鼎彝紋悟筆法，似有異曲之妙。少游之詩，介甫、呂氏之評極切，尤以呂氏過嶺後詩之說爲能識太虛之髓。文潛豪於詩者，而少游詩才精深，愚意遠在其上，坡谷之外，別具神致。嘗開卷驚駭，自當特以論之。晦翁之說類爲諷譏之語，實可知其亦驚少游之捷爽也。議論諸評，亦爲實錄。淮海進策議論之文，森密爽勁，精悍中理，巧而能達，私而能公，固亦天水之朝有限文字。秦詞則爲正體，以此自非蘇之異調所能儔比。是以盛儀羅舉諸公之評，開牖眼目，爲淮海功臣。愚猶以爲未足，以爲天下好學之士，未可卑視斯人也。今人徐培均先生爲作箋注，其功德固又復出盛氏之上矣。

欒城文

蘇子瞻答張文潛書有曰"君子似子由也。子由之文實勝僕，而世俗不知，乃以爲不如。其爲人深不願人知之，其文如其爲人，故汪洋澹泊，有一唱三歎之聲。而其秀傑之氣，終不可沒，作黃樓賦乃稍自振厲，若欲以警發憒憒者"。明蜀刻本欒城集崔廷槐序有曰，東坡自謂則云，子實勝我，豈其兄弟自相標榜耶。劉大謨序有曰"若文定者，天性高明，資稟渾厚，議者謂其汪洋澹泊，深醇溫粹，似其爲人。文忠亦嘗稱之，以爲實勝於己，信不誣也夫"。愚謂子由不如子瞻者，雄直放意，萬化俱圓，以意騁之，入無人境。子瞻不如子由者，醇粹澹泊，道體抱素，神蓄幽深，發之警動。剛非柔比，有以自歉如是。秦太虛解人也，頗能道其肯綮。淮海集三十答傅彬老簡有曰"蘇氏之道，最深於性命自得之際，其次則器足以任重，識足以致遠。至於議論文章，乃其與世周旋，至粗者也。閣下又謂三蘇之中，所願學者，登州爲最優。于此尤非也。老蘇先生，僕不及識其人，今中書、補闕二公，則僕嘗身事之矣。中書之道如日月星辰經緯天地，有生之類皆知仰其高明。補闕則不然，其道如元氣行於混淪之中，萬物由之而不知也。故中書嘗自謂吾不及子由，僕竊以爲知言"。（登州即長公。）天下能知蘇氏者莫若淮海，其論之精，如入無間。後世所學者粗，故多無以識蘇氏佳處，甚者以欒城爲附驥尾，幾欲黜其八家之目。是以學者第一義，即須知古人體要。知其體要，則能辨鏡源流，自明本色。不然，遂競枝蔓，師心自造，惟以樂事自肆，則多乖古法，鮮通道體矣。道術文學書畫諸藝，其理皆然。長公之文如其字，新意有餘而漸乖正法，風氣既開，則無復渾沌。民國詩話叢編趙元禮藏齋詩話上有曰"世傳東坡作字用偃筆，又曰如石壓蝦蟇，大約即字體扁蹇，不用中鋒之謂。東坡論書詩曰，吾聞古書法，守駿莫如跛。以跛喻書，是自得語。及讀趙子固之論，則謂徐會稽之濁在跛偃，李北海之濁在欹斜，跛偃之弊流而誤吾坡公，欹斜之弊流而爲元章父子。是跛字斜字皆非書法元燈也"。所論極是。以此長公文法其非元燈亦可窺矣。而蘇氏中尤有古法道氣者爲蘇子由，蘇門中尤有古法楷式者爲張文潛，愚出此說，有以正之。（藏齋詩話下錄鄒虎臣評宋四家之書則曰，蔡嫩蘇俗，黃野米賤。愚意此不經之言，亦頗能中宋賢古法不正之弊。此蓋元章自述所謂勒字攦字描字畫字刷字之變本加厲者。北宋猶可葆其高華，險而能神，逮至南渡，其氣格則墮沉矣。故愚論氣數文脈，以建炎為分水之嶺也。）

欒城集批語

愚觀欒城集上兩制諸公書諸文，有眉批曰，蘇學亦得孔孟之一體，惟不若程張之全也。是以愚視洛蜀爲一體，而以洛學爲大體，蜀學爲機用。三蘇中尤悅欒城集。筠州聖祖殿記氣息高華，簡雅有古意。齊州閔子祠堂記奇警精裁，而無損其寬綽大體，非錘鑄至深何以致之。子由自謂晚而讀孟子，而後遍觀乎百家而不亂。此篇即學諸子而不亂者也。上高縣學記正氣致之。齊州濼源石橋記鋒穎所至，不容辭費，是以凜然有骨力，非後世所能摩擬。杭州龍井院訥齋記極有韵致。元遺山有詩曰，林高風有態，苔滑水無聲。子由釋氏篇什，多有此意。武昌九曲亭記、黃州快哉亭記皆秀傑絕俗，淨若酈注，廓比莊生，文氣疏達，尤爲難得。洛陽李氏園池詩記格局閎廓，筆力儻奇。全禪師塔銘文甚明潔，少所修飾。洞山文長老語錄叙譬語精妙，洞達條暢。後集再祭張宮保文有言"樂公志大而才高，氣直而慮深。轍從公游，實見而知。眇視世間，若無足爲，及其觀會通以行典禮，蓋未嘗失時。由是嗇氣養神，以終其身。委化之日，泊然反真"。迺知二蘇生平楷式，非惟歐陽，亦在樂全。龍井辯才法師塔碑不朽之篇，體式汪洋，法度謹嚴。其他進策議論，極具偉觀，經說正解，斐亹可誦，諫議時事，風流雲涌。規模神韵，俱臻妙能，名實相兼，轍軌爽明。軾轍瞻由，果以軾瞻爲高超，以轍由爲粹然也。老蘇法眼，類前知若是，抑偶然哉。

荆公文字

王荆公文峻潔雄直，出語典謨，自比稷契，氣態極高，若華嶽直削，殊少紆曲，簡厚而堅，風骨奇異，八家之中，犖犖特立。愚曾于滬上朵雲軒覽俞曲園聯語有曰，登百尺樓意態雄傑，開九經庫根柢盤深。時思有清之世似無稱之者。今日有覺，荆公庶幾近之。覽荆公文集，每歎其修辭高古典雅不可及，尤服其銘文四字韵語諸體，堂正雅潔，若出經訓。蓋于此體，欒城坡公歐公南豐諸賢均落下駟，爲宋第一人。惟略不及唐柳州先生平淮夷雅、唐鐃歌鼓吹曲之能純粹耳。（魏叔子日錄二編謂介甫文如斷岸千尺，又如高士黥刻，不近人情。斷岸千尺，猶愚所謂華嶽直削，高士黥刻，猶愚所謂風骨奇異，蓋雖直削而非真華嶽，奇異而有近乎黥刻者。叔子非無見，惟微少忠厚爾。荆公之文，自有他人不可及處。隨園詩話卷六言荆公作文，落筆便古。文忌平衍，而公天性拗執，故琢詞迥不猶人。亦似是而非之說。使其琢詞作文，皆拗執刻意爲之,詎能造此境界。愚謂夫拗執刻意者固亦有之,然信有天分在焉,有混成非可刻意者,方稱篤論。)然愚非文人,不敢忘往聖先儒之訓。四庫提要評荊公集言"朱子楚辭後語有曰,安石致位宰相,流毒四海,而其言與生平行事心術略無毫髮肖,夫子所以有於予改是之歎。斯誠千古之定評矣"。愚頗是其言。然無毫髮肖云云終不可不疑。使此言爲是,則千古文宗號爲正脉者,皆不可遽尊爲實錄,原其生平行事心術,吾儕或未及考辨也。吾夏論文最重文以載道之義,使言行果可判爲二,此義則不可信。信此義者當必不以荊公文爲正。愚固知論其文者終無四庫館臣之所謂定評者。然新唐書姦臣傳言許敬宗多聞善屬文,李義府以文翰顯,兼修國史,陳希烈博學,尤深黄老,工文章,柳璨好學彊記,多所通涉。宋史姦臣傳言蔡確尚氣有智數,邢恕博貫經籍,能文章,安石稱呂惠卿雖前世儒者未易比,章惇豪俊,博學善文,諸姦臣豈非皆爲才士。故知荊公文章典則,亦其才度之所見而已,未足以自辯其德業之正邪。魏叔子日錄二編雜說有云"古人文章無一定格例,各就其造詣所至,意所欲言者發抒而出,故其文純雜瑕瑜犂然并見。至於後世,則古人能事已備,有格可肖,有法可學,是以大奸能爲大忠之文,至拙能襲至巧之論。嗚呼。雖有孟子之知言,亦孰從而辨之哉"。所見殊爲精闢,真有祛蔽豁蒙之效。(宋人施彥執北窗炙輠錄有云"古人文字皆聖賢之氣所發,雖一詩一文亦天地之秀氣。今人懶于文字者,蓋其氣不與聖賢之氣及天地之氣合,故不得不懶也"。使易懶字爲巧,則愈警拔。)宋人吳處厚青箱雜記卷八有云"文章純古,不害其爲邪。文章艷麗,亦不害其爲正"。所言是也。(然吳氏身後名附宋史奸臣傳,與蔡確一流同臭。青箱雜記多錄文章艷麗者,彼蓋以正人自期,而不意不害其爲邪。有言如是,誠可哂也。)姑爲調人之辭曰,文以載道,言爲心聲,自不刊之論,而荊公者特出異挺之類,非可以常理衡之。荊公固有賢能,而德行未純,見道不明,其文足以觀其賢能,不足以驗其德行。先聖言有德者有言,有言者未必有德。蓋已洞徹此輩人物。是以不因其人而廢其言爲是。今又有一辨姦之證。丙戌秋游滬觀荊公墨迹楞嚴經旨要，比鄰者為司馬溫公真跡。涑水書法端肅近拙，鄉黨恂恂便便如者，想見其人。考其生平行事心術，蓋與此迹脗合一體。而荊公書法欹斜跛倚，纖密媚巧，非惟唐人寫經風範墮盡，蘇黃米蔡之剛正勁峻，亦遠不逮。米元章嘗言荊公天才，書學楊凝式。愚謂其或為楊少師神仙起居法諸帖所誤。觀其書之險澀立異，欹側自喜，亦或可以想其生平。（朱子跋韓魏公與歐陽文忠公帖云"張敬夫嘗言平生所見王荊公書，皆如大忙中寫，不知公安得有如許忙事。此雖戲言，然實切中其病。今觀此卷，因省平日得見韓公書跡，雖親戚卑幼，亦皆端嚴謹重，略與此同，未嘗一筆作行草勢，蓋其胸中安靜詳密，雍容和豫，故無頃刻忙時，亦無纖芥忙意，與荊公之躁擾急迫，正相反也。書札細事，而於人之德性，其相關有如此者"。陳義中正，荊公心術大概，可以知矣。朱子文集卷七十讀兩陳諫議遺墨一篇，專論荊公得失，義正辭達，隱微深切，非他人所能及也。）然此帖終有清勁空虛之妙，不可多見，自可與宋人之釋理玄學相印證者。吾鄉元王晉卿跋荊公帖亦嘗言其風神閒逸，韻度清美。覺海禪師云其有近道之質，豈虛言哉。東坡題跋謂荊公書得無法之法，然不可學，無法故。山谷謂荊公書法奇古，似晉宋間人筆墨。又言其率意而作，本不求工，而蕭散簡遠，如高人勝士。以愚觀之，皆宋人風氣所致，非的論也。蘇黃開闢之才，而皆漸乖古法，肆力圖變，有以讚荊公為無法也。蘇黃方正之士，其書法有險畸之姿，其本固為忠厚，不似荊公天然有畸人之質。蘇黃自亦不能辨識之，必一時風尚及文人習氣使之然。東坡跋魯直為王晉卿小書爾雅有曰"魯直以平等觀作欹側字，以真實相出游戲法，以磊落人書細碎事，可謂三反"。此語移諸荊公此帖亦合。欹側字遊戲法細碎事者，實錄也，而必以佛法自相高貴。不知適足以誤導之。世運大移，能識此義者愈鮮矣。馬湛翁文集伊墨卿字卷跋有曰"書雖藝事，實關妙悟。世變所繫，微朕可觀"。豈非然哉。

古風寖微

函夏文教古法隳變尤劇者莫過於天水一朝。五季亂世，文脉實承唐風,無大變異。入宋猶然。幾近百年,古法風俗,移更始呕巨,遂開此一千年面目。道學、古文、詩詞、書畫皆然。(馬湛翁重印嚴氏全上古三代秦漢三國六朝文序有曰"文章自唐而下者,皆唐之裂餘也"。)二程遺書卷二有曰,"今之學者,惟有義理以養其心。若威儀辭讓以養其體,文章物采以養其目,聲音以養其耳,舞蹈以養其血脈,皆所未備"。五者在唐人猶備也。遺書卷三又曰"唐人伎藝,亦有精絕過今人處"。宋人實自知之。(蘇黃詩文書法,藉佛禪玄理一意高蹈,所謂平等觀真實相者,以開闢為能事,亦不以失古法為咎悔,似少有二程此等真實見地。)內藤湖南氏至以宋為近世,非為無見也。元明以降,劫運轉轂,滿清入關,尤傷吾夏元脈,是以愚嘗言輓世吾夏之衰必溯之於甲申乙酉。清初乃至晚世二百餘年間,風俗之陵谷陸沈者固無論,即士夫之格局器度,已大不若前。清季聞人譚仲修復堂日記戊辰有云"閱漁洋山人居易錄。名言雅句,國故舊聞,隨筆寫記,自有義法。予欲仿此為日記。以二十年亂離奔走,稿本散失,近年所記,荒略不足觀。前哲緒餘,後生亦不能學步"。彼時士夫有志於筆記者,其書類多汪洋精悍,博務切論,如李蓴客、王壬秋、譚復堂輩皆以日記傳世,體勢多弘廓之象,鑒識亦為精嚴,然多不免負氣浮促之失。其器局風度,已趨褊隘,故未能與如帶經堂者雁行。愚三家中最服膺越縵堂。譚氏空靈,秀絕人寰,以識斷勝,略泛。王氏文苑中人,以才情勝,生意清雄,略薄。而李氏俱長,讀書精博過人。惟亦為狷急刻意所累,德性未醇,有失大體。朝士日錄最昭彰者為曾文正、翁文恭二公。觀其名作,雖各具典範,篤實老成,其氣格懷抱,亦鮮高古寬裕之趣。漁洋高古雖未逮,寬裕則勝之。復堂日記亦言"漁洋曠代逸才,豈悠悠之口所能嗤點。論本朝詩,終當以漁洋為第一。漁洋文游記之工,不減酈柳,小品均修潔,南宋元人之能者。予服漁洋中和敦厚,可覘世運,所謂詩中可以觀化者在此"。所論極是。(吳闓生晚清四十家詩鈔曾克端序嘗言,范肯堂七百年間無與敵焉。此真不識古人體要之言也。亦不知置牧齋、亭林、漁洋于何地。詩鈔選海藏二十七首,滄趣十三首,伯嚴九首,而肯堂詩百一首,尤足駭異。詩坫此風蓋源于唐人。盧藏用言道喪五百年而有陳子昂。皎然詩式卷三論曰，藏用欲為子昂張一尺之羅蓋，彌天之宇，上掩曹劉，下遺康樂，安可得耶。不啻為克端蓳發也。至宋東坡言昌黎文起八代之衰，亦可謂變本加厲，宜為後人伐詞所祖武。）是以愚覽池北偶談、居易錄、古夫于亭雜錄、分甘餘話諸書，尚多眷戀，以為唐宋說部，遺風猶在。彼時遺老新貴，筆札之美，態度之裕，多有可觀，如談氏北游錄、翁山廣東新語，皆愚所喜者。乾嘉以降，則少所喜者，以為無味。考證札叢，尤非所樂。清季民國，惟一花隨人聖盦踽足古人，復出塵流。愚嘗思焉，乾嘉學術風俗之變，又為一關揵。今於問字堂集得一證，即孫淵如答袁簡齋前輩書。孫氏為乾嘉健將，經學文辭，俱有深造。袁氏為耆宿老輩，文人之傑，雖風骨未正，差有古風。孫氏致書，乃為樸學考據正名，有曰"考據者，固器以求道，由下而上達之學，閣下奈何分道與器為二"。又云"所以言者，侍非敢與前輩矜舌辨，懼世之聰明自用之士誤信閣下之言，不求根柢之學，他日詒儒者之恥"。類皆正論，實有矯飾。而袁氏答書，作盤礴大度，竟多妙解。其有云"昔者溫公與蜀公至交也，而終身不與談樂律。魏公與歐公至交也，終身不與談繫辭。考亭與東萊至交也，而終身不與談詩疏。僕與夢樓、姬傅至交也，而一則至今不與談禪，一則至今不與談地理，皆君子全交之道也"。又云"方信漢景帝食肉不食馬肝，未為不知味。元微之云，鳥不駕，馬不飛，不相能，不相譏，此天地之所以為大也。有味哉其言乎"。類多達語雋言，深明世理，可為魏晉新語之談，猶有林下雅士之態。二人襟抱風度如何乃可判矣。愚意樸學家因器而求道，道體因之而愈裂，志乎根柢之學，涵養因之而愈隘。氣脈風俗之又變，即在此矣。隨園深有妙理，自不可以卑瑣文人目之。張舜徽愛晚廬隨筆論袁枚之才識有云"及反復籀繹袁枚小倉山房文集及續集外集，則又歎袁氏才大識高，議論正大。世徒以文士目之，非也。與章氏之言，不謀多合。雖章氏詆斥之甚力，而所見多符，蓋識大之賢，殊途同歸耳"。世儒多喜章實齋而斥袁子才，或不可不知此。乾嘉既遷，厄難方熾，龔魏之流，欲振奮頹

鮮矣。然近閱梅氏曾亮柏梘山房文集，則惘然若失，酒省支弱不振之語，良足中其病處。惟方姚諸公，此病爲其氣貌聲響所揜，闇而未顯，惟眼明者先鑑之。而於學識未充量度稍遜之梅氏，此病則揭然可見。愚尤所未慊者，即其文意之卑平。梅氏議論文字多卑庸之談。先輩之文深粹多有義理，梅氏則澹枯寡味，殊少可稱。後之式法桐城者恐最易入此流弊也。集中又多有抨擊漢學文字，立意甚淺而持辭甚嚴，其品抑又在方植之輩之下。而其組織工密，文辭修潔，氣息從容，裕態不迫，文獻則備乎風俗，影響則接乎文正，梅氏時號大師，此其佳處也。斯集之能傳世，或以此。檢張舜徽先生清人文集別錄評柏梘山房文有云“曾亮之爲散文，選聲鍊色，洗伐最深，故姿韵安雅，而筆力微弱。徒以久居都門，一時碑版記敘，多出其手。達官貴人，轉相稱述，而名始盛耳。才學養識，固不及管同也”。先生定讞，深契私懷。愚是以知越縵之悔，吾當不復也。

申叔論漢魏文

近世學者，前有劉章，後有陳錢，以天姿論，愚必以申叔先生爲第一。（雙流劉咸炘鑑泉亦極有天才，著作鴻深，三十七歲而隕。以愚之見，論學養規模，識見辨議，誠為第一流，惟於精簡典奧之處，微不及申叔也。）申叔蓮廬三十餘載，所成弘富精湛，若有鬼神，爲古之王輔嗣、僧肇一流、子安、長吉諸才人未可與比。羣經說外，愚尤喜其論漢魏文者，以爲數百年駢儷派論文之集大成，黃鐘大呂，繭絲牛毛，甚有金聲而玉振之意。其沾溉極廣，而今亦爲廣陵絕響。中國中古文學史講義為極精之作，前未曾有。愚十年前讀諸蜀山，驚其神異，其書之高古醇深，一若峨嵋青城。時獨抱古趣，居大壑中，漸正文學之塗，今日思之，誠申叔錫我之厚也。近獲漢魏六朝專家文研究，其精約又在講義之上，爲劉氏文心所在，不惜金針度人。是書論學文四忌、謀篇之術、轉折貫串、章節句讀、文質顯晦、文體訛變、潔整繁簡、輕滑蹇澀、經子關係，均入骨髓，堂奧自出，不作飛想。古尊宿所謂路逢劍客須呈劍，不是詩人莫獻詩。申叔劍客詩人本色，師式古法，學術精粹，深中肯綮，是有斯作。前之天才，如枚叔申叔，皆文雄也，而枚叔又復出申叔上。其論文皆本色語，根柢盤深，華實一貫。枚叔論漢魏之著，開一代魏晉學風氣。蓋其學術文字，均有邃造之故。而後之天才，寅恪槐聚，詩文才力已非作手，文辭洗伐錘鍛之功，不及前輩，是以論文之著多別具襟抱，以觸類曲通爲式。寅恪以詩證史，以史爲詩，寓風騷于著述，高節可泣。吾儕觀拜，如涉蘇門山中，空聞清嘯。槐聚會通中西，冷眼品定，專力綜括。習者趨步，如入華嚴十玄門境，互攝包涵。然寅恪之詩，衰颯悲悽，槐聚之文，戲謔深刻，古人寬裕中恕之體，愈難體認，識見雖新，而根本少逮。是所以不如劉章前輩，能得文心元燈。故世之治國學者，必以文辭古法爲尚，登堂入室，古人門廡，盡無隔礙，方不至以所謂科學研究法者日鑿渾沌，喪其本色也。愚有待夫今世之漢魏派、唐宋文、晚唐詩、同光體者，應運而起，吾夏文學，始能培植元氣，自振風骨，爲萬世不廢之業也。

學文四忌

章實齋有名篇古文十弊，體用精密，探抉深徹，於義例發明尤正，此儒者體要是非之事，非惟談藝也。劉申叔漢魏六朝專家文研究有傑構曰學文四忌，純言文法，湛明愷切，爲專家之譚，與實齋辨明義例之文，堪稱聯璧。申叔言文章最忌奇僻、駁雜、浮泛、繁冗四病，綜此四端，胥爲厲禁，初學爲文，宜詳審之。其言似膚而深，若陳而新，非學術湛達，筆力勁健者，不能發明。其論奇僻有曰“凡學爲文章，宜自平正通達處入手，務求高古，反失本色”。汪容甫之極詣處，即能高古本色之中，寓平正通達之氣脉，此其所以爲貴。八家之貴曾子固，亦以此也。魯論道經，言平易而道精微。聖賢學問，何異於此。司馬溫公吳康齋平正通達，所以不朽。故申叔此語不刊之論也。其論駁雜有曰“大抵古人能成家，或主漢魏，或主六朝，或主唐宋，如能純而不駁，皆克有所成爲”。人多務博而衍散，騎驢覓驢，有以爲後人炯誡。民國諸賢，猶能守此矩矱，六朝桐城諸家門戶矜慎，良能靈曜。觀錢子泉現代中國文學史，明矣。康梁新體，無以純守，放恣百出，今日觀之，無以服人。語體文興，則愈不知以何法爲矜式。轉師泰西，以譯筆爲媒囮，良足自迷。其論浮泛有曰“然浮泛者，非馳騁之所謂也。語不離宗，馳騁無害，文溢于意，浮泛斯成”。馳騁自喜者多不自知其浮泛，汪洋自恣者多不自明其散漫，惟能者取之。始得環中，以應無窮，莊生有以自得也。司空圖衍之曰“超以象外，得其環中。持之非强，來之無窮”。此所以能雄渾。真有道語也。抱朴子外篇文極馳騁，而真氣彌漫，不覺其累。夫高古之篇，多有是德也。其論繁冗有曰“然文之有開合者，删之則氣促，詞之堪作警策者，删之則氣薄。既與冗贅不同，即不當翦截。斯則神而明之，存乎其人矣”。翦截在乎得法，然非有死式，在乎活法。此又與參禪無異。嚴滄浪言“夫詩有別材，非關書也。詩有別趣，非關理也。然非多讀書，多窮理，則不能極其至”。了脫俗諦，何嘗乖違。神而明之，存乎其人，真易傳之精髓語也。愚自揣諸病不免，書此以爲針砭。

徵聖錄卷十七　詩　學　類

寐叟湛翁之異

近世詩坫沈寐叟華嶽別出，旁衍百脈，又如金人飛空，啟肇性理，以慧力故，非淵澤龍蛇多興風波如鄭海藏者所能知也。究其金針，莫若法通三關，復以佛學入詩也。馬湛翁少即宗仰寐叟，有私淑意。故作詩書法皆曾學之。蠲叟一代碩儒，兼綜道釋，亦精於義學，故援佛入詩，自與寐叟心髓相通也。蠲戲齋詩前集首蘭亭即云，遠符柱下言，密接西來因，視之夫子自道可也。然寐叟多用三藏洞笈僻典，張爾田言其譎往詭今，蹠瘁攖窳，上薄霄霓，下游無垠，挵拔劌露，巒踔欹立。故寐叟五古多以險鋒卓力勝，是所謂同光魁傑也。而蠲叟詩則不刻意於同光派，而深造乎魏晉唐宋名賢，本來棲身巢由，理趣清靜，以圓善之教，行精妙之感，故其文辭古奧和雅，體格渾涵正大，異乎寐叟之癖於逞奇弄險也。其五古最能見此。陳聲聰兼于閣詩話稱馬浮胎息甚古，直造陶謝之境。所言極確。

蠲叟詩格

道學家而能詩，以朱晦翁為鉅子。石遺室詩話續編亦云，道學先生,惟朱子詩最工。(錢氏默存談藝錄二三有云"朱子在理學家中,自爲能詩,然其才華遠在其父韋齋之下,較之同輩,亦尚遜陳止齋之蒼健,葉水心之道雅。晚作尤粗率,早作雖修潔,而模擬之迹太著"。錢氏爲有眼力者,所評亦非無得。惟略傷嚴刻,未及晦翁詩章古腴練達之美,終非知者。吾鄉胡元瑞詩藪外編卷五有云,南宋古體推朱元晦。豈妄論哉。錢氏不喜理學家,恐亦不免其所謂愛及烏屋,而惡及儲胥者。)蠋叟末代崛起,文理斐然,踵步前賢而能超邁之。謝無量序蠋叟避寇集,頗以正道標舉詩義,其有云"蓋無高世之度則襟懷不曠,無復出之智則理緻不瑩,無專精之才則詞氣不純"。馬先生之度智才皆完備,其詩故能成大氣象。其體格之中正,辭氣之潔雅,實非時流所能及。惟詩名既爲學問道術所掩,其志趣又迥異於時之詩人,曲高和寡,知者鮮矣。汪方湖光宣詩壇點將錄僅附先生名於拼命三郎蔣智由夏曾佑之後,真可謂瞽矣。蠋叟龍鳳之姿,豈可與蔣夏同列哉。或曰汪氏作此錄時尚未及見先生後來所作,固其緣由之一種。然汪氏點將錄本類俳優,江湖習氣,以爲談助則可,據以定論則謬。顧亭林甚推孫莘老誡子弟語曰,君子以器識爲先,一旦命爲文人,則無救矣。自古文人多有以輕薄爲能事者,此汪氏所不自知者。惜哉錢氏尊孫文苑尊宿,亦不悟斯理而復強之。其所點將錄,亦不能奪汪氏席也。

博大真人

疇昔陳散原以博大真人弔沈寐叟,愚以爲此四字移之馬蠋叟似更符契。寐叟學問更近漢學,廷衡重吏,不似蠋叟專宗性理,岩壑之士也。所著蠋戲齋前集、避寇集、蠋戲齋詩編年集等錄詩極夥,其沈浸英郁,博大精深,實非小子所能臆度。前集五古胎息魏晉,真氣玄暢,五律入老杜堂廡,文質兼備,七律則從容有王荆公之風,多標理趣,以詩證道,其氣象之超逸,誠高士之懷抱,維摩詰之心地也。惟所作少,氣未厚也。後值倭夷侵掠,移居西南,時承天地之泰否剝復,感思交集,一如小雅之怨誹,又得蜀地江山之助,遂有避寇集，其氣則充積矣。而其體也愈精嚴，山林之風既斂，廟堂之正色遂出矣。其學術亦主宗儒教，統攝玄佛，創復性書院，接千古不泯之道統血脈。避寇集中五古如將避兵桐廬留別杭州諸友等，悲慨老壯，氣雄調響，真工部之再生也。觀避寇集，愚以爲近世大家習老杜者，皆未若蠲叟之能入神。散原偏於奧衍駁突，蠲叟偏於艱澀深湛，皆未若蠲叟之謹嚴中正。編年集自辛巳起，丁未鶴化迄，最豐厚。其格調之典雅，神理之瑩澈，才氣之恣肆，而皆能導以封洫而不濫，兼有禪師老辣手段，破相顯真。集中各體咸備，首首逼人，沛然莫禦，鮮有贅筆。其詩功詩學之勤之精，豈時輩所能夢見。蠲叟自謂生平以詩為第一，誠不虛也。先生論詩云"第一要胸襟大，第二要魄力厚，第三要格律細，第四要神韻高，四者備，乃是名詩"。觀先生詩，感其大體兼備，惟太息乎後人之不淑，無以與蠲戲詩旦暮遇之也。先生語錄類編詩學篇有云"作得五言長篇一首。前寄子愷是變風，此卻是變雅，可當詩史，不為苟作。不惜歌者苦，但傷知音稀。格局謹嚴，辭旨溫厚，雖不能感時人，後世必有興起者。賢輩勉之"。先生之自信也如是。蠲叟答楊樵谷云，旅泊同三界，棲遲尚化城。身閑能避俗，交澹欲忘情。道以無心用，詩由取境生。喜君觀自在，水石有餘清。先生之自在也如是也。

寐叟詩教三關

偶覽梵網經言十發趣心十長養心為入智門之基，甚縝密。此縝密之法，亦可施諸詩教耶。馬湛翁復性書院講錄詩教緒論曾有此意。然南人尚簡，得其精華。尚簡一路，承禪老鍛煉，成語錄、詩話之學。詩法一如禪訣料簡，萬人所服。近世沈寐叟論詩有三關之說，言簡而意賅，洞見奧機，可為後人學詩不刊之訣也。（石遺室詩話卷一亦有三元之說，有開元，而無元嘉，不如沈說為妙。）寐叟致金香嚴書云"吾嘗謂詩有元祐元和元嘉三關。公於前二關均已通過，但著意通第三關，自有解脫月在。元嘉關如何通法，但將右軍蘭亭詩與康樂山水詩打併一氣讀。劉彥和言莊老告退而山水方滋，意存軒輊，此二語便墮齊梁詞人身。須知以來書意筆色三語判之，山水即是色，莊老即是意，色即是境，意即是智，色即是事，意即事理，筆則空假中三諦之中，亦即徧計、依他、圓成三性之圓成實也。康樂總山水莊老之大成，支道林開其先。此秘密生平未嘗爲人道，為公激發，不覺忍俊不禁，勿為外人道，又添多少公案也”。(果然又添公案。錢氏談藝錄六九嘗評寐叟題跋與此函類似文字，言支道林存詩篇篇言理，呆鈍填砌，子培好佛學，故論詩蠻做杜撰，推出一釋子，強冠之康樂之上，直英雄欺人耳。語殊傖直，讀之忍俊不禁。寐叟所謂支道林開其先，言其已先有此種風神意念在，微顯於文字，施影響於士流，而待康樂經訓菑畬，總山水莊老之大成。所作存世甚寡，存者亦未完善，然其濫觴之功自不可忽。此非執著文字者所能道也。余氏嘉錫四庫提要辨證卷三辨唐修晉書不立許玄度傳有云“玄度本愛山居，康樂由斯作賦，寫景之辭漸多，談玄之言遂寡。非有意於變體，實因情以生文。徵君之詩，流傳雖少，然觀文通之所擬，既開石室之檽，復採白雲之藥。想其原作，必意在山水仙佛之間，是亦將變之先聲也。徒以集不顯於唐代，詩不入於選樓。談藝者竟忘其名，操觚者莫辨其體，遂致正變之間，無從明其遞嬗，而其人之出處，亦匪學者所能知”。此與寐叟之言支道林，甚相類也。錢氏又謂以山水通於理道，自亦孔門心法，子培必欲求之老莊，至不言讀論語，而言讀皇侃疏，豈得為探本窮源乎。竊謂寐叟鴻儒，學窮天人，豈不識此。矧以山水理道為孔門心法者，本宋儒潛受釋老義理所搬之說，非孔孟周漢儒者本已如是，此种意念，宋元方盛行之。子培之必欲求之老莊，自合天轍，無有病患，錢氏探本窮源之詰，似有顛倒之嫌。)又云“在今日學人，當尋杜韓樹骨之本，當盡心於康樂光祿二家。康樂善用易，光祿長於書，經訓菑畬，才大者儘容耨穫。韓子因文見道，詩獨不可為見道因乎”。所論圓融深邃，不刊之論也。寐叟以意筆色判詩教圓成，政是高古之三昧。方以智隨寓說嘗言“子能以律曆醫脈反而觀之天地未分前乎，能以此觀之一毫端乎。不則未爲會通也。退藏於密，必有落處。能過此關即平泯矣”。學術藝文，高人旨趣略同也。三關之說，𩦎叟云“寐叟意以元嘉攝顏謝，元和攝韓柳，元祐攝蘇黃，鄙意蘇多率易，不如易以荊公配山谷。透得顏謝則建安以來作略俱有之,則予無間然矣"。(元和一關,深有奧機。錢氏談藝錄四二有云"葉星期己畦文集卷八百家唐詩序謂,貞元、元和時,韓柳劉錢元白鑿險出奇,爲古今詩運關鍵。後人稱詩,胸無成識,謂爲中唐,不知此中也者,乃古今百代之中,而非有唐之所獨,後此千百年,無不從是以爲斷云云。是以中唐之中,爲如日中天之中,淩駕盛唐而上。豈歸愚師法所在乎。不曰開元,而曰貞元、元和之際,又隱開同光詩派三元并推之說矣"。竊謂葉星期論詩真開闔手段,此說亦極有見解,可破高廷禮輩唐詩初盛中晚之說。)同光年間詩人,陳鄭最擅元祐體,易樊有元和手段,王鄧麤有元嘉意態,而皆未能兼之。惟天挺如沈子培者,庶幾有三關氣象。故錢萼孫海日樓詩校注自序云"其隱文譎喻,遠嘆長吟,嗣宗景純之志也,奧義奇辭,洞精駭矚,馬歌鷺鐃之餘也。剝落皮毛,見杜陵之真實,飛越純想,契正始之仙心"。以上見沈公之詩學。又云錢籜園鄭夜起"一徒挹拍黄陳,草提祖印,一但劇鉥王柳,取徑劍峰,孰若公括囊八代,安立三關,具如來之相好,爲廣大之教主乎"。此言可謂深獲我心也。然寐叟自云"鄙詩早涉義山、介甫、山谷以及韓門,終不免流連感悵,其感人在此,障過亦在此。楞嚴言純想即飛,純情即墮。鄙人想雖不乏,情故難忘。橘農嘗箴我纏綿往事,誠藥石言"。橘農即李傳元訒齋。其意墮於情障,而為心累,是有通三關之神志,而未慊乎己身之性體也。此又非薄學競躁者所能想見也。

散原海藏乙庵三家詩

愚嘗與人言詩云,散原駿厲,亦失於意氣,海藏精爽,亦失於心術。偶見錢萼孫先生夢苕盦詩話亦有云"散原之詩巉險,其失也瑣碎。海藏之詩精潔,其失也窘束。學者尚其所短以相誇尚,此詩道之所以日下。惟乙庵先生詩,博大沈鬱,八代唐宋,熔入一爐,爲繼其鄉錢籜石以後一大家,可以藥近人淺薄之病"。夢苕以詩論詩,鄙意則以氣論詩,所說相近而實有異也。以詩而論,散原海藏自有乙庵詩所不可及者,夢苕以瑣碎窘束論之,似未免有峻切之憾。淺薄之病,今世愈亟,夢苕峻切之論,抑為今世膏肓之藥石耶。鄙意散原之流,乃為勢所激,非刻意為駿厲也。海藏之流,則心術成疾,不可不辨其要害也。惟乙庵德業精進,器具寬裕,其所得古人之神髓,實又非陳鄭所能逮也。

詩體革命

夢苕庵詩話云"今日淺學妄人,無不知稱黃公度詩,無不喜談詩體革命。不知公度詩全從萬卷中醞釀而來,無公度之才學,決不許妄談詩體革命"。語甚嚴毅。以今之概念言之,胸畜萬卷之黃公度,為詩體革命,本體論也,而蹈習者則以方法論視之耳。其悖論也。文墮世降,孰料今世之言詩體革命者,變本加厲,愈睥睨空視一切矣。詩道之禍,莫愈於此也。

樊山論詩

樊樊山論詩義甚高,然所作實未足以副之。每語於人曰"向來詩家率墨守一先生之集,其他皆束閣不觀,如學韓杜者必輕長慶,學黃陳者即屏西崑,講性靈者,則明以前之事不知,遵選體者,則唐以後之書不讀。不知詩至能傳,無論何家,必皆有獨到之處。少陵所謂轉益多師是我師也。人所處之境,有臺閣,有山林,有愉樂,有幽憤,古人千百家之作,濃淡平奇洪纖華樸莊諧斂肆夷險巧拙,一一兼收並蓄,以待天地人物形形色色之相感,吾即因以付之。此即所八面受敵,人不足而我有餘也。所蓄既富,加以虛衷求益,句鍛季煉,而又行路多,更事多,見名人長德多,經歷世變多,會千百人之詩以成吾一家之詩,此樊山詩法也"。此樊山自道語,雋快豪健,伐善矜高。所論詩義亦圓融,如飛花雨。實則委曲自解耳。樊山自謂熔古人千百家之作為一體,樊山詩集數萬首,體則備矣,然八面玲瓏,娛墨戲筆中,自家風骨反因墮之。其謂人所處之境有臺閣

山林愉樂幽情，彼見其相而非道真所在。詩者心之志也，是心做
主，非境做主也。而濃淡平奇夷險巧拙一一並蓄云云，愚謂惟大家
如宋之蘇黃者足以當之，而樊山所成終遜。是所謂具體而微者耶。
愚觀樊山天才岐嶷，含英咀華，以一能吏，精于文辭，盛氣負才，差
有唐人風度。越縵堂云樊門筆劄雅令，極似北江。然其文尚未足
與清之大家如汪洪者比肩，越縵堂亦微諷其艷詩無深致。愚觀樊
山集，沄沄迫迫，風流極盛，風骨中求，則殊少深致，乃與越縵同憾。
樊山之所成者，止于文辭耳。張廣雅亦嘗欸樊山曰"子其終為文人
乎，事有甚大且遠者，而日以風雅自命，辜吾望矣"。況其爲人行
事，素多爲人詆議者。惟錢海岳撰樊山方伯事狀言其以大耄之年，
聰明不衰，標蕭澹遠，觀者猶見乾嘉時承平大臣風態一語，最令神
往也。（清社亡後七年，梁巨川先生自沉於積水潭。桂林梁先生遺書伏卵錄
有云"余最薄視文人無行，偶見樊山句，錄存之待辨"。遂摘樊山句而斥其貪
圖富貴，強詞自解，文人自負，而無廉恥。道義凜然，甚中樊山之病痛。樊山
之不及古人，非才氣不逮，眼界不開，乃德性品節未至之故。所以僅為文人，
甚可哀也。）

弢菴感春詩

　　清帝遜國前後數十年，詩篇最爲盛傳者，莫過於陳弢菴之感春
四律及次韻之後作。石遺室詩話以時事作鄭箋開其先，花隨人聖
盦因襲其師之說而承其後。陳寅恪詩集亦有十年詩用聽水齋韻，
即次感春詩韻之作也。又有吳雨僧空軒詩話，爲感春詩及同韻同
體之前後落花詩作箋注。其群怨感鳴之深，則可覘彼時士夫共同
之情懷。吳雨僧云"王靜安自沈前數日，爲門人謝剛主書扇詩七律
四首，二首即弢菴之前落花詩也。茲以落花明示王先生殉身之志，
爲宓落花詩之所托興"。黃濬言前落花詩，大抵皆爲哀清亡之作，
自憾身世之類。蓋諸詩之競相頌傳，以其皆詩史也。特以纏綿細
密悲慨含蓄之筆寫之，一如義山之錦瑟無題，寓言托事之外，極哀

感頑豔之美。夢苕盦嘗言其學宋頗有力量，固其正格。汪辟疆言
芟菴詩"深醇簡遠，不務奇險而絕非庸音，不事生造而決無淺語。
至於撫時感事，比物達情，神理自超，趣味彌永。余嘗以和平中正
質之，芟菴爲首肯者再，以爲伯嚴節庵所未道也"。所論大體平實。
然滄趣樓名作，多哀頑有涉怨誹，簡齋清骨中流義山之髓，獨出一
頭，實與時之江西派有異調也。然黃涪翁何嘗不學樊南，宋人何嘗
不學三唐耶。芟菴之詩，較之陳鄭沈梁之集，似多平淡，然反多有
合于古人者，此又非近時諸賢專求奧衍幽澀者所能有者。愚嘗覽
舊刻之滄趣樓詩集於孤山館舍，自覺人淡如菊，故有是感。謹錄前
落花詩一首。"流水前溪去不留，餘香駘蕩碧池頭。燕唧魚唼能相
厚，泥污苔遮各有由。委蛻大難求淨土，傷心最是近高樓。庇根枝
葉從來重，長夏陰成且小休。"此亦觀堂所錄之作也。

易哭庵四魂集

　　易順鼎哭庵甲午墨絰從戎，撰陳治倭要義疏，又撰討日本檄
文，北上詣闕，遂有魂北集。乙未赴山海關輔劉坤一，二度蹈海入
臺灣助劉永福丘逢甲，颶浪椿天之際，齒切心灰之時，遂有魂東、魂
南、魂歸三集。是易子四魂集之所由，繫於國故為多。庚子國變，
兩宮西狩，哭庵赴行在，後遂有魂西集。如此則四魂俱全矣，皆板
蕩遭迴歌哭出之。愚素敬服之。蓋易子早年遊仙才人奇譎狂放之
作，至此詩格方一變，轉而沉鬱憂憤，慘澹不平，如洗匡廬之深秀，
而崛出華嶽之岩岩，觚棱多霄漢劍氣矣。又如犖犖大木，經雷霹雨
飾之後，烈風孤冥，殘虬盤踞，而真力彌滿，愈為老成，人多瞻伏矣。
而樊增祥書廣州詩後評之曰"君自以四魂名集，而詩境日變，此為
五十以後詩，吾與文襄師所弗善者也"。蓋樊山視四魂為異數，自
猶守其浮靡法度，殊未能折節觀之。故陳石遺嘗謂"樊則自幼至
老，始終一格，易則時時更變，詩各一格，集分一調"。（見黃曾樾輯陳
石遺先生談藝錄。）樊、易之異也如是。汪國垣謂之曰"實則樊山塗

澤為工，傷於纖巧，如專尚對仗是。易雖恣肆，其真氣猶拂拂從十指出，樊不如也"。洵得之矣。(見光宣以來詩壇旁記。)余之不樂樊山，而悅服哭庵，抑公論之所是耶。矧四魂集其詩史之儔耶。

四魂集序

四魂集四序皆有神彩，尤以田其田魂東集序、陳伯弢魂南集序為恢閎壯麗。二篇皆儷體。魂東集序有曰"嗚呼。繪漢陽之板蕩，惟主悲哀。愴河上之逍遙，何期世業。心寒魴煠，血熱鼠思。墨車逐逐，養空以流。縞袂縭縭，抆淚而吟。望長沙而不返，皋魚待枯。睇靈嶽以永謠，梁鴻有寄。所遇屯如，其氣悲哉"言其幽懷，文辭能逼鬼神，為之動容。又曰"瀛洲波沸，韓京陸沉。扶桑爝火，燎東海之原。孤竹虛墟，隕西山之涕。舳艫黑焰，燒殘柳城。機槍白芒，點淩榆塞"。甲午海覆慘狀，片言頓見。又曰"假使朱雲伏檻，獲斬佞臣之頭。終軍請纓，竟縲降王之頭。王羆當道，董龍匿形。申包胥之氣盛，能復危亡。岳武穆之功成，會看痛飲"。慷慨豪壯。又曰"素冠壯士，慘歌易水之濱。碧海遺黎，待命田橫之島"。尤能切哭庵蹈海護島之本事。魂南集序有曰"君即執殳忼慨，攘臂支離，從先軫以喪元，效申屠之負石，亦牛毛之一亡，沙蟲之自化耳，國何利焉，名何仁焉"。又曰"秦嘉贈婦，惻愴情言。靈均答娿，嬋媛騷怨。國無人兮。莫我知兮。宜乎易君，哀時九歎，側身四愁，覿歧路以回車，問金庭而呵壁也"。傷於國事之不可為，語尤沉痛。惟田序情采摯盛，體勢宛轉，洋洋灑灑，勝於陳序也。陳銳伯弢，本王湘綺弟子，有裒碧齋集及詩話傳世，詩名甚盛，而田氏聲名晦冥，人無知之，而其文章有此手筆，不讓前賢，良可歎也。固知清世駢體之茂昌，流風餘韻，猶能驚心也。

清季四詞家評

　　清季王幼霞、朱古微、劉福姚成庚子秋詞二卷。徐珂近詞叢話述其事云"光緒庚子之變,八國聯軍入京城,居人或驚散,古微與劉伯崇殿撰福姚,就幼霞以居,三人者,痛時運之陵夷,患氣之非一日致,或發憤叫呼,相對太息,既不得他往,乃約爲詞課,拈題刻燭,于喝唱酬,日爲之無間,一闋成,賞奇攻瑕,不隱不阿,談諧間作,心神灑然,若忘其在顛沛兀臲中,而自以爲友朋文字之至樂也"。百年屬運侵骨,宗周如燬,其之欲以古文學作魯陽之戈,賫志自昭,有在於是者,而終不免黍離之悲。吾儕降乎斯世,誠當自拔俗流,辨其賫志之雄光而續其殘業也。近世詞學,世推清季四大家。四家中臨桂王半塘幼霞,浩風霄漢,蘊奧潛深,直接稼軒神氣,詞體兼採清真夢窗,韶秀之外,蒼涼溢肆,然其體構格運,似疏宕而未縝精,亢直而未隱秀。歸安朱祖謀古微步踵其後,而愈精真矣。散原老人作朱文直公墓誌銘,謂祖謀晚出海濱,身世所遭與屈子澤畔行吟爲類,故其詞獨幽憂怨悱,沉抑綿邈,莫可端倪。彊邨之詞,冠絕當世,前人論之備矣。王靜安言其學夢窗,而情味較夢窗反勝,蓋有臨川盧陵之高華,而濟以白石之疏越者,學人之詞,斯爲極則。愚謂其詞奇氣間出,幽峭之處非復宋人情味,乃若酒悲突起,刺天漂血,抑或淒迷所思,飛霜金井,此祖謀之辭也,故靜安復言其於古人自然神妙處,尚未見及,亦非無見。噫,斯人也,斯世也,其可免乎。冷紅詞客鄭文焯,漂游幕下,人謂其神致清朗,懷抱沖遠,多載酒江湖之本色,而隱蓄魏闕之悲深。蕙風詞人況周頤,專嗜倚聲,傾力無餘,故詞多造境之粹真,而少主意之傷摧。愚謂王、朱多騷風,鄭、況多莊旨。騷者目窮陵夷,嚬呻警策,香象渡河,其力爲大。而莊者獨沉藝制,斂志於境,反能澹定貞固,雖淒涼之作,亦多趨清遠。鄭氏骨格獨異,有魏晉高風,獨具之器,非蕙風所及,猶宋有蘇子由,子瞻謂其"體氣高妙,吾所不及"。觀鄭氏之作,或有類之也。

常州詞旨

清葉常州經學文詞飆起，靈焰萬丈，至今猶未絕於吾人心間。張皋文、劉逢祿諸儒，固犖犖為分野星宿矣。張氏詞選序有言"詞者，緣情造端，興於微言，以相感動，極命風謠里巷男女哀樂，以道賢人君子幽約怨悱不能自言之情，低徊要眇，以喻其致，蓋詩之比興，騷人之歌，則近之矣"。詞者，亦詩也，侔於風騷，表裏經義，極乎倫理，此宋人未發之義也。常州詞之所以大鳴者，恐非徒皋文、晉卿、止庵諸人填詞之力，實其正名詞體之功有以致之。劉融齋藝概有云"詞導源於古詩，故亦兼具六義。六義之取，各有所當，不得以一時一境盡之"。言簡意賅，其論可謂常州嫡系。周濟介存齋論詞雜著有云"感慨所寄，不過盛衰，或綢繆未雨，或太息厝薪，或己溺己飢，或獨清獨醒，隨其人之性情學問境地，莫不有由衷之言。見事多，識理透，可為後人論世之資。詩有史，詞亦有史，庶乎自樹一幟矣。若乃離別懷思，感士不遇，陳陳相因，唾瀋互拾，便思高揖溫韋，不亦恥乎"。常州詞非惟兼具六義，亦為史意也。其之以高揖溫韋為恥，聲氣自壯，豈可徒以倚聲者目之哉。乃若後世海甯王靜安，作詞非宗常州，而行循申、屈，蹈水懷沙，其為詞稟深意遠，亦當有得於此常州風旨也。常州文學之興，皆深原於經學，一若漢世辭章皆深原於諸經，誠可謂邃乎古法，通乎先軌矣。公羊之莊、劉、龔、魏，椽筆振世，張皋文、洪北江，皆體勢魁俊，文學雅麗，俱非捨經而獨成者。觀皋文之茗柯詞，行語疏快率真，然深蓄隱約，有清廟兢兢之氣，愚謂其有蘇辛獨闢蹊徑之能，誠章實齋之所謂君子貴闢風氣者也。然練辭精約，情境渾然，似非其所長。董士錫步踵其後，品愈精貴，觀其詞潔雅從容，寄託非直而隱，淵然沖澹，甚有高妙，亦不失其孤心卓詣。沈乙盦海日樓札叢有言"齊物論齋詞，為皋文正嫡。皋文疏節闊目，猶有曲子律縛不住者。在晉卿則應徵按柱，斂氣循聲，興象風神，悉舉騷雅古懷，納諸令慢。標碧山為詞家四宗之一,此宗超詣,晉卿為無上上乘矣。玉田所謂清空騷雅者,亦至晉卿而後盡其能事"。周濟止庵之才,長史學,腹中籌略,閎納高古,自能戚戚乎皋文之微言大義,而續詞選。其之振臂而起,甚有金聲玉振鍾鳴鼓應之象,此常州詞之幸也。其為詞也,深雋有奇壯之味。要之,以善習南宋者觀之,常州詞不免有疏闊之病,然細玩其辭,則可知其思之遠,其志之雄,多能超拔於凡境,力趨深微之域。不及古人者固有之,然其之矯異自雄,必吾函夏之精魄使之然。若夫心志非能闊遠者,焉足以習常州詞哉。

曼陀羅癮詞

　　沈子培同光巨擘,其詞殊絕,愚素推服。而人必謂我愛屋及烏,以心儀子培之詩而衍乎其詩餘也。豈其然哉。夫詞學之流弊,莫若俗熟,窠臼之內,非有大才,鮮能超舉。以同光詩坫諸雄並起之時,必有以宋詩家法參入詞學者,其尤者即沈乙盦。其渡江雲贈文道希一闋,辭句清麗,起句"十分春已去,孤花隱葉,怊悵倚闌心",練字之精,非等閒語。其臨江仙滬上與子封同居作一闋,尤稱神妙。上闋云"倦客池塘殘夢在,秋聲不是春聲。小屏風上數行程,三危玄趾,關塞不分明"。尺幅之間,氣象疏闊,而情韻深婉,有隱約難言之妙。其之以典引事,蘊蓄悠長,而寥落數字,令人暇想當日屏風之境。又同調"西北浮雲車蓋去"一闋,格高意緩,從容造句,不甘庸淡,奇意介乎其間,豈素之詞人所能言。考子培之意,則欲納此奇意於從容之致中,觀其序云彊邨諷味不足言者可知也。子培長調之作,意氣頓挫,辭典雅訓,多有所本,故一調之內,或多能達乎史義,以子培精研乙部及西域輿地之學,特能以其之長補律制之隘者。而以其長佛學,洞觀劫火,是故思量又常在三界之外。其江城子慢閣夜一闋,以天人隔絕之見,而抒其寥落恐懼,觀之悚然,似有讀莊周絕學揭橥要害之感。以倚聲一藝而有警鐸之音響,豈不奇哉。故愚謂子培詞作有天人神采處,為人所不及,此詞人潛德闐光，而必有形於字句者，世人徒以遣字僻澀，運意深艱目之，豈知沈公者哉。其詞集名曼陀羅㺒詞，出釋典，亦其本色，㺒詞云者，恐亦其自料身後知音之罕遇也。惜哉，非惟其詞，其人其詩今世亦鮮有道及者。今人不惜賢者，必為後人所憾也。

彊邨情味

大家詩餘之彙，多情味之鴻典，吾讀彊邨語業，而有是歎。長短一調，低回斟吟數過，而愈覺其意味滋長，似能深及骨髓。時栩栩然如置其境，而忘己身之是非。厲樊榭自定其文有云“譬之山謠村笛，雖無當于鍾呂之響，而向來所閱閒居羈旅，怊愉憂悴，歷歷在目，每一開視，聊以省憶生平”。彊邨晚歲刪定語業，或同是感。其情味之盛，中內萬縷，將歸何處。而今鶴去，惟詞集鐫世，其境猶存，而有待乎識者。然漆園之蝴蝶，又如何分別之。大詞人者，非惟以境逼古人，亦以逼後人。一朝歠飲其髓澤，何其吾人之幸也。彊邨專習夢窗之體，鍛字造辭，藻采豐溢，有髓溼思絕之徵。其貌疊砌若無可深檢者，每值心境通朗不求甚解之時，必邁而不顧矣，然偶適蕭心沈緒之際，斟吟環復，則知其之能無倦也。於時情味深湛，花香破禪，豁然與境渾合，其哀樂固非常時可會。其調六醜遍上元夕和夢窗吳門元夕風雨韻，即吾所指者。十五韻若珠玉之潤，初厭其繁複，終喜其無盡。靜安言其學夢窗，而情味較夢窗反勝，洵非虛語。而歎夫世間詞人闔棺之評，必待乎真詞人若靜安者方可，實非外人若我輩所能勝也。他調如解連環“雨涼無極”，喜遷鶯“滄洲程別”，西平樂“灌木愁鴉”，齊天樂“黃昏連樹拳鴉噤”諸作，皆氣類之同者。此者實不甚枚舉。吾人得一二調，亦堪吟諷卒日，深致可味，而得彊邨語業如斯之富者，豈非天之厚我耶。乃知詞學，不可泥以貌相，而必耐心體認，方可冀獲。夢窗本非吾所尚，待彊邨出，乃知疇昔之我恐非能知吳氏者。彊邨不啻夢窗功臣。然亦何可以夢窗限之。

滄趣樓詩

竊謂陳弢庵滄趣樓詩集有四長二短，姑試論之。其一曰，典遠緒密，樸茂深沉，一時無二。典遠緒密四字本楊雪橋碩果亭詩序，言滄趣詩典重曠遠，密栗有緒，愚以爲實錄。弢庵詩至五十後方工，樸實而茂，爲晚成之器。其深蒼沈著一格，他人所未到也。散原生澀奧衍，專用奇氣。海藏清蒼峭蒨，意氣爲主。伯子沈雄恣肆，不拘細行。寐叟高古譎邐，玄智偏多。皆異乎滄趣之詩。是以其詩之卓立當日，尊爲宗匠者，以此也。其二曰，哀感頑艷，偶出逸品，流傳廣大。哀感頑艷，本陳石遺詩話評滄趣上巳花下悵然有感詩。弢庵典密之格外，偶獲此體，窈情搖蕩，深有諷譎，爲清季學義山者所未到之境。專學晚唐之樊易，亦未嘗有。其尤傳者即感春四首及次韵遜敏齋主人落花四首，後者拙著嘗道及之。感春四律先後有石遺、花隨人聖盦作鄭箋，亦一時之勝，他人未有。其三曰，宿有佛緣，神清澹定，異乎時流。滄趣生平佳作最多者莫過游山訪寺詩，其得力處有二。聽水齋中，二十餘年廢居生涯，專壑親巇，化人殊深。耽愛釋氏，崇其理趣，其人之清泠凝定，當有得乎此。其詩有曰，病夫十年巖壑姿，睡眼熟閱僧茶毗。又曰，廿年三破僧床睡，大頂峯頭候日來。觀此可以知之。又曰，情緣禪力戰勝難，可知其亦用禪力。里居詩中多有此體，筆力明爽，情致委曲，深造於蘇黃，灑落有節，蓋非禪力莫辦。散原海藏伯子皆負濟世心，體態骯髒，多盤鬱悲慨，鄭詩尤熟此格，觀久則厭。寐叟深究藏教義學，多僻典奧詞，亦不若滄趣之清渾哀感，轉能動人。是以滄趣禪力澹寂之格，亦靈光獨曜也。時之學佛者之詩，如桂念祖譚嗣同，皆未到。惟楊昀谷差能勝之。其四者，清流名諫，奇情迭出，有得乎天時者。滄趣之聲動天下者，早年清流黨派，直諫振世，晚歲帝師陽九，忠義薄天，與清史相終始，此又非他人能有之事。其生平最膾炙者又有致張幼樵佩綸及吊寶竹坡諸詩。張、寶皆清流諫友，陳作風義凜然，哀情沈摯，感人甚深。同時諸家中惟散原精舍詩類此宿緣，深涉史局，其情之孤鬱，亦類乎滄趣。人謂滄趣詩致張幼樵者必佳，亦謂散原吊崝廬拜父墓之詩必工，甚相類也。其五曰，館閣氣味，深難祛盡。蓋非朝士忠臣，亦無以爲滄趣之人之詩。然以詩而論，終爲障礙。此等詩弢庵以弊帚珍之，以關涉交際時事故，而後人每覺寡味。黃曾樾陳石遺先生談藝錄言陳太傅七律不免試帖詩餘毒，雖傷刻露，亦不盡非。其六曰，平實有過，庸作甚夥。滄趣一集中，佳作僅過半數，庸題平易之篇不少。卷六入都後詩方略少此憾。愚讀前半，則幾疑虛名而已。當日大家如陳鄭范沈，每能警秀，殊乏卑平篇什，是爲滄趣所不及者。石遺室詩話言滄趣罷官鄉居，有作必就商於陳木庵，在都數年，有作則必商定於己，曾爲刪數十首。（見陳衍書滄趣樓詩後。）蓋亦自知其失在平，宜爲夷刈也。石遺室詩話續編言陳氏屏居里門，詩始留稿，前後積至千首。刊本所收則未至八百首，又四十歲前少作盡棄，則刪損篇什多寡，其數亦可想見。竊謂再減二百首，滄趣樓詩差盡美矣。（陳遵統滄趣樓文存讀校後記有云"師自通籍以後，萃精力於奏議之文，其文曲而有直體，奄有賈長沙楊子雲陸敬輿蘇子瞻諸氏之長，在師各種作品中固當首屈一指，而目營八表，智燭幾先，識力之弘遠，又足與相稱也"。雖辭多溢美，要亦珍貴。古人文集奏議皆入正文中，而今上海古籍社之滄趣詩文集，收奏議入附錄，殊乖體例，非古意也。）

滄趣樓詩摘句

滄趣詩有曰，夢中相見猶疑瘦，別後何時已有髭。自少陵夢李白言故人入我夢，明我長相憶，恐非平生魂，路遠不可測。遂開後世懷人一法，專述夢魂之境。昌黎之懷東野，子瞻之懷子由，多有此意。弢庵之懷幼樵，亦類之。詩格清雋，則又不免寒峭之意，未若古人之渾然。有曰，隆寒并少青蠅吊，渴葬懸知大鳥飛。爲哭竹坡詩，用楊震典。實本錢牧齋初學集死後故應來大鳥，生時豈合點青蠅。滄趣活用之。有曰，吾生受形各有制，方寸要與天地準。理極正大，氣騰漢霓。乃知其所養浩然之氣，非等閑文士所能擬。有曰，蘇黃押韵有家法，險重全用神力擔。乃言詩訣，甚有妙詣。神力所致，險重自成家法，蘇黃啓牖後世詩學之功，莫過於此。滄趣海藏均得力乎此，七古獨有奇致。有曰，滄江病臥天所憐，故遣繁英娛野性。吾儕須知人人皆具此天性野趣，并非天有所憐否。要在捫絕俗緣，去取由己。有曰，世間何者算吾有，園地草木空菁英。亦弢庵參佛之證。有曰，人天今昔剩一痛，矯首大厦寒予膚。昂藏孤峭，不讓陳鄭。有曰，一場春夢供詩料，六月凉風老睡鄉。類東坡。有曰，入峽海潮還出峽，和沙淘盡可憐生。取譬絕工，蒼凉之極，蓋亦東坡遺意，弢庵加厲之。有曰，自斷我生元有命，不知今夕是何年。屬對渾成。先生生平得力處，亦可想見。以耳順之年道知天命之語，宜矣。有曰，祇道王城堪大隱，那知春色是他鄉。涵蓄悲凉，不易到也。有曰，三綱漢後看真絕，六籍秦餘恐卒焚。詩讖也。十餘年後陳寅恪作王觀堂先生挽詞序亦道此意，靜庵一沈，其勢愈下。文劫一至，則頓化沙蟲矣。有曰，世風貴少例侮老，漫擁爐雪聽宮鴉。言陳、胡一流新貴也。有曰，詩來風雨繞心魂，知是泉喧是竹喧。幽閟有類冥語。有曰，懺盡綺情就灰稿，却陪索笑一沈吟。亦深懇隱痛，弦外有音，爲仲則、定庵遺緒。有曰，委蛻大難求淨土，傷心最是近高樓。靜庵自沈前書扇句也。極委曲沈痛之至。<u>陳寅恪</u>有詩曰，看花愁近最高樓。又曰，槁街長是最高樓。實皆用<u>滄趣</u>詩意。有曰，世以神州爲博局，天留我輩看桑田。<u>弢庵</u>之時，博局方始，豈能看盡。逮我輩生，庶幾盡之也。有曰，全輸此局無終局，痛哭當年故少年。自悟其無終局，惟故少年成故事矣。沈慨。<u>挽曾剛甫</u>有曰，百罹前老至，一病與貧深。老<u>杜</u>風味。有曰，帝京文物推排盡，人海雲萍會合難。想今日推排蓋已極盡，吾知無以復加矣。有曰，王城如海猶宜隱，人境無喧便可廬。翻用<u>陶</u>詩甚可味。今之城居者奉爲圭臬可也。有曰，夢上西山選佛場，春回寒日總無光。暮氣也。選佛場豈堪用此暮氣。須大丈夫方可。<u>燈錄</u>有云，昔<u>李駙馬</u>見<u>石門</u>，<u>石門</u>謂曰，此大丈夫事，非將相所能爲。<u>弢庵</u>未能也。有曰，舉世笑迂惟信道，斯文留脉儻關天。此愚奉爲圭臬者，非真儒不能道。有曰，真儒何必薄雕蟲，剛健藏稜婀娜中。文道合一，真儒實多善雕蟲術，<u>子雲</u>所言，懲俗學耳，或未可據爲典要。有曰，驟暖料難留過夜，猛風恐又簸成塵。晚年猶有此懷，時局使之也。<u>柯鳳孫上元留王靜庵夜話詩稿爲王復廬</u>題有曰，隔巷春回又元夜，更誰燈下說<u>同光</u>。時在甲戌，距<u>靜庵</u>自沈已七年。<u>同光</u>詩派，民元之後，其勢猶盛。其終結之日，或當以<u>程千帆錢萼孫</u>二先生鶴馭爲期。吾儕今日承<u>同光</u>餘緒者，續絕開闢，法乳古人，自不必爲<u>同光</u>所囿也。

民國詩話多具史意

四庫全書總目詩文評類有云"<u>緫究文體之源流，而評其工拙。嶸弟作者之甲乙，而溯厥師承。至皎然詩式，備陳法律。孟棨本事詩，旁採故實。劉攽中山詩話</u>、<u>歐陽修六一詩話</u>，又體兼說部。後所論者，不出此五例中矣"。甚是。<u>清</u>社既屋，<u>民國</u>肇立，而時局擾擾，識者謂綱常將絕，爲亙古所未遇之世。遺民多寄情於詩翰，託志於史筆，是以<u>民國</u>詩話多具史意，<u>孟棨六一</u>之體尤爲盛也。<u>清</u>詩話則反之，大多承<u>文心詩品</u>之業，少有史意之作。是所謂窮則變也。郭則澐十朝詩乘,號爲楊鍾羲雪橋詩話之要删,專述有清一代詩史,蔚爲大觀,其與雪橋之書自爲民國詩話史意之津梁。其序有曰"詩與史之關繫大矣。蓋政教之興替,風俗之醇漓,史册所未能備者,徵之歌謠而可見。而人事蕃變,是非得失,亦往往於學士大夫諷咏所及,有以得其委折始末之真。此論史知人,尤所賴以考證者也。自來從事於斯者,分二途。一則以史證詩,二則以詩證史,二者之中,以證史之所關爲尤重"。所言極是,即愚意之所在也。(繆荃孫雪橋詩話序有云"國朝文人經學史學均超出明人之上,獨至一朝掌故之學不如明人遠甚。鄭端簡、王弇州固無其人,即紀載彙編之書,金聲玉振之集,國朝亦無有也"。彼視雪橋詩話為史家掌故之學也。民國詩話多受此影響,而多具史意。)石遺室詩話最爲名著,趣類綳嶸,然所錄故實亦夥,亦掌故之大宗。如卷一言丙戌在都門,蘇堪告余,有嘉興沈子培者,能爲同光體。不啻爲詩派標目之作俑。卷二錄黃秋岳感事詩一百十韵,紀清世始末史變,許爲詩中之過秦論、哀江南賦也。其詩叙辛亥後事甚詳,可作詩史觀。卷五述其同鄉詩人多在會城之西南鄉,爲閩派詩學不可少之文獻。如此者極多。詩爲心聲,竊謂研民國史者,皆不可不讀此書也。魏元曠蕉庵詩話記掌故異聞亦多,有類劍南老學庵筆記,稍落野語。陳伯弢碧裏齋詩話、陳子言尊瓠室詩話、袁嘉穀臥雪詩話、趙炳麟柏嚴感舊詩話多錄文人本事者,可備治詩者采聞。孫雄詩史閣詩話以詩史爲號,所錄皆關涉史事,非純文翰之私。其錄王子秋希社創設之實,尤今人所鮮知者。趙堯生香宋雜記專錄詩鐘之社,有備談助。趙元禮藏齋詩話評品簡遠,史意寥然。夏敬觀忍古樓詩話、學山詩話以閩派後勁,錄平生師友交游之迹甚詳,亦掌故之佳者。學山詩話卷一錄袁爽秋庚子日記及上榮中堂祿略園書,尤爲詩史。王揖唐今傳是樓詩話爲掌故大宗,識見未高,亦足採取。滇人由雲龍定庵詩話議論古今,不爲時限,眼界頗開,其續編多錄滇中名物故實,非他人能作,治滇史者或可一瞻。王蘊章然脂餘韵專錄女史詩事甚備,胡懷琛海天詩話採輯東瀛歐西之詩,尤爲奇特。治史者不可不聞。汪國垣光宣以來詩壇旁記專錄人物事迹甚詳，堪作詩人列傳觀，筆致清健，沾溉後學不淺，堪稱典範。吳雨僧空軒詩話之作，於耆舊凋零之際，以新學參國故，面貌新異，迥脫故轍。所述當世人物掌故亦夥，且多舊派士人所不道者，故於以詩證史之學，彌足貴重。蓋彼時新派人物多已不作此等體兼說部之書矣。雨僧一生困于古今舊新之間，七聖迷途，應乎其身，詩話末篇自述悲情，亦今世史學之璞礦也。劉衍文雕蟲詩話體例龐雜，近乎說部。卷一錄彭尺木儒林公案拈題，有裨詩教。卷四錄諸暨蔣麟振如園詩稿，有功於文獻。卷五述余越園諸師避倭寇時事亦備，筆致細密，亦有曲洧舊聞、師友談記遺意。其他如錢萼孫夢苕庵詩話等，專事月旦，然於掌故亦爲豐矣。民國詩話多具史意如是，可知寅恪氏柳如是別傳諸書之作，實亦流風所致。考以詩證史之說，其肇初者爲黃梨洲，產於鼎革之際。（參見黃梨洲文集萬履安先生詩序。）其之又盛於清季民國，非無故也。

不以同光為然者

同光體噍殺衰厲之氣為多，其雖孤騫高爽，有抖擻之意，終僻澀難泯，久讀則病。此愚所未慊者也。時亦有未以爲然者，今日思之，皆有理則。持異說者前有張廣雅之洞，後有章太炎炳麟，其政議異轍背馳，論詩則偶同敵愾。（龔定盦文風行清季，如潮如海，而廣雅疾之，以爲亂階，違于時論。其時炳麟亦著書深斥其文佻達無骨體，多淫麗之辭，甚者以妖目之。見今人鮑正鵠論龔集文。則二人評議詩文之同者，非惟同光而已矣。）張廣雅談詩，務以清切爲主，於當世詩流如陳散原沈子培袁爽秋，多不當意。見詩體稍近僻澀者，則歸諸西江派，其詩過蕪湖弔袁漚簃嘗曰江西魔派不堪吟，北宋清奇是雅音。雖有似是而非之辭，不以涪翁爲江西派，貶絕之意則明矣。廣雅一切文字，則力求典雅，不尚高古奇崛，典故切，雅故清。（見石遺室詩話卷一一。）愚謂張廣雅猶有承平之風，主敦厚清正之音，而以北宋諸儒清奇之辭爲准繩,鄙江西後學之歧魔,觀其詩作,成就甚高,亦非學唐人者。其之以彼爲魔派,所恃者宋賢清正之格也,宛陵半山東坡涪翁集中實多此格者,豈皆時派所務之奇崛奧澀者哉。是以標舉學江西者,未必能得宋賢之清音。廣雅之說,洵非虛談。劉融齋藝概有曰"西昆體貴富,實貴清,襞積非所尚也。西江體貴清,實貴富,寒寂非所尚也"。極是。此西江體實言黃涪翁,非後學。廣雅詩不學西昆而有微有其清,不尚江西宗派而略具其富,此其得者。同光派學西江者,得其實者甚鮮。蓋寒寂之境轉爲專尚矣。融齋見地,亦近世所少有。同光之中,當推寐叟弢庵得其富多,散原不及也。金松岑天放樓文言答樊山老人論詩書評同光體云"夫口饜梁肉,則苦筍生味。耳勚箏笛,斯蘆吹亦韻。西江傑異,甌閩生峭,狷介之才,自成馨逸"。差能識其理勢。繼又云"纖文弱植,未工模寫,而瓣香無已,標舉宛陵,洎夫臨篇搦翰,乃不中與鍾譚當隸圉"。則近乎誣矣。彼雖有寒寂之尚,骨氣自有堅確之風,不可辱也。松岑之言過矣。林庚白麗白樓詩話有云"宋人以充實矯平易浮滑之失,與唐人爭勝。而同光迄於民國以來詩人,但彫琢以求充實,空矣。孝胥詩情多虛僞,一以矜才使氣震驚人,三立則方面太狹,當世則外似博大,而内猶局於繩尺,不能自開戶牖"。所評雖苛,要亦未乖大體。(宋人墨莊漫錄卷一有云"韓駒子蒼詩云,倦鵲繞枝翻凍影,征鴻摩月墮孤音。誠佳句也。但太費工夫"。散原詩實多此類。儻使宋人觀同光詩,當不免有太費工夫之哂。)章太炎談詩尚四言而抑近體,主三唐而薄兩宋,又推明七子不可及,皆非時人所知。黃季剛游廬山詩,太炎亟稱其四言,及見其七言古體,嗒曰奈何學宋人。(參見汪辟疆光宣詩壇點將錄。)其之不以同光爲然亦明。章氏經學大師,文辭高古,倡魏晉之學,論詩自推漢魏以來古調,較湖湘王闓運一派亟進矣。廣雅斥西江爲魔派,己則學宋人,猶在門庭之内。章氏則於宋體蔑如也,乃所謂釜底抽薪者。調則高矣,實將難副。章黃古詩深造選體,然成詣不高,尚未及王湘綺鄧彌之。其後學惟續其小學,尤少能詩者,何能與同光後勁相勝。然章氏所論亦非爲失。蓋同光之體已至窮極，生意寥寥，必有以變之。詩道之正途，莫若學漢晉三唐，弘廓方剛，清澹凝遠，明七子能辨而尊之，其功自非小，奈何以其淺而詆之哉。此章氏之意也。豈非藥石之言。章氏晚年國學概論言明前後七子庸俗偽體，譏其五穀不熟，不如荑稗。汪氏所言，蓋其早年議論。其書又言"詩至清末，窮極矣。窮則變，變則通。若不向上努力，即要向下墜落。向上努力，則直追漢晉，向下墮落，即爲白話詩"。愚學詩早師陳沈，後知其非正途，今主習唐人，兼參兩宋，所思或與章氏微有契符。惟章氏薄宋賢太甚，爲氣質剛屬所致，非公論也。其學術早亦輕宋儒，而晚歲甚重之，愚固知其之於宋詩，或亦非不移。其他不持宋派者，又有宗唐之樊易，宗漢魏之湖湘，爲門戶宗風之異，意氣固甚相投。錢尊孫夢苕庵詩話有云"晚清詩人不宗宋者，當推鄧彌之高陶堂爲二傑。二家能嚌咀八代之菁腴，神貌俱合。其戛然自闢町畦處，又不背於古。其病在終編只是此副面目，無多大變化，故成就不大"。治近世詩學者，自亦不可忽之。樊山哭庵，則兀然雙峰，一時豪傑，固亦覘唐詩之大，以同光宋派極盛之時，猶有其法嗣橫行天下若無顧忌也。

揅經室詩

同光詩讀久非宜。偶覽揅經室詩集，如秋水清澄，百蕪盡滌，頓覺承平氣象，非季世所能追擬。阮芸臺漢學魁傑，山斗完人，詩風亦醇厚清潤，如太華之露，篤健有神，又若昆山之玉，坦夷自適，德言藹然，古人風範，形神庶幾俱在。芸臺主持風會數十年，督學浙江兩廣，足迹遍天下。集中紀游之作尤多，風標遒上，典則安雅，氣度寬雍在洪北江孫淵如之上。惟氣少奇鬱，非時流所尚，詩名不彰耳。五律師法摩詰少陵，擅李唐正格，境大意警，文從字順，爲愚所最喜。其間新意語亦有類晚唐溫李者，清泠有致。七律稍平，氣脉通暢，格調清真，造境細密亦其佳處。五古坦夷，有晉唐之風，無兩宋之習。七古登臨之作，每豪邁參太白東川，而不作韓孟瘦峭語。其他亦偶用宋法。絕句淨爽婉麗，亦如蓬山之客，閑逸可人。
以詩爲金石考據者，亦體態合宜，文質淵懿，承覃溪之脉，不似後人
如鄭子尹李蓴客者，易趨於奇異偏枯。芸臺學養博廣，腹笥萬卷，
作詩則平夷明潔，僻典奧辭，絕無踪迹，此又非沈子培所能。晚年
所作愈工，氣力愈健。挐經室續集法度老煉，奇意漸出，首首清新，
如飮玉液。嘗有詩曰，要知疎野高閒趣，纔是清華貴重人。晚境之
高情曠懷，實夫子自道。壯年詩猶憾平直，至此則甚少矣。七律亦
老成澹定，多有理趣，轉參蘇黃。嘗有詩曰，三經有苔皆步鶴，一年
無日不看花。曠夷之度，類乎康節。少陵曰老去漸於詩律細，真可
信也。洪稚存北江詩話卷一言阮侍郎元詩，如金莖殘露，色晃朝
陽。取譬甚稱，惟所論爲壯年時詩，不能喻其晚境之妙也。蓋稚存
卒於嘉慶十四年，芸臺卒于道光二十九年，晚其四十年，其晚年所
造，自無以窺之。清方南堂輟鍛錄有云"有詩人之詩，有學人之詩，
有才人之詩。才人之詩，富贍標鮮，角勝當場，終屬小乘。學人之
詩，功力雖深，天分有限，鈍根長老，安能一性圓明。詩人之詩，心
地空明，意度高遠，詩書名物，別有領會，山川花鳥，開我性情，信手
拈來，言近旨遠，爲禪宗之心印，風雅之正傳"。挐經室詩近乎詩人
之詩，而非學人之詩也。龔定庵阮尚書年譜第一序言古之不朽有
三，而公實兼之。芸臺詩名，實爲三不朽所掩。常人多譏漢學家老
學究，其實有清大才者多此輩人。汪容甫、孔㧑軒、淩次仲、洪北
江、張皋文等，皆經史專家而善文辭。今觀挐經室詩，知其亦此輩
人物。愚觀前人論及者甚鮮。今表而揚之，以爲談助可也。

馬湛翁語錄類編論近世詩

民國詩話之正大精微氣健筆簡者，愚推馬湛翁語錄類編詩學
篇爲第一。此篇專事品評，無意掌故，正大高渾之格在陳石遺談藝
錄、石語之上，精微玄妙亦過之而無不及，惟歷練深切遜之耳。而
其氣力健朗，出語敦和，又無石遺詆詰之隘，是故愚特推之。其他

如錢振鍠謫星說詩、名山詩話，雖精微簡潔有之，高渾正大者則遠
不逮。竊謂斯編爲不朽之書，雖時有率筆精切不足，而其神意之高
健，見地之圓通，在清詩話中亦少有能與抗手者。碩師大儒，其靈
慧妙悟，以至於此，世之雄傑，對之豈非失色。博大真人，非可以世
間尺器度之也。斯編譚唐宋各體詩髓及己詩最多，及近世者鮮。
今略摭其語，以覘風變。有曰"選詩非熟讀不可。唐詩當取盛唐之
音，晚唐多失之纖巧。清人詩不看可也"。湛翁早年亦學清季詩，
而後悟其非是，持論乃與章氏相合，非偶然也。語錄作於避倭寇
時，世難剝極，詩道亦否困，皆知同光無足以續，須志學高古重立根
基也。又於王壬秋題扇詩言其頗得老莊之旨，然非有道者之言。
以之評王湘綺其人亦合。壬秋有晋士清談之風，亦有文辭，而道行
不真，時儒頗多微詞，有以自取湛翁之譏辭。又曰"張文襄亦頗能
詩，晚近則有陳散原鄭孝胥。鄭詩頗類後山，固不必以人廢言。陳
石遺能評詩，所作詩話頗可觀，及其自爲之，乃不能悉稱。樊樊山
易實甫雖搖筆即來，不爲無才，而體格太率，僅可托於元白而已"。
所評大體弗繆。湛翁不輕評人，其之重張廣雅詩，實可知張詩於彼
時之影響。其斥西江爲魔派，非徒口舌之利也。又曰"趙堯老詞惜
格調不高，可爲名家，不可爲大家。其於詩卒無所成者，亦以此故。
太白詞格之高，亦以其得力於詩者深耳"。極是。近世朱彊邨文芸
閣詞實亦得力於詩功。又曰"培老有胸襟，有眼光，近體亦學義山，
古詩則學昌黎，而玄義紛綸，氣格峻整，雖所作不多，以較王壬秋爲
高，然亦是未熟，尚費氣力"。的評。移以形容其書法亦合。又曰
"鄭蘇戡詩亦站得住，佳者亦近韓柳"。海藏爲時賢公認之作手。
湛翁屢言其成就，亦可覘之。石遺言蘇戡三十以前浸淫柳州，又洗
煉於東野。韓孟相類，湛翁之意近之。又曰"沈培老論詩有三元之
說。三元者，開元、元和、元祐也。余爲增元嘉，成四元。透此四
關，向上更無餘事矣"。此語或有誤。培老致金香嚴書所云三關爲
元祐元和元嘉也。然四關之說立，其理則愈融矣。開元實不可少
也。又曰"趙堯生猶是江湖詩人，陳散原用力甚勤，失之沾滯，俱無

胸襟。沈寐叟胸襟較高，而學義山韓孟，失之艱澀。鄭孝胥較笨
重，而站得住。謝無量先生胸襟超曠，惜亦有學仙習氣，未免以服
食攝養爲大事，而悉心以求之"。所評甚切。言散原沾滯少胸襟，
可謂直搗黃龍。愚素尊散原老人，然不免亦有此憾。抑緣其世機
太深，悲鬱入髓，未得道化之助也與。滄趣寄簣齋詩有云，機盡狎
鷗元自適，聲銷賣藥漸無知。其之勝於散原處或在此。其言蘇戡
笨重，愚讀其集亦感其鈍滯少變，靈運未足，湛翁之說洵爲妙解。
斯編諸說，多爽利明睿語，自有庖氏解牛之快，益人神智多甚。雖
其詩未必能陵越諸家，其論詩語要亦超拔塵俗。斯編其他精義亦
夥，學人焉可失之哉。（湛翁之書，惟略憾自詡太深，有類伐言。通人不能
無蔽，古人恆常言此也。）

寅恪先生詩

　　義寧陳氏一門忠義，詩禮傳家，差有西京韋氏之風。寅恪先生
史家也，詩學非專門，不逮其父兄。散原老人爲同光正則，尊爲宗
匠。陳師曾衡恪以書畫篆法聞名，詩功亦深粹。石遺室詩話屢贊
其至情至性，深厚可誦，其哀樂過人，絕有才調，許之甚深。（詩話卷
一七評師曾詩有云"憶石湖舊游云，扁舟無力迴天地，雨打風吹過石湖。翻用
杜詩好"。扁舟云者，義山詩語，杜字當爲李之誤。）然寅恪先生詩於當世
之響應遠勝於乃兄，究其緣由，竊謂有二。其一，寅恪以學術巨業
聲聞隆茂，以詩證史，沾溉廣大，人以其詩覘世間之陵谷，類有麥秀
黍離之嘆。是以詩傳甚廣，流播海外。其二，寅恪詩宗承晚唐，獨
成風調，哀感綿長，是以動人，是亦必傳之作也。生平名作，爲王觀
堂先生挽詞并序。其詞學元白體，傚觀堂名作頤和園詞，沈慨哀
惻，堪稱詩史。其序則借泰西哲理以喻中國之綱紀，標明觀堂殉道
成仁之義，照耀乾坤，振策士林，爲百年間第一等文字。吳雨僧空
軒詩話極贊嘆之，以爲包舉史事，規模宏闊，叙記詳確，造語工妙。
誠非虛也。寅恪詩遠宗義山飛卿之體，詩多賢劫亂離，山殘河賸之

慨,差有遺山之沈意,而格力微弱。近師陳滄趣,尤戀其感春落花
四律,嘗作十年詩用聽水齋韵,哀婉如庾子山。其考錢柳因緣,甚
喜錢牧齋初學有學二集,詩風亦受其薰習,多易世之幻感。題柳如
是別傳緣起二詩,亦生平佳構,直逼明人。其哀情之摯,亦類其兄。
中年流離瑣尾,詩多衰颯蕭索之氣,令人不悅。晚年詩風骨漸硬,
境愈清渾,滄枯而腴,優於中年遠甚,其之從錢柳得力處蓋亦深矣。
於時庾信樊南之意漸銷,而坡公劍南之致稍盛。其有詩曰,願比麻
姑長指爪,儻能搔著杜司勳。逸趣曠懷,非同疇昔。南海世丈百歲
生日獻詞有云,元祐黨家猶有種,平泉樹石已無根。精切典遠,甚
深婉處已非早歲所能擬。晚年詩用東坡韵最多,亦可覘其懷抱。
亦每有自家公案自家參之語,想其翻閱釋典,受用亦深。又有詩
曰,姮娥不共人間老,碧海青天自紀元。則此老晚境雋致,歷然在
目矣。惟惜終罹網羅,奄化如露,滄海明珠,沈埋廿載,正所謂障羞
茄苦成何事,恨望千秋意未平也。(語出寅恪先生丙午春分作詩,時西
曆一九六六年三月。)

今日一家孰胡漢

　　滄趣樓詩集卷三送兒遊學日本有云,古書新法泱泱國,今日一
家孰胡漢。扶桑古國,唐風醇厚,儀禮莊正,實行新法,亦若神祐。
吾夏屢經夷禍,本已駁雜,而國勢頹弛,今轉以其爲師矣。弢庵遂
有是語。其意蓋以爲一家,無分胡漢可也。蓋胡安國、王船山之
時,華夷之說猶可明辨之,至陳弢庵之世,則時勢大異矣。今之學
人誠不可不慎思之。古書云者,愚贅補一說。杭辛齋學易筆記初
集卷一日本之易學有曰"我國二千年來失傳之法,經學巨子所未能
決其用者,彼中隨處可購得揲著之器也。惟不産于日本,則以竹代
之。禮失求野,不僅維繫易學之一助也"。章太炎訄書辨樂篇有云
"古之搯舞節度亦失,獨操牛尾及人舞以手袖爲威儀,稍傚靖可則
效。人舞尚存乎日本,余在西京見之"。即歌舞伎也。不知又有雅

樂能戲愈粹乎舞伎者。古書樂舞而外,其他儀禮禪規茶道器具,皆守夏風,爲中原所絕者。此所謂今日一家孰胡漢者。然彼國人亦以此爲誘蠱,鄭孝胥汪精衛黃濬梁鴻志周作人一流所以墮陷者,此亦一端,非徒勢利而已。此輩心懷一家,無復華夷之辨,是以委身異國亦心安理得之。此又不可不辨者。(鄭氏海藏樓詩卷十三使日雜詩廿五首輕便自在,如歸故國,至謂今日日光輝萬國,蒼生還賴舊山川。可謂厚顏之至,讀之欲嘔。陳寅恪詩集題花隨人聖盦摭憶後有曰,亂世佳人還作賊,隨花聖解幸餘灰。賊者,漢賊也。花隨人聖盦摭憶補篇有奸細考一則,黃氏辨析奸細之義甚精,後竟以奸細罪被獨柳之禍,中道賁蹶,真爲文人無行之炯鑒也。)禮失求諸野,吾儕於今日亦須學彼邦之古法心髓,以爲續絕存亡之用,然華夷之辨焉可廢哉。廖季平嘗言,春秋王制,所以治中國。尚書周禮,所以治天下,六合之內,於茲備焉。六合以外,詩易主之,游神變化,不可方物。道釋之流,茲其由柄。(清稗類鈔經術類嘗引之。)故治中國者,不可不用春秋大義。懷天下宇宙者,不可不用書禮詩易道釋之道。吾儕以春秋華夷之辨護我家國,以書禮詩易道釋之道化度天下,方爲大人君子之所爲。隘者以華夷之辨鄙夷他國,以書禮詩易道釋之道孤守自高,非大道也。豈他國即無儀文妙道哉。故以吾心之泰然,觀彼國之泰然,以彼國之明通,觀吾心之明通,可也。以吾心之泰然,觀彼國之峻隘。以彼邦之明通,觀吾國之卑靡,亦可也。惟唐宋以來,海瀛變夷以夏,承平甚久,根底盤深,吾華則屢淪變夏而夷之厄,劫運當道,剝復難測。今之淺人,惟以詆詈爲能,不識大體,血氣之逞,亦非智也。嗚呼。是所以不可不辨者也。

考據爲詩

葉氏昌熾著語石,爲碑學集大成之作,柯氏昌泗作語石異同評,又有出藍之妙。卷二言貴州古刻吹角壩摩厓,援錄鄭子尹長詩爲徵。詩題曰臘月廿二日遣子俞季弟之綦江吹角壩取漢盧豐碑石歌以送之。詩為歌體，極奇譎橫縱之變，包羅萬千之勢，幾令韓樊嗟其怪拗，梅歐咨其平硬，而觀其意則考證石碑之文而已。蓋清葉碑版之學大興，考證題跋之篇如恆河之沙，學者有別闢路徑者，專以詩體為之，翁方綱一流以降，寖成風氣，甚者為癖。夏敬觀學山詩話言清代僧人奚林好古博雅，嘗嘆此派題金石詩，乾嘉詩人最為擅場，皆前代所無也。誠然。此固與乾嘉以考據為文者同流。曾剑氏為江鄭堂隸經文敍有曰"物類中一彼一此，同異相錯而成章，皆謂之文。故六藝諸子，文也。箋注傳疏，亦文也。而後世溺尚詞章，推唐宋八家為文宗，至於核證典禮，辨定經傳，則皆外之曰考據家，若不足以語文者。嗚呼。空騁議論，究何補哉"。蓋為考據之文正名也。一時風尚皆如是。海日樓札叢史例治詩詞有曰"以事繫日，以日繫月，史例也。宋人以文治詩，而東坡山谷後山之情際，賓主歷然，曠百世若披帷而相見。彼謂詩史，史乎史乎"。此以考據入詩，實亦類此史例治詩詞也。鄭巢經即斯體之卓匠也。檢其集中，如題唐鄂生藏東坡書馬券真跡，題莫邵亭藏文衡山西湖圖，訪得明清平孫文恭公教秦緒言諸詩，皆髣髴置人清儒考證文集之中，而又信其為真詩也。如是者巢經巢詩集中甚夥。其友莫友芝邵亭有湘鄉相公命刊唐寫本說文殘帙箋異諸詩亦旗鼓相當之作也。石遺室詩話卷二八有曰"鄭莫並稱，而子思學人之詩，長於考證，與子尹有迥不相同者。如蘆酒詩後記一二千言、遵亂紀事廿十餘首、哭杜杏東亦有記千百言附後，皆有註，可稱詩史"。巢經巢詩本宋體詩派之弁冕，震爍一世，流風所至，傚者影縱雲起。惡者固嗜癖為累，枯乾無味，非復為詩者，而佳者則自能守詩之本色，真氣瀰漫，兼事考據而無損其為詩者。此者又推李越縵沈寐叟為法嗣。海日樓詩集中有題倪文貞公丙子秋畫竹卷，首曰"易象震為蒼筤竹，竹不見易乃見詩。詩易之實徵乎禮，柯葉不易貫四時。黃忠端為易三洞，文貞易為內外儀，兩公超遙在明季，皎然白日青天姿"。其後盛讚倪鴻寶之高節精爽，神采駿發，殊有偉觀，讀者真不可以其形枯而廢之。石遺室詩話卷十一言李蒓客詩實則清淡平直，惟遇考據金石題目，往往精礇可喜。所引孟鼎銘拓本為伯寅侍郎賦、齊子仲姜鎛二首為鄭盦賦諸詩，純以考據行之，實有韻之文耳，較之寐叟之猶守詩格，菭客之作又遜之矣。清人考據爲詩，自非詩道正途，然亦不失權變之奇，視之昌黎石鼓歌之孽嗣可也。（嚴迪昌先生清詩史爲當世論詩傑構，氣體遒上，持論深警，罕循故轍，獨抒心意。然亦多有偏宕過激者。如論翁石洲金石入詩，死氣滿紙，同光承襲，爲詩之一厄。平心而論，考據金石入詩，亦有可觀者，轉槁朽為神奇，其爲清詩之特異處，非可盡詆爲無性情之物也。錢氏談藝錄五三云"宋學主義理者，以講章語錄為詩，漢學主考訂者，以註疏簿錄為詩，魯衛之政爾"。雋諧可喜。微諷如是尚可。考據爲詩，自不必尚，然亦未可絕之。錢氏、嚴氏皆不喜學人之詩，然學人之詩，固不失爲道體分裂之一隅，可為才人詩易入儇薄之藥石。今世人物儇薄之病，愈甚於前代，學人之詩，恐不廢如江河。合天道克生之理當如是，非吾私意也。惟不可滯，藥石是務，病去藥銷，不然則真爲無性情之物矣。）

徵聖錄卷十九 詩 學 類

元遺山學詩自警箋

周壽昌思益堂日札卷六引元遺山為楊叔能小亨集引云"予學詩，以數十條自警云。無怨懟。無謔浪。無鷙很。無崖異。無狡訐。（思益堂日札作狡計。據元遺山集四庫本改。）無婞阿。無傅會。無籠絡。無銜鬻。無矯飾。無為堅白辨。無為聖賢癲。無為妾婦妒。無為仇敵謗傷。無為聾俗鬨傳。無為瞽師皮相。無為齅卒醉橫。無為黠兒白捻。無為田舍翁木強。無為法家醜詆。無為牙郎轉販。無為市倡怨恩。無為琵琶娘人魂韻詞。無為村夫子兔園策。無為算沙僧困義學。無為稠梗治禁詞。無為天地一我古今一我。無為薄惡所移。無為正人端士所不道"。周氏云，自來詩人犯此弊者不少，且有以此稱佳者，墮入魔道而不知。誠然。此數十條自警，極為深切，遺山論詩，教化可謂廣大。今略箋之，以為吾儕之誡條。

無怨懟者，言其懷抱忠厚，怨悱而不悖于中道。唐賢多能守之，逮至季世羅隱之儔，詩文以怨懟為佳趣，後世浸多，尤盛于清。世人多知怨懟之為美，而不知其惡，迷心竅而自智，甚可哀也。

無謔浪者，言其文辭警正，氣性莊直。其以謔浪為佳趣者，莫若袁簡齋。簡齋自放于小人之樂，而自美以聖則。固非愚怯鄉願輩所能及，然其悖乎中道者亦多。畸人惟以自放則可，欲以轉移人心風教則謬。譴浪之風，至民國極熾，轉自高以真理，其于簡齋，誠所謂變本加厲者。世之不明詩道八十年矣。譴浪誤人尤深。

無騖悍者，言其力道不尚強霸，不以氣暴折人。金亞匏輩，不能逃此譴。梁任公謂其詩求諸有清一代未睹其偶，蓋康梁輩本欲挾此風雷暴氣有所為，以權譎之道用之耳。

無崖異者，言其不專以奇譎矜怪勝人。宋賢變唐人法，其之有崖異者，亦自然之功，非刻意也。後人轉以崖異為正髓，憒矣。黃公度詩崖異新奇，然深根經訓，亦有自然之造者，無可厚非。後之效尤者不識其理，誤認崖異為法訣，遂入迷途而不知。

無狡獪者，言其法度堂正，不以偏師剽掠為生計。此等甚夥。散原海日樓詩集跋言沈詩蓋碩師魁儒之餘緒，一弄狡獪耳，疑不必以派別正變之說求之。雖為戲言，亦微諷其詩法之陸離詭奇，非正音所在。竊謂痲叟天人，焉能以世上派別正變之說求之，則散原之說，又非戲言也。遺山之說，蓋為剽掠巧點者發也。

無媚阿者，言其氣骨剛直，不以詩媚人。自子雲美新以降，從來文人習氣，多此諛病，而尤劇于明清黨社人物。

無傅會者，言其文辭塙然，介潔不作虛飾語。傅會者或才橋，或阿世，一旦涉筆，多不深切，豈能感人。

無籠絡者，言其獨立不羈，不以私情盤結。籠絡者亦文人習氣之一端，其與媚阿傅會者，蓋如膠漆。

無衒鬻者，炫世待沽，人所通病，此言其坦夷順化，不待乎外。韓文公尚未脫俗，其他毋論。近世尤好衒鬻者為樊樊山，每自高大，實其所成，尚不逮易哭庵。

無矯飾者，言其刻意不真，華藻不實。明七子詩，多患此病。然亦有倡性靈而好矯飾者。袁子才好以經聖正論飾其性靈之說，振振有詞，豈非有矯造者。其說亦有合天則者，然于禮法欲取而代之，則非道也。

無為堅白辨者，言其著實，不以詭辭自託。莊屈善以此法，而得其正。後人好師此法，而得其曲。

無為聖賢癲者，言其端直自任，聖賢狂癲之詞，俱非所喜。滿篇聖賢語，制藝耳，非詩。用狂癲詞，又焉能如接輿之美。徒駭人耳。

無為妾婦妒者，言其懷促氣短，詩見小人難養之相。

無為仇敵謗傷者，誣辭謗書，古已有之，邪曲之行，非君子所為，此言詩人，當坦蕩自處，慎于獨也。山谷讚濂溪光風霽月，誠亦為詩人之正則，非徒道學也。

無為聾俗閈傳者，言其自具見識，不可作巷閭耳食之譚。明世黨社習氣，多有此病。

無為瞽師皮相者，言其洞燭幽微，非浮游根境而已。詩作議論，尤須矜慎，光影之譚，良非正覺所在。

無為黥卒醉橫者，言其詩筆放縱有道，不可粗野恣行。嵇叔夜其醉也，傀俄若玉山之將崩。可也。使若黥卒醉橫，亂矣。清季金亞匋一流，作歌有此醉趣，學醉者不可不慎。

無為黠兒白捻者，言小慧智巧，以剽竊為能，非莊正通達之途。邢子才常在沈約集中作賊，尚是魏收過詆之辭。使黠兒白捻，手段極高，亦曷能逃過錢默存輩眼目。

無為田舍翁木強者，蓬戶桑樞，甕牖二室，固可有原、曾二賢，歌商頌，徹天地。然亦可使田舍翁木強迂直，節氣勝，于大道則未矣。清初遺民詩多有此者，以吳野人、方盦山、傅青主為宗，吾素敬焉。惟顧亭林不欲為之囿，詩具唐音鐘呂之響，超絕同輩，其行跡亦非田舍翁自守隴畝而已。

無為法家醜詆者，言訟師詆詞，非詩人宜。詩有類訟師深文者，不可為訓。

無為牙郎轉販者，言牙人駔儈，其非自得，豈詩人法。

無為市倡怨恩者，言薄幸情緒，有涉輕佻，非風人深致。唐人作市倡怨恩詩，尚多深婉，後人無其深致，惟樂其風情。明世風俗艷冶，此等文詞尤多。風塵之慧者，亦知其體之不莊而鄙之，若柳是輩,亦可重也。

無為琵琶娘人魂韻詞者,魂韻詞媚人有餘,深警不足,遑論風骨。淺者事之,自亦娛人,然非大家之所為。其能如梅村者,方堪一試。

無為村夫子兔園策者,言餖飣獺祭,非為本色。然李義山嘗自制金鑰、雜纂諸書,以備詩文之取。聞近世散原老人亦有此法。兔園策子,豈非有裨于詩功。神之蠹之,待乎其人而已。

無為算沙僧困義學者,語本永嘉玄覺證道歌,言執著詩訣,而無真修,是為大忌。今世算沙僧困義學者極夥,富于詩學,而不能操翰作一篇什。此非風雅之幸。如義學僧,閱藏亦深微,理致亦縝密,而不知靈覺初心為何物,徒耗心力,不事修證,釋教焉得不衰。詩亦然。而其所專門之詩學,實多文獻、社會學之研究,似非正髓所在。

無為稠梗治禁詞者,言不趨時務,以媚有司。稠梗,茶也。金世嘗有禁茶令,遺山故有斯語。歷來詩人趨時媚上者極多,唐宋之時,此種文詞尚雅訓可誦,或隱風人之旨,後世浸漓,愈露骨無文,全同傀儡而已。

無為天地一我,古今一我者,言莫輕傚莊生李白豪放語。蓋此等玄理壯言,已為天才道破,使襲蹈之,鮮有不為哂者。然如黃仲則太白樓醉中作歌諸作,豈讓古人。

無為薄惡所移者,言不為私情所轉,心須公正,氣始無駁雜之患。此古之大家亦有難免者。章實齋倡文德之說,然其作詩斥罵袁簡齋,亦傷微過,或有為薄惡所移者。其如全謝山詈毛西河,亦然。

無為正人端士所不道者,言詩人之心,必以中正為繩尺。使其詩不為正人端士所道,則惟為小人閭巷所喜耳,豈函夏詩教之所在。自胡適輩倡新學以降,論詩以小人閭巷為宗風,斥正人端士為陳腐,陸沉之禍,今猶未已。豪傑之士焉得不起而矯之哉。

真詩乃在民間辨

夫物類情事必有兆象。龔定盦說尊隱如讖語，下隱軋茁，天地
闔闢，青天白日，幾若佛言之影視山河。百年罔兩幢搖，皆緣神識
之混淆，詩志之顛倒也。自倡白話文學以降，則肆言士大夫之詩文
已死，峭刻庸妄之徒，徧布寰域，其音響今猶未絕乎耳也。而今日
復有曰詩不在士夫之文言，而在民間之俚諺，持此論者多睥睨一
切，視先賢詩式為泥俑，甚者祛棄文言，以為非白話無以為今詩。
其布鼓囂嗷，亂人視聽多矣。然自古倡此論者亦自成勢端，蓋萬物
不齊，歷朝皆有畸才異物，欲奮下隱之猛力，衝破羅網者，亦可謂屢
見而不鮮矣。而士夫必一發硎石，迎刃而決之，以崇經訓，正詩教，
歸草澤於風化。牧齋雜著淮上詩選序有云"弘、正之間，談詩者以
規模杜陵為極則。裨販剽賊之技窮，而不知所以自返，則曰此文人
學士之詩也，真詩乃在民間。斯言也，竊性情之似，而大繆不然。
夫詩之為道，性情之與學問，參會而成者也。性情者，學問之精神
也。學問者，性情之孚尹也"。（孚尹者，玉色之通明也，出禮記聘義。）
又曰"執性情而捨學問，採風謠而遺著作，與謳巷春，皆被管弦，挂
枝打棗，咸播樂府，胥天下不悅學而以庸妄相師也，必自此言始"。
（此論復見於有學集文鈔補遺之尊拙齋詩集序。）至民國，主白話者多喜
明人儇佻文字，以為性情之正名，牧齋之洞鑒了然若前知者也如
是。性情學問參會之為詩教之本，放之四海而皆準，信夫使推之異
域，亦當非有異於是者。而譾者或以異域之學問治吾國之詩教，其
猶緣木以求魚，使其勢若渴驥，而終入乖僻之塗。此衰世之徵。非
我函夏之幸。愚嘗有詩曰，慧劍應須腰間懸，不斬俗人斬俗志。所
謂慧劍者，非士夫修者聖賢禪佛之正學，焉足成之哉。

錢澄之藏山閣詩存

紀弘光隆武永曆三朝事允稱詩史者，唯錢澄之田間先生藏山閣詩存最稱其實。惟藏山閣集，遊魂數縷，於光緒三十四年，方付剞劂，今復見於安徽古籍叢書，淹沒黯晦，知者無多。田間詩名，亦為其學術所掩。余覽其詩存中生還、行朝、失路諸集，九域飆迴之際，三朝遇會，紀述完備，情采壯烈，千餘首詩，首尾貫通，洵詩中之檮杌碧血也。而其格調之蒼渾悲慨，文辭之鏗鏘明爽，律法之整峻森嚴，踵天蹐地，生埋直逼，尤非時之宗匠若錢虞山吳梅村所能道也。時之詩史，有錢牧齋投筆集，少陵秋興，十三疊韻，紀鄭成功溯江北伐事，聲調辭采，極致高華，獨步當代，然多比興寓言，未敢直賦其事，故溢乎辭采，而晦乎正氣，殊少沉著痛快之妙也。此不及藏山閣集之處也。吳梅村詩集有永和宮詞、蕭史青門曲、楚兩生行、臨淮老妓行、雁門尚書行、松山哀、圓圓曲諸樂府，誠大手筆，文人之雄也。然梅村弘光時即息影林泉，作旁觀客，欲獨善而不遂，終失節而賣沒。衡其才學，未脫文人之樊籠。諸樂府號為詩史，深美有餘，終栩栩若戲劇優孟，遂令後世看客，無虎唑縠觫之戚也。何如田間身蹈鋒鍔，流離三朝之愷切哉。隆武監國左副都御史黃宗羲，抗節顛沛，其烈猶在田間之上，然南雷詩曆，多自述懷人之篇，少時感陵夷之史筆，且盡南明間篇什不富，或特自晦隱，亦無以與田間之詩史相軒輊。惟梨洲詩風沉著深徹，情摯氣直，與藏山閣詩猶同屬一脈也。永曆舊臣王船山薑齋五十自定稿中，戊子己丑以降之殘篇，零星羅列，壯歲義跡，微能考鏡。薑齋詩風胎息魏晉，格調三唐，焄蒿悽愴之中，較之時流，尤多深婉含蓄，雖楚騷之孤吟，自足撼通湖嶽，追配古人，而千秋詩史之目，猶未逮也。其他粵臣，或死節，或逃禪，混茫難稽。嶺南屈翁山陳元孝詩號為大家，以其之骨氣才力，其作抑錢澄之藏山閣集之流亞也與。然求其如詩史者，亦不可得也。今歲又在旃蒙作噩，距弘光之覆隆武之立，三百六十年矣。<u>亭林詩集</u>以此古法紀年。<u>南明舊史</u>,實與吾華史運文教關涉極大。隨筆志之,聊以寄幽懷國故,瓣香烈士之孤心也。

史玄二諦

<u>爾雅臺答問補編答虞逸夫論詩道</u>有曰"大抵境則為史,智必詣玄。史以陳風俗,玄則極情性。原乎<u>莊騷</u>,極於<u>李杜</u>。<u>建安</u>史骨,<u>陶謝</u>玄宗。<u>杜</u>則史而未玄,<u>李</u>則玄而未聖。挈八代之長,盡<u>三唐</u>之變,咸不出此,兼之者上也"。可謂簡而能遂,識見精妙。興觀群怨之詩,為天地博觀之道。而博觀之道,莫甚於史志。史之合于詩,本冥符天道。<u>實齋</u>言<u>六經</u>皆史。史者豈惟史籍之謂,實為華裔渾然中處之真諦也。<u>西銘</u>有言,天地之塞吾其體,天地之帥吾其性。性本無聲臭,人體亦無常,而必以史為用也。詩教亦史教,非史無以為詩教也。吾國詩道之濫觴,有在茲者。故史境為詩道風骨所在,如<u>建安杜陵</u>之史,皆三百篇之遺軌。而玄者,本窮測幽微,動感鬼神,其之獨重情性,開詩教百世法門。<u>三國</u>以降,老釋大盛,國風玄風,胎骨一體,遂成詩道淵流。<u>屈莊</u>能兼史玄之精,迺為吾華文學之極則,是所謂兼之者上也。<u>建安</u>七子<u>孔文舉</u>氣體高妙,<u>徐偉長</u>道術甚正,<u>王仲宣</u>精於辭賦,<u>陳孔璋阮元瑜</u>則以章表書檄雋聞於時,<u>劉公幹應德璉</u>學識宏富,<u>兩漢</u>儒風猶在,其所為詩,多汝墳匏葉之音,庭燎板蕩之氣,迺逸沈著,切乎時事,是所謂<u>建安</u>史骨。<u>陶元亮</u>洞達物外,<u>謝康樂</u>逍遙山林,非玄學則何以至焉。<u>陶謝</u>之關鍵玄學,<u>白蘇</u>之人名燈錄,類也。是所謂<u>陶謝</u>玄宗。<u>杜陵</u>有史境正統,而其磊落奇節,兀傲雄實,自撐天地,直視仙佛為贅餘,是所謂史而未玄者。<u>太白</u>則反之,龍性猛志,耽於仙風,玄道精魄,粲然河流,然謫仙骨相,有類寒畯,尚不若<u>承楨吳筠</u>諸道流,能應乎廟堂之聲氣,是所謂玄而未聖者。以詩道之精遂廣大,史玄二字,庶幾能盡之,信乎<u>蠲戲老人</u>之神識也。<u>唐</u>人能兼之者有<u>樂天義山</u>,然其格皆未徹,史境非能沈著,玄思亦未渾化,故不及<u>李杜</u>之純。<u>王摩詰</u>有

玄，韓昌黎有史，庶幾能純者也。湛翁又曰"自有義學禪學，而玄風彌暢，文采雖沒，而理極幽深。主文譎諫，比興之道益廣，固詩之旨也。唐宋諸賢，猶未能盡其致。後有作者，必將有取於斯"。愚意明季公安竟陵幽深之體，迺玄禪之變孽也。清季奧衍幽澀之詩，亦略取於斯者。虞山錢蒙叟崛立詩流，迺兼有二者。其史境之嚴，玄智之靈，要非梅村孝升諸家所能及也。同光詩坫，公度散原為史，湘綺哭庵為玄，寐叟庶幾能兼之者也。湛翁之詩，實亦兼有二者，史幾得杜髓，玄亦不遜蘇仙，惟風氣既轉，其詩亦闇然不彰矣。

衰世思賈島辨

自唐季李洞念賈島佛以降，歷代學浪仙者多在衰世。宋元之四靈、方回，明季之鍾、譚，清末之同光體，皆是也。是故前人有衰世思賈島之說，蓋諷其寒瘦蕭颯，一與氣數世運相終始也。越縵堂讀書記評羅昭諫讒書有云"余常謂國之將亡，江湖派出，故唐宋元明之季，皆各有一江湖派，為山林邨野畸仄浮淺之人所託，而唐末最詭琑，故五代之亂最甚，文章之徵運會，豈不信哉"。即其類也。以時勢判詩，固亦有中理者，然或非觀風之鈐鍵，詩教之津梁。彼季世者，以世而論之，氣數固式微矣，以人而論之，則往往風骨健峭，嶙峋若不可犯者，外力彌迫則其骨愈出，如此方能窺其奧賾，固非可以氣數一以蔽之。李洞詩多僻澀卓峭，超拔時流。唐才子傳言其昭宗時凡三上皆不第。曾獻詩裴公云，公道此時如不得，昭陵慟哭一生休。其詩誠沈摯卓犖慷慨生哀者。其人固失意而終，要其志趣懷抱，皆嶙峋有清剛之色。唐末士夫矯厲名行，敦尚氣誼，豈無得其力者哉。唐季詩人風骨挺聳者多矣，皮陸貫休無論，闇者若翁承贊、黃滔、徐夤、曹松、李中輩，愚閱其詩，多為盛唐法嗣，氣象蒸蔚，而能清挺。越縵之說，豈盡實錄。四靈徐璣、徐照、翁卷、趙師秀皆永嘉人。其詩派雖失之於纖弱，所成未高，然觀詩派中葉水心劉克莊諸公，皆英邁人物。宋末遺民尤以風節見稱者如謝翱、真山民、蕭立之者，亦皆承四靈之遺風。江湖詩派之推晚唐，其詩固未大，其人豈無明爽駿發之氣骨哉。（錢默存先生宋詩選注有譏評江湖派者，其論葉水心之語甚為尖刻工巧，彈擊古人略無忌憚，且時以奇譬自喜，而不知自墮惡趣。愚不取焉。實則周草窗浩然齋雅談先已辨之。其有云"水心翁以抉雲漢、分天章之才，未嘗輕可一世，乃于四靈若自以為不及者，何耶。此即昌黎之于東野，六一之于宛陵也。惟其富贍雄偉，欲為清空而不可得，一旦見之，若厭膏粱而甘藜藿，故不覺有契于心耳"。以此而論，江湖詩派之中，水心克莊諸公為其氣骨，四靈為其膚理，持論者徒以膚理取之，而忽其氣骨之隱，非篤論也。草窗此論，默存先生談藝錄亦嘗引之，惟先生之性，好以文字枝末繩人，不免于先賢精魄、古人大體，微有不恭之處。其識見或失之過察，矜巧而有損乎道樸。水至清則無魚，高處誠有不勝寒者。猶為文家習氣，非愚所尚也。當代嚴迪昌先生論清初詩，力推遺民之作，能不為文字膚理所拘弊，獨重質性，非舊說專尚文詞者所能比也。）明季竟陵體出，鍾惺譚元春二人，本亦以賈詩之瘦硬卓峭濟七子之模古失真，以骨相崎嶔救時調之圓熟俗媚，是為正行，自有正果。其詩風雖入偏頗，有悖大雅，其精神之獨立誠有益於後世。明季文人氣節之盛，誠亦有得乎竟陵派者。傅青主霜紅龕詩集、倪鴻寶倪文貞集詩皆其法嗣之特異者。倪傅皆卓絕大儒，甚為竟陵生色。諸大儒之不以竟陵詩格為非，以其有真氣在。聖人曰質勝文則野，斯人之謂與。而痛詆竟陵為外道之錢牧齋，雖渾涵淵灝大為文宗魁傑，身則淪為貳臣。此又非愚所能知者。乾嘉間，高密三李論詩奉張籍賈島為主，而朱慶餘李洞以下為客。高密詩派，多清奇僻苦之辭，以洗藻繪甜熟之習。嚴迪昌先生謂清季清道人猶承其傳。（參見嚴著清詩史第三編第六章。）愚觀李懷民、少鶴昆仲詩，固剛直冷峭之士，非乾嘉時流趨和聖制者所能擬也。至清季同光宣三朝，有宋詩派出。石遺室詩話卷三言，前清詩學，道光以來，一大關捩。略別兩派。一派為清蒼幽峭，古賢以下，逮賈島姚合陳師道陳與義陳傅良趙師秀徐照徐璣翁卷嚴羽范梈揭傒斯鍾惺譚元春之倫，體會淵微。此一派近日以鄭海藏為魁壘。又一派為生澀奧衍，以鄭子尹為弁冕，近日沈乙庵陳散原實其流派。石遺之說，可謂後世習賈詩之名錄也。實者清蒼幽峭、生澀奧衍，本亦相類，賈島之為一大禰祖，亦何以撝之。海日樓題跋亦自言賈集隨行笈，免于灰燼，可知其書之為詩人護重。愚觀清季詩人，亦凜凜多壯節，非惟其詩派之大之盛，其人之襟抱風度，實亦能不朽。惜哉鄭海藏黃秋岳之誤入歧途，是其心術之偏，要非詩派之瘢。賈詩之大，亦可見矣。焉能以氣數世運獨斷之哉。近世柯昌泗語石異同評卷一有云“宋初陶穀李昉諸人，五代時已擅名碑版，可見當時詞藝，謹守矩矱，不隨世運爲升降也”。浪仙及後世習賈詩者亦當如是觀也。愚亦喜浪仙，以為其詩風骨清雋剛奇，實盛唐法脈，何以寒瘦之詞蔽之哉。故為是說以辨之。

浪仙詩評

唐人近體之興，愚意實與釋教淵源甚深。姑妄而擬之，風雅離騷之詩，儒家之體也。漢宮房中鼓吹，魏晉游仙之什，道家之體也。（古詩十九首亦氣體豁通，多道家言。）而唐人律詩則釋家之體是也。蓋律詩皆內斂中見至大，清嚴中見靈妙，極類律咒禪定後天地，觀其氣格，若非釋教法度無以成之。（偶覽劉禹錫集秋日過鴻舉法師寺院便送歸江陵詩引所闡之理頗可與愚說相證。其有云“梵言沙門，猶華言去欲也。能離欲則方寸地虛，虛而萬景入，入必有所泄，乃形乎詞。詞妙而深者，必依于聲律。故自近古而降，釋子以詩聞于世者相踵焉。因定而得境，故翛然以清。由慧而遣詞，故粹然以麗”。愚謂非惟釋子，盛唐之五言近體，多有由是出者，實為風氣所然。蓋彼時佛禪之于世間，淪肌浹髓，有不可思議者。）故律法之醇，實以信佛之王摩詰為大家，而杜陵植儒門血肉於此法度中，別具奇宕之力，是以大成。晚唐之最工五律者莫若賈島，其嘗為沙門，浪仙集中最工者莫非道流交遊文字。得其根本者，方能精工。浪仙之以釋教為心源，自與五律神脈相合，其之能成，蓋非偶然也。略摘其句。山中道士有曰，養雛成大鶴，種子作高松。筆法神妙。迺與老杜桑麻深雨露，燕雀半生成一脈而下，雋快高奇，愈顯本色。黃道周榕壇問業有言"格得透時，麟鳳蟲魚，一齊拜舞。
格不透時，四面牆壁，無處藏身"。又曰"賁者仁之色，素者仁之地
也。有此素地，隨他繪出富貴、貧賤、患難、造次、顛沛，如一大幅山
川、草木、鳥獸、蟲魚，屈折動靜，姿態橫生，只見可樂，不見離異
也"。詩人即以此素地繪事者也。賈浪仙讚山中道士有此格透意
思，素地之上，養雛成鶴種子成松，其格調旨意之高妙精微，要非宋
明儒精研性理，幾無可追想矣。(庾子山奉和趙王隱士"短松猶百尺，少
鶴已千年"。或爲浪仙所本。庾詩含蓄，賈語則逼神。錢氏談藝錄嘗引之。
種子成高松，日人宮崎駿之龍貓闡發極精切，愚嘆服之。)然老杜之詩猶有
蘊蓄歸藏之玄諦，賈詩風骨既出，則無復此意矣。送田卓入華山二
聯有曰，瀑布五千仞，草堂瀑布邊。壇松涓滴露，嶽月沈寥天。頷
聯之奇，李懷民謂之此五丁開山之句也。(據今人黃鵬氏賈島詩集箋
注。)唐人神句既至，不拘格律，誠所謂物物而不物於物者，其神逸
固非後世囿隅詩律者所能知。壇松嶽月，尤能奪人，此非山嶽中人
不得其妙者也。此作有高寒之致，亦賈詩中所常見者。送無可上
人有曰"獨行潭底影，數息樹邊身"。此精深佛典觸境緣覺之作也。
愚曩游雲棲梵徑，洗心池畔，鑑照萬物，身影貫徹，驀然有悟。量浪
仙此聯，必亦從實境中悟入，自參空假之諦，關涉性命，非尋常人所
能會。臨漢隱居詩話有云"不知此二句有何難道，至于三年始成而
一吟淚下也"。此無足以與語者也。送烏行中石淙別業有曰，草通
石淙脉，硯帶海潮痕。冥合物理之句也。愚游丘壑名山，於山水草
木物理，每有神解。是以知浪仙詩句之妙，誠其之深諳山水物理使
然，非偶合也。此又非粗者所能知。寄無可上人有曰，穴蟻苔痕
靜，藏蟬柏葉稠。狀類瑣細而貞靜自妙。較元裕之枯槐聚蟻無多
地，秋水鳴蛙自一天之蒼涼磊落，愚猶喜浪仙之縝密圓神，裕之似
不免安排矣。洛陽道中寄弟有曰，密雲埋二室，積雪度三川。生類
梗萍泛，悲無金石堅。趨走生計，固有困色。然猶不失風骨塊磊。
音辭亦雄直響亮。題李凝幽居有曰，鳥宿池邊樹，僧敲月下門。天
人之間，極有理趣，豈尋常詩家推敲著意者所能擬哉。寄董武有

曰,孤鴻來半夜,積雪在諸峯。可謂神雋之至。孤鴻之來,似有洛神消息,峯雪之積,若開荊董之畫境,閱之怡然。李懷民評曰二句風骨高騫,獨絕千古,為賈集中最高格,非李才江輩所能追。誠然。題山寺井有曰,藏源重嶂底,澄翳大空隅。其境牢籠天地,暗通靈物,泂非常手段也。送唐環歸敷水莊有曰,地侵山影掃,葉帶露痕書。瀛奎律髓匯評曰"無中造有者,掃山影之謂也。微中致著者,書露痕之謂也。人能作此一聯,亦可以名世矣"。然無中造有微中致著之說,猶有安排之意,賈詩之奇致,似安排而實非安排,此後人所不易知者。送厲宗上人有曰,高頂白雲盡,前山黃葉多。亦有孤鴻積雪之妙。雪晴晚望之樵人歸白屋,寒日下危峰,亦近之。送李餘往湖南有曰,岳石掛海雪,野楓堆渚檣,十字轉出天地海嶽消息,義山所謂欲回天地入扁舟者,近之也。而義山江湖白髮天地扁舟之句,徹而多悲,何若浪仙之蘊藉少思慮也。送惠雅法師歸玉泉頸聯有曰,講不停雷雨,吟當近海流。句法奇逸,警聳而出,開後世對仗聯語多少法門。此又非禪力彌真截斷衆流所不能至者。世之刻意著新者,豈能得之。憶江上吳處士有曰,秋風生渭水,落葉滿長安。四溟詩話謂其氣象雄渾,大類盛唐。紀曉嵐言此詩天骨開張,而行以浩氣,浪仙有數之作。沈德潛說詩晬語嘆卑靡時乃有此格。愚謂時之卑靡非人之卑靡也,前已辨之。王靜安處清屋卑靡之世,其詞尤多此格。又常有秋風長安意象,恐亦為浪仙所深攝者。寄朱錫硅有曰,長江人釣月,曠野火燒風。龍性堂詩話初集言"浪仙此聯,與流星透疏木,走月逆行雲,遠天垂地外,寒日下西峯,邊日沈殘角,河開截夜城,峰懸驛路殘雲斷,海浸城根老樹秋,山鐘夜渡空江水,汀月寒生古石樓等語,真堪鑄佛禮拜"。後人拜服如此,迺知李才江非無儔侶。送宣皎上人游太白有曰,得句才鄰約,論宗意在南。約即沈約,南即禪宗惠能南宗之學。實可悟賈詩有由禪化出者。蓋浪仙修佛而返儒,兼能二教之傳,雖非道術專致,而獨精於詩律,亦儒佛交匯肇之也。是以賈詩之鍛煉,庶幾參乎王杜二家之法,所以精絕超塵。愚謂近體為釋家之詩,亦多有此意。若無禪佛之化，儒門之詩似無以致此邃境也。（馬湛翁與洪巢林書有云"公謂讀書作詩，正須用情識，此實不然。讀書到怡然理順、渙然冰釋時，作詩到文章本天成、妙手偶得之時，已非情識境界。此事用力到極處，亦須智訖情枯，忽然轉向始得，直與參禪無異"。浪仙詩高逸處少有情識，豈非從參禪得力。惟參禪未成，繼以宦業悲苦，其詩境亦未至天行之境，純合道化，終是情識障礙之。此又世人不可不知者。）

古尊宿詩偈摘句

宗門詩偈，境界濶大，造詣精微。禪門之視詩為偈，即用即體，猶儒門之視詩為經藝，即體即用，其妙道本無二致也。愚非道人，固未敢妄言凡聖果位，惟詩偈之靈通大用，亦有與詩道無別異者，以詩觀詩，夫復何求。蓋禪人常言路逢劍客須呈劍，不是詩人莫獻詩，推其旨意，實皆以詩人本色自是者也。今摘五燈會元古尊宿詩偈素所悅者，以爲光影之翫。天柱崇慧禪師有曰，萬古長空，一朝風月。時有白雲來閉戶，更無風月四山流。灊嶽峰高長積翠，舒江明月色光暉。白雲覆青嶂，蜂鳥步庭花。一雨普滋，千山秀色。白猿抱子來青嶂，蜂蝶衝花綠蕊間。牛頭山法融禪師有曰，前境不變謝，後念不來今。求月執玄影，討跡逐飛禽。天台豐干禪師有曰，冰壺無影像，猿猴探水月。明州布袋和尚有曰，一缽千家飯，孤身萬里遊。青目睹人少，問路白雲頭。法華志言大士有曰，青山影裡潑藍起，寶塔高吟撼曉風。千歲寶掌和尚有曰，白犬銜書至，青猿洗缽回。大梅法常禪師有曰，一池荷葉衣無盡，數樹松花食有餘。五洩靈默禪師有曰，傾山覆海晏然靜，地動安眠豈采伊。泐潭常興禪師有曰，養羽候秋風。秋雨草離披。龍山和尚有曰，青山覆白雲。長年不出戶。長江水上波。清風拂白月。三間茅屋從來住，一道神光萬境閑。莫把是非來辨我，浮生穿鑿不相關。長沙景岑禪師有曰，始從芳草去，又逐落花回。靈鷲閑禪師有曰，一透龍門雲外望，莫作黃河點額魚。玄珠自朗耀，何須壁外光。黃州齊安禪師有曰，一葉明時消不盡，松風韻罷怨無人。睦州陳尊宿有曰，路逢劍客須呈劍，不是詩人莫說詩。船子德誠禪師有曰，夜靜水寒魚不食，滿船空載月明歸。藥山惟儼禪師有曰，雲在青天水在瓶。石霜慶諸禪師頌洞山五位王子有曰，詩成五字三冬雪，筆落分毫四海雲。十載見聞心自委，一身冬夏衣縑無。澄凝含笑三秋思，清苦高名上哲圖。紅影日輪凝下界，碧油風冷暑炎時。夾山善會禪師有曰，風吹荷葉滿池青，十里行人較一程。虛空無影像，足下野雲生。青山元不動，澗水鎮長流。道場如訥禪師有曰，明月鋪霄漢，山川勢自分。三爐力盡無煙燄，萬頃平田水不流。透出龍門雲雨合，山川大地入無蹤。九峯道虔禪師有曰，塵中雖有隱形術，爭奈全身入帝鄉。德山存德禪師有曰，昨夜三更見月明。吉州崇恩禪師有曰，少林雖有月，蔥嶺不穿雲。奈河橋畔嘶聲切，劍樹林中去復來。肥田慧覺禪師有曰，靈龜呈卦兆，失卻自家身。潭州雲蓋禪師有曰，紅霞籠玉象，擁嶂照川源。洛浦元安禪師有曰，雲月是同，谿山各異。鬻薪樵子貴，衣錦道人輕。一片白雲橫谷口，幾多歸鳥盡迷巢。水竭滄溟龍尚隱，雲騰碧漢鳳猶飛。青山常舉足，白日不移輪。颯颯當軒竹，經霜不自寒。祇聞風擊響，知是幾千竿。雪覆狐峰峰不白，雨滋石筍筍須生。雨滋三草秀，片玉本來輝。靈鶴巢空外，鈍鳥不離巢。但自不亡羊，何須泣岐路。舉篙星月隱，停棹日輪孤。森羅秀處，事不相依。淥水千波，孤峰自異。直須打出青霄外，免見龍門點額人。黃山月輪禪師有曰，不勞懸石鏡，天曉自雞鳴。黃峰獨脫物外秀，年來月往冷颼颼。秋風有韻，片月無方。覺戶不掩，對月莫迷。鶴棲雲外樹，不倦苦風霜。龍叫清潭，波瀾自肅。韶山寰普禪師有曰，古今猿鳥叫，翠色薄煙籠。當軒畫鼓從君擊，試展家風似老僧。橫身當宇宙，誰是出頭人。鷺飛霄漢白，山遠色深青。太原海湖禪師有曰，草深多野鹿，巖高獮㺀稀。嘉州白水禪師有曰，四溟無窟宅，一滴潤乾坤。澗松千載鶴來聚，月中香桂鳳凰歸。牛頭山微禪師有曰，山畬脫粟飯，野菜澹黃虀。陝府天福禪師有曰，黃河無滴水，華嶽總平沉。盤山二世禪師有曰，青山不礙白雲飛。南源行修禪師有曰，幾處峰巒猿鳥叫，一帶平川遊子迷。同安常察禪師有曰，千峰連岳秀，萬嶂不知春。孤巖倚石坐，不下白雲心。參差松竹煙籠薄，重疊峰巒月上遲。蟭螟雖脫殼，不免抱寒枝。寒蟬抱枯木，泣盡不回頭。幾般雲色出峰頂，一樣泉聲落檻前。泐潭匡悟禪師有曰，客路如天遠，侯門似海深。青峯傳楚禪師有曰，不得春風花不開，及至花開又吹落。永安善靜禪師有曰，鶴鷺並頭躡雪睡，月明驚起兩遲疑。葉落已枝摧，風來不得韻。鄂州桐泉禪師有曰，靈鶴不於林下憩，野老不重太平年。天寧明禪師有曰，雲散水流去，寂然天地空。憩鶴山和尚有曰，鶴唳一聲喧宇宙，群雞莫謂報知時。僊宗契符禪師有曰，造化終難測，春風徒自輕。三聲猿屢斷，萬里客愁聽。螺峰沖奧禪師有曰，惆悵松蘿境界危。廣嚴咸澤禪師有曰，城中青史樓，雲外高峰塔。祥光澄靜禪師有曰，谷聲萬籟起，松老五雲披。慈文欽禪師有曰，雲生碧岫，雨降青天。喫茶喫飯隨時過，看水看山實暢情。天竺子儀禪師有曰，子今欲識吾歸處，東西南北柳成絲。高卷吟中箔，濃煎睡後茶。保福清豁禪師有曰，珍重苧谿谿畔水，汝歸滄海我歸山。大龍智洪禪師有曰，懊惱三春月，不及九秋光。黃龍智顒禪師有曰，延平劍已成龍去，猶有刻舟求底人。雙溪保初禪師有曰，孤峰頂上通機照，不用看他北斗星。徑山洪諲禪師有曰，任汝二輪更互照，碧潭雲外不相關。承天辭確禪師有曰，群峰穿海去，滴水下巖來。天台德韶國師有曰，心外無法，滿目青山。般若敬遵禪師有曰，嶽聳雲空，澄潭月躍。玉泉義隆禪師有曰，依俙似曲纔堪聽，又被風吹別調中。天童山新禪師有曰，雲無人種生何極，水有誰教去不回。雲蓋用清禪師有曰，一缾淨水一爐香。西余體柔禪師有曰，待得雪消去，自然春到來。臨濟義玄禪師有曰，海月既無影，遊魚何得迷。孤蟾獨耀江山靜，長嘯一聲天地秋。魏府大覺和尚有曰，頭枕衡山，腳踏山嶽。涿州紙衣和尚有曰，日照寒光澹，山搖翠色新。踏破澄潭月，穿開碧落天。法華和尚有曰，春來草自青，月上已天明。崩山石頭落，平川燒火行。風穴延沼禪師有曰，少年曾決龍蛇陣，老倒還聽稚子歌。一句不遑無著問,迄今猶作野盤僧。入市能長嘯,歸家著短衣。鶴冷移巢易,龍寒出洞難。萎花風掃去,香水雨飄來。披莎側立千峰外,引水澆蔬五老前。出袖拂開龍洞雨,泛杯波涌缽囊華。祖月凌空圓聖智,何山松檜不青青。三月懶遊花下路,一家愁閉雨中門。常憶江南三月裡,鷓鴣啼處百花香。景謝初寒,骨肉疏冷。充塞大千無不韻,妙含幽致豈能分。首山省念禪師有曰,萬里神光都一照,誰人敢並日輪齊。不坐孤峰頂,常伴白雲閑。汾陽善昭禪師有曰,萬古碧潭空界月,再三撈摝始應知。陣雲橫海上,拔劍攪龍門。雪埋夜月深三尺,陸地行舟萬里程。葉縣歸省禪師有曰,萬里崖州君自去,臨行惆悵怨他誰。谷隱蘊聰禪師有曰,虯龍筋力高聲叫,晚後精靈轉更多。智門迴罕禪師有曰,盡堂燈已滅,彈指向誰說。去住本尋常,春風掃殘雪。(摘自五燈會元一至十一卷。後覽談藝錄六九論理趣一篇,援引禪語亦多,廣博細微,非吾所及。其有云"偈語每理勝於詞,質而不韻,雖同詩法,或寡詩趣也。故少室山房筆叢卷四十八集取禪機中絕類詩句者百數十句,而其中有滋味者不過十數語耳"。愚之摘句於燈錄,非敢謂其為詩法正格,惟其獨有果決神雋之詣,即用即體,有非世間詩人雕琢風月放恣性情所可夢見者,是以獨重之。趙執信嘗言朱貪多,王愛好。古尊宿生平文字,絕無多語,亦不求工,而多粲然可觀者,足以為竹垞漁洋輩語業之藥石。少室山房筆叢,吾鄉蘭溪胡元瑞之書也。少室山人集取禪機中絕類詩句者,吾未之見,今始知迺與鄉賢闇契如是,殊可忻也。談藝錄論詩喜言禪理,圓融周匝,惟惜默存先生天才自恃,未有參證實修功夫,不免落入文字葛藤處。先生之欲純以詩言詩,其可得乎。愚觀默存先生不喜理學,亦不信佛老,談藝錄六九乃引陽明傳習錄佛氏著相,吾儒不著相諸語,謂釋老之言雖達,胸中仍有生死之見存,故有需于自譬自慰云云。大繆不然。夫著相之佛氏,豈真佛氏。胸中仍有生死之見存者,豈真釋老。談藝錄八八白瑞蒙論詩一篇至謂可見不必參禪,而亦能證禪境,乃類同于莊列酒德、西人媱媾之說。如此說禪,非徒皮傳,已墮魔窟矣。談藝錄六九又謂張橫渠西銘曰存吾順事,沒吾寧也,已是莊子養生主口氣,失孔門之心法矣。以一素鄙棄理學之士,而今竟苛議於大儒,斥其非為正脈,豈非咄咄怪事。夫子曰天何言哉,四時行焉,百物生焉。已是老子道德經口氣。豈夫子之言亦失孔門心法耶。此皆默存先生所未達處。孔門之心法，不可以文字論之也。詩禪之辨，元遺山答俊書記學詩有云"詩為禪客添花錦，禪是詩家切玉刀。心地待渠明白了，百篇吾不惜眉毛"。默存亦不惜眉毛者，惟心地猶待明白耳。）

徵聖錄卷二十　遊藝類

書論四十三則

　　龔定庵詩有云，南書無過瘞鶴銘，北書無過文殊經。瘞鶴銘超曠奧博，文殊般若經寬厚真腴，皆可至寶。瘞鶴之文，嚴可均全梁文入陶弘景集，闕略甚多，亦與陶宗儀南村輟耕錄所載相仿佛。其文高簡玄曠，類出貞白先生筆，摩崖文字中，鮮有逮其精華。文殊般若經為釋氏大乘寶典，言正法无為无相无得无利无生无滅无來无去，破一切分別法執，立義深密。其書法宛若手寫，無刀斧痕，摩崖中亦鮮有逮其圓融真實。瘞鶴為玄老遺風，文殊為佛藏之珠，一則筆勢超逸，一則韻度渾全，皆麟鳳之姿，為南北諸朝淑氣之所鍾者。瘞鶴在唐則李北海，在宋則黃山谷。文殊在唐則顏魯公，在宋則蘇子瞻。劉融齋書概言前人謂魯公從瘞鶴銘出，亦為知言。則二碑之于李顏蘇黃，實多可參互而言之。究其影響特深，幾為主脈。而其玄和深茂之味，又為南北朝精髓之所在，惜非唐以後人所能護守。書家未具乎瘞鶴文殊之質者，鮮能逮其真形。故三教之精氣底蘊，其為書家之根柢亦明矣。愚論書之篇以鶴、殊為弁冕，蓋以此也。【瘞鶴文殊至可寶】

　　近世書學二歐之彰者，有陳蘭甫、陳滄趣、梁任公、馬湛翁諸先生，皆一時人傑，且於詩有精詣。夫書學之盛在李唐，李唐之精者則在初唐，歐陽率更、通師父子為其楷則。而書學古法之式微，則在天水一朝。自宋大家多尚顏魯公體以降，歐虞褚薛諸家精訣頓失，流風所至，前清書灔，亦以劉石菴、翁覃溪、錢南園、何蝯叟、翁松禪學顏者為主脉，及號為碑派者實亦有從顏書化出者。其體格固寬裕端重，盤辟有容，筆力亦廉悍，然晉唐韻度，其雋靈超絕，爛曜天人者，固湮沒久矣，有志者常欲復之，以脫夫流習之樊籠。陳蘭甫經儒碩學，書學極深，最為前輩。任公跋道因法師碑有云“陳東塾先生終身寢饋此碑，遂以名家。善學者務多乎哉”。愚觀東塾先生書，極有神味，習歐而能化，體勢亦弘，非伯潛任公所能及也。陳伯潛習小歐書，形極工秀。（李肖聃星廬筆記語。見滄趣樓詩文集附錄。）又有謂其書直追柳宗元，小楷綿密端縝，書法清腴者。（王森然記陳寶琛語。見滄趣樓詩文集附錄。）愚觀其墨迹，固非誣也。其書瘦幼纖細，而能清腴，若有芬澤，無烟塵氣，甚為不易。綿密端縝之評，亦類乎其詩。楊鍾羲碩果亭詩序言滄趣詩典遠，其緒密，可證也。愚謂彼時耆宿中書宗唐者亦不尠。樊樊山書中宮緊縮，筆勢險拔，亦學率更者，而參以碑法。鄭海藏書險峻刻露，於歐蓋亦有取之，惟有過矣。滄趣樓詩集中有贈日本內藤虎氏詩數首，贊其淹通漢學，有乾嘉風。愚觀內藤氏墨迹，酷類唐陸柬之學王一脉，氣息平正，韻度不俗，而無峭意，亦屬唐格。迺知彼時風氣所致，非一家之私也。究其根源，觀其勢則顏體之窮，北碑之極，必歸晉唐之韻，觀其事則敦煌圖書文牘大出，曜照乾坤，唐人意度，頓成法門。康長素廣藝舟雙楫卑唐之說，專以晉魏古意相繩，深切則有之，然豈公論哉。要責以兩宋，或不虛也。梁卓如康門神驥，學問識見，則漸立異途，不為苟同。習書亦然。康書霸悍率野，開張有草寇氣。梁書則慎守歐風，謹淑端嚴，自有靈孕。任公之書，真可寶也。蓋粵鄉大儒陳蘭甫已開學歐風氣，其於任公，當深有影響。今有飲冰室舊藏碑帖梓行，愚觀其題跋，多清貞潤潔，有若處子，歐書險瘦，亦泯焉無迹，平淡寬腴之氣，又在滄趣之上。蓋歐體之外，恐又參有隋碑而成之。雖勁硬不若前賢，其風韻則复遠有餘，時賢能逮其境者亦罕覯矣。時儒陳寅恪書亦有古風，愚觀其墨迹，澹泊簡要，凝遠貞靜，若無楷式，略存高古，令人想魏晋風神不盡。而近世習歐之大家，則爲會稽馬湛翁。湛翁儒宗，兼精玄佛，詩文淵懿，本正始元嘉間人物。神清情曠，取徑自迥異時流。書學小歐道因法師碑、聖教序，拔秀曜靈，不惜欹側，諸體皆善，而行書獨精。榜書正字，或非特長，若論風神韵致，近世之士恐無出其右者。歐字之用，滄趣、任公猶多守矩矱，至蠲戲則靈致獨運，不爲所拘矣。蠲戲之爲小歐功臣，亦以此。愚少不喜歐，未識其精詣，破吾之蒙困者，即馬先生之書也。惜時人能悟斯理甚少。馬湛翁集語錄類編嘗云晚近海派繪事如吳昌碩輩，氣味惡劣。馬氏之宗古尚逸，蓋亦不以海派爲然。世奉吳爲正宗者甚多，古法陸沈，非惟繪事而已。蠲戲之習歐，即欲挽之也。缶翁固一代宗匠，蠲戲斥之，亦所謂藥不瞑眩，厥疾弗瘳也。右所言陳樊鄭梁陳馬諸氏，皆詩人，筆墨之不可無文也如是。輓世書家，如沈寐叟、清道人，亦詩之傑者，愚固知非詩人亦無以為書家也。今之習書者，可不為誡哉。【近世書學二歐者】

　唐人氣魄雄彊，而書法凝定隽秀。宋元以降，氣骨愈衰，書則愈爲霸悍，至清而窮極。實為一反。清季之碑學，極雄彊之勢，而氣血浸頹，風骨日墜。觀此可以知書道實不貴雄彊，在乎真氣品性耳。亦可知張廉卿、康有爲之不足貴，湛翁、弘一之彌可珍也。東坡評吳道玄畫云，出新意於法度之中，寄妙理於豪放之外。唐人書道能以柔制剛，內剛外柔，所以神隽，兼豪放法度之美，妙理新意之能，爲不可及。宋四家已漸趨以剛制剛，縱肆失度，至清世北碑興，則惟外剛內柔而已。外剛內柔，非中正之道，今之習碑者不可不慎之。【剛柔】

　康南海廣藝舟雙楫說分有云"吾嘗謂篆法之有鄧石如，猶儒家之有孟子，禪家之有大鑒禪師，皆直指人心，使人自證自悟，皆具廣大神力功德，以為教化主"。未是。孟子至宋方躋升為經，要非程朱荆公諸儒推揚，不足以成其直指之功，然使無華嚴、禪諸宗，亦無

足以使程朱荆公開闢孟子之顯學。今人多謂創禪林者非大鑒,大
鑒法嗣獨盛,故後世居獨尊之位,其實禪家早期教化之功,不可不
歸諸弘忍神秀。此南海擬論未瑩也。然猶有甚乎此者。南海謂完
白既出之後,三尺豎僮僅解操筆,皆能為篆。愚謂雖為篆者一時極
盛,實多徒有其表,殊乏神理,古篆之學,人皆躍然自為之,而不知
亦適以敗之。近儒張舜徽藝苑叢話亦言鄧氏所詣,則篆不逮錢十
蘭,而隸乃遜伊墨卿。二家學問博瞻,下筆有金石氣,由澤於古者
深也。完白奮自僻壞,聞見加隘,胸中自少古人數卷書,故下筆之
頃,有時猶未能免俗耳。所論甚是。惟篆不逮錢十蘭云云,過矣。
姑擬之曰"篆法之有鄧石如,猶漢學之有戴東原,唯識家之有歐陽
竟無"。其皆欲追復古學,力猛思邃,開一時隆業者。然東原謂訓
詁明則經義了,乾嘉遂泥于訓詁,皓首窮經,反隅于小,所論之學,
貌為古奧,而神理氣格,多邈焉未得。歐陽竟無及太虛一派論學必
推尊唐賢唯識諸教,演繹深湛,化導極廣,亦令釋氏人材頰力於義
學,執著於名理,鮮逮大道。鄧完白之發明篆分之法,亦復有古質
彬厚之盛,然亦令數代英物,摩古以銷日,徒具氣貌,而自以為徑造
漢人之粹境,晉唐玄和高逸一脈,幾為絕種。碑派陽九之末,函夏
書法頓衰,以至今日淆亂靡爛之局,亦不可不謂先由鄧完白一派導
之。蓋晉唐以下,極重心法,碑體興後,轉泥形器,心體之功夫,日
趨泯滅,此清北書一派之失也。南海好為讜言,學孟子者,勇於革
新,學荆公者,拯溺之未足而亂之有餘,亦同荆公。書法激悍野質,
神理不貞,而自託為學漢人,謬矣。【康南海論鄧完白】

　　廣藝舟雙楫最可商榷者莫若其卑唐之說。愚謂六朝南書北
碑,有飛瀑之奇逸,隋唐者,瀑下深蓄之潭淵也,轉以涵養勝之,豈
可徑卑之哉。此亦南海之昧于大道處。隋唐人苞容萬千,魏晉以
來南北釋氏文字,各入其體而化為一,轉以新式,剛柔並濟,文質彬
彬,一如至唐釋氏天台、華嚴、三論、慈恩、密、禪、律、淨諸宗特出,
而其所涵養者亦漢晉六朝數百年間之佛學也。歐陽父子瘦勁通
神,淑和莊正,粹然完善,如教下諸派。旭素顛放,而純然天真,草

僧人聖，如禪家臨濟諸宗。唐賢涵養之厚，體格之純，真聖教君子之風，亦魏晉大人之裔，宕逸歸於溫靜，先進臻於彬彬，此函夏德性之美成，教化之粹善致之也。焉能以澆淳散朴，古意已漓之說拘之。莊子曰，樸素而天下莫能與之爭美。高古之風，固非唐賢所能及。然末世根劣，亦何足以語泰初之道。南海不識唐賢之美，習書一派野氣，無貞靜之德，所以為卑。南海自言書法亦猶佛法，始于戒律，精于定慧，證于心源，妙于了悟，至其極也。而自不能于其始基戒定著力，遑論至極哉。【卑唐辨】

一日讀贊寧高僧傳唐京兆大興善寺不空傳，驀然有省。唐世宗派蔚興，高僧大德，叢衍蕤挺，遍佈天下，義理通徹，淪肌浹髓，神異頻顯，不可思議，誠非後世所可臆測。書法亦久受其聖德神異所薰化，故歐虞褚薛旭素顏柳，皆抱貞靜之粹德，非等塵俗之風骨，而為有道之相，體式各異，天真妙有。衡之北朝，雖不若其混元，而德性貞粹，空明萬有，多能勝之。如壯年時，元氣不若孩童之全，而涵養純熟，可為大器。贊寧高僧傳卷二善無畏傳言畏嘗於本院鑄銅為塔，手成模範，妙出人天。卷七智佺傳言佺天資敏利，殆臨八十一，而剋意學歐王書體，僅入妙能。或問之，曰，吾習來生字耳。卷十佛窟巖遺則傳言則入道前從張懷瓘學草書，獨盡筆妙。雅觔經史。其晚歲著述，辭理粲然。自有本於早年經史文學之功。想其書法，當亦存舊習，而有化之。卷十二言僧高閑善草隸，鑒宗警礼為師，講習佛經以外，閑公亦示其筆法，漸得鳳毛焉。實頗可窺彼時風氣靈異，僧俗無間，佛藝一體，非後世所有。拙荊嘗謂余，唐人寫經多從無聲處入筆，洵得之矣。（今儒嚴耕望先生嘗攷唐人習業山林寺院之風尚，可知唐士類寓讀山寺之風甚盛，隨僧洗鉢，亦為常事。名山佛寺，幾書生之淵藪。風尚如此，其施諸書畫藝術者，亦可以想見矣。）宋世釋氏寖衰，高僧漸少，聖靈不若，門風寬渳。道學儒者，嚴辨門戶，分庭抗禮，亦不以藝文書法為正則。惟蘇黃一派，以為砥柱，其氣則終不免漓矣。如常人中年後，有深蓄恬澹之度，綽然自適，而元精血氣，少衰於前，精進法律，亦略懈怠。故習北碑者，易失之於野，而趨於畫。倣宋人者，易失之於疏，而趨於率。庶幾中道者，尊唐而已矣。魏晉聖胎真佛，非凡俗所能嗣，惟得唐人髓者，方能窺其門庭爾。【尊唐】

以竺學擬書。周籀秦隸漢碑，吠陀經、奧義書也。魏晉鍾王書，佛陀、迦葉也。魏碑，上座部也。北齊，馬鳴也。隋唐歐虞褚薛，龍樹、提婆、無著、世親也。宋四家，達摩之禪也。【以竺學擬書】

康南海于道術未純，傷于偏宕，然其論書之著，實如劉彥和之論文，體思縝周，言辭奇麗，世之傑構也。雖未盡如人意，于吾儕之好北書者，受用亦多。卑唐之說論顏柳言其出牙布爪，無復古人淵永渾厚之意，譬宣帝用魏相、趙廣漢輩，雖綜核名實，而求文帝張釋之、東陽侯長者之風，則已渺絕，即求武帝雜用仲舒、相如、衛、霍、嚴、朱之徒，才能并展，亦不可得也。殊爲妙譬。以此而論，六朝猶文帝時，有隋唐初猶武帝時，中唐則已爲宣帝時矣。至趙宋，魏晉六朝初唐之澤皆竭，而顏魯公體獨尊，以迄清季，其脉不絕，此猶至趙宋，魏晉六朝隋唐儷文之澤皆竭，而韓文公柳子厚體獨尊，以迄世桐城。此函夏文史之巨變，其奧窔玄機莫可測焉，不可輕議。或以氣數澆漓之說卜之，亦無奈耳。其辨可譬之麻冕與純焉，夫子亦從之而已。愚論書不主顏柳，論文亦不主韓柳，論學亦不盡慊于宋儒，是以於南海斯譬有戚戚焉。【顏柳】

荀子禮論有曰，祭者，志意思慕之情也。愓詭唈僾而不能無時至焉。故人之歡欣和合之時，則夫忠臣孝子亦愓詭而有所至矣。注曰，愓詭，皆謂變異感動之貌。唈僾，氣不舒憤鬱之貌。此即顏魯公祭姪稿之謂也。【祭姪稿】

輓世論書義蘊圓善高妙者，莫若劉融齋之書概。愚尤喜其論草書語。融齋有云"書家無篆聖隸聖，而有草聖。蓋草之道千變萬化，執持尋逐，失之愈遠，非神明自得者，孰能止於至善耶"。聖，通明也，是爲漢唐儒古訓。右軍號書聖，言其精通隸真行草各體而能神明之也。抱朴子內篇言善史書之絕時者，則謂之書聖，故皇象、胡昭於今有書聖之名焉。書斷言皇象章草入神，八分入妙，小篆入能。胡昭甚能籀書，真行又妙，亦通明致之。少陵號詩聖，言其精通古近體五七言樂府各體而能神明之也。孔安國傳洪範睿作聖云，於事無不通謂之聖。孔穎達疏左傳齊聖廣淵之聖云，通也，博達衆務，庶事盡通。此之謂也。草聖之通明，則非各書體之通明之謂，乃變化之通明也。篆隸法貴於人，人因法尊，草書人貴於法，法因人尊。篆隸使無李斯蔡邕，亦代有聞人，不爲乏陋。草書使無張芝旭素，則直類省事之具，有以致趙壹非草書之攻詰。後檢劉融齋亦云"他書法多於意，草書意多於法"。愚說有與之闇契者。故草書之聖，變化之通明也。莊子天運言，聖也者，達於情而遂於命也。通有物之情，順自然之命，故謂之聖。此草聖之聖也。張伯英之境，古人載籍言之甚少，旭素則備言其通遂情命之境。唐之有旭素，足以令後世卑唐者斂手戰慄，跼躅不自安也。【草聖之爲聖】

　　懷素習草於芭蕉之葉，世所共知。宋高僧傳晉巴東懷濬傳言其憨狂而能逆知未兆之事，且能草聖，筆法天成，或於寺觀店肆壁書佛經道法，以至歌詩鄙俚之詞，靡不集其筆端，亦嘗題庭前芭蕉葉云。懷濬唐季五代間人，在藏真後。使其墨傳，恐亦自敍帖之儔。其之書蕉葉，亦神慕藏真使然耶。【懷濬草聖亦書蕉葉】

　　融齋書概有云"羲之之器量，見於郗公求婿時，東床坦腹，獨若不聞，宜其書之靜而多妙也。經論見於規謝公以虛談廢務，浮文妨要，宜其書之實而求是也"。古今之能明右軍大體者，未有若斯言之精切也。俗學只知蘭亭禊帖之靜而多妙，而多不知其之實求是，只知右軍之飄婉媚姿，而多不知其之深雄古厚，此猶俗學之以魏晉六朝玄譚爲虛靈不實，甚者罪以紂桀，而實不知其典重威儀，著實和樂，有不可及者。其於後世至有應化影響，非徒高妙之美而已矣。（日知錄集釋卷十三正始一則楊繩武釋曰，六朝風氣，論者以爲浮薄，敗名檢，變風化，固亦有之。然予核其實，復有不可及者數事，曰，尊嚴家諱也，矜尚門地也，慎重婚姻也，區別流品也，主持清議也。蓋當時士大夫雖祖尚玄虛，師心放達，而以名節相高、風義自矢者，咸得徑行其志。所論極是。）
【融齋論右軍】

抱朴子外篇譏惑有云"吳之善書，則有皇象、劉纂、岑伯然、朱季平，皆一代之絕手。如中州有鍾元常、胡孔明、張芝、索靖，各一邦之妙。竝用古體，俱足周事。余謂廢已習之法，更勤苦以學中國之書，尚可不須也"。葛洪言吳人善書，足以頡頏中州，習書者不可不知之。東晉二王之出，舊論多言其法乳中州鍾張諸家，而鮮逮吳人。實則皇象當時已有書聖之名，爲中國善書者不能及。書斷言其書世謂沈著痛快，抱朴子云書聖者皇象，章草入神，八分入妙，小篆入能。王謝中州士族，遷於吳地，自有與吳俗同化者。其傳中州之書學，當亦有取乎吳人，所以能轉勝於前。沈著痛快，豈非二王之確評哉。（淳化閣帖右軍有皇象帖。）故謂二王爲中州、吳地書學之嗣出，可以無偏矣。【中州吳地】

書概有云"篆尚婉而通，南帖似之。隸欲精而密，北碑似之"。又云"北書以骨勝，南書以韵勝。然北書自有北之韵，南書自有南之骨"。自阮文達南北書派論興，碑學盛，恒卑蔑南書，斥以姿媚。融齋有此識見，真可謂出淤泥而不染者。融齋嘗言瘞鶴銘用筆隱通篆意，此所謂南書與篆通者。又嘗言北朝書者，上推要於漢魏，若經石峪大字等，則以爲出於乙瑛，若張猛龍等，則以爲出於孔羨，此所謂北書之與隸通者。南北書實皆秦漢血嗣，道本一致，而形爲分殊，豈可厚此而薄彼。清世碑派之以北書爲尊，其猶陳壽之治三國志、李延壽之治南北史，以北爲正，皆權宜之說，未可據爲典要。近世劉申叔撰南北學派不同論，徧論南北諸子學、經學、理學、考證學、文學之不同，精審深切，博議隽斷，爲不朽之篇。惜其未及法書，論南北書派之不同，不然，想亦亹亹可誦。此必申叔生平未嘗致力於此道致之。【南北書不同而同】

吳缶老書法以渾厚樸茂爲宗，流澤深長。然時賢已議其行書有村夫子氣。藝概有云"凡論書氣，以士氣爲上。若婦氣、兵氣、村氣、市氣、匠氣、腐氣、傖氣、俳氣、江湖氣、門客氣、酒肉氣、蔬笋氣，皆士之弃也"。缶老之具村氣，亦其瑕也。其畫亦然。海派趙撝叔虛谷之作，猶略存澹逸，至缶老，則全任村野而已。馬湛翁語錄類編亦言至於晚近海派如吳昌碩輩，氣味惡劣，不可嚮邇矣。愚翫其石鼓籀篆之書既久，亦愈覺其面目古厚，而神理頗雜，迥非周漢精元之脉。此所謂貌古而實新者也。輓世書家，流品蕪多，每有偏倚，鮮有全善者。鄭海藏有兵氣，曾農髯有匠氣，翁松禪有腐氣，吳湖帆有俳氣，康南海有傖氣，陸潤庠有門客氣，蒲華有酒肉氣。其多士氣者，竊推陳蘭甫、沈寐叟、馬湛翁諸家為典刑。今世之能得士氣者，蓋亦鮮矣。【士氣為上】

　　愚近年授古文於藝庠書畫科，嘗以司空圖二十四詩品為教材，以為神理湛明，通達切身，品類自得，俱中肯綮，尤合書道。古人所謂亹亹不倦，不覺晷移者，或常有之。後覽藝概有云“司空表聖之二十四詩品，其有益於書也，過於庚子慎之書品。蓋庚品祇為古人標次第，司空品足為一己陶胸次也。此惟深於書而不狃於書者知之”。愚非深於書者，然於融齋之說亦不無闇契。惟融齋言詩品足為一己陶胸次，似猶未盡。竊謂詩品亦足可籠罩萬有，把握妙道，為習書者之圭臬。觀歷代書論之體求精神者，未有若斯之玄妙切實。不惟詩品如是，劉彥和文心雕龍之作，尤可啟人神智，為習書者不可少之典籍也。（柳州答韋中立論師道書，愚嘗以書論解之，自以剏新。后迺知宋郭氏林泉高致先以畫論釋之矣。近日嘗授白石道人詩說，轉以品畫，亦極精切，歷代畫論反多不逮者。）【司空表聖詩品】

　　輓世有碑學雙璧，其一為康氏廣藝舟雙楫，其一為葉氏昌熾語石、柯氏昌泗語石異同評。康氏之書專事評斷，讞論雲生，近子部。葉氏柯氏之書專務博物考證，兼綜品評，著實清整，近史部。其於北派書學，若鳥之翼，車之輪，不可少也。二者之中，竊謂康書猶可至，葉柯書難逮也。使有悟性高朗，才力健贍者，撰一書若廣藝舟雙楫者猶未難。而為語石二書者，悟性才力而外，尤須廣搜細梳，藏二酉石室於一私家，如窮經皓首，方能有成。固知古今著述，史部尤為難也。錢牧齋自絳雲樓一旦灰燼，則自知史書之難成，天命之不繫，即以此也。愚丁亥立夏前數日嘗遊虞山，夜訪半野堂故地，雖蕩然無蹟可尋，感慨殊多。葉柯無絳雲之厄，所以能成其著

述，藏之名山，可謂幸矣。【語石近史部】

愚於北碑尤好北齊。語石異同評卷一有云"東魏石刻漸染南朝風氣，文效齊梁，書參王謝。北齊因之。西魏則猶北朝舊習。至於正書，遒古異於前朝，妍雅遜於後代。然其遞嬗之跡，合行押銘山兩體，溝通南北，以開唐人書學之盛，斯亦不可摩滅者也。北齊石刻文字，出於東魏，而益近南朝，致多雋妙。碑中時有極肖南帖之字，則東魏所少見者"。所論精善。沈乙庵海日樓題跋敬使君跋有云"東魏書人，始變隸風，漸傳南法，風尚所趨，正與文家溫、魏向任、沈集中作賊不異。世無以北集壓南集，獨可以北刻壓南刻乎"。蓋彼時南北會通，體制裁變，葩然異采，稟天時地利而已。東魏之祚十餘年耳，北齊亦未至三十，區區數紀之間，書學有此胎骨之異象，神脈之新照，蓋亦不易解。彼時兵戟不休，方稱亂世，而藝文書法之遞進，有若神祐，似超絕於塵世屠戮之上。此魏晉南北朝相斫之世所以卓異者。蓋靈胎既肇，雖兵燹無以敗其真，神運當至，使劫命亦無以斷其脈。函夏精神張皇，深蓄變奇，新異之美，如風行水，其勢蓋非人力所能抑厄。北齊書風之變，尤為典刑，此所以為貴也。世人恒視南北諸朝更替，殺氣深重，而不知彼時人物，多自得乎神致，氣息深雅，邃通乎情性，風度曠逸，觀梁武及太子身陷臺城，其氣度猶可令侯景敬畏知避，可以知矣。趙氏廿二史劄記卷八言晉載記諸僭偽之君，雖非中國人，亦多有文學。如劉淵、和、宣、聰、曜、慕容皝、儁、寶、苻堅、登、沮渠蒙遜等，多究通經史，或能工草隸，善屬文。實可知彼時風化學術之盛，非後世所能肬度。是以書體摩崖，留芳澤於千古，佛經石刻，耀靈光於萬紀。亦可知藝文者，實非兵禍所能厄，其為兵禍所厄者，實有藝文自厄之者。【北齊書法】

柯昌泗氏言北齊碑中時有極肖南帖之字，是也。其姿體固婉轉有南風，然其質蘊猶存北朝堅實厚腴之氣，如經石峪金剛經、寧陽水牛山文殊般若經等是也。釋氏之力為多。以書法而論，儒家尚守成，釋道擅奇變。東晉最善書之王、郗二氏，信天師道，其變漢魏古法也甚鉅。北齊安道壹諸經石刻、隋龍藏寺、首山栖巖諸碑，皆釋氏立，其變北魏法也甚鉅。唐懷素、高閑為沙門，其變草書法也甚鉅。宋蘇黃皆崇禪宗，其變唐五代舊軌也甚鉅。此皆道釋尚變之徵也。釋氏義學教宗，遞嬗甚速，每值其轉移，書法實亦隨之而漸變。若五代北宋禪門極盛，遂有楊少師、黃山谷輩出，純有禪宗風範。即明季狂禪之末天下疾首之際，尤能醞釀大幅行草恣肆之勝，為絕無僅有者。又有八大山人，書法高古奇異，數百年閒之尤稱超絕，亦必有受佛禪薰導者。輓世書家最稱奇異者為沙門弘一。其化張猛龍之健體為枯僧之形，貞靜堅確，匪夷所思，猶較沈乙庵鎔二爨南帖為一體為沉靜。其書頗與隋仙遊寺塔銘神似。佛門之秘奧神化，亦可窺其萬一。夫釋氏之轉移藝術，固其妙道之分殊而已矣。【釋道尚變】

　　鍾王早顯於古，鄭道昭顯於近世，安道壹則照曜於今日者也。東晉以降，南書稱尊，書統正朔，其在南士，隋唐立國，崇揚愈至，遂令北書闇然。清碑學肇，祛蔽豁蒙，北書大昌，搜窟埽崖，鏜聲不絕，張猛龍、鄭文公諸石，如日昇中天。然學者恒傷於廉刻，如張廉卿、鄭夜起輩，氣體亦乖於淑和，博真之士，識其蔽失，而又有北齊之崇。其體備方圓，通嚴寬，合於道化，而氣象弘廓，雖迥異於南朝，而實爲正嗣。于是有沙門安道壹出焉，其與南朝之智永，可謂南北二僧也。道壹生平不可考，其所書碑大致在聖人泰嶧之域。東平洪頂山大空王佛題名記、安公之碑、文殊般若經、摩訶般若經，鄒城鐵山大集經碑，尖山大品般若經，葛山維摩詰經，河北南響堂寺般若經，徂徠山文殊般若經，嶧山五華峰文殊般若經，及尤擅名者泰山經石峪金剛經，今人謂其皆出於安道壹之筆。（據今人許洪國氏安道壹其書其人一文。）瞻此鴻迹，則吾國張鍾二王後，又有鄭道昭、安道壹，堪稱巨匠。道壹尤有疏鑿手，誠如魏源經石峪歌所云，以岱爲筆天爲繒，氣象弘達謦邇，通於神明，令人思倉頡不盡。其書以隸爲主，參以篆真，收篆隸之神圓，放北朝之形方，直躋足於石門頌，而陵邁魏晋，摩天踞地，視塵境華相如幻露，而獨任性具，故爲時人所推，遍刻書迹於羣峯中。愚所極推之<u>水牛山文殊經碑</u>，亦其支系，神脉甚近，而略少其荒怪之氣。所以愈粹然矣。【安道壹】

　　沈<u>乙庵</u><u>海日樓札叢</u><u>菌閣瑣談</u>言"光緒中葉，學者始重<u>張猛龍</u>，然學者如牛毛，成無麟角。北碑惟此骨韻俱高，斂分入篆，<u>信本</u>晚歲瓣香，殆皆在此。<u>醴泉</u>韻近而度不和，<u>化度</u>骨近而氣不雄，信乎絕詣不可幾也"。極是。以此而論，<u>弘一</u>之根柢盤深，乃力學<u>張猛龍</u>所由致，而其晚年變法，亦必苦參<u>率更</u>而出之，瘦硬以圓融參之，抑亦欲矯<u>乙庵</u>所謂<u>醴泉銘</u>度不和之失者耶。<u>率更</u>猶能臻骨韻之別致，發之以剛勁，而未逮其高渾。<u>弘一</u>則度欲和而韻彌遠，骨欹縮而氣自遒，雖鶴翥於時流，視之<u>唐</u>賢，已感畸靡。然其法從<u>張猛龍</u>、<u>率更</u>悟入，甚為上乘，所以能超軼絕塵。不似<u>包慎伯</u>學北碑，獨好<u>刁惠公碑</u>，<u>湛翁</u>嘗譏其不知擇也。其他自<u>檜</u>而已。【弘一參率更】

　　<u>乙庵</u>論書有極精之訣，習書者或當留意焉。其<u>研圖注篆之居隨筆</u>有云"篆參隸勢而姿生，隸參楷勢而姿生，此通乎今以為變也。篆參籀勢而質古，隸參篆勢而質古，此通乎古以為變也。故夫物相雜而文生，物相兼而數賾。<u>完白</u>以篆體不備，而博諸碑額瓦當，以盡筆勢，此即<u>香光</u>、<u>天瓶</u>、<u>石庵</u>以行作楷之術也"。此非通睿之人不能道也。觀古今書迹，實可悟天地變化正逆反成之理，其亦為聖人之事，豈墨戲之徒所能盡哉。【物相雜而文生】

　　<u>漢鮮于璜碑</u>篆額如塞隼振翮，胡戎創制，疾利而天勢恢闊。碑則純然苗裔，醇曜謹厚，以鋒鍛新切，又生肅色，如寒松蔽日，類皆正物。(<u>鮮于璜碑</u>三十餘年前出土。)【鮮于璜碑】

　　<u>魯峻碑</u>隸額如矜士臨沂，也倣舞雩，欲解衣盤礴，一洗莊束之累。碑則氣雄格遒，不讓<u>西岳</u>，不拘細行，又轉有先進之姿。<u>魯峻</u>治<u>魯詩</u><u>顏氏春秋</u>，世之治<u>漢</u>儒經學者，不可不一睹<u>魯峻</u>石刻之儀則，<u>漢</u>儒精氣神貌，庶幾可以會通之。俗儒經生，卑枯無此神致，其所謂<u>漢</u>學，亦猶後世之贗刻也。【魯峻碑】

　　<u>楊淮表記</u>摩崖為<u>石門</u>胞弟，而蕩邁勝之，如軾之有轍，<u>子瞻</u>自謂不及其秀傑汪洋。<u>石門頌</u>導流濬川，維邦經野，體勢疏廓，井然

有致。時出宕逸,亦猶文王之嗜菖蒲,曾晢之癖羊棗,本爲人情常態。貴之蔑之太過者,皆非中道也。【石門頌楊淮表記】

西狹頌篆額惠安西表四字如蟄蟲枯崖,奇澀頹唐,而神氣內藏,如梟之待鼠,虎之窺羊。碑則疏宕雄彊,斂意清雅,以深穩爲安,而奇氣四溢,如山巨源入仕,爲名教人物,猶不免竹林之任誕,量其龍性,終不可盡馴也。【西狹頌】

西嶽華山碑篆額如五岳真形,有神異之色。碑則嚴嚴正體,廟陵衣冠之盛。其厚潤處可以澤肺腑,其泰大處可以廓心胸,其嚴密處可以閑邪虛,其坦夷處可以化肌膚。真周孔聖學之法器,賢哲血脈之所及者也。朱竹垞許為漢隸第一品,兼方整、流麗、奇古之三美,信為不誣。然氣體之全,何可析之為三,三美之說,密巧有之,則又不免支離於道體。蓋漢碑奇古何嘗不有方整流麗,流麗何嘗不有方整奇古哉。故竹垞之說,實不若愚說之為無病。【華山碑】

莊子讓王言原憲居環堵之室,子貢乘大馬,軒車不容巷,往見之。原憲陳義矜貴,子貢逡巡有愧色。觀孔彪碑如子貢軒車大馬者,則不得入。既得入,非子貢之才,亦不得其愧也。蓋孔彪碑洗盡繁華,不尚數度,清約自守,精微是尚,若視禮數榮華為無物,而以一心之貞靜為歸宿。曾子居衛,縕袍無表,手足胼胝,而歌商頌,聲滿天地,若出金石,天子不得臣,諸侯不得友。孔彪之格,形小而神高,庶幾類之。漢魏碑之有孔彪,猶詩之不惟有雅頌,諸國風自不可廢。後世鍾王隸楷,亦實有祖乎孔彪者。【孔彪碑】

郙閣碑隱然香象之軀,有渡河截流之力。亦如梁楷之羅漢像,有心寬體胖氣象。其敦然若石,據然若根,悶然若迷,沌然若失,乃真大人之德,耆宿之相也。用筆方正,結構質實,亦開後世佛經摩崖平正寬博之格。愚西泠寓公,常觀清季彌陀寺石壁彌陀經摩崖,每恍然類其神脈。【郙閣碑】

漢祀三公山碑篆體而隸意,吳天發神讖亦其流亞也。觀其勢融液屈折,漸已定形,圓婉藏遯,方正豁成,格力駿發,活然欲出。學草書者,探本於分隸二篆。劉融齋言,張長史得之古鐘銘科斗

篆。愚謂得之祀三公山諸碑,已能上乘。唐人北海行書入碑一路,
實亦有祖述于祀三公山碑者。蓋北海以行寫楷,祀三公山以隸寫
篆,皆多變勢,而合于天行,故甚相通也。【祀三公山碑】

　　景君碑篆額如紉蘭垂露,鐵線舞裾。碑則安泰裕明,若有睿
聖,猶陳澧言鄭康成一輩漢儒已有程朱義理之湛明。其多存古篆
之法,每每瀉露,出入其間,若為康衢,頗有逢源之暢。而終以隸則
為歸,其遊藝恣行,復守於莊正之塗。此猶相如子雲之賦,馳騁而
後,終歸於諷諫正義。【景君碑】

　　二爨北碑方硬駿發之體,多可溯諸漢碑。張壽碑隱然已蓄其
萌蘗,元氣混茫中,方峻之氣,如巉巖挺胄,雖未盡使其鋒棱彊力,
而氣足以畏人。若謂石門楊准,為漢隸之霍去病、飛將軍,張壽則
為周亞夫、程不識。法度渾正,持漢人矩矱,篆意苞藏,如玉之潤
石。而其威嚴隱有細柳之肅,亦如霜劍懸室,此其特立之格也。
【張壽碑】

　　曹全一派醇儒氣象,惟事俎豆,何問軍旅。體藏乎中,美施乎
外,最如韓詩外傳中情物氣貌。阿谷之隧,有處子佩璜而浣者,禮
正辭婉,聖賢嗟歎。或謂曹全如美人,惟以此方足以擬之。曹全體
式,不以雄彊古奧為尚,湔濯塵習,獨露性真,亦馬祖平常心一流。
惟一無二。亦譚何容易。其所以能超絕千古,蓋以此也。【曹全碑】

　　史晨前碑瀏亮頓挫,極尺蠖舒伸之致。筆力細勁,欲放先斂,
隋唐寫手化厚為瘦,以細勁為式,或有取焉。其英華處曜曄有神,
靈光炯炯,真過目難忘者也。史晨後碑壯健逍邁,與西岳、張遷血
脉相類,而細緻委曲處,自具別異之美。厚古中別有媚姿,後碑有
之。【史晨前後碑】

　　封龍山碑果決爽直,一以貫之。真情逼露,覿面如墨迹。意致
高邁,矯捷有遊龍之態。微有畸異,適成其趣。其生活靈動之機,
漢碑之傑也。【封龍山碑】

　　乙瑛碑體遒風舒,骨豐肉和,如陳仲舉言為士則,行為世範,如
黃叔度,其器深廣,汪汪難量。其和逸之美,必德行之所化。其暢

達之姿，必雅量之所施。其風味清玄，時有灑落，亦同漢季郭林宗輩，已啟玄學清談之風。【乙瑛碑】

　　孔宙碑篆額如宮衛官儀，儼然可尊。凝定之氣，寬裕之形，較他碑額之多縱質野，文矣。碑文初觀之，凌波微步，流麗安穩，洵神仙中人，有緱山金華洞府中物態。先賢多以縱逸飛動，贊其天機。愚謂飛動之姿，特作狡獪而已。其本實甚樸茂，其質原來貞藏，以飛動評定者，未免枝末之過崇。想其德風，本是乙瑛莊正芳醇一脈，焉可以縱逸之格目之哉。【孔宙碑】

　　韓仁銘篆額端束平舒，有長者之風。碑則清勁秀逸，無塵俗氣，誠如楊守敬之說。筆勢韻致豐朗，尤所難及，愚嘗張諸素壁，以啟神智，經年覿面，尚覺生趣有餘。壁上搨影，又有王書聖教序，與韓仁比鄰，此愚之私好也。二王之逸致神韻，抑有本諸若韓仁者哉。【韓仁銘】

　　吾生平購碑本自蝯叟臨張遷始，時尚幼。而立遊東魯亦嘗獲張遷原拓，雄偉開張，豈割裱本所能夢見。張遷篆額融液盤曲，天衣深垂，尤有古篆透迤玄秘之妙。碑風著實深沈，不求秀逸之表，而自出其風神高致。孟子勿忘勿助之言，庶幾近之。雄強處有臺基之確，微妙處有弦歌之美，真萬古長青之道也。【張遷碑】

　　斯篆納渾圓於瘦勁，禮器曹全史晨諸碑納中正於瘦勁，二王化雄逸於瘦勁，歐虞褚薛融貞靜於瘦勁，瘦勁一格，尤稱正脈。然自顏魯公蘇子瞻以降，肥厚一格，漸奪其席，以迄清世劉石庵伊汀洲一派，最為昌熾。此又與函夏藝文古今之異不異。肥厚一脈，必溯之於衡方，為魯公、汀洲之本。衡方之大體，古拙豐茂，望之神旺。晉唐人文質彬彬，了不為意，五季以降，質底漸漓，文為有餘，故人皆望補質調文，援野藥俗，故深有資取焉。肥厚一格之為獨盛，蓋以此也。【衡方碑】

　　禮器碑為漢隸瘦勁通神之典刑，兼有整秀、宕逸、雅潔、靈敏之美。其與曹全、史晨、孔宙、韓仁諸碑，風猷相類，而逸骨勝之。尊之者推為第一，實為私意，漢碑弘廓尊嚴，亦不必斤斤乎月旦之次第。然晉唐以來，尤擅秀逸遒勁之格，則不可不稱禮器澤化之深長。蓋母以子貴，禮器之見重於後世，亦有以此者。以愚之私好，禮器不若華山乙瑛之全，漢碑弁冕之目，固不以為然也。【禮器碑】

　　袁博碑著實謹飾，法律整勁，其亦如程不識之治軍，張巡之律卒，觀之森峭可悚，久之亦藹然為溫，其化人如是。漢碑之化人多如此。以此而論，漢碑化人，鍾王神人，魏碑奪人，隋初唐碑悟人，盛唐狂人，中晚唐碑律人，宋書樂人，元書悅人，明書娛人，明季大草駭人，清乾嘉間書愚人，金石碑學起人。【袁博碑】

　　夏承碑性真體博，蒼古溫然，眉目間皆有道之氣，行履處莫非寬裕之風。慈善圓動，妙不可喻。樂廣言名教中自有樂地。吾觀夏承，可以無疑竇矣。【夏承碑】

畫論二十九則

　　宋書宗炳傳言炳歎曰"老疾俱至，名山恐難徧覩，唯當澄懷觀道，臥以遊之"。凡所游履，皆圖之於室。文心雕龍神思有云"樞機方通，則物無隱貌，關鍵將塞，則神有遯心。是以陶鈞文思，貴在虛靜，疏瀹五藏，澡雪精神，積學以儲寶，酌理以富才，研閱以窮照，馴致以懌辭"。宗炳之臥遊，通樞機開關鍵之謂是也。非虛靜通神，則不足以通樞機開關鍵。德山宣鑑自焚經疏云，窮諸玄辨，若一毫置于太虛，竭世樞機，似一滴投于巨壑。悟得此境，方可言通樞機開關鍵，虛靜通神，豈易事哉。繪事者非虛靜、積學、酌理、研閱、馴致不足以成其大。品味者非虛靜、積學、酌理、研閱、馴致亦不足以成其通。愚品味而已，然亦知茲事體大，非等博弈。非澄懷觀道，加以彥和之所謂積學、酌理、研閱、馴致者，無足以事之。今世之繪事品味者多樞機未通，關鍵猶塞，故雖嘗致積酌研馴之力而無大效，故知虛靜之功，最為根柢。澄懷觀道，其為畫學之血脈，亦無疑矣。【貴在虛靜】

　　龔定庵金孺人畫山水叙有言"山水出於老莊。老莊以逍遙虛無爲宗，以養神氣爲用，故一變而爲山水草木家言。昔者劉勰論魏晉宋三朝之文，亦幾幾見及是"。所言甚是。畫學必祖述漆園。莊子言削鐻、斫輪、解衣盤礴諸義，皆合游藝精微之道。或云其說多爲寓言，竊謂當有本諸實錄目擊者，非盡寄託而已。老莊之徒，志乎巖林之樂，其畫之有山水之親，其詩之有陶謝之趣，亦自然之致。然山水亦非盡出於老莊。觀論語仁者樂山，智者樂水，知山水之畫本亦中吾儒之懷抱。觀古人祭祀山川河瀆之禮備，可知山水圖畫亦本諸神靈之歆仰。（天問篇首曰，屈原放逐，憂心愁悴。見楚有先王之廟及公卿祠堂，圖畫天地山川神靈，琦瑋僪佹，及古賢聖怪物行事。觀此可知古之山水，固神道設教之一體。特未獨立耳。）山水于唐爲玄暢，得佛道為多，于五代北宋則爲博大，一派莊正之氣，類以儒家粹然正大之格，卓然立之，綱維弘實，道釋之旨，澹融乎中，與儒可謂無間矣。是以謂山水兼出於儒家，亦無不可。有道者破觚求圓，斲雕為朴。（本贊寧高僧傳普寂傳語。）宋之山水有造於是境也，一轉唐季五代絢麗華靡之餘習，而歸諸渾樸純然，為後世法，所以光輝萬代。學術亦然。究其大勢，三教破觚求圓，歸于一致，而復以儒家為根本砥柱，融攝二氏。道學畫學，亦為一致。惟書學不然，蘇黃米蔡，雖有其心，破觚求圓，斲雕為朴之境，尚不足以當之。學畫祖述兩宋，誠高矣。學書則何可為宋人所囿隔哉。以此而論，書學之高古，又在理學畫學之上也。【畫學必祖述漆園發揚儒家】

魏晉至唐，畫以人物爲主，山水爲輔。宋元以降則反之。愚嘗笑謂，晉唐之際，人大於山水，宋元以降則反之。夫人大於山水者，言人才器具弘廓，雅度淑氣，風儀爲天下冠冕，山水較之，反遜其靈敏。世說言夏侯太初朗朗如日月之入懷，嵇叔夜巖巖若孤松之獨立，傀俄若玉山之將崩，皆以天地萬象擬人物之高華，豈非人大於山水哉。阮步兵大人先生傳、劉伯倫酒德頌，則直以天地萬物爲儔儷，彼時人物神氣之盛，後世實無以想見。洛神賦圖人大於山，水不容泛，實人之神氣主之，而以山水爲道具，其道具之不經意，亦可以解矣。宋元以降，人材器具雅度，漸遜乎前，則於山水之前恆自

卑邈,故專意于山水之大,而自隱乎其間。山水中人物,略具衣冠
而已,其尊卑主次之與晉唐,不啻霄壤。其畫山水者,亦轉以樹石
睎擬古人,豈非人物格高之驗。宋季周草窗澄懷錄記葉少蘊語有
云"松磊落昂藏似孔北海,檜深密紆盤似管幼安,杉豐腴秀澤似謝
安石,柏奇峻堅瘦似李元膺"。宋人繪事之以樹擬人,何若唐人之
直指人心爲妙達。故知山水之盛,實函夏人物神氣衰馳之徵也。
此猶後世碑學之盛,實亦氣韻卑靡之徵。樸學之盛,實亦士類氣格
隳沒之徵也。(此則言宋山水之盛,為函夏人物神氣衰馳之徵,似與前所言
宋畫破觚求圓,斲雕為朴相悖。實則唐季之畫之觚之雕,其元氣猶勝於宋畫
之圓之朴。宋畫應時而出,轉以新局。元氣雖遜乎前,而新局之精妙,亦足以
滋養千百年。其於學術亦然。理學新局之精妙,其澤方今猶未絕也。王漁洋
居易錄卷四有云"道成而上,藝成而下。時代遷變,其理一也。六朝人畫,多
寫古聖賢列女及習禮彝器等圖,比如漢儒注疏,多詳於制度名物之類也。宋
元人畫,專取氣韻,此如宋儒傳義,廢注疏而專言義理,是也"。宋儒元氣終不
能與漢唐比。然其能開闢新境地,為後世法,則又非漢唐人之天命也。)【晉唐
人大於山】

　　五代宋初山水,主次羅列,體格峻整,氣象恢弘,實自釋教壁畫
化出。釋尊、菩薩、羅漢、飛天,至此皆作山水形狀耳。【釋尊化作山
水形】

　　登西天目仙人頂,知地志圖經,悉有淵源,貌似粗略,實樞真
體。山川萬物,脈絡歷然,畫之為藝,蓋本乎天然。泠泠然高舉冷
囑,知俗情之不足貴,繪事之貴,有在於是。陟東嶽之巔登封臺,知
河嶽英靈,盡為不虛,古人圖狀,非特為神怪而已。予實涕虛空,山
如瑤臺,河若飄帶,神異非常,如河伯之觀滄海,焉能不無振怖。故
知士不可不登高,登高不可不賦也。躋華嶽西峰,知元氣混茫,翼
然鼓動,其為山水之所宗,豈不宜然。吾睹北宋李范郭許諸家山
體,華嶽莫不兼備,亦知其地,實為宋畫神貌之淵藪,非他處所能
及。宋人墨莊漫錄言許道寧少亦業儒,工傳神,後游太華,見其峰
巒嶕崒,始有意於山水,清潤高秀,濃纖得法,不愧前人矣。華嶽之
神有若是者。董源溪岸圖,世多目為贋偽,予自關中看山歸來,知

其殊有高明,非宋人不能為。吾對北苑夏山圖,亦頗能想其高致,不無感應,一若疇昔之高舉冷矚,松風謖謖。古之士夫,登高而賦,最為古風。後世之所謂山水詩山水畫者,抑皆祖乎此耶。【登高而賦】

揚子雲法言曰言為心聲,書為心畫。歷代名畫記敘畫之源流先明字學圖載之意,言書畫異名而同體,貌類迂古,而大義存焉。繪事之先,乃有書學,伏羲倉頡諸聖,通感鬼神,故使函夏繪事之肇初,已具精微之義,非同異域之蒙昧矗略。吾夏太初以來,既以書學與繪事並行,相輔回互,殊不可離,其妙道渾樸,又非異域晢種所能會。故女史箴圖,不可無箴贊,使無箴贊書法之淑和,亦無足以喻圖形之美善。佛龕壁畫,不可無銘鐫,使無銘鐫,亦無足以顯法像之靈通。使書學繪事不離,則神理渾全。使其分離,則浮麗流宕,日趨於漓,高古凝和之風,不復睹矣。茲義甚大,非徒骨法用筆,張愛賓之所謂工畫者多善書者也。近世澆漓已極,猶有會稽趙撝叔輩,繪事書學,欲渾樸復合,其畫未必人皆喜好,其心力志趣,亦可謂卓矣。【書畫同體】

周漢晉唐,繪事主于人物神佛,以成教化窮神變為體。宋元明清,繪事主于山水花鳥,以順物情抒性靈為宗。前者野人先進之器,而臻于禮樂,魏闕江湖,俱隆其體,而無作者之名。後者逸士退藏之具,極于別致,惟施諸性體,舒一己之情感。高者固可以感天地測幽微,蓋亦鮮矣。性靈一派,今亦衰微。故今世繪事卓然有志者,不可不服習成教化窮神變之教,研求聖賢神佛高致,方可迴脫塵流,不為好尚性情之俗學末流所誤。今人病根,即在志趣卑靡。此病不袪,無足以語上也。【成教化窮神變】

歷代名畫記敘畫之興廢言自古圖畫之厄,襲隋牛弘之遺緒,傷摧愴惻,有類于釋氏經藏之述五濁劫數,苦海莫測。張氏言"自古兵炎瓬焚,江波屢鬩,年代寖遠,失墜彌多。儻時君之不尚,則闕其搜訪。非至人之賞玩,則未辨妍蚩。所以駿骨不來,死鼠為璞"。蓋以聖賢釋氏憂道之心,行諸玩藝之事,其行為殊,而其心一致,孰

謂書畫非聖道哉。世人恆以藝術視之,實道術也。國書之科,亦函
夏精魄之所繫,關涉國體,豈可不自貴重。【道術】

　　張愛賓有云"自古善畫者,莫匪衣冠貴胄,逸人高士,振紗一
時,傳芳千祀,非閭閻鄙賤之所能爲也"。海桑陵谷之際,俱以閭閻
爲貴胄,以鄙賤爲天人,輓世巨變,有以令畫學迷滯難豁,不知塗
徑。今世衣冠畢謝,然學者不可不自約以士範。高逸遘迹,學者亦
不可不自則以高操。不然則畫學必亡於今日,不待於明朝。論者
每謂須與時俱進,此卑媚之格,曲學阿世,無足以語道也。【衣冠
高逸】

　　唐人山水,亦多得力于天下伽藍素壁,可供揮灑。要非釋氏人
物亦尚林泉雅意,無足以致之。贊寧高僧傳自在傳言其所遊必好
古,思得前賢遺跡以快逸觀。又遣弟子去江南,選山水之最者,願
往中終老。到江洲都昌縣有好林泉,廻報。天然傳言其居洛下,至
十五年春,言吾思林泉,乃卜南陽丹霞山結庵。甄公傳言白居易堅
請其出流水寺,不樂安止,以山水為娛情之趣耳。皆可知其時釋氏
風尚,已多林泉雅意。故必願請畫史解衣盤礴,施諸殿壁,亦如宗
炳之志也。佛子之于山水畫,其緣深矣。【釋氏亦尚林泉】

　　唐宋僧雅好山水,恐亦兼及堪輿之術,以擇寺基。其法亦當潛
傳無絕,觀明僧憨山德清中興曹溪,必培祖龍以完風氣,可以知矣。
吾鄉元黃晉卿文集地鈐序謂天台德韶能以山川岡壠形勢,辨地之
吉凶。其所作之圖至元世猶傳。山水之圖,本具堪輿之理。劣者
不達,圖畫溷雜,氣格所以不具。【堪輿之理】

　　謝赫六法曰,氣韵生動,骨法用筆,應物象形,隨類賦彩,經營
位置,傳模移寫。畫之有六法,猶聖學之有六藝。氣韵生動,樂也。
經解曰,樂教廣博易良,其失也奢。氣韵之致,以廣博易良爲極,而
未逮者每矯作氣韵以爲美,則失之奢矣。夫子言興於詩,立於禮,
成於樂。以樂爲至德之境。畫學之以氣韵生動爲極則,亦類之。
骨法用筆,春秋也。春秋教屬辭比事,其失也亂。春秋最重筆法,
嚴于正邪是非之辨,可謂六經之骨力。此猶畫學之極重用筆之正,

而歸諸書法。春秋之書法,其名之與後世書契之號爲書法同,實可知屬辭、字學、書藝,其道爲一致,非偶同而已。春秋之旨隱晦,其之易失於亂,猶骨法用筆簡能深妙,殊難悟解,學者易迷於時學而不返。應物象形,易也。易教絜靜精微,其失也賊。大易通徹三才,順應物理,以垂象觀物爲門牖。此猶畫學之應物象形,以彰性體之真,物理之美。易有數術而易失賊,猶應物象形之易失謬怪,誤人多矣。隨類賦彩,詩也。詩教溫柔敦厚,其失也愚。畫學炫露之妙,莫過于隨類賦彩,猶詩之隨國賦風,應體成雅。然詩經多淫奔怨悱之辭,若有不智者,賦彩之法,亦易失之華腴而壅閉,鮮有能簡勁可潤,不乖天機之度者。經營位置,禮也。禮教恭儉莊敬,其失也煩。畫之尤重經營位置,蓋萬物自有法度,不可以私意而淆亂之,猶禮之有尊卑次第,不可僭越。郭熙林泉高致論山水最合禮制之法,得之殊深。禮之失煩,猶畫之過重經營,多失天機簡能,亦爲一理。傳模移寫,書也。書教爲古人典謨事迹,疏通知遠,其失也誣。畫之重傳模移寫,欲達乎疏通知遠之傚也。蓋凡函夏精微之學,皆以雒誦摩古爲本分,不如此不足以知古人之神。畫學亦不外之。然古者不可以迂執,摩古亦未必能知遠,猶畫之傳模移寫,用力殊深,亦未必能達神變高致,世之爲傳模誤者,亦多矣。故失誣之說,于理亦合。六法六藝,闇契如此,古人出語,洵有天轍,豈愚之好傅會哉。【六法六藝】

歷代名畫記論畫體工用搨寫有云"夫失於自然而後神,失於神而後妙,失於妙而後精,精之爲病也而成謹細"。此擬道德經者。老子曰"失道而後德,失德而後仁,失仁而後義,失義而後禮。夫禮者,忠信之薄,而亂之首"。非惟修辭之同,義理亦爲一致。此亦畫學源出老莊之證。【擬老子語】

歷代名畫記敘歷代能畫人名以軒轅時史皇爲始,自注言見世本,與蒼頡同時。倉頡造字,前人多有疑之。清人吳翌鳳遜志堂雜鈔甲集考證倉頡非黃帝史官,言伏羲居黃帝前,已言作書契,不應先有書契後有字。且管仲言,古者三皇以前封禪者七十有二君,皆紀號泰山。夫曰紀號，則必皆字也。吳氏言倉頡乃伏羲前一帝號也，其謂爲黃帝史官者，謬也。近人陳登原氏國史舊聞論倉頡援引甚備。段氏說文解字注言倉頡作蒼字者非。淮南子言，史皇生而能書。路史卷一辨史皇氏言倉頡之號，號爲史皇，又曰倉帝。則史皇倉頡直一人也。而因世本、呂覽言史皇作圖，遂判倉頡史皇爲二人。唐人襲漢晉人說，未辨其實，亦難免矣。【史皇倉頡一人】

郭若虛圖書見聞誌叙自古規鑒有云“豈非文未盡經緯，而書不能形容，然後繼之於畫也。所謂與六籍同功，四時并運，亦宜哉”。畫自有文書所難能者，所以爲貴。自古士類治道之術，以典籍文章爲顯學，而以書畫爲闇行，如虞伯施之號爲五絕，書其一而已。雖然，伯施生平精魄涵容，俱見諸中矣。書雖爲闇行，實亦關涉大體，甚者有過於文籍經術者。故虞伯施之文籍經術，今鮮有道及者，而其廟堂之碑，則絢然如星宿之懸，人皆仰之。唐人之尊吳道玄爲畫聖，亦言其通乎聖德。故張愛賓贊其與六籍同功，四時并運，而不以博弈之類等之，蓋能識其大端卓立處。自米襄陽父子倡墨戲之說，天下日趨其小而不返。後世之視書畫，愈等乎日常娛悅之習，所以骨格愈卑，氣韵愈下。蓋書畫者，晉唐人以道寶之，而宋明人以術私之，此又古今之異也。【道術之異】

圖書聞見錄有云“論者或曰，不宜收藏佛道聖像，恐其褻慢葷穢，難可時時展玩”。郭氏非之。郭氏之說固宜。然以今世五濁之惡，愚願重伸其論，佛道聖像，不宜收藏也。今杭郡茶肆酒林，多供聖像，而褻慢葷穢已極，彼者誠志蕩然，而每以佛道自飾，亦蠹而已矣。豈聖道之幸哉。愚未忍見其褻慢葷穢，故有斯言之發明。今之習書畫者亦好設石佛聖像於私室，而少有禮之者，惟玩賞耳。其褻慢處，亦多有之。彼欲借石佛聖像之力爲己助，而不知天地大道，圓遍自足，視此若培塿坳堂而已。【不宜收藏聖像】

宋人黃休復益州名畫錄躋逸格於神妙之上，鄧椿畫繼亦以爲當。蓋已私意微過，略乖情理。張愛賓有言，失於自然而後神，失於神而後妙。豈逸格即自然哉。此自然，猶老聃之謂道，夫子之謂中庸，釋氏之謂真如，畫家之能，焉能自名乎道體哉。神品之目，蓋已至矣。宋人非不曉斯理，而強躋逸格于其上，自有其風氣使然。蓋彼時禪門云門、臨濟諸宗極盛，即心即佛，卑視神妙，使狂逸之風，幾成士夫主格，其施諸藝苑，遂滋逸格之說，陵邁于神妙之上。然此宋人之私意，未必中道。以佛法論，宋之精誠亦遠不逮唐，而放誕過之。高論極高，而實地有虧。逸格之說，愚固不以為然。竊謂徽宗專尚法度，宣和畫譜乃以神逸妙能為次，始為無憾。明人何良俊四友齋畫論言初謂逸品不當在神品上，後閱古人論畫又有自然之目，則真若有出于神品之上者。膚論而已。（後覽清初周亮工讀畫錄，方邵村亦嘗辨不應伸逸品於神品之上，所言甚暢。頗可與愚說相映證也。）【逸格辨】

　　愚讀宋元學案，頗悅服晁景迂，為博學大儒，而不知其能畫。觀鄧椿畫繼，始驚異之。有宋正學之儒多不治繪事，如濂洛關閩，范歐司馬，今獨見晁景迂迥出塵表，所以為異。抑家門師友之風使之。其兄晁無咎，詩人而能畫。景迂交往中，又有龍眠、東坡，一時才賢而精於畫者。想景迂胸次豁落，神識高曠，其于蜀學，自亦不同洛學諸儒一般見識。【景迂先生】

　　畫繼卷九言李營丘多才足學，少有大志，竟無所成。所作寒林多在巖穴中，裁剟俱露，以興君子之在野也。自餘棄植，盡生於平地，亦以興小人在位，其意微矣。愚謂李營丘，畫中之屈子也。郭若虛謂其氣象蕭疏，煙林清曠，似猶有未盡。其忠正沈鬱之氣，盤結於蕭疏清曠之內，此營丘之真相也。其作畫寄託微意之法，亦開後世一大法門。如宋元鄭思肖、王冕作蘭梅無根，豈非其遺軌耶。【李營丘】

　　茂林遠岫圖元氣混茫，莫可端倪，隱約猶有晉唐神味。溪山行旅圖雄彊峻偉，高不可攀，岸然作遒逸之狀。秦淮海言蘇子瞻之道如日月星辰經緯天地，有生之類皆知仰其高明。蘇子由之道如元氣行於混淪之中，萬物由之而不知。其文雖過，亦非盡妄。則范寬近乎子瞻，李成近乎子由。蓋營丘猶有自然高妙，罔可測者，而華

原則一派雄渾矣。司空表聖言返虛入渾，積健爲雄。雄渾者誠雖有虛靈之妙，其於營丘之自然，終有間也。【營丘華原之別】

宣和畫譜作者文法雋活，其述人物，每有揮灑之態。較之張、郭之簡雅有古式，則已亦一派宋文氣息矣。彼時之古文書畫，皆已大異於五代宋初。讀宣和書譜畫譜之作，於文已爲不古矣。【宣和文法】

宣和畫譜言董源山水下筆雄偉，有嶄絕崢嶸之勢，重巒絕壁，使人觀而壯之。又能出自胸臆，使覽者得之，真若寓目于其處也。觀瀟湘、夏景山口待渡諸圖，知其蒼莽之氣，亦返虛積健之境。而山巒不似華原之峻勢，故反能顯其虛渾廓遠。董北苑以南人而能兼得北氣，故能造精邃之地。彼時平議固不以北苑爲李范關三大家敵也。後世北國文脉漸竭，畫手多南人，其之奉北苑爲祖師，亦自然耳。【北苑】

建炎以降，有逐夷光復一派，慷慨有志節。畫苑亦有李唐、夏圭一路，作山岳極雄彊廉悍之勢。觀李唐之萬壑松風圖，知函夏之深嚴，凜然不可瀆犯。觀夏圭之溪山清遠圖，知士類之清剛有節，莫可褻玩。今日觀其圖者，焉可不懷思古之幽情哉。近世倭亂舊京淪陷之際，黃賓虹氏畫花鳥必設色妍雅，氣態舒和，以顯士類臨險不亂，遇難不卑之意。亦相類也。【李唐夏圭】

元四家冢吾嘗謁其三。倪雲林墓在無錫郊野，其鄉人多莫知其所。吾仿徨于四野，半日始得。於時榛棘蔽徑，草樹紛鬱，幾不得其門而入。此與雲林高遯幽冷之趣，渾若符契，惟少其清曠耳。黃大痴墓在虞山之麓，背巖鄰水，氣息淑和，神道蕭然，旁爲茶圃，修竹清空，薰風爽致。吾嘗逍遙乎其間而忘倦焉。此亦與一峯神明高朗之格相類。梅花道人吳仲圭墓，在嘉善城市中，園林清真，亭榭可憩。四家之中，仲圭最善於隱，韜晦尤深，不意其藏骨處，終在廛肆俗境裏。豈非即老子所謂和光同塵者耶。雲林之在荒野，大癡之在青山，皆不若其高致。四大家中，愚與梅花道人最親。其人幾不出戶而知天下，不接文士名流，無矯異驚俗之習，而畫格尤深沉高逸，所以不可及也。<u>王叔明</u>號<u>黃鶴山樵</u>，葬<u>杭郡黃鶴山</u>。吾嘗至其地。其遺跡已無從覓矣。【訪元四家墓】

一日觀<u>吳仲圭</u>洞庭漁隱圖。拙荆評之曰，不言而教。予嗟歎之，服其簡遠。【不言而教】

<u>錢氏</u>談藝錄二六評<u>趙松雪</u>畫當爲第一，書次之，詩文爲下駟。愚嘗質諸門徒，其說何若。諸生多是其說。愚笑謂，使<u>元</u>畫無<u>松雪</u>，猶有四家，使<u>元</u>書無<u>松雪</u>，則不成其一代。豈非書第一，畫次之耶。【松雪書第一】

<u>早春圖</u>極類<u>西嶽</u>。圖之下部，<u>希夷羽化處</u>、<u>王猛臺</u>、<u>回心石</u>諸處之景致也。圖之中部，<u>北峯</u>、<u>蒼龍嶺</u>之景致也。圖之上部，則爲東西南諸峯之景致，尤肖似。吾登<u>北峯</u>，遠瞻三峯卓立，純然仙界天人氣象。想當日<u>華原</u>、<u>溫縣</u>輩，必曾蹈其地，同仰其高風聖境也。【早春圖】

詩僧有<u>貫休</u>，書僧有<u>懷素</u>，畫僧有<u>巨然</u>，皆負沈雄高曠之風。其沈著積健，俱以靈逸變化出之，<u>禪月</u>之詩，<u>藏真</u>之草，<u>巨公</u>之筆墨，皆然。釋子以藝通道，以佛攝術，有以同致。<u>南田</u>論畫言<u>巨公</u>小變師法，行筆取勢，漸入闊遠。亦可施諸<u>貫休懷素</u>二僧也。吾鄉<u>貫休</u>和尚道業尤隆，又擅畫，真英物也。<u>巨公</u><u>層岩叢樹圖</u>吾初不甚喜，蓋無<u>營丘華原</u>之勢偉。後方悟其雄而入淡，枯而方腴，類乎有道之士，乃爲<u>宋</u>畫別立一格者，<u>元</u>四家之權輿在茲焉。古人所謂簡而不失，淡而不流，即此之謂。<u>一峯</u>、<u>仲圭</u>、<u>雲林</u>，俱有深造於斯者也。【巨然】

丁亥夏遊<u>中嶽嵩陽書院</u>，讀文志，乃知<u>李晞古</u>亦嘗遊學于此。書院在<u>太室山逍遙谷</u>口，林泉高致，山居三日，每濯流忘返。<u>逍遙谷</u>中樹石，竊謂即<u>晞古</u><u>清溪漁隱圖</u>、<u>採薇圖</u>中物也。【逍遙谷】

後　序

　　古之人體國經野，辨方正位，所謂經天緯地之學，奧賾幽
眇，利用昭明，所得可謂盛矣。不然，何以開百代之綱維，繫正
夏於不墜。其以爲砥柱者，莫若六藝。蓋易道備則天地全，大
人先生，可賴以層出而無窮。詩道備則性情遂，鐘鼓之教下通
於草澤，羣怨莫非興觀之道。書道備則聖王位，彝倫攸敍，以
爲萬年法度，疏通知遠，誠神智之元龜。禮樂道備則人道大，
上通太上鬼神之祀，下及埽灑應對之化，可以原始而返終。春
秋道備則法制明，春王正月，以爲萬物元氣所在，誅鉞邪僻，復
行秋氣於宇宙間，是所謂春秋者也。此六藝之論，若與古語無
異，然以予觀之，迺皆今世之藥石，致遠之恆器，自吾肺腑中流
出，洞豁無礙。馬湛翁先生嘗言六藝該攝一切學術，論者或哂
其獨斷，予則知其苦心矣。執古之道，以御今之有，吾志有在
茲焉。詩曰，鳴鶴在陰，其子和之。我有好爵，吾與爾靡之。
子曰，君子居其室，出其言善，則千里之外應之，況其邇者。予
蘄與聖賢之徒遊者也，雖檮昧頑庸，固亦有此自樂哉。比年講
學於精舍，道侶略衆，此邇者之應。千里之外，亦有與我同聲
氣者，正予之鄙陋。聖人不吾欺也。近世陳援庵先生作通鑑胡
注表微，彰明胡身之遺民之志。援庵自謂鑑注成于臨安陷後之
八年，爲至元二十二年乙酉。表微之成，相距六百六十年，亦

在乙酉，此則偶合者耳。鄙作徵聖一錄，始于甲申乙酉，在倪鴻寶、劉蕺山諸大儒殉國後三百六十年。數屬偶然，而心常繫焉。吾有待乎後之興起者。惟齋識。

圖書在版編目（CIP）數據

徵聖錄 / 季惟齋著. —上海：
華東師範大學出版社,2010.2
　ISBN 978-7-5617-7588-2

Ⅰ.①徵… Ⅱ.①季… Ⅲ.①古籍整理—中國—文集 Ⅳ.①G256.1—53

中國版本圖書館 CIP 數據核字(2010)第 032697 號

華東師範大學出版社六點分社

企劃人　倪爲國

經典與書寫

徵 聖 錄

季惟齋　著

責任編輯　楊宇聲
封面設計　吳正亞
責任製作　肖梅蘭

出版發行　華東師範大學出版社
社　　址　上海市中山北路 3663 號　　郵編　200062
電話總機　021—62450163 轉各部門　　行政傳真　021—62572105
客服電話　021—62865537（兼傳真）
門市（郵購）電話　021—62869887
門市地址　上海市中山北路 3663 號華東師範大學校內先鋒路口
網　　址　www.ecnupress.com.cn
印 刷 者　上海印刷（集團）有限公司
開　　本　890×1240　1/32
插　　頁　2
印　　張　12
字　　數　270 千字
版　　次　2010 年 5 月第 1 版
印　　次　2010 年 5 月第 1 次
書　　號　ISBN 978-7-5617-7588-2/B・542
定　　價　38.00 元

出 版 人　朱傑人

（如發現本版圖書有印訂質量問題,請寄回本社客服中心調換或者電話 021-62865537 聯繫）